师韵

北科大走出的院士

北京科技大学 编

科学出版社

北 京

内 容 简 介

本书将曾在"钢铁摇篮"这片沃土之上学习或者工作过的中国科学院院士和中国工程院院士不平凡的人生轨迹付梓成书。重点梳理了每位院士的生平事迹、学术生涯和人生感悟。40篇传略文章讲述了一代又一代北科人爱国奉献、求实鼎新的奋斗历程，描绘了北科大献力国家科学技术发展的历史缩影，汇集了北科人追求卓越的真实写照。

本书适合对科技发展、科学家故事感兴趣的读者及大中院校师生、科技工作者、科学史领域研究者、科普爱好者等。

图书在版编目（CIP）数据

师韵：北科大走出的院士 / 北京科技大学编 . --北京：科学出版社，2022.3
ISBN 978-7-03-071699-6

I. ①师⋯ II. ①北⋯ III. ①北京科技大学-院士-生平事迹 IV. ①K826.1

中国版本图书馆 CIP 数据核字（2022）第 034227 号

责任编辑：侯俊琳　刘红晋 / 责任校对：韩　杨
责任印制：吴兆东 / 封面设计：有道文化

科 学 出 版 社 出版
北京东黄城根北街 16 号
邮政编码：100717
http://www.sciencep.com
北京虎彩文化传播有限公司印刷
科学出版社发行　各地新华书店经销
*
2022年3月第 一 版　开本：720×1000　1/16
2024年3月第二次印刷　印张：27 1/4
字数：432 000
定价：150.00元

《师韵：北科大走出的院士》编委会

（2022 年版）

主　任： 武贵龙　杨仁树

副主任： 于成文　孙景宏　王鲁宁

委　员（按姓氏笔画排序）：

于成文	马　飞	王　鹏	王　瑜	王鲁宁	尹升华
吕昭平	刘杰民	闫相斌	孙景宏	苏　栋	李　芊
杨　槐	杨仁树	何　进	张卫冬	张建良	张秋曼
陈　骏	武贵龙	苗胜军	郑安阳	黄武南	盛佳伟
彭庆红	焦树强	薛庆国	戴井岗		

主　编： 于成文

副主编： 王　鹏　崔　睿

编　委（按姓氏笔画排序）：

于成文	于林民	马　聪	王　进	王　亮	王　鹏
王丽莉	王海波	尹传举	吕朝伟	刘　璐	安晓东
苏　烜	杜嘉庆	杨凤琦	杨志达	杨雨谋	杨美偲
杨智祯	张　铮	陈　曦	邵丽华	赵　倩	胡智林
姚惠迎	倪　阳	崔　睿	臧　佳	翟文洁	

《师韵：北科大走出的院士》编委会

（2012 年版）

主　任：罗维东　徐金梧

副主任：谢　辉　陈　曦　权良柱　武德昆　王维才

委　员（按姓氏笔画排序）：

于成文　王　立　王维才　尹怡欣　权良柱　曲选辉

吕昭平　朱鸿民　刘晓东　孙景宏　吴春京　吴爱祥

邱　宏　宋　波　张立峰　张牧风　陈　曦　武德昆

罗维东　季淑娟　金龙哲　赵　锋　胡广大　徐金梧

黄武南　章东辉　隆克平　谢　辉　臧　勇

主　编：刘晓东

副主编：都基辉　吕朝伟　徐洪业　崔　睿

编　委（按姓氏笔画排序）：

马　聪　王丽莉　王海波　吕朝伟　刘　冰　刘　娜

刘晓东　张春霞　陈　凯　胡智林　都基辉　倪　阳

徐安军　徐洪业　崔　睿　董俊杰　解红叶　臧甜甜

潘红涛

序

　　1952 年，传承自中国近代史上第一个矿业学科的火种，满载着六所著名院校的炫彩光华，共和国第一所钢铁工业高等学府——北京钢铁工业学院诞生在京华大地，开启了"钢铁强国、科教兴邦"的历史篇章。七十载栉风沐雨、春华秋实，七十载钢浇铁铸、百炼成材，北京科技大学因钢而生、依钢而兴，与时代同行、以梦想为伴，谱写出"奉科技以立校，育强国之栋梁"的北科华章，熔炼形成"求实鼎新"为内核的北科大精神品格。

　　这份精神品格根植于钢铁救国的历史使命。北京科技大学的历史渊源可追溯至 1895 年北洋西学学堂创办的中国近代史上第一个矿冶学科，肩负着甲午战败后华夏民族的钢铁救国梦想。直到 1949 年新中国成立，全国钢产量只有 15.8 万吨，不足世界当年钢总产量的千分之一。北京钢铁工业学院应运而生，全民族钢铁救国的梦想得以在这里传承、接续和成长。

　　这份精神品格熔铸于科技报国的价值追求。北京科技大学始终以解决国家重大需求、引领行业技术进步为己任，与民族奋进的脉搏一起跳动，与共和国工业发展共同成长，为建成世界第一钢铁大国作出重要贡献，为行业发展和科技进步创造了诸多"第一"。人类历史上第一台弧形连铸机从这里走向世界，我国第一颗人造地球卫星"东方红"的壳体材料在这里研制成功，第一台大型电渣炉、第一台国产工业机器人在这里诞生……追求卓越、勇于争先已经融入北科大人的精神血脉，内化为这片创新沃土的文化基因。

　　这份精神品格体现于教育强国的时代担当。北京科技大学始终牢记为党育人、为国育才的初心使命，26 万余名学子从这里奔赴祖国的四面八方、追逐梦想，其中许多人已成为国家政治、经济、科技、教育等领域尤其是冶金、材料行业的栋梁和骨干，北科大也赢得了"钢铁摇篮"的社会美誉。

　　"钢铁摇篮"中，先后走出了41位中国科学院院士或中国工程院院士。他们中有献身"两弹一星"事业的国家功臣，有搏击工业现代化的大国工匠，还有攻克"卡脖子"技术难题的创新先锋。在他们身上，我们深刻领略到矢志报国、终身不悔的崇高信仰，真切感受到敢为人先、求索创新的学术理想，体悟到勤奋严谨、甘为人梯的师道风范，这是北科大精神品格的生动注脚和具体体现。

　　值此学校70周年华诞之际，学校再次组织编写出版《师韵：北科大走出的院士》一书，将他们的动人故事和传奇经历跃然纸上，生动诠释学术大师的精神内涵和高尚品格，凝结一份属于全体北科大人的精神财富与文化宝藏。

　　求实奋进七十载，鼎新未来向百年。当前，在全面建设社会主义现代化国家新征程中，北京科技大学正在昂首阔步向建成特色鲜明、有重要影响的世界一流大学的目标不断迈进。希望这本读物能成为全体北科大人的传世典藏，为学校新时期改革发展注入强大精神力量，同时激励新一代"钢小伙、铁姑娘"在实现中华民族伟大复兴的中国梦的奋进征程中贡献北科力量、彰显北科担当！

北京科技大学　　　党委书记　武贵龙

　　　　　　　　　　校　　长　杨仁树

　　　　　　　　　　2022 年 1 月

序（2012年版）

　　2012年4月，北京科技大学即将迎来建校的第60个年头。作为新中国第一所钢铁工业高等学府，北京科技大学始终以服务国家重要战略需求为己任，立足行业、面向全局，务育人之实、谋科研之新、求贡献之真。甲子年来，北京科技大学历经岁月磨砺和时间洗礼，与民族奋进的脉搏一起跳动，现已发展成为一所以工为主，工、理、管、文、经、法等多学科协调发展的研究型大学，十四余万名优秀人才从这里走上国家政治、经济、科技、教育、文化等领域尤其是冶金、材料工业的大舞台，铸就了一篇"为中华之崛起，奉科技以强国"的甲子华章。

　　60年沧桑积淀，北京科技大学形成了"学风严谨、崇尚实践"的光荣传统，熔炼了"求实鼎新"的校训精神。在这样一片被誉为"钢铁摇篮"的沃土上，曾经有三十余位中国科学院和中国工程院院士学习和工作，他们中有德高望重的学界泰斗，也有冉冉升起的科技新星；有献身"两弹一星"事业的国家功臣，也有致力钢铁冶金、材料等行业的领军人物；有扎根高校教书育人的辛勤园丁，也有投身一线生产实践的科技英才；有基础科学研究领域的理论奠基人，也有高技术产业化的应用研究者……我们高兴地看到，在不同的专业领域，院士们表现出了共同的北科精神，那就是：科技报国的宏伟抱负、勤奋严谨的治学态度、敢为人先的实践品格和甘为人梯的师者风范。共和国工业发展的功劳簿上谱写着他们爱国奉献的赞歌，世界第一钢铁大国的丰碑讲述着他们感人肺腑的故事，各行各业的风口浪尖都跳动着他们搏击奋进的身影。

　　在60周年校庆之际，学校组织编写了《师韵：北科大走出的院士》一书，将他们不平凡的人生轨迹付梓成书，翻阅厚厚的文稿，顿感师德氤氲，馨香久存，颇有感触。院士们的人生选择闪耀着以强国为己任的信仰光辉，他们牺牲了个人的利益，换来的是共和国的崛起富强。院士们的处事风格挥洒着敢想敢干、永不服输的豪迈气魄，他们以高度的自信和过人的胆识，展示了"钢小伙、铁姑娘"的英雄本色。院士们的治学态度代表了躬行勤奋、矢志不渝的高贵品格，他们用勤奋和坚持，换来成功之花的夺目绽放。院士们的师者风范彰显着荫庇桃李、甘为人梯的大家风骨，他们用严格的要求和无限的关爱，培养了一大批德才兼备、又红又专的优秀人才。一方水土养一方人。从北科大走出的院士们，他们的成就连同他们身上的北科大印记，已经深深烙进这个学校的记忆，载入共和国的历史。

当前，北京科技大学正举全校之力，朝着建设国际知名、国内一流的高水平研究型大学的奋斗目标迈进。因此，在这样的一个关键时期，总结梳理院士的人生成长历程对北科大人来说具有重要的历史价值和指导意义，这将是北京科技大学宝贵的精神财富和弥足珍贵的教材，不断推动一代又一代人，在为中华之崛起的奋斗历程中奋勇向前！

北京科技大学党委书记　罗维东

2012 年 3 月

前　言

2022 年 4 月 22 日，北京科技大学将迎来 70 周年华诞。建校以来，学校以"钢铁强国、科教兴邦"为使命，积淀了"学风严谨、崇尚实践"的优良传统，熔铸了"求实鼎新"的精神品质，培养出 26 万余名莘莘学子，先后有 41 位在这片热土学习或工作过的校友跻身两院院士，他们是：

中国科学院院士魏寿昆、吴自良、柯俊、肖纪美、高庆狮、叶恒强、张兴钤、邹世昌、李依依、王崇愚、徐祖耀、周国治、陈难先、葛昌纯、雒建斌、张统一、张跃；

中国工程院院士范维唐、徐匡迪、殷瑞钰、陈先霖、涂铭旌、钟掘、周邦新、崔崑、胡正寰、关杰、柯伟、雷廷权、刘玠、陈国良、才鸿年、何季麟、王一德、张玉卓、蔡美峰、费爱国、谢建新、毛新平、岳清瑞、沈政昌。

为了更好地传承和发扬院士们身上的北科精神，学校组织编写了《师韵：北科大走出的院士》一书，力求以平实而厚重的文笔，生动展示他们的生平事迹、学术生涯和人生感悟等，使读者深切领略院士们的大师风华。

敬意满怀，提笔惶惶。从写作策划之初到院士本人或其亲友审核定稿之末，我们的胸中始终涌动着对院士的景仰与敬畏，唯恐一点落笔的不当误读了院士的品性，生怕一处选材的缺失消减了院士的光芒，但即使这样，书中仍难免有瑕疵不妥之处，恳请大家提出宝贵意见，以便不断修改和完善。

谨以此书，向为共和国发展做出杰出贡献的院士们致敬，向培养和造就院士的北京科技大学致敬，向广大拼搏奋斗在一线的科技工作者致敬！

编　者

2022 年 1 月于北京

目　　录

序 / i

序（2012 年版） / iii

前言 / v

博济之师，百年兰馨
　　——记冶金学专家和教育家、中国科学院院士魏寿昆 / 1

自强不息建功勋，"两弹元勋"铸辉煌
　　——记物理冶金专家、中国科学院院士吴自良 / 17

百炼成钢不惧难
　　——记金属学、金属物理及科学技术史学家、
　　中国科学院院士柯俊 / 30

"金凤凰"鸣响材苑乐章
　　——记金属材料专家、中国科学院院士肖纪美 / 44

精计巧算绘彩云
　　——记计算机专家、中国科学院院士高庆狮 / 57

淬心广，臻入微
　　——记材料学与电子显微学专家、中国科学院
　　院士叶恒强 / 66

生命的钤印
　　——记金属材料专家、中国科学院院士张兴钤 / 78

大梦无疆，且歌且行
　　——记材料学专家、中国科学院院士邹世昌　　　　　/ 90

依依金情，巍巍钢魂
　　——记冶金与金属材料科学家、中国科学院院士李依依 / 100

立志学术，心系科学
　　——记计算材料物理专家、中国科学院院士王崇愚　　/ 113

学界泰斗，耀人光泽
　　——记材料学专家、中国科学院院士徐祖耀　　　　　/ 120

人生曲折路，不坠凌云志
　　——记冶金物理化学专家、中国科学院院士周国治　　/ 130

"帽子里拎出兔子"
　　——记物理学专家、中国科学院院士陈难先　　　　　/ 142

"材"子风华，闪耀冶金陶瓷灯塔
　　——记粉末冶金与先进陶瓷专家、中国科学院院士
　　葛昌纯　　　　　　　　　　　　　　　　　　　　/ 150

摩擦学的探路人
　　——记摩擦学领域专家、中国科学院院士雒建斌　　　/ 161

材苑学海"苦行僧"
　　——记材料学和力学专家、中国科学院院士张统一　　/ 172

纳须弥于介子，守正道利天下
　　——记材料物理和纳米材料专家、中国科学院院士
　　张跃　　　　　　　　　　　　　　　　　　　　　/ 181

生当灿若乌金
　　——记采矿专家、中国工程院院士范维唐　　　　　　/ 193

赤胆忠心，熔钢铸魂
　　——记钢铁冶金专家、中国工程院院士徐匡迪　　　　／ 202

勇擎钢铁脊梁
　　——记冶金学家、钢铁冶金专家、中国工程院院士
　　殷瑞钰　　　　／ 215

板形之先，满井之霖
　　——记冶金机械专家、中国工程院院士陈先霖　　　　／ 223

铭佩不忘，旌麾耀世
　　——记金属材料与热处理专家、中国工程院院士涂铭旌／ 234

创造"鬼斧神工"，竭诚为国效劳
　　——记机械工程专家、中国工程院院士钟掘　　　　／ 244

核事业发展的"动力源"
　　——记核材料专家、中国工程院院士周邦新　　　　／ 256

千锤百炼的"特殊钢"
　　——记模具钢专家、中国工程院院士崔崑　　　　／ 267

毕生的追求：将零件轧制技术转换为生产力
　　——记零件轧制技术专家、中国工程院院士胡正寰　／ 277

不渝矢志铸钢魂
　　——记连铸设备专家、中国工程院院士关杰　　　　／ 289

德尚水质，行润金泽
　　——记耐蚀材料和环境敏感断裂专家、中国工程院
　　院士柯伟　　　　／ 299

坚如磐石，韧似秋兰
　　——记热处理专家、中国工程院院士雷廷权　　　　／ 309

钢铁史诗
    ——记冶金自动化及信息工程专家、中国工程院
      院士刘玠   / 319

国之良士，钢之英才
    ——记金属材料专家、中国工程院院士陈国良   / 329

国防战线上的一名科技战士
    ——记金属材料专家、中国工程院院士才鸿年   / 338

扎根贺兰山下，矢志不渝筑"钽"途
    ——记有色冶金专家、中国工程院院士何季麟   / 345

一生无悔的"钢铁战士"
    ——记不锈钢专家、中国工程院院士王一德   / 354

品岩石力学之美，登铸魂育人之峰
    ——记岩石力学与采矿工程专家，中国工程院
      院士蔡美峰   / 367

蓝天信息化的一面"爱国"旗帜
    ——记军事指挥信息系统专家、中国工程院院士费爱国 / 377

材料科技领域的"探路者"
    ——记金属材料及加工专家、中国工程院院士谢建新 / 385

融基锻梁，钢铁强国
    ——记压力加工专家、中国工程院院士毛新平   / 396

大国"建"匠：建筑和基础设施诊治的先行者
    ——记工程结构专家、中国工程院院士岳清瑞   / 404

将论文写在祖国的大地上
    ——记选矿技术专家、中国工程院院士沈政昌   / 413

后记   / 421

博济之师，百年兰馨

——记冶金学专家和教育家、中国科学院院士魏寿昆

魏寿昆（1907—2014），天津市人，北京科技大学原教授，冶金学家、教育家，中国冶金物理化学学科创始人之一。1923年毕业于天津市第三中学；1923—1929年就读于北洋大学，获矿冶系工学学士学位；1930年考取天津市公费留德；1935年获德国德累斯顿工业大学化学系工学博士学位，1935—1936年在德国亚琛工业大学钢铁冶金研究所进修一年；1936年9月受聘北洋工学院矿冶系教授，后辗转大半个中国，参与组建多所高校，曾任西北联合大学、西北工学院等单位教授或系主任等职；1949—1952年任北洋大学工学院院长、天津大学副教务长；1952年起历任北京钢铁工业学院教授、教务长、图书馆馆长、副院长。在冶金理论和工艺、资源综合利用上取得了开拓性研究成果：建立了高温熔体活度理论体系和炉渣脱硫的离子理论；提出了选择性氧化与转化温度的概念，为提高和改进我国共生矿的冶炼技术提供了重要的理论基础；固体电解质电池直接快速定氧技术的研究于1974年被誉为当时国际钢铁冶金三大发明之一，是控制钢液脱氧、提高钢质量的关键性手段。曾获国家教委科技进步一等奖、二等奖，国家自然科学三等奖，何梁何利基金科学与技术进步奖，国家教委全国优秀教材奖等。自1930年任北洋大学助教起，培养了大量的冶金、科技和管理人才，为我国的高等工程教育做出了卓越贡献。1980年当选为中国科学院学部委员（1993年改称院士）。

2006 年 9 月 6 日，人民大会堂河北厅，"庆祝魏寿昆院士百岁华诞暨从教 77 周年座谈会"隆重举行。在徐匡迪、师昌绪、周济、朱继民、周国治等饱含深情的致辞之后，魏寿昆先生从座位上站了起来，发表了长篇答谢讲话。会场内顿时安静下来，众人注视着这位十秩高龄的冶金界、教育界前辈，听着他泰然平和却掷地有声的言语，脑海中宛若展开了一幅百年画卷：生逢乱世，弃商就学，北洋才子赴德苦修回国，抗战烽火中于陕、黔、滇、渝四处奔波，在风雨中守护中国近代教育的火种；新中国成立后赴满井村勇担钢院建校和教务重任，于荒芜之上开辟新中国冶金教育先河；陕蜀京津，恩师慈父，春风桃李，不觉百年。

"芝兰生幽谷，不以无人而不芳；君子修道立德，不为穷困而改节。"回眸先生百年人生，如浸兰香，荡气回肠。

北洋才子，弃商从文

1907 年 9 月，一个新生命诞生在天津一户日渐败落的商人家庭里，祖父为其取名寿昆，字镇雄。魏家九代从商，至魏寿昆这代，开始有了变化。

近代以来，中国遭受帝国主义肆意蹂躏，晚清王室风雨飘摇，魏家多次遭劫，家境每况愈下。身为长孙的魏寿昆成为继承家业、复兴家族的最大希望。祖父原本打算将魏寿昆送至一家光景好的商铺，跟东家学习经商本领，而后继承祖业。然而在金宅私塾学习三年后，不足 10 岁的魏寿昆并没有接受祖父的安排，他说："我自幼喜欢读书，深愿弃商就学。"小小孩童，志向已明，魏寿昆的这句话让祖父和三叔深为震动，虽有遗憾但却对这份志向给予了支持，鼓励他勤奋读书。

为了尽量省钱，魏寿昆选择离家最近的小学就读，并于 1919 年考入天津铃铛阁官立中学（现天津三中），成为这个商贾世家中的第一个中学生。

中学四年，铃铛阁官立中学完备的现代课程体系给魏寿昆打下了坚实的知识基础，魏寿昆各门课程优秀。1923 年夏，魏寿昆以第一名的成绩从千余名考生中脱颖而出，考入北洋大学矿冶工程专业，两年预科，四年本科。1929 年，魏寿昆以本科四年各科平均 94.25 分的成绩修得学士学位，并获授斐陶斐（Phi-Tau-Phi）金钥匙，这一分数刷新了北洋大学校史上的高分记录，"北洋才子"的美誉由此而生。

魏寿昆在北洋学习 6 年，其间 4 年学校都由刘仙洲主持校政。在刘仙洲的努力下，茅以升、石志仁、何杰、侯德榜等一批名师到校任教。这些教授都曾抱着工业救国、教育救国、科学救国的理想留学国外，又怀着报效国家的志向回国服务。魏寿昆深受他们的影响。他深知，复兴中国，自己在北洋学到的东西还远远不够，唯有出国深造，才能换回一张安静的书桌和一身报国的本领。然而，时值北洋军阀统治，公派留学机会少得可怜，魏寿昆只能认真准备，等待时机。

1929 年夏，魏寿昆大学毕业后留在学校冶金系任教，协助冶金教授斯佩里（Sperry）先生设计制造辽宁金矿选矿设备。矿场停办后，他又被介绍至辽宁大石桥滑石矿工作。1930 年春节，因为不想失去难得的留学深造良机，魏寿昆果断辞去大石桥滑石矿的工作，回到母校北洋大学，一边协助矿冶系主任何杰教授和地质系冯景兰教授的教学工作，一边继续关注着招考留学生的消息。1930 年 9 月，"幸运之神"悄然降临。天津市决定公开招考三名留学生。这是天津市唯一一次自行招考公费留学生，魏寿昆很好地把握住了这个机会，从 50 名天津籍考生中脱颖而出，顺利通过留德考试，开始了漂泊异国的游子生活。

这一年，魏寿昆刚满 23 岁。

远渡重洋，求知若渴

1931 年 3 月，魏寿昆收到信函，得知留学经费已经落实。启程之前，魏寿昆专程赴岳父家与未婚妻杨英梅告别。席间，魏寿昆畅谈留学抱负，杨英梅明志守约，等待他学成归国完婚，两人温情难舍。魏寿昆又放心不下母亲，母亲便安慰他说："好好读书，别担心家里。"

到达柏林之后，魏寿昆租到房子，很快适应了新环境，仅用 2 个月便完成了 8 个月的语言学习计划，取得德语及格证书，顺利进入柏林工业大学。

然而，刚开始上课时语言的隔阂依旧是他听课的很大困难。曾经学过的如无机化学、分析化学等课程听讲起来还比较顺利，因为即便是遇到一些陌生的化学名词术语，课后复习时只要查字典就能够搞明白。对于从未学过的新课程，如工业化学中的有关经济学、贸易学、企业管理学中的术语，起初的魏寿昆却茫茫不知所以然，于是他用更多的时间一词一句地查阅、询问、理解、消化，逐渐吃透了那些原本陌生的单词。

1931年在柏林期间，德国法西斯势力越来越嚣张，许多德国青年开始盲目崇拜法西斯思想，此时日本在中国发动了九一八事变，局势愈加紧张。一天，魏寿昆在食堂用餐，一位德国青年误以为他是日本人，上前得意忘形地说："你们日本人又打胜仗了！"魏寿昆怒目而视，未予回应。那人以为他没听清楚，又很骄傲地说："我们德国也是好战的民族。"魏寿昆再也按捺不住满腔的怒火，厉声谴责道："我们中国人一定能把日本人赶出去！让你们这些好战的民族见鬼去吧！"这位德国青年顿时被他的气势震住，灰溜溜地走了。魏寿昆在《追忆30年代留德生活》一文中回忆了当时的悲愤心境——"国家不强，受人侮辱，痛愤在心"。

痛愤很快转化为师夷长技、工业救国的动力。此事之后，魏寿昆学习更加用功。留德期间，魏寿昆结识了同在德国留学的王淦昌，两人同游哈茨山风景区时畅谈国事，互相勉励，相约在各自领域共同为祖国效力。

魏寿昆结转到德累斯顿工业大学，按照学校要求，直读博士之前必须补做一篇工程师论文。魏寿昆学完国内大学未曾学过的部分专业课及全部专业实验后，用9个月的时间完成了论文。这是魏寿昆第一次用德语写工程师论文，结果却出乎他的意料，即使在以严厉著称的色染及纺织化学研究所所长柯尼希（Konig）那里，他的研究成果也得到了优秀的评价。柯尼希教授对这位聪明而勤奋的中国学生倍加器重，在他的悉心指导下，魏寿昆的研究工作另辟新路，完成了博士论文《新生亚硝酸对羊毛作用的新贡献》，并顺利通过答辩，获得"优"的成绩。

拿到色染化学博士学位之后，魏寿昆已经完成了天津市政府规定的留学任务，4年的公费期也已期满。他慎重地考虑着国内的局势和眼前的选择：在日本势力控制下的天津，自己已经不可能再为天津纺织色染工业服务，不如借留德机会再学一年钢铁冶金，这对国家和个人都是最有利的。

1935年夏末，魏寿昆以旁听生资格自费进入亚琛工业大学学习一年冶金专业。在这一年里，他给自己安排了很重的学习任务：一是了解国际冶金工业及冶金教育动态，为回国从事冶金实业或教育工作掌握资料；二是到德国著名钢铁公司实习参观，学习德国冶金工业新工艺、新流程、新设备；三是听亚琛工业大学著名教授讲课，购买讲义和教科书，掌握冶金理论及其研究方法。这段时间，魏寿昆节衣缩食，惜时如金，对冶金知识几乎痴迷到夜以继日、乐而忘我的程度。

回忆那段留学生涯，魏寿昆深情地说："留德五年又两个月，为我一生为祖国和人民服务奠定了基础。我怀念曾经教育过我的老师，感谢他们，对他们表示崇高的敬意。"

辗转西疆，风雨报国

1936 年，魏寿昆怀着满腔报国热忱和一身才学回到阔别五年的家乡，赴北洋工学院任教，次年守约完婚。1937 年，七七事变爆发，北平、天津相继沦陷。北洋工学院果断向国民政府教育部提出内迁要求。不久，教育部令北平大学、北平师范大学、北洋工学院及北平研究院迁往西安，组成西安临时大学。

学校仓促西迁后，办学条件非常艰苦，教学设备简陋，图书资料匮乏，师生只能勉强开课。然而此般境况维持不长，开学不到半年，临汾失陷，潼关告急，西安轰炸声不断，西安临大不得不再次南迁至汉中城固县，选择文庙、考试院及城南的古路坝天主教堂等作为校址安顿师生，学校也更名为西北联合大学。

当时的西北联大的教室、宿舍都是临时搭建的，条件十分简陋。面对硬件条件严重不足，教学资源相当缺乏的困境，魏寿昆以赤心坚持教学。没有教材，他依靠自己所学、拼命搜集资料而自编讲义；师资缺乏，他经常一人讲授从低年级到高年级的多门课程，不知苦累。同学们也是日夜苦读，如饥似渴。在城固古路坝上课的学生，晚上于油灯下读书、写作业，远望山中的点点灯光，闪烁似夜幕星光，遂成"古路灯火"一景。"古路灯火"虽然微弱，却是西北高等教育的火种，后来孕育出西北工学院、西北大学、西北师范大学及西北医学院等高等学府。

1938 年，西北联合大学被拆分，魏寿昆到新成立的西北工学院任教，任矿冶研究所主任。由于教师奇缺，从二年级的"分析化学"到高年级的"选矿学""钢铁冶金"及"非铁（有色）冶金"均由他一人授课，另外他还讲授"金相学""钢铁热处理"等多门课程。在西北工学院任教两年后，魏寿昆来到新成立的西康技艺专科学校担任化工科主任，两年后又调至贵阳，创建贵州农工学院并任教务主任及矿冶教授。1942 年，魏寿昆被重庆经济部矿冶研究所聘用，从事抗战急需材料的科研工作，同时兼任重庆大学教授，每月在重大任教 10 天，在研究所工作 20 天，身兼双职，奔波于北碚和沙坪坝两地之间。

回忆起抗战时期的任教经历，魏寿昆曾写道："山河破碎，报国无门。不少时间情绪波动频繁，思想上有沮丧、有愤恨、有彷徨、有困惑，但经常以做好本职工作要求自己，以为祖国培育英才为己任。"抗战八年，魏寿昆随同李书田等人辗转流亡于西部穷山恶水之间，稍有停顿，便拿起粉笔讲学，魏寿昆一人几乎承担了各校矿冶系所有冶金课程的讲授。在西安，敌机每日盘旋于学校上空；在汉中，古路坝天主教堂外常有强盗出没；在西昌，魏寿昆每日骑马走 7 公里山路上课……然而，再多的困难凶险也无法熄灭魏寿昆等一大批教育家心中熊熊燃烧的教育救国的梦想。中国近代教育的火种，也因他们的精心守护，得以在那段风雨如晦的岁月延续。

在中华民族最危急的时候，魏寿昆于颠沛流离中除了教课，还依然坚持开展抗战急需材料的研究工作，并着手调查大后方各省铁矿资源的状况，收集大量铁矿样品，以实际行动报效祖国，取得多项科研成果。

魏寿昆对铁矿样品进行化学分析，发现样品中磷的含量都比较高，容易导致钢变脆，在冶炼过程中必须将过多的磷脱去。魏寿昆在一次次钢脱磷热力学计算的基础上提出了小型贝塞麦炉冶炼程序，以及贝塞麦炉与马丁炉双联操作工序，在《矿冶》复刊号上发表了题为《贝塞麦法炼钢去磷问题》的论文，成为他毕生从事冶金物理化学研究的起点。随后，魏寿昆于 1944 年发明"静置后处理法"，该法可把从四川白云石矿中提取的氧化镁纯度提高到 99.5%，从而解决了长期存在的马丁炉炉衬的耐腐蚀问题，并取得发明专利。1945 年他研究从江苏钼矿中提取纯金属钼、钼化合物及炼制钼铁和钼合金钢，提出钼矿综合利用思路：将钼矿预先进行焙烧，继而以湿法提取钼酸钠、钼酸铵和钼酸钙；在坩埚内用钼酸钙炼制钼合金钢；利用硅铁还原钼酸钙制得含钼 40% 的钼铁；此外又成功地制得纯度为 94.67% 的金属钼。这一成果也获得发明专利。这时期，魏寿昆共发表学术论文 12 篇，获 5 项专利。

抗日战争胜利后，南京国民政府恢复了北洋大学校名，魏寿昆回到天津，任北洋大学冶金系主任、采矿系主任、教授，并受命恢复被战争破坏的实验室，重整教学秩序，其间还兼任唐山交通大学（该校及其历史名称下简称唐交大）冶金系教授。

1948 年末，天津战役即将打响。国民党政府命令北洋大学南迁，魏寿昆和一批知名教授均在计划南迁的名单之中。魏寿昆从小深受孟子的"上下交争利，而国危矣！"的思想影响，目睹国民党政权的腐败，民心已丧失殆尽，他把兴国强邦的希望寄托在共产党身上。因此，他听从天津地下党的安排，留守在北洋大学，迎接解放。

千磨万击还坚韧，任尔东西南北风。波澜壮阔的历史画卷中，魏寿昆以学报国，笃定执着，带着不变的报国信念，坚定迈向新中国的春天！

满井星火，铸就钢院

新中国成立后，北洋大学分设工学院、理学院，魏寿昆任工学院院长。为改变旧中国教育事业的衰败局面，教育部开始对高校进行调整，1951 年，北洋大学同河北工学院合并，更名为天津大学，魏寿昆任天津大学副教务长。1952 年，天津大学、唐交大、北京工业学院、西北工学院、山西大学、清华大学六所高校的矿冶学科合并组建北京钢铁工业学院。4 月 22 日，重工业部钢铁工业局组织召开了北京钢铁工业学院第一次筹备工作会议。4 月 25 日，魏寿昆作为教育部指定的天津大学代表，参加了由重工业部和各校代表参加的筹备工作座谈会。

不久，魏寿昆率领天津大学调归北京钢铁工业学院的教职工 20 余人，以及在校学生 91 人暂住清华大学开展教学工作，位于北京西北角的海淀区满井村的钢院校园正在施工。他时常来到建筑工地，看见一栋栋楼房拔地而起，教学区、图书馆、学生宿舍区、家属生活区日见雏形，心中的激动便油然而生。1953 年 9 月，北京钢铁工业学院从清华大学迁入新校址上课。纵然是"无风三尺土，下雨两脚泥，上课钻工棚，夜读须秉烛"，但校园中教学秩序井然，生机勃勃，师生们的脸上洋溢着快乐自豪的笑容。它宣告，一所为社会主义中国培养冶金人才的高等学府已初步建成。

从此，这位昔日的"北洋才子"秉承着北洋大学"严谨求实、实事求是"的优良传统，扎根钢院，和其他建校元老一起，带领一批立志以钢铁强国为己任的热血青年，用辛勤的汗水开创了崭新的奋斗征程。建校初期，北京钢铁工业学院在教学上强调学习苏联冶金教育经验。作为学校的第一位教务长，魏寿昆的主要工作是管理全校的教务活动，他深感责任重大。从教学规章制度制定到各专业教学计划的审定，从各门课程教学大纲的编写到苏联教科书的翻译，从部分教材的编写再到教学设备的选购等，他都亲力亲为，生怕疏忽任何一个细节而影响学校的教学发展。

为保障教学工作的正常秩序，魏寿昆将自己主管工作总结为"3 个 6"和"1 个馆"的教学组织模式。"3 个 6"是指教务处的 6 个科室（教务科、科研科、教学设备科、生产实习科、出版科、业余教育科）；院设的 6 个系（采矿系、冶金系、金相及热处理系、压力加工系、冶金机械系、物理化学系）；院属的 6 个公共教研室（数学教研室、物理教研室、化学教研室、外语教研室、机械制图教研室、体育教研室）。"1 个馆"即图书馆。在魏寿昆的协调组织下，各个教学单位井然运行。

在千头万绪之中，如何制定出新颖、规范、严格、合理的教学计划，是魏寿昆最为关切的事情之一。他积极组织教师参加俄文学习突击班，翻译俄文资料，努力学习研究苏联冶金教学经验，在短短的二至三年时间，便形成了完善的教学计划和教学大纲，为学校教学活动的高效开展奠定了坚实基础。后来，由魏寿昆主要组织制定的"钢铁冶金教学大纲"经清华大学、北京工业学院、重庆大学、中南矿冶学院和北京钢铁工业学院 5 所高校 56 名教授、学者讨论通过。这是新中国成立后第一份比较符合中国国情的、比较完善的钢铁冶金教学大纲，对其他冶金类专业制定或修订教学大纲起着重要的示范作用。

1956 年 1 月，在柯俊、魏寿昆等著名教授的建议下，学校设立了由金属物理专业和冶金物理化学专业组成的物理化学系，这两个专业并称为钢院的"两大台柱"，至今仍是学校的"王牌学科"。在魏寿昆担任教务长的 14 年间，钢院汇聚了一大批钢铁冶金领域的精英人才，教师队伍的强大和完整，即使北洋大学、唐交大的鼎盛时期，也无法与其相比。

回望建校历史，魏寿昆兢兢业业，执着探索，辛勤耕耘，为钢院的建立和发展付出了巨大心血，打下了坚实基础。钢院以其坚实求新的步伐很快发展壮大，成为培养优秀冶金工业人才的重要基地，"钢铁摇篮"的美誉广为流传。

冶金泰斗，自成一家

魏寿昆是"冶金热力学"当之无愧的先行者和奠基人之一。他从事冶金学研究中，有三分之二的时间从事冶金热力学的研究。从他在《矿冶》杂志上刊登第一篇论文起，已撰写和发表论文达130余篇，有5部专著，其中《冶金过程热力学》与《活度在冶金物理化学中的应用》是该学科具有开创性、奠基性的宏著，均受到国内外同行的好评。日本著名的冶金学家后藤和弘曾评论《冶金过程热力学》是迄今世界上最好的一部冶金热力学专著。该书获1988年全国优秀教材奖，至今仍然是我国冶金工业领域的经典著作。魏寿昆将热力学原理系统应用于冶金实践，将复杂的冶金反应通过高温反应活度理论建立了一系列简单的、实用的、可计算的高温反应方程式，从而找到了开启冶金反应神秘宝库大门的钥匙。

活度理论辟蹊径，炉渣脱硫延新途。

20世纪50年代初，魏寿昆注意到"活度"概念正是当时冶金学界的热点研究领域，这激发起他极大的兴趣。此后，他的课余时间几乎全部都用在图书馆里查资料，试图揭开"活度"的神秘面纱。活度研究可提供探索合金溶液本质的途径，因为在计算合金溶液热力学参数时，人们往往把溶液看成是理想溶液而不是真实溶液，而活度正是反映了真实溶液和理想溶液在客观上存在的差异，活度系数则反映了产生这种差异的原因。那时候，我国冶金工作者对活度理论与应用感到茫然，戏称为"糊涂理论"。而国际冶金界对高温冶金反应活度理论研究也无系统的突破。

魏寿昆精通冶金热力学，他从理论上论证了高温真实溶液活度计算的两种标准，并用活度理论对人们最关心的冶金反应进行计算，阐明这些冶金反应的热力学本质。他把研究成果编写成教材，为青年教师、工厂的工程师、大学生讲课。魏寿昆相信，他们只要掌握活度理论，便会能动地利用它控制冶金反应过程，生产出各种急需的钢铁材料。同时，他又把大量实践成果吸收到教材中，不断更新和丰富了教学内容。

1956年起，魏寿昆连续发表了《活度的两种标准状态与热力势》等几篇重要论文，1964年他的专著《活度在冶金物理化学中的应用》出版。这本书凝聚着他苦心研究的成果，奠定了魏寿昆在我国冶金物理化学领域创始人之一的地位。从此，活度理论也从教科书中的抽象概念变成冶金工作者认识和利用冶金反应本质的实用工具，他应用活度理论和炉渣离子理论归纳出的适用于高炉铁水脱硫的公式，至今仍被国内外冶金专家广为应用。

选择氧化尽完善，复杂金矿巧分离。

20世纪60至70年代，魏寿昆研究了选择性氧化热力学理论。他多次著文指出，当有许多氧化物同时被还原或许多元素同时被氧化时，则存在着还原、氧化顺序的问题。1973年，他首次提出"氧化物转化温度"概念。他认为：两个元素选择性氧化的转化温度只决定于熔池组成活度及CO的压力，而与吹炼用氧的形式（无论是气体O_2还是熔池金属液中溶解的[O]，抑或熔渣中的FeO）无关。这个重要的发现，改变了旧理论所述的熔池中两个元素氧化的转化温度不变的论点，丰富了冶金物理化学理论。这个理论对于研究平炉、底吹转炉及顶吹转炉等不同炼钢方法中的元素氧化的顺序与条件，特别是对共生矿的冶炼工艺具有普遍的指导意义。

魏寿昆认为，提出新的观点、新的理论并不是科学研究的终点，更重要的是把它应用到生产实践中去指导生产，接受检验，使它不断丰富和完善。20世纪70至80年代，古稀之年的魏寿昆奔赴钢铁生产现场，运用选择性氧化理论进行了多种工业实践，收到了预期效果。如指导上钢三厂冶炼不锈钢工艺的脱碳保铬问题；为上钢一厂的摇包中铁水脱铬保碳提出了最佳工艺条件；结合攀枝花钢铁公司和包头钢铁公司的共生矿的条件，分别提出了如何提钒与提铌的最佳工艺等。他对有色金属冶炼工艺也提出了重要的指导性意见与建议。如为了金川有色金属公司的火法提镍，魏寿昆从理论上计算了镍锍中元素氧化的顺序，为卡尔多转炉保镍脱硫提出了理论依据并成功地确定了合理的吹炼工艺，使镍的总回收率超过95%。那些年月，魏寿昆好像忘了耄耋将至，依旧如同青年人那样充满着活力和创造力，迎来了科学生涯中的又一个丰收季节。

1988年，魏寿昆将选择性氧化理论进一步完善和扩充。在他撰写的发表在德国《钢研究》上题为《金属熔体中元素的选择性氧化及多反应平衡》的论文中，把选择性氧化定为第一类型，而第二类型则是某元素选择性优化氧化，经常伴随着该元素和其他元素的共同氧化，最后达到平衡。该理论能够成功地应用于多种金属矿有用元素的分离，对冶金热力学发展做出了贡献。此外，魏寿昆还根据吉氏自由能对温度的曲线图，建立了较完善、较全面的理论阐述，为多金属多反应的提取工艺提供了归纳性的能实际应用的理论。

首研固体电解质，实测热力学参数。

在研究选择性氧化理论的同时，魏寿昆于 20 世纪 70 年代在国内率先开展固体电解质电池直接快速定氧技术的研究，利用这种技术可快速准确地直接测定出钢液中的氧活度，是控制钢液脱氧、提高钢质量的关键性技术手段。魏寿昆说："这种技术被称为当前钢铁冶金三大发明之一。现在我们着手研究为时不晚，可以和国外同步进行。"在他的倡导下，冶金物理化学教研室成立了研究组，20 世纪 80 年代又将研究组扩展为学校重点研究室，使我国固体电解质电池的研究处于国际先进水平。

魏寿昆采用固体电解质电池定氧原理，率先开展热力学参数的测定工作。他配合包钢铁水提铌，选定科研课题项目。他利用定氧电池测定了 Fe-Nb、Fe-Nb-Mn 及 Fe-Nb-Si 等体系中的铌的活度相互作用系数，对包钢改进提铌工艺提供了定量的热力学分析数据。他用固体氯化剂氯化铌渣脱锰，使铌铁合金的含 Nb 量由原来的 10%—15% 提高到 60%；并对国外尚无文献资料报道的氧化铌 – 氧化锰 – 氧化硅的三元相图进行了初步研讨。上述课题获得国家教委科技进步二等奖。

综合利用做文章，有害元素精"淘沙"。

魏寿昆一向重视国内矿产资源的综合利用。我国华南铁矿含砷，在高炉冶炼过程中，铁矿中的砷进入生铁。当时还无任何方法将砷除去，而砷在钢中害多利少，脱砷研究急需进行。为此，魏寿昆采用还原脱砷原理对铁水用 CaC_2-CaF_2 渣系进行预处理，得到满意的脱砷效果；并对该钢水施以二次精炼，在氩气保护下采用喂入钙丝的方法，使钢水中的砷可脱至双零水平。魏寿昆与他人合作又研究了砷在铁液内的热力学行为，测定了某些砷的活度相互作用系数，并测出脱砷产物 Ca_3As_2 的生成自由能。这些均属热力学计算中很有用处的数据，并且是国外文献未见报道的资料。脱砷研究获国家教委科技进步一等奖。

我国锰矿含磷，致使炼制的锰基合金中也含磷。锰基合金是炼钢常用的脱氧剂，若其中含磷，则对钢的质量将产生极为恶劣的影响。因此，锰基合金去磷是国内迫切需要解决的问题。魏寿昆与倪瑞明、马中庭、成武首先利用金属钙对硅锰合金进行系统的脱磷研究，取得有效的成果。他们又研究金属钙在锰液中的热力学行为。例如，研究了钙在锰液中的溶解度、第三元素对钙的溶解度的影响，以及求出第三元素对钙的活度相互作用系数等，使得锰基合金脱磷可以定量计算。该课题属国际领先水平，获得了国家教委科技进步一等奖。

在做好冶金热力学科学研究工作的同时，魏寿昆还作为中国金属学会的创始人之一，长期致力于推动全国冶金物理化学学科的发展。他曾建议成立冶金过程物理化学分会，并在"文化大革命"后担任该组织两届负责人。该学会在魏寿昆等院士的指导下，学术活动质量逐步提高，学术会议民主开放，不断产生新思路、新观点，对繁荣我国冶金过程物理化学研究起着重要的推动作用。魏寿昆在他所著的《冶金过程热力学》的前言中阐明了他锲而不舍地研究冶金热力学的原因：通过与冶金工厂及研究部门的科技、工程人员接触，深深感到，一方面应用物理化学解决实际问题非常迫切，但另一方面又遇到不少人在解决冶金实际问题时，苦于不知如何运用物理化学这一得力的理论工具……作者愿为物理化学工作者和冶金工作者搭筑桥梁，使达到相互促进。魏寿昆通过对冶金热力学，特别是高温活度理论的研究，不仅"构筑"了冶金学与物理化学两个学科之间的"桥梁"，而且沟通了冶金生产实践与物理化学理论之间的联系，他为"筑桥"融入了大半生的心血。

"做人要知足，做事要知不足，做学问要不知足。"魏寿昆的科研工作便是遵循着不知足、不止步的道路不断向前，在祖国冶金工业广阔的土地上，留下一世纪的足印。

师者如兰，终身沁香

魏寿昆一生从教，从近代中国的第一所公立大学——北洋大学，到抗战时期行经万里辗转西北临大至重庆大学，再到新中国成立后的天津大学至院系调整后的北京钢铁工业学院，曾在 10 所大学任教，讲授过 28 门基础课和专业课程。其教龄之长，恒心之坚，树人之丰，在中国乃至世界教育史上实属罕见。

魏寿昆一生兢兢业业，无私奉献，共为我国培养了四五代冶金科技人才。在这些学生中有出类拔萃的两院院士，有著名的科学家和教授，有身居要职的政府官员，有名声显赫的企业家；然而他的大多数学生则数十年如一日，勤奋地工作在校园里、工厂中和矿山上。

早在北洋大学任教时，魏寿昆就已是名师。据北洋大学校志载：矿冶系魏寿昆主任，他在课堂教学，条理之清晰，逻辑之严密，科学论证、分析之透彻，深为师生折服与钦佩。随后在抗战时期辗转于西安、汉中、西昌、贵阳的五年间，各校矿冶系所有冶金课程大多由魏寿昆一人讲授，有时化学教师不足，他还要承担部分化学课程。他每学期至少教授三门课程，曾有一个学期五门课程平行教授，每周上课 14 课时。整个抗战时期，加上之前在北洋大学的一年，魏寿昆讲授的课程已多达 23 门。其间，魏寿昆还针对当时国内冶金教材极度匮乏的现状，主动翻译大量外文原版教材，精选内容编写讲义，经过长期的积累和整理，在重庆大学任教期间基本编写完成冶炼厂设计课程的讲义，为当时教学和建厂提供了翔实的资料。后来《平炉炼钢厂设计》于 1954 年由商务印书馆出版，成为新中国成立初期冶金教育的经典教材之一。

1952 年，魏寿昆等一批知名学者云集北京钢铁工业学院，许多学生放弃清华、北大等名校，慕名报考钢院。当年，在钢院冶金系还有过这样一件动人的事。魏寿昆讲课内容广博、语言生动，早已闻名全校。一部分未上过魏寿昆先生课的 1958 届毕业生集体向学校请愿，希望在毕业之前能有机会听一次魏寿昆的专题讲座。对此，魏寿昆先生欣然应允。这件事已过去多年，学生们仍对魏寿昆讲课情景记忆犹新：先生个子不高，声音洪亮有力，声调抑扬顿挫，讲课时偶尔会讲出几句天津方言，时不时在每句话后面带着口头语"呐"，无意间也给课堂平添了几分活跃的气息。

许多学生回忆起魏寿昆的授课风格时，都会这样形容：博而精。魏寿昆授课的"精"不难理解，主要体现在他精选讲课内容，而且极其讲究教授方法，即便是难懂的理论，经他讲解，也能够深入浅出，让学生在课堂内学到知识的精华。然而要做到"博"实属不易，这种"博"既要体现在他在专业上的广涉博取，还要体现在他对语言超强的驾驭能力，能够熟练运用英语和德语两门外语。由于他自己翻译大量外文原版教材，编写讲义，并用流利的英语授课，又能广泛涉猎外文资料并做到融会贯通，他讲授的课程自然使学生很容易理解掌握。魏寿昆精通英语，同事们都称呼他为"活字典"，年轻人不知道某些英语单词是什么意思，他一看就知道。这种平常的小事无形中给学生们树立了学习的好榜样。

　　魏寿昆治学严谨，一丝不苟，对待学生更是严格要求，细心指导。殷瑞钰当年在钢院参加"平炉热工"期末考试时，尽管抽题问答环节条理清晰、准确无误、对答如流，但在回答魏寿昆关于"平炉修炉底用不用镁砖？"的提问时，随意说出："不用。"被魏寿昆"无情"地将五分的成绩改填为四分。殷瑞钰自此以后对每一个细节都非常认真，仔细观察，处处留心，不放过任何一个微小的问题。魏寿昆在从教后期，将工作重心转移到指导博士生上。他所带的一个博士生在完成毕业论文初稿后，先将其交给副导师审阅，副导师认真批改后又让学生改了好几遍，才将论文终稿送交魏寿昆。当时的魏寿昆已是85岁高龄，身体虽硬朗，但是一只眼睛有疾，看物体总是出现重影。拿到这篇论文后，魏寿昆先向副导师询问论文中数据图表是否核算过，再向博士生询问论文中所涉及的公式推导。两天后魏寿昆把副导师和那个学生都叫到面前，将自己写好的满满三页的修改意见交给了他们。当他们接到后都惊呆了，薄薄的三页纸上详细列出了论文中存在的错误，如公式中没写对正负号，标点运用不正确等。更让他们敬佩的是魏寿昆还将论文中的公式重新推导了一遍，他发现论文里有些数据在实验条件下是得不到的，于是就要求学生重新处理数据。

　　魏寿昆十分关心青年一代的成长，在他的绵延恩泽影响下，一批又一批的冶金英才茁壮成长，将魏先生严谨求实之治学风格薪火相传。段淑贞教授曾经用"既是恩师，又是慈父"来形容魏寿昆在她心目中的形象。他就像一位慈祥的领航人，手把手带领着年轻教师走上了教学岗位，开启教书育人这一崇高事业的大门，并经常向他们传授教学经验，帮助一批批青年教师迅速成长。钢院60届毕业生周国治当年留校任教，从魏寿昆的著作《活度在冶金物理化学中的应用》中找到研究方向，在魏寿昆刚从牛棚出来之后便上门求教，最终取得重大学术突破，后当选中国科学院院士。冶金物理化学首届毕业生乔芝郁是魏寿昆的亲传弟子，毕业后留校任教，曾作为副导师与魏寿昆一起指导94届博士生邢献然，后来邢成长为一名优秀学者。邢献然的博士生陈骏，又于2009年获评全国优秀博士学位论文，并被破格提拔为教授。从魏寿昆到乔芝郁到邢献然再到陈骏，可谓四世同堂、薪火相传、星光闪耀。2006年4月，为庆祝魏寿昆百岁华诞，北京科技大学设立了"魏寿昆科技教育基金"，魏寿昆得知消息后，深感荣耀又很感谢，当即捐出了10万元。"支持冶金人才培养，支持学生创新活动，这都是应该的。"一句简单的话，饱含了魏寿昆对莘莘学子的真切关怀和对教育事业的殷切期待。

曾有一次，记者问他一生所获众多头衔中最喜欢哪一个？他毫不犹豫地回答：教师。是的，魏寿昆一生任职无数，最爱的依然是那一方三尺讲台；师者二字，是一生无怨无悔的诠释；冶金教育的美好未来，正是先生毕生努力之愿景。

经纬百年，真情如歌

魏寿昆生于 1907 年，以生命的长度见证了晚清的衰落、民国的动乱、国民党的败退、新中国的诞生、社会主义建设的激情、"文化大革命"的风雨、改革开放的成就、新世纪的崛起……仿佛一个世纪的风雨，都被轻易融化在他有趣的故事里。

魏寿昆最大的心愿是民富国强。成长于军阀混战、民不聊生的时代，魏寿昆深受其苦，青年时代的魏寿昆曾多次参加反对袁世凯政府承认卖国"二十一条"的活动，反对巴黎和会《凡尔赛和约》、抵制日货和募捐赎路的游行斗争，早早立下了振兴工业、科学救国的宏图大志。2006 年，在"庆祝魏寿昆院士百岁华诞暨从教 77 周年座谈会"上，他深情地说道："在座的年长同志都一定会和我有同样的感受，现在我们国家已经进入黄金时代，政通人和，百业兴旺，所以我们都要感谢共产党，我们需要努力工作，把自己的知识贡献给国家，加快完成我国的小康社会建设。"魏寿昆是九三学社的老社员，曾任九三学社第十一届中央委员会顾问，他时时关心我国科教事业的发展，多次坦诚献策。尤其 1988 年以来，耄耋之年的魏寿昆教授致力于我国钢铁发展战略研究，他与王之玺院士带领冶金院所有关专家走遍国内各大钢厂、码头，对我国钢铁近期、中远期发展战略向中央政府和中科院提出建议，得到党和政府的重视，体现了他崇高的人生追求和高尚的精神境界。

魏寿昆的人生格言是：活到老，学到老；苟日新，日日新。他是读书之人，亦是惜书爱书之人，一个多世纪风雨坎坷，有书常伴，一生便不觉得孤单。魏寿昆的好友陆宗贤先生回忆起和魏寿昆早年的交往，影响最深的便是他的手不释卷："魏寿昆的兴趣爱好，第一个就是读书，嗜书如命。

他在钢院的时候家里房子不大，可柜子里全是书。""文化大革命"时期的魏寿昆受到不公平待遇，然而他并没有消沉，而是潜心学习国外冶金科学和技术、掌握冶金发展动态。每次开完学习会，他都会独自走进图书馆偌大的阅览室，只有他和那位相识多年的老管理员。"文化大革命"后期，魏寿昆心脏不好，血压低，但他仍坚持读书，整个屋子堆满书籍，可谓"斯是陋室，惟吾书香"。年老视力退化后，他仍坚持依靠助听器，让儿女每周给他读报，读书和学习已是他生命的一部分。

魏寿昆一生中痛哭过两次：一是抗战结束后得知母亲已经过世之时，二是爱妻杨英梅弥留之际。母亲为家庭辛劳一生，魏寿昆却因工作忙碌未曾长时间陪伴身边，心中始终存有愧疚，留德临行之际，魏寿昆将几年积蓄的薪资存折偷偷放于母亲枕下，自己只留够生活费用；抗战漂泊期间，只要邮路顺畅，他坚持给家中邮寄生活费用，却依然不能了却亲自侍奉的尽孝之愿，至得知母亲已于半年前过世消息之时，情不自已，痛哭失声。魏寿昆的妻子杨英梅是他中学英文老师杨荣懋的女儿，性格温良，多才多艺，擅长钢琴、小提琴，从魏寿昆留学德国车站相送，到抗战时期的精心照护，直至新中国多次政治运动中的同舟共济，两人五十七年如一日，同甘共苦、相濡以沫。1994年7月，杨英梅病危之际，魏寿昆一直守望在身旁，弥留时刻，他在妻子额头上深深一吻，在泪水中送妻子最后一程，两人终身相守的爱情也永远地定格在了这一瞬间。谈及妻子，魏寿昆曾动情地说："一生蒙夫人杨英梅多方面精心相助，恩爱相伴，终能完成各项工作，获得点滴成就，深感欣慰。"

魏寿昆性格开朗，宽容豁达，至晚年身体都尤为健康。孔子云：大德必得其寿。魏寿昆年过百岁时，仍精神矍铄，思维敏捷。当被问及为什么如此健康长寿时，魏寿昆幽默地说："我也没有想到能够活得这么长！哈哈！"他笑称自己并非养生专家，也没有什么养生秘籍，吃的多以蔬菜水果为主，配以适量荤食，喜欢喝花茶。笑谈中，魏寿昆如兰的师者气质跃然而出。

再读魏寿昆，无论是在动荡混乱的旧世界，还是在和平安定的新中国；无论是远渡重洋去他乡，还是辗转奔波回故土；无论是在老北洋的艰苦求学，还是在新钢院的执鞭讲坛，暴风骤雨、世事桑田，他的学者风范、师者风华、行者风度，正绽放人生如兰，吐露愈香的芬芳，陶冶莘莘学子，荡涤代代人心。

自强不息建功勋，"两弹元勋"铸辉煌

——记物理冶金专家、中国科学院院士吴自良

吴自良（1917—2008），浙江浦江人，原中国科学院上海冶金研究所研究员、副所长、学术委员会主任，物理冶金学家。1937年毕业于天津北洋大学工学院航空工程系，后在云南雷允中央飞机制造厂、昆明中央机器厂任设计师、工程师；1943年赴美国匹兹堡卡内基理工学院冶金系学习，获理学博士学位，后任该校金属研究所博士后研究员；1949年任雪城大学材料系研究人员；1950年底回国，1951年起任唐交大冶金系教授、中国科学院上海冶金研究所副所长、学术委员会主任。长期从事国家建设急需的关键实用材料的研制和材料科学的研究，曾负责苏联汽车钢40X代用品的研究，是我国合金钢体系建立的开拓者；领导分离铀同位素用的甲种分离膜的研制，为原子能工业和国防现代化做出了重要贡献；指导开展对大规模集成电路用硅材料的品质因素，高温超导氧化物中氧的扩散行为和作用的研究，致力于发展我国高技术材料和材料科学。1984年获得国家发明一等奖，1999年被授予"两弹一星"功勋奖章。1980年当选为中国科学院学部委员（1993年改称院士）。

2001 年，吴自良在办公室里接受一名记者的采访。记者试着让作为教师的他给自己这一辈子打个分。吴自良脱口而出：凭借"三宝"，自己此生堪称"良"。吴自良这"三宝"分别是自强不息的治学习惯，珍藏历史记忆的"两弹一星"功勋奖章，带给他和老伴快乐的"叫蝈蝈"。看似截然不同的"三宝"，却勾勒出这位自评为"良"的院士波澜壮阔的人生画卷。

自良自立当自强

浙江金华浦江县，人杰地灵，素有"文化之邦""书画之乡"的美誉。1917 年 12 月，吴自良出生在浦江县前吴村的一个知识分子家庭，出生时上有三哥三姐，在家里排行第七，是最小的孩子。取名"自良"，寓意通过自强不息成为贤良方正之人。然而命运给吴自良安排在前方的，似乎并不是什么良辰美景。家里孩子生得多，他又是最小，父母自然顾不了那么多。更为不幸的是，出生后不久他的父亲就去世了，吴自良就是在母亲和哥哥姐姐们的拉扯下长大的。

受书香门第家风的影响，吴自良自幼在家读私塾。年幼的他聪颖好学，对于文章诗书不限于朗读背诵，而有自己的偏好和思考。一日上课随先生诵读，几个字映入了吴自良的眼帘：

"天行健，君子以自强不息。"

他一下子喜欢上了这句话，心里默默地诵读。不知是这句话大气磅礴的气势吸引了他，还是因为"君子""自强"的字眼带着他太多的希冀和梦想。幼年的吴自良似乎还不知道，这句话给他的一生留下了鲜明的烙印。

9 岁时，吴自良进入浦江县立浦阳小学读书，这是全县最好的小学。在这里吴自良开始接触到全新的自然科学知识。他学习努力，成绩优秀，很得老师的赏识。1929 年小学毕业后，吴自良凭借优异的成绩考入浙江省立第一中学读初中。

从县城步入杭州求学，大千世界万般多彩。但对于吴自良来说，却不是对全新生活的未知和好奇，而是对学习成绩的苦恼：入校之初他只能位列成绩榜上倒数第三名。"天行健，君子以自强不息。"他又默默地想起了这句话。经过一学期的发奋苦读，吴自良的成绩已经升至全校第二名了。1932 年初中毕业后他考入杭州高级中学。这所中学传统特色浓郁，治学严谨。吴自良在这里刻苦学习、认真钻研，养成了良好的治学习惯。在高中学习的过程中，吴自良不再局限于自己的奋发自强。那时的中国内忧外患，在素有"人间天堂"之称的杭州学习和生活，他看到人间并不是如天堂般美好。为什么外国人在中国能拥有租界、可以获取那么多特权？为什么中国地大物博却贫穷落后？为什么中国总受帝国主义列强的屈辱？渐渐地，吴自良领悟到：唯有奋发图强投身科技，方可救国。

1935年高中毕业后，吴自良报考位于天津的北洋大学。报考专业时，考虑到科技救国须依托于工业，工业之本为钢铁，遂选择矿冶学科。在校学习一年后，受世界各国航空事业蓬勃发展的影响，学校新开设了航空机械系。听说新成立航空机械系，吴自良和同学们立即投入到了这股"航空救国"的热潮之中。报名转系的学生都异常踊跃，由于名额有限，学校只能择优录取。吴自良在这次选拔中脱颖而出，救国之梦即将插上航空的翅膀！

"航空救国"之梦远比吴自良想象中要艰难。在转入航空机械系不久，七七事变爆发！北平告急！平津告急！华北告急！动荡不安的局势使学校决定南迁。在西安，北洋大学与北平大学、北平师范大学等校合并为西安临时大学（后更名为西北联合大学）。那时上学的条件异常艰苦：没有校舍，教室设在祠堂里；没有黑板，木板涂黑用黄土书写；没有桌椅，学生们席地而坐。空中不时传来敌军飞机的轰鸣，更激发了吴自良自强学习的动力，企盼着学成之后早日实现投身航空、杀敌报国的夙愿。

吴自良大学毕业后受学校推荐，前往云南雷允中央飞机制造厂工作，在设计科任设计员。当时吴自良主要的工作，是根据图纸用购买来的原材料和零件装配战斗机和教练机。工作过程中，怀揣着航空救国梦，吴自良干劲十足。他不仅苦学各种专业知识，还刻苦练习英语，虚心向厂里的美国工程师请教飞机制造中的各项技术。然而吴自良的航空救国之路却不甚顺利。伴随着太平洋战争的爆发，1942年日军大举进攻缅甸，地处西南的中央飞机制造厂遭到日本飞机的毁灭性轰炸。在随工厂撤离到昆明的路途中，他又看到了国民党官员利用工厂搬迁的机会大肆挥霍腐败，很是失望，心里隐约觉得在这样的体制下航空救国之梦难圆。于是，当时在昆明中央机器厂任副工程师的吴自良决定自费留美前往麻省理工学院继续学习航空。当时有关方面在组织航空工厂的重建工作，通知他可以通过加入国民党重新开始他的航空救国大业。目睹国民党种种恶行的吴自良掷地有声地告诉前来通知他的人："宁死也不加入国民党！"很快，国民党航空委员会就以"逾期不报到"为由，将他除名，"永不录用"。这一"封杀令"彻底断了吴自良的航空救国之梦，他只好寻本溯源，拾起了最初报考北洋大学时的矿冶专业。经中央机器厂厂长的推荐，吴自良决定到美国匹兹堡的卡内基理工学院（现卡内基·梅隆大学）学习冶金。

吴自良在卡内基理工学院就读研究生时，师从 X 射线晶体学家、物理冶金学家巴瑞特（Barett）教授和物理学家斯莫鲁霍夫斯基（Smoluchowski）教授攻读冶金博士学位。远赴世界顶尖级的学校学习该校最具领先水平的冶金专业，吴自良十分珍惜这来之不易的机会。他知道，在卡内基理工学院学习，肩上的任务并不轻松。由于自己当年在北洋大学学习矿冶学科的时间不长，基础薄弱，把专业学好并有所建树并非易事。但是身处异国埋头苦读，悉心钻研物理冶金专业，为的是远在大洋彼岸饱受战争创伤的祖国。掌握好先进的科学技术知识，更多是发自内心的民族自豪感和使命感。

1948 年，吴自良以题为《片状铝单晶中滑移机制和内耗的关系》的论文获得了理学博士学位。这篇论文立题新颖，逻辑严密，分析推理准确，获得一致好评。研究生毕业后，吴自良继续留在卡内基理工学院金属研究所做博士后。翌年应聘到雪城大学任研究工程师，参与美国国防部资助的重要科研项目。尽管在美科研资金充裕，发展前景一片大好，吴自良却常常惦念着自己的祖国，没有忘记养育他的华夏热土，没有忘记自己炎黄子孙的炽热血脉，没有忘记自强不息科技报国的伟大梦想。

1949 年 10 月 1 日，毛泽东主席在天安门城楼上向世界庄严宣告：中华人民共和国成立了！历经百年屈辱的中国人民从此站起来了！消息传到美国，吴自良激动万分。面对新中国的召唤，他毅然放弃在美优越的物质生活条件和专业对口、很有发展前途的工作，立即着手准备回国投身新中国的建设。他要把所学到的先进科技知识贡献给自己的祖国。

科学没有国度，但是科学家有自己的祖国。1950 年冬，吴自良突破重重阻挠，离开美国取道日本并转途香港回国。1951 年初，吴自良终于踏上了祖国这片让他魂牵梦萦的热土。那一刻，尽管没有鲜花的簇拥，没有亲朋的迎接，没有祖国授予的任何荣誉和奖赏，吴自良却深深地感到了母亲的温暖。已过而立之年的他难以抑制自己的激动，在心里默默地说：

"亲爱的祖国，自良回来了。"

躬耕材苑谱华章

回国初期，吴自良志在充分应用留美期间学到的知识，在物理冶金方面做出高水平工作，为中国的物理冶金学科在世界上争得一席之地。他首先前往唐交大，在该校冶金系担任教授。

新中国成立初期，百业待兴。1952 年适逢高等学校院系调整，教育部决定将多所院校的冶金系抽调与其他高校相关院系合并，成立北京钢铁工业学院。此时除了培养矿冶人才，社会主义事业的建设在材料领域还有大量的实际问题迫切需要解决。在学科与任务、个人志趣与国家需要相互交织遭遇矛盾的时候，吴自良毅然服从国家建设的需要，主动应聘到位于上海的中国科学院工学实验馆任研究员，主持物理冶金方面的研究工作。从此，吴自良的工作，都与祖国的材料事业息息相关。他把自己的一生，都耕耘奉献在了国家经济发展和国防建设中各种关键急需材料的研制以及材料物理的基础研究当中。

吴自良到上海工作时，正值朝鲜战争。1953 年，中央军委通过上海市委下达了朝鲜战场上急需的特种电阻丝研制任务。由于战争已接近尾声，工作限期半个月之内完成。中科院华东办事处将任务交给了上海研究所，吴自良接到任务深知其重要性和紧迫性，二话没说立即承担下来。他组织带领几名同事奋战攻关，克服各种困难，最终如期完成任务。当时积贫积弱的中国举全国全民之力支援朝鲜，吴自良也以自己的行动贡献了一份力量。看似微小的电阻丝研制任务，却激发了吴自良更大的热情投入到国家需要材料的研制工作之中。当年认为需要通过航空之路救国的吴自良发现：原来冶金材料也可以救国！

20 世纪 50 年代，新中国的工业基础非常落后。毛泽东主席有句很诙谐的话：现在我们能造什么？能造桌子椅子，能造茶碗茶壶，能种粮食……但是，一辆汽车、一架飞机、一辆坦克、一辆拖拉机都不能造。实则道出了新中国成立初期的工业水平。以当时的钢铁工业为例，不仅钢的总产量低，而且钢材的品种不能满足实际需求。由于没有建立完整的合金钢体系，钢的品种采用英美和苏联的牌号。受国际形势影响，帝国主义国家对于我国探明稀缺的铬、镍等元素实行禁运和封锁，而这些元素恰又是机械制造用低合金钢的重要原料。例如在制造汽车零件中广泛使用的苏联低合金钢40X，需要含 1% 左右的铬。受限于缺少铬，40X 钢难以大量生产，相关各类合金钢的研制更是空白。适逢新中国第一个五年计划开始实施，为使我国钢铁和机械工业逐步实现独立自主，第一机械工业部向中国科学院提出，要求结合我国资源情况研究 40X 钢的代用品。

在建设社会主义的火红年代里，人们都以饱满的热情投入到新中国的工业化建设之路当中。吴自良也不例外，他主动承担了这项任务，成立了专项研究的课题组并担任组长。课题组在考察调研的基础上，初步确定了以我国富产的合金元素锰和钼来代替铬作为 40X 钢代用品的改进方向，进而逐步从优化组分、设计冶炼和热处理工艺、检验机械性能、核算生产成本等几个方面进行了系统的研究。最终，他带领课题组研制出含锰 1.10%—1.50%、钼 0.12%—0.18% 的 40 锰钼钢。该品种合金钢的生产成本比 40X 钢低，低温冲击韧性和回火脆化敏感性比 40X 优越，疲劳性能和抗氧化性能和 40X 钢相似，成为较为可靠并适于推广的 40X 钢代用品。该成果在全国金属研究工作报告会上发表后受到一致好评，并逐步在抚顺钢厂、长春第一汽车厂和上海柴油机厂进行了推广和应用，并获得国家自然科学三等奖。40X 钢代用品 40 锰钼钢的研发，对建立我国独立的合金钢系统起了开创和示范作用。吴自良从事这项课题的研究，充分体现出我国科研工作者自力更生、奋发图强的精神，研制成功满足工业需求、适应中国资源特色的合金钢，为我国的建设和发展起到了至关重要的作用。该成果被誉为建立我国合金钢系统方面工作的典范。

在科研实践中，吴自良本着深入探索、求真务实的精神，注重在高标准完成科研任务的同时将其拓展转化成对应的学科问题，力图在研究中澄清和阐明事物的本质，不断把学术水平推向深入，为该领域的继续研究创造条件。在 40 锰钼钢的研发过程中，吴自良针对钢的时效特性提出了合金元素和碳氮等间隙原子间的相互作用问题，又针对锰钼合金都存在的脆性断裂现象，研究体心立方金属中间隙原子于位错间的交互作用问题。在研究 40X 代用钢的渗碳特性时，他不局限于总结渗碳工艺的时间、温度、介质等工艺参数，还对碳原子在钢中的扩散情况提出自己的见解。

20 世纪 60 年代初，吴自良亲自组建冶金研究所精密合金研究室。结合精密合金的研制，他提出了研究合金相变的问题。他提出的模型较为合理地解释了铁－镍合金中碳的扩散内耗峰的一系列特征。又如在体心立方金属中合金元素原子与间隙的氮原子间的相互作用方面的论文，吴自良系统地研究和论证了只有钛的固溶，才能使钢产生良好的抗时效特性。他的这些研究成果，在国内外学术交流中都得到好评，产生了一定的影响。

20世纪70年代，伴随着世界新科技革命的浪潮，半导体材料和器件迅速发展成为材料和信息科学最重要的前沿领域。"文化大革命"后期，吴自良经过调查研究提出开展集成电路单项工艺和硅材料品质因素的研究。在他的倡导推动、组织安排和具体指导下，我国在这方面的研究逐步开展起来，并迅速取得了一批有影响的研究成果。其中有改善硅片表面质量的胶体抛光工艺，提高直拉硅单晶氧含量测定精确度的9微米红外吸收法测定硅单晶中氧含量的定标曲线，以及降低直拉硅单晶中重金属杂质含量的研究，显著提高其电学性能的大规模集成电路硅单晶的氧本征吸杂研究等。这些研究成果分别获得中国科学院和上海市的科技进步奖。

20世纪八九十年代，临界温度在液氮温度以上的氧化物高温超导材料的发现，在全世界掀起了"高温超导热"。考虑到该种材料在高技术领域的重要性，已年逾古稀的吴自良仍满腔热情地投入这个新的研究领域。他广泛地收集资料，及时掌握研究动向，出主意、提方案，指导一批中青年科研人员和研究生开展氧化物高温超导材料，特别是最有希望应用于实际中的薄膜材料制备工艺的研究工作，并研究氧在高温超导材料中的扩散行为。在他的带领下，逐步形成了一些具有国际先进水平的论文和学术成果。

从留美求学后回国的那一刻起，吴自良就把自己和祖国的命运紧紧联系在了一起。他专长于物理冶金学科，却不仅局限在学术层面；他从事材料领域的研究，却时刻以服务祖国需求为第一要务；他常能高标准完成科研任务，却不停留于此，而是向全新的征程迈进，自强不息，奋斗不止。

路甬祥这样评价吴自良："他是一位享誉海内外的物理冶金学家，'两弹一星'功勋科学家。在一生的科研实践中，紧紧把握世界科技发展脉搏和国家的重大需求，不断深入拓展本领域的科技前沿，取得了一系列原始创新理论成果和重大自主技术创新成就。"

基于他在材料科学方面的突出贡献和成就，吴自良于1980年当选中国科学院学部委员（1993年改称院士）。

献身"两弹"建功勋

在吴自良一生的科研历程中，研制核浓缩元件"甲种分离膜"的经历让他倍感光荣。"两弹一星"的研制，为新中国的国防科技事业写下了浓墨重彩的一笔，而吴自良正是这项浩大工程中的重要一员。

1956 年，国家在制定科学技术发展第一个远景规划的时候，部署了原子弹的研发任务。对于原子弹的作用，毛泽东主席说：我们现在已经比过去强，以后还要比现在强，不但要有更多的飞机和大炮，而且还要有原子弹。在今天的世界上，我们要不受人家欺负，就不能没有这个东西。研制原子弹，是面对当时严峻的国际形势，抵御帝国主义武力威胁和打破大国核讹诈、核垄断的重大战略决策。

原子弹的研制初期，中国得到了苏联在技术方面的部分援助。1960 年中苏关系恶化，苏联撤走相关技术专家。苏联专家走了，但是原子弹还是要有的。就这样，研制原子弹的重要任务，更多落在了包括吴自良在内的中国科学家的身上。

1960 年，吴自良最初接到通知参与原子弹研制相关任务的时候，并不是特别清楚自己要干什么。但对于"原子弹"一词却有着极为感性的认识。他一下子回想起自己在美求学时，广岛、长崎原子弹的爆炸在美国引起的轰动。许多研究原子弹的专家纷纷在无线电台发表演讲，在报纸发表文章，还有的到学校去做报告，来介绍原子弹的基本原理、相关技术和战略作用。"原子弹"在美国掀起的浪潮，使吴自良对这种武器有着深刻的印象。但对于原子弹的基本原理，他了解不多，只知道铀 –235 在核裂变时能释放出巨大能量，是制造原子弹不可缺少的核燃料。当时吴自良经过长期筹备刚组织好一个从事金属物理方面的基础研究课题组，准备开展向往已久的材料研究。在国家的需要和号召面前，吴自良认识到：能为自己的国家制造原子弹出力，是无上光荣的难得机会；让祖国不断强大，是自己自强不息的动力和源泉。他毅然停下了自己原定的科研工作，克服个人重重困难，全身心地投入到原子弹研制的伟大事业当中。

要想研制原子弹，首先要明白原子弹的基本原理。原子弹的核心原理就是核燃料铀 –235 在热中子的照射下发生裂变并通过连锁反应释放出大量核能。但是在自然界中，天然铀元素中铀 –235 和铀 –238 两个同位素的含量差别很大。可以发生核反应的铀 –235 只占铀全部总量 0.7%，剩余的全部是铀 –238。铀 –238 的大量存在不仅自身不会发生核裂变，还会吸收热中子，妨碍连锁反应的实现。对于制造核武器，铀 –235 浓度须达到 90% 以上。没有技术手段提炼浓缩铀 –235，发展核工业就成了无米之炊，造不了反应堆，更谈不上爆炸原子弹。

如何提炼浓缩的铀 –235 就是摆在吴自良面前的难题。铀的两个同位素铀 –235 和铀 –238 在自然界中共同存在。化学性质上两者像双胞胎一样，无法通过化学方法实现分离，只能依靠两个同位素原子量的差别采用物理的方法分离。20 世纪五六十年代工业上分离铀的同位素，唯一可取的是气体扩散的方法，也就是通常所说的"分离膜"技术。当时世界上只有少数几个国家掌握制造分离膜的技术，并将其列为绝密级国防机密，是提炼浓缩铀、研制原子弹的核心技术。

随着苏联专家的撤走，分离膜关键器材的提供也停止了。留给中国核工业的，是一条自力更生的曲折之路。1960 年，钱三强召集上海冶金研究所、复旦大学、沈阳金属研究所相关负责人开会。钱三强告诉大家，有人扬言苏联专家撤走之后，中国将造不出原子弹，关键原因之一就是我国还不能制造铀 –235 的分离膜元件，这项技术没有任何资料。根据原子能所的分析，分离膜元件应该是耐六氟化铀腐蚀的、具有均匀为空的粉末冶金制品。具体采用什么粉末、如何做成元件，就是要大家研制完成的"甲种分离膜"任务。在下达了"甲种分离膜"的研制任务之后，钱三强再次强调了这项任务的重要性："这任务一定要尽快完成，非完成不可。不能让我们的浓缩铀工厂因为没有分离膜元件而真的变成废铜烂铁，也不能让我们的原子弹因为没有浓缩铀而造不出来。"

组织给"甲种分离膜"的研制任务起了一个形象的代号："真空阀门"。会议结束后，大家深感责任之重，抓紧时间分头从事具体研究工作。尽管各单位参与人员对于"真空阀门"都高度重视、热情高涨，但最初组织经验不足，各单位分头行动缺乏统一规划，力量分散、工作重复、信息不畅，妨碍了研究工作的快速进展。

1961 年，党中央做出了《关于加强原子能工业建设若干问题的决定》，加强各方力量对原子能工业建设的支援。毛泽东主席明确指出：要大力协同做好这件工作。周恩来总理指示，要在五六年内攻克分离膜元件的研究和生产关，并将这一任务交给了上海市和中科院。上海市委成立了由上海市科委、冶金研究所负责人和相关单位领导组成的"真空阀门"任务领导小组。中科院将具体研发任务交给了冶金研究所。冶金研究所组织北京原子能所、沈阳金属所、复旦大学等"真空阀门"任务相关科研人员组建成立冶金研究所第十研究室，吴自良担任室主任及技术总负责。研究室下辖负责研制和生产分离膜原料、负责成膜工艺并制成分离膜元件、负责分离膜性能检测和分析处理的三个工作组，总共六十余人。队伍建成了，工作理顺了，吴自良带领同事们再次以严谨的态度、饱满的热情投入到工作之中。

作为技术总负责，吴自良不仅克服困难奋战在"真空阀门"会战攻关的一线，而且还积极调动其他单位创造条件为"甲种分离膜"的研制做好保障。由于研制"甲种分离膜"涉及粉末冶金、物理冶金、压力加工、金属腐蚀、物理化学、机电设计制造、分析测试等多个学科，要解决制粉、调浆、烧结、机械加工、焊接、后处理等一系列工艺过程，综合性很强，吴自良协调组织上海市冶金、纺织、化工局各自系统下属的多家单位协同工作，贡献力量。

在带领大家完成"真空阀门"会战任务的过程中，室主任吴自良无时无刻不以自力更生和自强不息的精神鼓舞着大家。在科研工作者夜以继日的勤奋工作下，经过反复的探索、试验、分析和总结，分离膜元件研制中的技术难关逐一攻克。1963 年秋，各组任务已基本完成，实验室试制出了合乎要求的分离膜元件，其性能已达到实际应用的要求。

"甲种分离膜"研制工作基本成功，"真空阀门"会战告一段落，但吴自良并没有就此停歇。工业投产后，"甲种分离膜"元件性能良好，超过了苏联元件，实际成本仅有原来预算价格的 1%。为配合分离膜的工业生产、保存有效的技术资料，吴自良带领科研人员认真进行研究的总结工作。他详细具体地指导如何整理资料、撰写研究报告并做好总结。吴自良不仅为真空阀门的科研任务留下了详尽完整的技术资料，还利用总结的过程提高了年轻科研人员的工作能力和业务水平。

1964 年 10 月，在大漠边陲的新疆罗布泊腾空升起了一朵"蘑菇云"。我国第一颗原子弹爆炸成功了！这一天，吴自良终生难忘。他所从事的科研工作使我国成为世界上掌握浓缩铀生产技术的国家。新中国通过独立自主、自力更生的研发拥有了自己的核武器和核工业，"东方巨响"震惊了世界！

由于分离膜元件出色的性能，1965 年国内又建成专门的生产厂成批生产。经过 20 多年的实际投产和使用，分离膜的使用效果远比预期的要好。这项成果被授予国家发明一等奖。作为"甲种分离膜"元件的第一发明人，吴自良却从不把这项成果认为是自己的，他常常讲这项技术的完成是响应毛主席大力协同的号召，在党组织正确领导下大家共同努力的结果。在拿到国家发明一等奖的两万元奖金时，他也坚持要尽可能分到当年所有参与"真空阀门"攻关会战的单位和个人。

1999 年 9 月，在共和国即将迎来自己 50 周岁生日的时候，吴自良接到邀请，到北京参加为研制"两弹一星"做出突出贡献科技专家的表彰大会。表彰大会上，吴自良接受了国家主席江泽民亲自颁发的"两弹一星"功勋奖章。历史将永远铭记为祖国建立功勋的人们！

"天助自助"好师长

吴自良学识渊博，治学严谨，作风踏实，平易近人。他的一生除了刻苦攻关完成国家科研任务，还十分重视指导和培养年轻的科技人才。虽然他一生的工作以科研为主，但从事教师的工作他并不外行，而且还有自己独特的观点和方法。

1951 年回国之初，吴自良讲授物理冶金课程。他讲课举止儒雅，概念清晰，例证翔实，推演严谨，言简意赅，深受学生欢迎。到上海冶金研究所后，他积极倡导招收研究生。为培养青年科技人才，他结合自己的科研任务，帮助研究生选择课题和研究方向，参与讲授"金属的滞弹性""点缺陷和位错的交互作用"和"固体中的扩散"等金属物理方面的专业基础课。在吴自良 20 世纪五六十年代培养的科技人才中，不少人后来成了研究员、教授和博士生导师，有的还被推选为中科院院士。他为新中国材料领域建设培养了一大批合格的科研人才。

1978 年，全国科学大会在北京召开。科学的春天来了！吴自良备受鼓舞，他觉得自己应抓住这大好的机遇为培养科技人才贡献更多的力量。当时国际上磁性材料、半导体材料等新研究领域不断开拓，对科研工作者的物理基础提出了更高的要求。吴自良即倡导和组织为研究所内工科出身的科研人员讲授理论物理课程，包括理论力学、统计力学、电动力学和量子力学以拓宽基础。四门课中他一人独担三门，呕心沥血，坚持了整整两年，把所内科研人员的物理水平都带上了一个新的台阶。

20世纪70年代末期恢复研究生制度以后，吴自良作为上海冶金研究所学术委员会和学位评定委员会主任，亲自参与了冶金所研究生培养工作的规划。在广泛调研国内外研究生培养情况的基础上，从课程设置、教材选用到聘请教师、建立各项制度，他都悉心指导、周密筹划、严格把关，做了大量工作，为冶金研究所研究生制度的建设和发展做出了重要贡献。

吴自良还作为导师亲自招收研究生，致力于青年科技人员的培养。他注重从思想品德和生活上关心研究生的成长，常利用新生入学教育等活动以自己的亲身经历和见闻，教诲研究生为祖国奋发图强、立志成才。孔子曰："其身正，不令而行；其身不正，虽令不从。"吴自良不刻意要求学生强学，他的理念是："念书不能多念，喜欢念书就念。"吴自良培养研究生不喜欢留过多的作业，他认为学生的成绩全靠自身努力。"天助自助者"是他常用来勉励学生的名言。对待自己，吴自良却坚持严谨治学、为人师表。他修改研究生论文时极为细致，小到句读标点，大到篇章逻辑，都认真审阅，逐句推敲。对于博士生，吴自良注重其独立研究能力的培养，引导博士生在学术上形成思考和讨论的精神。他治学严谨，热情指导，言传身教，培养了一批又一批的中青年科技人才。为表彰他从教的卓越成绩，1990年吴自良被中国科学院评为优秀研究生导师。

"自助者，天助之。"吴自良把这句话送给他的学生，也把这句话带到了他科研、从教、生活的各个方面。生活中的自助，正造就了吴自良的最后一宝："叫蝈蝈"。

1952年，吴自良同复旦大学英文系教师徐仁女士结为伉俪。50多年两人的生活平凡而幸福。尽管吴自良把大部分精力投入到了工作当中，却并没有阻碍他创造幸福家庭生活的脚步。特别是在他的晚年，吴自良仍奋战在科研的第一线上，他却经常想些办法逗逗自己的老伴。由于大部分时间不在家，吴自良决定给徐女士找个伴。千挑万选之后他花20元买了一只蝈蝈，兴冲冲地拿回家报喜。老伴徐仁一听当时就急了，这小东西平时2元钱就能拿下的，买东西也不知砍个价？不过这小东西的确挺招人喜欢，一直叫个不停，家里挺热闹。老两口都喜欢，把它当作了宝贝。渐渐地，这蝈蝈不怎么爱叫了。不叫的蝈蝈还有啥意思啊。妻子徐仁使上了激将法："老头子，你不是原子弹都研究过吗，蝈蝈为什么不叫了，你给研究研究。"

为了这事，吴自良还真是动了番脑筋。经过观察，他发现蝈蝈不叫是在喂食上出了点问题。这蝈蝈"胃口"挺难伺候，选食要合适，饭量要适度。吃少了不叫，吃多了也叫不动。经过反复"试验"，最后得出一条规律："两颗毛豆叫，三颗毛豆不叫。"果然，每天喂吃两颗毛豆，很快这小蝈蝈就叫得更欢了。这次发现，就像解决了蝈蝈界的"哥德巴赫猜想"，家庭生活中的吴自良由材料学家摇身一变，自助成了"蝈蝈专家"！

2008 年 5 月，吴自良在上海去世。追悼会上，一副挽联高高地悬挂在灵堂走廊外两侧，寥寥数字，却概括了吴自良院士一生的科学贡献和崇高品德：

"自强不息两弹一星建功勋，良师益友教书育人铸辉煌。"

百炼成钢不惧难

——记金属学、金属物理及科学技术史学家、中国科学院院士柯俊

柯俊（1917—2017），浙江黄岩人，北京科技大学原教授，金属学、金属物理及科学技术史学家。1931年九一八事变后，流亡到天津就读河北省立第一中学；1932年9月，入读河北省立工业学院预科；1934年，入读河北省立工业学院化工系；1937年七七事变后，转入武汉大学化学系至1938年毕业；1938—1944年曾在原经济部工矿调整处工作，负责民营工厂督迁工作，后至越南、缅甸、印度负责将用于工业发展的物资运往国

内；1944年，赴英国伯明翰大学，1948年获自然哲学博士，从事合金中相变机理的研究，并担任理论金属学系讲师，享有终身任命；1954年回国后，在北京钢铁工业学院任教，先后任物理化学系主任和副院长、校长顾问等。兼任：日本金属学会、印度金属学会荣誉会员，中国科学技术史学会名誉理事长。曾获国家自然科学奖、何梁何利奖。1980年当选为中国科学院学部委员（1993年改称院士）。

百川东渐入海，聚溪流不息；壁石屹立千仞，纳广博于有形。在满井村这片土地上，有这样一位温和谦厚的老者，他大半生都致力于对钢铁科学领域的研究，默默耕耘，根深叶茂，硕果累累；他奉献智慧、挥洒汗水于三尺讲台，桃李天下，却孜孜不倦；年逾半百之时，开拓中国冶金与材料史研究，开启定量冶金考古研究的新篇章。他就是金属学、金属物理及科学技术史专家、教育家、中国科学院资深院士——柯俊。从青春年少到耄耋老人，强盛民族是其奋斗目标，三尺讲台是他献身的舞台。胸若空谷，性如幽兰，躬耕千顷，他的品性极像蓝色的海川，温和、睿智而渊博；他的作风又如淬炼的钢铁，严谨、热情而坚韧。

流亡颠沛求学路

柯俊出生于 1917 年 6 月的长春，时值端午，石榴花开得灿若红霞，满树繁花绚烂至极。小时候的柯俊对新事物十分好奇，脑子里总有各样的奇思妙想，喜欢动手进行各式各样的小实验，在心中悄悄埋下了科研的种子。

1931 年九一八事变爆发时，14 岁的柯俊正在位于沈阳郊区的辽宁三中读高中一年级。平静的生活就此被打乱。伴随着接连不断的飞机轰鸣声和刺耳的警报声，白天柯俊和小伙伴们在教室里提心吊胆地上课，晚上大家藏到学校附近的高粱地里过夜。沈阳沦陷，学校被迫停课。北上回家已然不可能，柯俊无奈只能选择南下逃亡，投奔家住天津的小叔。逃难的路途充满艰辛，从沟帮子到锦州段的运煤火车上，柯俊一直都站在踏板上，身体半悬在车外，仅靠双手紧抓着车门的扶手支撑身体，夜风嗖嗖地打在脸上，直到过了锦州他才终于挤进了车厢。一路颠簸，艰难跋涉到达天津时，柯俊早已蓬头垢面、饥寒交迫。然而令他始料未及的是，那时小叔已经回浙江老家养病，举目无亲的柯俊在陌生的城市里茫然失措。幸好正在寻找流亡学生的警察碰到了他，把他安排到了曹锟公馆里，与其他学生一起生活。不久，柯俊被分到河北省立第一中学（今天津三中），重新开始高中一年级的学习。1932 年 9 月柯俊进入河北工业学院高中预科学习，1934 年考入河北工业学院化工系，开始了大一到大三的大学学习。

1935 年，华北事变爆发，民族危机空前严重。为响应北京的一二·九运动，柯俊作为当时河北工业学院的学生会主席，与天津学联的学生干部们一起商讨响应北平地区的一二·一六运动，组织了天津地区的一二·一八大示威。一二·一八大示威游行中，柯俊高举"天津学生请愿团"的大旗，走在队伍的最前列，与成千上万的学生一起，表达了汹涌的爱国热情。

1937年七七事变后，平津沦陷，华北告急。国民政府决定将大学生派往还没有被日军侵占的省市继续学业。满怀着对天津的恋恋不舍和对山河破碎的声声叹息，柯俊辗转来到武汉大学，开始了他的大学四年级。1937年12月，日本侵略者制造了震惊中外的南京大屠杀惨案，滔天罪行罄竹难书。为保证学生安全，1938年初，武汉大学迁往四川乐山，柯俊作为毕业班学生留在武汉。在经历了战乱和动荡之后，柯俊更加珍惜学习的机会，也更坚定了自己的人生目标：为祖国的富强和民族的兴盛而奋斗终生！

苦难不改报国情

1938年在武汉城即将失守的焦灼时刻，柯俊从武汉大学正式毕业。正为生计一筹莫展之时，当时在经济部任职的恩师姚南枝把他推荐给了国民政府经济部部长。柯俊由此来到经济部工矿调整处工作，负责民营工业工厂的迁转，主要工作任务是把长江中下游城市的重型机械、化学工业和纺织工程等设备迁到川陕滇贵等地，以免落入日本侵略者之手。"天下兴亡，匹夫有责。"年轻的柯俊充分意识到了这份工作的重大意义，他留在岌岌可危的武汉，以百倍的热情投入到了全民族抗日救国的统一战线当中。在随后六年动荡的岁月里，柯俊辗转数地，先后在中国武汉、宜宾、昆明和越南、缅甸、印度等地开展工作。苦难的历程，记载着柯俊的勇敢、坚持和深切的爱国之情。

柯俊工作后，作为执行组组员，与组长李景潞及当地驻军一起督促厂矿拆迁。第一个任务是说服一个水泥厂厂主，将工厂拆迁到湖南常德。随后又负责大冶码头边上的一个煤场的拆迁工作。

局势日益紧迫，长江下游吃紧，九江吃紧，武汉吃紧！日本人快打到武昌了，而中国最早的钢铁联合企业——汉冶萍公司还有很多重要的设备没有完成搬迁。放心不下的柯俊回到钢铁厂，撬开了工程师屋子的大门，把地上剩下的东西仔细收集起来，把所有能拆的都拆掉带走。最让他心疼的是剩下两个100立方米的高炉无法运走，为了使高炉不被日本侵略军霸占，柯俊果断决定实施爆炸方案，并点燃了炸药，致使高炉彻底报废。很快，大冶便被封锁，柯俊等人立即撤退到武汉，开始搬迁武汉的纱厂、发电厂、纸厂。

1938年10月，武汉失守！22日晚，一无所有的柯俊在上级指示下离开武汉。从武汉撤离到四川宜宾后至重庆，柯俊又接到新的任务：立刻赶赴越南负责民用工业物资的运输，保证正在开发的中国第一个大油田——甘肃玉门油田的建设需要。于是，1938年底，他由昆明远赴越南。到达越南后，柯俊以其负责、干练的工作作风取得了当地政府的支持，成立了运输队，并担任运输队队长，亲自将物资从越南运到昆明，使得民用工业物资在越南的转运工作有了很大的起色。

1939年的春夏之交，柯俊再次奉命调回重庆，1940年又被紧急调往缅甸仰光。工作任务与在越南时相似，以缅甸为中转站将民营工业原料运往国内。1941年，日本偷袭珍珠港，太平洋战争全面爆发。日军的魔爪在1942年伸向了缅甸的土地，并迅速向仰光及缅甸北部推进。柯俊在安排好工作人员撤离后，只身一人留在仰光，全面接手缅甸的物资运输工作，一直坚守到仰光陷落前的最后一刻。

缅甸失守后，留给中国唯一能转运物资的途径只剩下了印度。1942年秋，柯俊又被调往印度，承担起两项艰巨的任务：一是继续将民营工业所需的原料经印度转运到国内；二是努力与印度的金融体系、工业体系建立联系，希望他们能在战后到我国投资建厂，帮助国内工业建设。困难从来都不是柯俊的对手，他立刻着手实施新的计划：每周一到周四在印度最大钢铁厂——塔塔钢铁厂参观学习，每周五到周日，则回到加尔各答市继续开展民营工业原料的运输工作。从英美等国运到印度的各种原料以及借款，都必须通过柯俊的验收后再从印度转运到昆明、贵州、重庆等新兴工业基地。先运什么，后运什么，也都由柯俊根据后方建设和国内发展的需要统筹安排。任务虽然繁重，但柯俊依然安排得井然有序，圆满完成了各种工作。

在这样颠沛流离的时光里，柯俊亲历过国土的沦丧、同胞的牺牲、百姓的艰辛，心中不断涌动着悲天悯人的情感和为国报效的勇气，从未停歇。

格致钢铁集大成

国民政府的困境，中华民族在帝国主义蹂躏下的呻吟和挣扎……残酷的现实令柯俊深深体会到"落后就要挨打"的道理，并暗自下定决心：掌握先进的科学技术，发挥自己的专长，用科技来改变国家的命运。

英国是近代工业革命的起源地，在当时有着雄厚的国力和科研实力。由于国民政府经济部与英国化学工业公司有进口货物的业务往来，1944 年该公司提供给经济部 6 个名额去英国学习。当年 12 月，柯俊被推荐赴英国伯明翰大学学习，师从当时著名的金属学家 Hanson 教授。

柯俊在就读伯明翰大学研究生的第一年，就仔细研读了历届论文，了解当时学术界的研究现状。他先选择"铜再结晶"作为研究项目进行科研能力的训练，随后接受了金属学系工业实践性的课题，研究"低碳钢在焊接时的变化"项目。柯俊还接受了英国钢铁协会下达给 Hanson 的科研课题，阐明钢中过热和过烧机制。

为阐明钢中过热和过烧机制，柯俊每天泡在图书馆里，查阅大量资料，寻找相近的理论方法；接着对这些刚刚理解的理论方法展开实验，但常常几个小时的观察记录后，却发现得到的数据不符合要求，实验宣告失败。多少个宁静的午后，柯俊与 Hanson 教授深入地分析讨论，再回到图书馆、实验室。功夫不负有心人，就在这样不断失败总结再重来的过程中，柯俊创造性地通过金相方法，首次阐明了过热过烧的根本原因是硫化锰在高温加热时可以在钢中溶解，但在冷却时会在晶界或某个晶面上析出导致脆化。据此发表的论文《钢在过热过烧后的晶粒间界现象》在业界引起较大反响。

1951 年，柯俊首次发现并提出钢中贝氏体切变位移运动，其转变受溶质控制的机制，受到国际学术界的重视。他运用此概念，利用我国富裕的钒硼资源，发展了高强度、高韧性贝氏体结构用钢。此外，他带领团队还首次观察到钢中马氏体形成时基体的形变和对马氏体长大的阻碍作用。20 世纪 80 年代他们又系统研究铁镍合金中原子簇团导致蝶状马氏体的形成，发展了马氏体相变动力学，在国际学术界产生了广泛影响。由于柯俊阐述了钢中的无碳贝氏体形成的切变机制，《钢铁金相学》以他的姓氏将无碳贝氏体命名为"柯氏贝氏体"，而柯俊本人则被国外同行称为 Mr. Bain（贝氏体先生）。

　　一直以来，无论海外留学还是归国执教，柯俊从未中断对合金中贝氏体相变机理的深入研究。1956年归国后，柯俊的"钢中奥氏体中温转变机理"获得国家自然科学三等奖，成为北京钢铁工业学院建校以来的第一个国家级科研奖。随后的研究中，他指导相1955级的赵家铮研究钢中魏氏组织，提出和实验证明是由贝氏体切变机制相变的结果，共同写成《亚共析钢中 α 铁的魏氏组织》。20世纪60年代起，柯俊指导柳得橹、张学华等开展有色金属合金的贝氏体相变的研究。1970年起柯俊又指导贺信莱等紧密结合我国低碳高强贝氏体钢种的生产与发展进行研究并取得重要成果。20世纪80年代以后，指导柳得橹、吴杏芳等人在不同的合金系中对不同方式形成的贝氏体形貌及特征进行深入观察和细微分析。众多研究成果使柯俊在国际上产生了越来越重要的影响力，贝氏体相变的"切变学派"成为主流学派。

　　柯俊在到达英国的第二年便被校方聘请担任大二年级"冶金学与金属学的物理化学基础"课程的老师，并于1951年获得伯明翰大学理论金属学系终身讲师的任命。此时的柯俊早已展露了为人师者的风采，他思路缜密、讲解清晰、深入浅出，赢得了不同肤色学生的仰慕。

　　在英国进行了"铜的再结晶""低碳钢焊接时的变化"及"钢中的过热和过烧机制"三项研究之后，柯俊的博士论文内容也基本成熟，于1948年12月获得英国伯明翰大学自然哲学博士学位。

　　繁重的课业之余，柯俊还积极参加了留英中国学生同学会组织的各种活动。他自告奋勇担任了同学会时事讨论会的联系人，在自己家中组织中国学生们聚会、畅谈。这些爱国学子身在彼岸却心系祖国，时刻以民族复兴为己任，鞭策自己不断进取，期待着回国报效的那一天。

　　1949年10月中华人民共和国成立的喜讯传来，海外的中华儿女欢欣鼓舞。1950年末，刘宁一、周培源、涂长望等到英国访问，希望柯俊回国参加祖国建设，筹建中国科学院金属研究所。在此前后，由于柯俊的研究成果举世瞩目，美国、德国和印度等国家多个研究所均先后向他提出邀请，都被他婉言谢绝。恩师姚南枝，时任台湾碱业公司总经理，也极力邀请柯俊去台湾任他副职，但面对恩师，柯俊唯有用"结草衔环，容图报于来世"的誓言谢绝。各种优厚的生活待遇和优越的工作条件，都没有让柯俊有丝毫动摇。正如他对美国芝加哥大学金属研究所史密斯教授说的："我来自东方，那里有成千上万的人民在饥饿线上挣扎，那里一吨钢的作用，远远超过一吨钢在英美的作用。尽管生活条件远远比不上英国和美国，但是物质生活并不是唯一，更不是最重要的。"

因为柯俊已被聘为伯明翰大学的终身讲师，要想辞职回国必须在提交申请两年后才能被批准。在这两年里，柯俊继续对合金钢、碳钢中奥氏体中温转变结构进行了系统研究，发表了多篇论文，并考察了西欧的主要学校和工业研究所，为回国后开展全面研究做了大量细致的准备。此外，柯俊还利用他在英国广泛的人脉，取得了德国马普所的设计图纸，其中包括实验大楼和实验工厂的设计结构，并迅速寄回国，这为中国科学院金属研究所短时间内顺利建成提供了无比珍贵的资料。临近回国之际，柯俊还订购了很多书籍和杂志，定期寄回国内。这些杂志记录了当时最先进的材料和论文，为我国金属科研和金属事业的发展提供了巨大的借鉴和帮助。

师昌绪院士曾回忆说，1955 年他看到沈阳金属研究所图书馆有许多国外杂志，连续几年杂志上都有柯俊教授的名字。"柯先生回国后虽然没来沈阳，因为教育界更需要他，但他对金属所的感情至深。在钢院早期的毕业生中，在他的影响下，（向金属所）分派了很多品学兼优的学生，支撑着金属所的前进和良好学风的形成，也出了不少学科带头人，其中有三位院士和所长（叶恒强院士、柯伟院士、李依依院士）。"

"金物"桃李满天下

1953 年，历时 2 个月的辗转跋涉，柯俊终于回到祖国。高教部领导曾多次与他谈话，请柯俊认真考虑留在北京，可以选北京的科研院所或新组建的北京钢铁工业学院。"回国后搞科研就去研究所，办教育要到高等学校。前者轻车熟路，深入一点就容易出成果；后者辛勤耕耘，但是桃李满天下，影响更大。"导师 Hanson 教授的临别赠言音犹在耳。柯俊充分认识到钢铁工业对新中国建设的重要性，深知高等教育对培养钢铁材料人才的重要意义，所以他毅然来到了刚刚建立的北京钢铁工业学院，成为一名光荣的人民教师。

回国初期，新中国钢铁工业的落后让柯俊陷入了深深的思索，回想国外先进的科研理念和基础设备，柯俊脑海中的一个新想法出现了——在北京钢铁工业学院开设金属物理专业，这得到了当时的代理院长魏景昌的大力支持。1955 年，北京钢铁工业学院授权柯俊负责金属物理专业建立的相关事宜。

万事开头难。为了解和翻译莫斯科钢铁合金学院的相关学科知识，尽快制定出符合学校实际和学生情况的教学计划和大纲，柯俊开始学习俄语，认真地查阅资料。与此同时，他先后邀请张兴钤和肖纪美两位同样留学归来的知名教授来到北京钢铁工业学院金属物理教研组任教，形成了柯俊、张兴钤、肖纪美、方正知四大教授为首的教学队伍。当时，教研组面临的首要任务就是为 1961 届学生开设专业课，但初创的金属物理专业既无教学大纲可循，也无教材可用。在这种情形下，柯俊、张兴钤、肖纪美、方正知四位教授迎难而上，参考国际上最新的研究方向和成果，结合我国的实际国情开始授课。由于各位教授都有很高的学术水平，并曾做出居于国际前沿的研究成果，对知识有深刻的认识和体会，再加上他们授课内容丰富，声情并茂，学生们每次都意犹未尽，一再要求增加学时。北京大学、哈尔滨工业大学、上海交通大学等国内众多知名学府慕名派到钢院金属物理教研组进修的教师络绎不绝，四大教授声名远扬。同时，由于柯俊的努力，学校还安排了最好的基础课老师，如著名的物理学家顾静徽教授、数学家刘景芳教授等给学生教授基础课。金属物理专业大师云集、名师荟萃，这使得金属物理专业在全国高校系统树立了极高的声誉，培养了一大批高水平的学科带头人和优秀毕业生，为我国金属领域科学研究和金属行业的发展做出了巨大贡献。

开启电镜教与研

自 20 世纪 30 年代以来，电子显微学一直在国际材料科学发展史上起着重要的推动作用，而电镜在金属研究方面的应用也在二战结束后逐渐开展起来，到 20 世纪 50 年代电子显微技术已经有了长足的进步。

柯俊回国任教期间，大胆预测初露端倪的新型学科——电子显微学将会有巨大的应用前景。于是，他在我国第一个金属物理专业筹建和发展的过程中高瞻远瞩，积极倡导并亲手组建电子显微学的师资队伍，安排方正知教授开展 X 射线衍射晶体学和电子显微学的科研与教学。

1958 年，我国历史上第一批透射电镜问世。柯俊立即与校领导谈话沟通，努力说服学校购置了第一批问世的国产电镜中的一台，这在当时已经是学校最高端的仪器之一，与真空喷镀仪一起，开启了学校电镜科研、实践的新篇章。

"文化大革命"期间，身处逆境的柯俊仍牵挂着我国电镜方面的发展，闻及国内相对落后的状况，他希望能引进先进设备和先进技术提升我国科研能力。苍天不负有心人，他积极争取国家科委将新进口设备拨给钢院，后因"文化大革命"干扰未果。1968 年和 1972 年，柯俊又争取到当时冶金工业部胡兆森的大力支持，购置了一台透射电镜与一台扫描电镜。在那个特殊的社会背景下，这无疑是老一辈学者对学科建设的执着精神所创造的一个奇迹。后来，又有多台高级电镜落户钢院。在柯俊的悉心指导下，钢院不仅成为我国材料科学最早开设电子显微学课程、最早出版电子显微学系统教材和最先拥有电子显微镜的大学之一，而且也是最早开展材料电子显微镜科研工作的高校之一，电镜的科研水平在国内高校中处于领先地位，盛名远播。现在看来，正是因为柯俊当年独具慧眼、力排众议的举动，钢院电镜研究才结出开创性的丰硕成果。

在做好电镜科研和教学工作的同时，柯俊还一直致力于电镜人才的培养工作。为了缓解我国电镜领域人才奇缺的压力，促进中国电镜事业的长远发展，柯俊于 1985 年主持开办电子显微镜培训班，多年来共培训了来自全国高等院校和各机构 300 余人。同时，柯俊还与钱临照、郭可信等科学界的知名专家发起，向中国物理学会提出申请成立中国电子显微镜学会，并召开成立大会。

柯俊就是这样一位站在科研前端的学者，回首当年，他的所识之广、所见之远，令人惊叹佩服。

冶史长河始泛舟

中国的冶金技术有着辉煌而久远的历史，而在冶金技术发展的长河中却没有留下太多有价值的文字记载和历史资料。1974 年，钢院受冶金工业部、国家文物局和中共北京市委的委托，编写《中国冶金简史》，柯俊参与编写工作。由于学校图书馆资料有限，资料搜集工作举步维艰。柯俊自觉地挑起了重担，组织小分队外出考察，坚守在空旷的学校里开展冶金史的研究和编写工作。经历一年多的努力奋战，编写组最终在 1976 年底向科学出版社交了答卷，该书于 1978 年正式出版。

编写冶金简史的工作，让柯俊及其合作者在中国冶金简史的漫漫长河中畅游了一番，也开启了柯俊科研生活中崭新的一页。1975 年，柯俊刚开始从事冶金史研究工作的时候，受到夏鼐先生的委托，鉴定一件足以轰动全球的文物——"商朝末年的铁刃铜钺"。柯俊用电子探针等先进技术对该文物进行了深入、细致的分析，最终得出结论：这件公元前 14 世纪的铁刃铜钺刃部是由陨铁制成的。当时正值"文化大革命"时期，中央"文革"小组多次派人找到柯俊了解情况，希望诱导柯俊做出人工冶铁的结论。但柯俊始终坚持真理，巧妙地利用科学鉴定方法和高超的语言驾驭能力，最终说服工作组放弃了原来的看法，并将鉴定结果公开发表，震惊了学界并引起了极大的社会反响。后来柯俊先后进行了西晋"铝片"和对来自新石器时代的黄铜等进行鉴定，这些鉴定都受到了国内外学者的关注。柯俊以他独特的鉴定技术和严谨求实的科学精神得到了认可。

四十多年过去了，在柯俊的坚持努力下，冶金史编写组逐渐发展为学校的冶金史研究室、冶金与材料史研究所、科技史与文化遗产研究院，建立了"科学技术史"专业，具有硕士、博士学位授予权，是目前国内第一个科学技术史（工学）博士点，一级学科国家重点学科，在教育部一级学科评估中位列全国第一。该学科一直承担着国家重点科研项目，与全国许多考古文博部门密切合作，攻克了一个又一个科学难关，取得了许多科技成果，获得了国际国内社会的肯定和好评，和美、英、德、瑞、日、韩、澳等国高校和博物馆建立了交流合作，在国际上享有盛誉。其中，"中国古代钢铁技术发展的历程"获 1987 年国家自然科学三等奖、国家教委科技进步二等奖，2002 年荣获全球冶金、金属相关学会联合举办的大学生研究生成果亚洲奖。面对如此卓越的成绩，柯俊却谦虚地说："这都是全国各考古单位指导支持的成果。"

"请进来，走出去"

为了在国际学术前沿培养适合现代科学技术发展和我国现代化建设需

要的人才，柯俊凭借着自己在海外与国际上许多著名的专家学者建立的深厚友谊，秉承着"请进来，走出去"的原则，为推动钢院同国际著名院校的校际合作以及国际学术交流活动倾注了巨大心血并做出了杰出贡献。

"请进来"，就是柯俊等学者利用自己在国内外学术界的影响及个人感召力，把国内外材料领域最著名的科学家邀请到学校交流并讲学，并聘请一些科学家担任名誉教授。柯俊还邀请了国内许多相关院所的著名学者担任兼职教授，指导、培养硕士和博士研究生。

优良的师资队伍固然重要，而启迪学生智慧，培养学生自主意识和创新精神更是现代科学研究所必需的。柯俊为此积极地为学生拓展交流平台，在国内率先开设研究生学术讲座，邀请一大批国内外的专家为研究生介绍最前沿的科研成果和科研动态。学术讲座已不单单是一种促进交流和获得最新知识的手段，它成为一种创新，一种传统，对提高学生素质起了巨大的作用。

"走出去"着眼于学科的长足发展，柯俊在学校的支持下，凭借个人在国际上的影响力先后推荐并派出周政谦、吴杏芳、柳得橹、王蓉、魏鋆英、陈清、孙永谦等青年教师和研究生到国际著名学府，以访问学者或博士生联合培养的方式，进行电镜科研和材料学方面的科研协作学习，使得我国电子显微镜科研与教学水平迅速与世界接轨。

1979 年柯俊访问德国亚琛大学时，首先促成钢院与德国亚琛大学签订了校际合作协议，并联合培养博士生。这是改革开放后，中国高等学府与国外大学较早建立的合作关系，是中国高校开展国际交流的起点之一，在我国高等教育的国际交流史上留下了浓墨重彩的一笔。

此后，在柯俊的努力下，钢院先后与国外多所大学建立了密切的合作关系，加速了学校走向国际科技舞台的步伐。

教改探索"大材料"

20 世纪 80 年代初，英、德、美等国的代表团到中国访问，柯俊先后接待了这些代表团。代表团向柯俊传达：中国的工科大学培养出来的只是技师，不是工程师。目前高校培养的学生基础薄弱，只重视具体技艺，缺乏创新潜力。这一结论令柯俊深思。20 世纪 90 年代，耄耋之年的柯俊把目光集中到如何为 21 世纪的需要改革我国的高等工程教育上来。他积极奔走，潜心调研，多方呼吁开展教育改革，主动到美国、英国、德国等国家的著名大学和许多用人单位调研，建议中国科学院技术科学部围绕高等工程教育开展研究，并和张光斗、师昌绪、路甬祥等院士一起承担了"我国高等工程教育改革"咨询课题，并亲自将报告提炼成六个问题、六条建议，向时任国务院副总理的李岚清同志提交了一份关于中国工程教育改革的报告——《改革我国高等工程教育，增强我国国力和国际竞争能力》。1996 年柯俊在调研的基础上，在中央和国家教育行政部门的共识和支持下，正式启动了旨在培养工科学生工程意识、创新意识、自学能力和独立工作能力的"大材料"专业试点班的教改课题。

为确保改革的成效，柯俊不但参与到每次课程设置的讨论会中，还积极参与课程建设，主持建立了"大材料"试点班的新型课程体系，体现"大工程"观念，并亲自参与制定了实验班教学计划的整体框架。柯俊亲自邀请国内外知名材料大师到"大材料"实验班讲课，以提高学生的学术视角；他还专程到宝钢协调、关注试点班在工厂的研究实践，提升学生的积极性和实践能力。2000 年，"大材料"实验班毕业，获得了社会的认可：实验班学生的一次就业率达 96%，相当一部分学生后来都考上或被保送攻读研究生。对此，柯俊说："我们不打算把他们都放在学校里读，要把他们放在更为严格的环境中去造就。像现在左铁镛、徐匡迪、郭可信、林兰英、严东生等一批院士都答应接手部分学生去培养，如果在这些著名的严师指导下能通过，那也可以说明我们本科教育的部分成功。"2001 年，"大材料"教改成果荣获国家级教学成果一等奖。

柯俊先生曾题词："在科学技术创新时代，创新者敢于创新、容许创新、有效创新是中华民族 21 世纪存亡、复兴的关键。创新者的素养、严谨的学风、创新思维、实践的能力、人文和科学的基础素质、有效的研究，是高水平研究型大学教育的核心。"

笑对人生显智慧

虽然柯俊在科学研究和教学领域都取得了突出的成就，但是他却始终保持着谦虚、朴素、和善、好学的作风，受到人们的深深爱戴。"未出土时先有节，到凌云处仍虚心"是柯俊面对学术勤奋精进、面对教育持之以恒、面对名誉淡泊、面对生活豁达乐观的最好写照。他是真正的智者。

柯俊对待学术问题十分谦虚谨慎，求真务实。早在他在英国留学期间，面对学界对于"柯氏贝氏体"的高度评价，柯俊就表现得极为谦虚，他觉得贝氏体是 30 年代初美国人 Bain 等发现的，自己只是对它做了进一步的研究，所以并不同意用自己的名字进行命名。也正因这种谦虚的心态，才促成了他日后在该领域开展更加深入的研究，取得了更大的成就，并得到国际学者的广泛认可。

柯俊的生活像一湾清泉，简单而质朴。熟悉柯俊的人都知道，他曾有一辆 28 旧自行车陪伴他很长时间。虽身为院士，但他常常骑着这辆旧自行车，穿梭于校园中间。钢院毕业的潜伟教授曾说："一次，我从清华打车回来，路过五道口时，天正下着小雨，远远望见一位老者推着 28 自行车在蹒跚行进中。走近一看，居然是柯先生，我请先生上车，他坚决不从，我只好下车陪他走回学校。他一直坚持骑他那辆我们看来都异常破旧的自行车。"

柯俊对待身边的人都十分和善，以诚相待，平易近人。与柯俊接触过的人从来没有见过他发脾气，他还常常告诉师生们每个人身上都有值得学习的地方。有一次，他从逸夫科技馆开会出来，见到当时看门的老王，就热情地上去打招呼，见到学生一脸诧异的表情，就说："他很了不起，50 年代在学校北门看门，见到当时苏联专家的车也敢拦下来，秉公办事，值得我们尊敬。"

柯俊对待生活中的挫折也表现得十分豁达坦然，很少有人知道看似精神矍铄、乐观健谈的他是几度闯过鬼门关的人。1998 年，81 岁高龄的柯俊应印度金属学会的邀请，赴印度班加罗尔作"中国的金属文化传统"的特约报告，由于旅途劳顿休息不足，当他作完报告下台后就晕倒了，经诊断为急性心肌梗死，后经积极治疗，柯俊的心脏才奇迹般地建立了循环，病情逐渐稳定并得以康复。事后柯俊坦然地说，"自认为已经清除了自己身体内的两处隐患——胆囊结石和前列腺肥大，而忽视了心脏，这次是给自己敲了警钟。看来马克思还没有到收留我的时候。"2006 年，柯俊被诊断为直肠癌，在完成直肠开刀手术后，柯俊依然关心学校的人才培养工作，主动请缨，要求听取研究生工作的进展汇报。最终征得他爱人和亲属的同意，规定研究生每天与柯俊谈话时间不能超过 2 小时。

谈到这样忘我的工作和学习状态，柯俊总说自己要小十岁，要用实际行动弥补"文化大革命"十年的时光。一直以来，不论柯俊多忙、外出开会，总要挤时间去书店看书、买书，在他家的书桌、书房、床上，堆满了书、杂志、文件等厚厚的材料。他曾告诉家人，不要随便整理他的书房及书桌，他幽默地说："我的书房、书桌摆放的书是长程无序而短程有序。"为了赶上飞速发展的计算机技术，柯俊在 20 世纪 80 年代就购置了一台计算机，坚持自学、使用，他是学校接通互联网的首批用户。

2017 年 8 月，柯俊先生因病逝世。根据他的生前遗愿，他的遗体捐献给了武汉大学医学部用于教学和科学研究，为国家的教育科学事业做出最后的贡献。

栉风沐雨，百炼成钢。近一个世纪的风风雨雨在时间的长河中不过是一瞬一息，但对于柯俊，对于中国的金属学界、冶金史学界，却是不平凡的百年。柯俊用他的勤勉、博大、坚韧和宽厚参与了我国钢铁事业由起步到腾飞的跨越，以及中国冶金史学从星火到燎原的成就，哺育了一代代学子从懵懂到功勋的成长，成为我国冶金教育史上的一座不朽丰碑。

"金凤凰"鸣响材苑乐章

——记金属材料专家、中国科学院院士肖纪美

肖纪美（1920—2014），湖南凤凰人，北京科技大学原教授，材料科学家、金属学专家和冶金教育家。1943年毕业于唐交大；1948年赴美国留学；1949年获美国密苏里大学冶金工程硕士学位，1950年获冶金学博士学位，随后在美国多家公司工作；1957年冲破美国政府的重重阻挠，回国参加社会主义建设；到钢院任教，先后任金属物理教研室主任，环境断裂研究室主任。1978年被聘为国家科委冶金新材料组、腐蚀科学学科组成员。曾任中国科协第四届全国委员会委员，中国博士后科学基金会副理事长；历任中国腐蚀与防护学会第一、二届副理事长，第三、四届理事长，中国金属学会理事等。获得北京科技大学优秀教师、北京市教育系统先进工作者、全国冶金教育劳动模范等荣誉称号。2011年被中国金属学会授予冶金科技终身成就奖。享受国务院政府特殊津贴。1980年当选为中国科学院学部委员（1993年改称院士）。

湖南湘西有一个凤凰县，那里山川秀美，钟灵毓秀，有着 2000 多年的悠久历史。一方水土养育一方人，古老的凤凰县曾经飞出影响世界的多位名人，如用文字唤醒社会的文坛巨匠沈从文，用画笔描绘生活的知名画家黄永玉，肖纪美则是在国际金属材料科技舞台上的"金凤凰"。

肖纪美的一生是充满传奇色彩的一生，而立之年冲破美国层层阻挠曲折归国，不惑之年辗转奔波指导生产，年过花甲全心钻研腐蚀学机理取得突破，耄耋之年仍坚守讲台，完成学术著作 29 本。肖纪美用传奇人生鸣响了"金凤凰"的材苑乐章。

一鸣留美途：辗转归国真英雄

1957 年，一艘横跨大洋的游船上，在美国官员的威逼利诱面前，肖纪美唱响了一出"三遭拒美"的爱国赞歌，至今仍被广泛传颂。其实，年少时起，肖纪美的人生便与国家和民族的命运紧紧相连……

1920 年，肖纪美出生在湖南凤凰的一个书香门第，从小便跟满腹经纶的祖父一起生活。耳濡目染下的肖纪美从小就喜欢读书，最大的梦想便是成为一名教师。但是，一场与中华民族性命攸关的战争爆发了，抗战的烽火逐渐燃到内地。看着科技落后，国家处处挨打的现状，肖纪美决定走科技报国的道路，立志用科技力量改变国家积贫积弱的模样。1939 年，肖纪美以第二名的优异成绩考入了唐交大矿冶系。大学毕业后，肖纪美在重庆兵工厂担任技术员，1947 年又在南京国民政府从事外文翻译和工业标准引进工作，工作内容让他又一次深切感受到国家民族工业的落后，于是 1948 年他毅然远赴美国留学。

在美国，不到三年时间，肖纪美就获得了美国密苏里大学的硕士、博士学位。1951 年他接到了北洋大学的聘书。当他订好船票去美国移民局办理有关手续时，正值朝鲜战争爆发，因此遇到了美国官员无理的盘问。美国官员问肖纪美："肖先生，假如中美战争爆发，你会站在哪一边？"肖纪美则回答："根据美国宪法修正案第六条，我有权拒绝回答。先生，如果苏联军队开到墨西哥边境，您将持什么态度呢？"虽身处险境，肖纪美仍坚定地表达了爱国立场。不过，肖纪美的回答显然不能获得美国官员的签字，他只能选择继续留在美国等待机会。

滞留美国的肖纪美没有放弃专业，开始在美国的工厂实践专业知识，练就一番本事。当时，世界上镍资源十分缺乏，肖纪美接受美国军方提出的建议，开始研制工作环境高于650℃的节镍不锈耐热钢。又是三年时间，肖纪美先后冶炼了200多炉试验用钢，逐渐发现锰、氮元素可以部分或全部代替奥氏体不锈钢中的镍，并且首次提出了节镍奥氏体不锈钢的基本成分设计和力学性能计算的方法，一举获得了美国专利，成为节镍不锈钢领域的专家。虽然在专业研究方面小有成就，但肖纪美日夜思念着祖国，无时无刻不想着回到祖国母亲的怀抱，梦想着用自己所学的专业知识和技术本领为祖国民族工业的振兴做贡献。

1957年，肖纪美顶着巨大的压力，终于冲破了美国政府的重重阻挠，登上了回国的万里征程。但是，美国人的伎俩才刚刚开始……船刚刚离开旧金山，美国移民局的官员便登船来找肖纪美的麻烦，查证件、翻包裹、看资料，实在得不到有用的证据，美国的官员便展开了"银弹"攻势："肖先生，如果你肯留在美国，我代表美国政府许诺你优厚的工作岗位和薪酬待遇，请你认真思考个人的发展问题。"怀揣着钢铁报国之梦的肖纪美显然不会理睬他的建议，斩钉截铁地拒绝了。

刚刚长舒了一口气的肖纪美，在洛杉矶换船时，又一次遇到了美国移民局的不速之客。美国官员使出了威胁招数，恐吓肖纪美如果执意回国，将失去其在美国收入的所有现金和存款。第二次面对美国官员的肖纪美，在金钱威胁面前丝毫没有畏惧，他对美国官员说："我在美国的所有收入都是用我个人的辛勤汗水换来的，你们美国政府无权扣押！"气急败坏的美国官员见状干脆将肖纪美身上的一万美金强行掠去。

美国人的表演还远没有结束，当船行驶到檀香山时，美国移民局的官员第三次拦住了肖纪美，并厉声呵斥肖纪美如果执意回国，将扣留其年幼的两个儿子。面对敌人的威逼，37岁的肖纪美望了望妻子怀抱中刚满周岁的小儿子，双目有些潜然。但是，满目疮痍、百废待兴的祖国闪现在他的脑海中……他沉了一口气，义气凛然地对美国官员说："我是一个炎黄子孙，我深爱着我的祖国和民族，我一定会将我的一生奉献给我的祖国。无论你们怎样威逼利诱，都不会改变我投身祖国工业振兴的宏伟志愿。"之后，肖纪美扬长而去，投入了祖国的怀抱。

回国后，肖纪美婉拒国内友人对他的经济支援，白手起家，书写了一段波澜壮阔的科技报国志。1972 年，伴随着祖国的腾飞，已经回国 15 年的肖纪美收到了尼克松总统送来的在美国银行"寄存"的一万美金"血汗钱"，结束了这出"三遭拒美"的波澜壮阔的民族大戏。

"三遭拒美"归国后，肖纪美始终关注着国家发展和民族命运，在学术研究中坚持以国家需要为根本，教书育人的过程中更是教育学生们树立"科技报国，创新强国"的理想抱负。回顾祖国的发展历程，肖纪美坦言："尝到过'国破家亡'滋味的人始终不会忘记苦难的历史，更加能够感受到祖国蓬勃发展的喜悦。"

1985 年，65 岁的肖纪美加入了中国共产党，他说这是他生命的又一个春天，肖纪美终于完成了由"科学救国论者"向"共产主义战士"的飞跃。

二鸣生产线：妙手拯救轰炸机

回到祖国的肖纪美继续用科研和实践书写着科技报国的篇章，他在学术研究中紧密联系生产实际，救过机械厂，帮过油气田，还因为拯救了一批轰炸机成为不折不扣的腐蚀学专家……

1957 年回国后，在政府的亲切关怀下，肖纪美主动请缨走进了北京钢铁工业学院的大门。那年正值"大炼钢铁"，肖纪美还未来得及休整便参加到社会主义教育、改造知识分子世界观的运动中。运动中，他每天到钢铁生产的一线去参观，逐渐了解到中国钢铁工业镍资源匮乏的现状。"祖国的需要就是我的需要，祖国的困难就是我的困难。"肖纪美想到了自己老本行——节镍不锈钢，马上将相关情况向冶金工业部进行了报告，并找到了本溪、抚顺、上海等地钢厂，给工厂技术人员和工人作报告，全面详细地介绍了国外节镍不锈钢的科学研究成果，结合实际具体讲解了生产工艺和流程，并将自己的成果论文公开发表在国内学术刊物上。肖纪美的毫无保留，让中国不锈钢的生产如逢甘霖，在"大炼钢铁"时期诞生了一系列当时世界罕见的高品质铬锰氮不锈钢，肖纪美也用自己的努力给祖国母亲送上了第一份厚礼。

不久，"文化大革命"开始了，肖纪美因留美归国第一批"被解放"，离开实验室，来到生产企业一线做些事情。在北京郊区的锉刀厂，肖纪美和同事帮着工人重新制定生产工艺，避免了产品因端口石墨化而成批报废，挽救了生产；四川气井的套管因硫化氢腐蚀产生环状断裂，导致井喷事故，引起一场大火，肖纪美和他的同事到现场实地勘探，研究材料性能，不仅解决了断裂问题，还让石油套管的生产成本大幅下降……作为一个金属材料领域的知名学者，肖纪美走到哪里，就研究到哪里；哪里有问题，就停留在哪里；哪里找上门，就同哪里挂上钩，逐渐成为国内失效分析领域的"主治医师"。

1970 年，"主治医师"肖纪美来到航天四院，受邀解决长征火箭壳体的微裂纹问题。长征火箭是我国自主研发的第一枚运载火箭，承担着卫星发射的重要使命，也寄托了全国人民的航天梦想。不过，由于壳体存在严重的微裂纹，火箭迟迟没有升上天空，严重影响了卫星的发射。困难面前，肖纪美雪中送炭一样来到了事故现场，随即对壳体材料的力学性能进行了综合的评估。凭借着多年的经验，肖纪美认为壳体使用的钢铁材料不能符合发射要求，其打压、焊接、成筒后难以承受太空发射的强度。经过反复的对比实验，肖纪美发现只有更换材料，采用钢院杨让教授研制的超高强度钢才能符合要求。后来，杨让教授的钢铁材料成功地应用在了长征火箭的壳体上，让遨游太空的"东方红"烙上了钢院的烙印。

1974 年，"轰 –6"飞机在西安阎良执行任务时，因为起落架螺钉的断裂而被迫全部停飞。"轰 –6"在当时被称作我国空军部队的"主力中锋"。突发的断裂事故严重影响了空军部队的作战能力，中央军委高度重视，军区领导更是心急如焚。危难关头，他们想到了"主治医师"肖纪美，军区领导马上将他请到阎良现场，希望他能"妙手回春"。来到阎良后，肖纪美争分夺秒，查看了战机的螺钉断裂处，仔细地分析、对比裂纹的特征和发生部位，排除了雨水腐蚀的原因。随后，肖纪美通过一系列模拟实验反复研究，很快就找到了事故原因。原来，"轰 –6"主要采用苏联工艺，螺钉的紧固依靠一种含水黏合胶，水分腐蚀是罪魁祸首。此外，肖纪美还发现螺钉在加工时的缺口设计以及应力分布都不甚合理，增加了断裂事故发生的可能性。短短一个多月便找到了事故的元凶，军区领导对肖纪美的本领心服口服，马上聘请肖纪美团队全权负责断裂螺钉的改进工程。有了军区领导的信任，肖纪美自然有了底气，他结合断裂事故的根源确定了三条改进方案：一是在螺钉黏合过程中采用快干胶，防止水分的腐蚀作用；二是将螺纹加工工艺"变车为滚"，提高螺钉的抗应力腐蚀性能；三是将螺钉进行回火处理，适当降低螺钉应力强度。三条建议如同灵丹妙药，停在空军基地近半年的轰炸机们终于重新飞上了蓝天。肖纪美也因为拯救轰炸机而"闻名于世"，开始承接断裂腐蚀方面的重大攻关项目，成为国内大名鼎鼎的腐蚀学科领军人物。

回忆起与肖纪美共同奋斗的时光，老搭档们均流露出发自内心的敬佩。林实教授直言不讳地说："肖纪美先生在失效分析领域特别注重结合实际分析，这在国内罕见，正是这个特点成就了他后来在学术理论方面的突出成就。"

在20世纪七八十年代，肖纪美先后为冶金、机械、石油、化工、航空、兵器等十余个工业部门解决过重大问题，解决了一大批工程中的断裂问题和产品的质量问题，取得了显著的社会效益和经济效益，对发展断裂力学理论和断裂学科做出了重要贡献。

三鸣科技苑：世界范围最前沿

多年来，肖纪美在材料的应力腐蚀和氢致裂纹机理方面进行了深入的研究，提出了很多重要的理论，研究成果被美国权威专家称赞为"处于全世界该领域内的最前沿"。

提到肖纪美卓越的学术贡献，还得从生产实践说起。20世纪70年代，某型海炮发生了严重的炸膛事故，造成了重大的经济损失。肖纪美通过研究发现炮管二次镀铬时渗入了氢气导致氢脆。在肖纪美的指导下，工厂在镀铬时改进了工艺，有效地避免了氢脆问题，一举扭转乾坤，让一大批快艇重新出海。肖纪美在处理海炮炸裂事故中所做的贡献，受到了国防科工委的高度重视，而肖纪美提出的由设计方、生产方、军代表构成的产学研"三结合"的研究思路也被国防科工委在全国范围内推广。

在产学研三结合的指引下，以肖纪美为首的科研集体针对我国建设中的实际问题及发展前沿科学的需要，开始对材料的应力腐蚀和氢致开裂机理展开系统的研究。当时人们有一个错误的观念，认为航天材料的强度越高越安全，而航天工业部在工程实践中发现材料强度越高反而越容易脆断，限制了航天材料的发展。于是，肖纪美开始分析事故出现的原因，逐渐又把断裂力学的研究扩展到中强度钢甚至低强度钢的工程应用中。工程构件和设备在工作中，通常受应力和环境的共同作用，钢铁材料在应力和化学介质的协同作用下引起的断裂现象叫作应力腐蚀断裂，由于氢引起的材料塑性下降、开裂或损伤现象称为氢脆或氢致开裂。万物之间互相制约，强韧的钢材料特别害怕世界上最轻的元素"氢"，钢材一旦渗氢，就会发生脆断，造成灾难性的事故。国外资料显示，发达国家的灾难性工程断裂事故有一半以上是由金属的氢脆、应力腐蚀引起的。应力腐蚀和氢致开裂是两种相互联系又有区别的材料失效现象。根据这些现象，肖纪美又开始研究断裂物理，并率先提出了断裂化学的新分支。

"六五"期间，国家科委新技术局把"金属材料恶性腐蚀事故研究"及"金属材料的力学性能及微观结构"列为国家重点课题，委托钢院的肖纪美团队联合国家教委、中国科学院所属其他院、所承担。随后，国家自然科学基金重大项目的重担也落到了肖纪美的肩上。科技界过去最大的悲哀是没有工作条件，好的想法不能实现。现在有了这么大的人力、物力的支持，梦想就能变成现实。于是，肖纪美开始了漫长的科技攻关路。肖纪美认为，知其然而不知其所以然是不够的，只有彻底查清引起金属失效的原因，才能为防止事故、改善材质拟定出可靠的措施。

肖纪美率领课题组在已有的大量实践基础上，由表及里，对种种影响因素逐个加以研究、分析，一直深入到原子、电子层次，上升到断裂力学、断裂物理、断裂化学理论。以往的教科书认为：只有拉伸应力才产生应力腐蚀断裂，而肖纪美领导的课题组通过实验发现"在多种体系中宏观压应力也能导致应力腐蚀裂纹；扭转型裂纹可以引起氢致开裂，氢能促使金属的塑性变形"。基于这些发现，他们首次提出了氢致软化原理，在实验中首次获得了氢降低铁和铝结合键的定量数据，为氢致开裂机理的氢压理论和弱键理论提供了定量依据。肖纪美在该领域的大量工作卓有成效，极大地推动了金属材料腐蚀与断裂学科的发展。

国外知名期刊《冶金快报》对他们的工作有这样的评价："这项工作处于国际领先地位，课题组是国际上最活跃的研究中心之一。"国家科委则这样评价肖纪美教授科研集体的工作："在金属材料的应力腐蚀和氢致开裂机理的研究中，首次提出了'断裂化学'这个新的分支学科，成为继'断裂力学''断裂物理'之后断裂学科三大理论支柱之一。他们还在氢致开裂、应力腐蚀、腐蚀疲劳等方面提出了一系列经过实验证实的独创的新见解，形成了我国自己的学派，并逐步为国际同行所公认。"

肖纪美团队在 1987 年荣获国家自然科学二等奖，这是建校以来基础研究方面获得的最高奖励之一。

四鸣学术界：材料领域哲学家

肖纪美十分注重人文、社科、科技的类比交叉和结合，20 世纪 80 年代开始建立"材料学方法论"体系，逐渐从不同认识层次上将三者进行广义的类比、交叉与融合，形成了一套完备的材料科学教育理念。

在多年的研究和实践中，肖纪美"继续深入疑无路，交叉类比又一村"，深切地体会到交叉和类比的重要作用。于是，他首先跳出材料学科，对内因和环境的相互作用关系进行了思考。他将心理、材理与哲理进行互通和融合，例如，将"命运"一词拆开，认为"命"和"运"有别：命，结构也，爹娘所给，可称之为"基因"；运，环境也，便是随后遭遇的环境；内外共作，则有造化。肖纪美认为，"命"和"运"的概念在社会和自然界中，有着十分广泛的应用。在自然界中，材料的价值是由自身组织结构和工作环境共同决定的；而在社会中，肖纪美则摘引《西游记》中的典故：孙行者护师西行，历经千辛万苦，就是靠他已有的本事（命）和沿途上天的援助（运），才取得佛经回大唐，和唐僧被分别封为斗战胜佛和旃檀功德佛。由此，肖纪美认为，知识分子若能埋首治学（命），并清楚自身定位（运），则命运定然不错。

随后，肖纪美类比优质材料和人才，对人才给出了定义。他认为优质材料之于设备就如人才之于社会，"人才应该是对社会高效地做出有用贡献的知识分子"。由此定义出发，他抽出"人才"的三个判断依据：一是对社会有贡献，这是在德方面的要求；二是应做出"有用的贡献"，这是量和质的要求；三是要有高效率，这具有时间与经济的含义，是快和省的要求。肖纪美将"德才兼备"作为自己教育学生的准则。培养后继人才，他认为最重要的是使其在科研实践中锻炼成长。因此，他经常带领课题组成员下工厂，到现场，调查事故原因，收集资料，从宏观到微观，在完成科研任务的过程中培养了一批又一批人才。

在方法论的指导下，肖纪美还将自己的治学方法进行了梳理和总结，提出了治学五法：一是工具和方法，治学应该掌握好的学习方法；二是教学相长，师生之间的互促互进很重要；三是博采各家之长，博学、审问、慎思、明辨、笃行；四是"三易原则"，治学时应设法寻求该学科中存在的简易的、不易的变易原则，明确方向和路线；五是实践悟知，要学会方法的选用。同时，肖纪美扩充材料观，结合以前的论述，获得了五点独特的事物观：沧桑是正道，诸法因缘起，实践是第一，事物无完整，系统需开放。可见，肖纪美已经将材料学科的基本原理提升到治学、做事原则的高度，用自然辩证法和科学方法论指导学生做人、做事、做学问。肖纪美说："教育的目的，于国而言，是让国家复兴；于个人而言，是学会学习，学会做人，最终成才，为国奉献。"

肖纪美出版各类著作 29 本，超过 800 万字。

五鸣育人堂：三尺讲台佳园丁

肖纪美钟爱三尺讲台，喜欢与学生们在一起的时光。相比于科学家、工程师和其他职务，肖纪美最喜欢的职业一直是教师，从未改变。

肖纪美的确是一个称职并且优秀的教师，在教学第一线上也站得更高、看得更远。他在任教期间，始终坚持教育应该狠抓三个方面：一是狠抓基础，只有注重基础，不断积累，才能有提升的台阶，才能有未来和前途；二是狠抓方法，学生要以马列主义为指导，放宽眼界，不仅要学习课堂知识，更要学习为人处世、求学上进的方法；三是狠抓外语，认为中国要面向世界、面向未来，每一个学生至少掌握一门外语，不求多但求精。

徐匡迪回忆：在钢院的老先生中，去图书馆次数最多的是魏寿昆和肖纪美两位，每次见到肖先生都在认真做笔记、记卡片，羡慕与敬仰之心油然而生，因为从肖先生身上能够看到中华优秀文化的传承和中国知识分子的宝贵品格。刘淇对于肖纪美的评价虽仅有八字，却意味深长——"学而不厌，诲人不倦"。

凡是听过肖纪美讲课的人都知道，他喜欢用示意图来说明某一领域、某一范畴与相关领域、相关范畴的关系，注意从系统的观点来阐明所讲述的内容，力图首先给听者一个明晰的概念。肖先生不但讲内容，也注意讲思路，生动活泼，不乏幽默感。

余宗森曾作为肖纪美的助手与他在同一个教研室里工作。余宗森回忆，那时他经常不分昼夜地跑到肖先生家请示和商量工作，总能看到肖先生在当时教授宿舍的狭长斗室内，面对满墙的中外文书籍，埋头备课、写讲稿，烟灰缸里布满了烟蒂，肖师母时不时地过来轻声询问，要不要再煮些咖啡，以备他"挑灯夜战"。余宗森从肖纪美处受益匪浅："肖先生尽管知识渊博、经验丰富，但每次讲课仍是一丝不苟、认真准备。身教重于言教，他的敬业精神为学生树立了榜样。"

乔利杰教授 1981 年报考肖纪美研究生时，肖纪美已是院士，却"平易近人，没有那种学术泰斗令人不敢接近的感觉"。乔利杰介绍，"他经常要求学生，写文章要多用名词和动词，少用副词和形容词，目的是要我们实事求是，不浮夸"。回想起来，乔利杰认为从先生那里学到的最重要的，就是做科研要踏实、宽容。当年，尽管乔利杰研究生论文的结论和肖纪美最初的设想、传统观点不符，但是肖先生仍在保留意见的情况下同意其毕业，并基于后来更多的研究认同了学生的成果，这体现了肖先生的胸怀和科研精神，营造了宽松、和谐、包容的科研环境。

而在肖先生的二儿子肖瑞琪的印象中，父亲对学生很负责。他介绍说："学生敲门说，'肖先生，我来问你一个问题'，他从来没有跟学生说过不行。每次学生来，父亲就把门打开让大家进来。晚上也敲门不断，经常这边没走那边又来了。很多学生毕业后还回来找他讨论问题，他总是很高兴。"20世纪 70 年代末，一些学生可以去国外学习，很多人来让肖纪美写推荐信，他虽然工作要忙到很晚，但一定会亲自帮学生们写。肖瑞琪回忆说："身教胜于言教。他不仅上班忙工作，回家也一直看书、做笔记，家里书摆得满满的，这对我来说是一个榜样，我跟他接触不是很多，但我养成了很好的学习习惯，好像生活的很大一部分就是要学习，就是要努力。这个榜样他为我们做得很好，我们很自然地会跟他一样。"肖先生的两个儿子都在美国的大学取得博士或硕士学位，并在有关领域内有所作为。

肖纪美还十分关心学生的全面成长，他会以自己的切身体会教育学生关心政治，热爱国家，他说："搞科学脱离政治就不了解国家的需要，而只有根据国家需要来选择的研究课题才有真正的社会价值。我们的祖先为世界科学的发展曾做过不少伟大杰出的贡献，然而近三百年来，我们落后了。同学们，我们应该做个有骨气的中国知识分子，用我们的双手和智慧，在科学技术领域赶上和超过世界强国。"肖纪美的学生陈大中在 20 世纪 80 年代到国外研修，曾获得在国外留校科研的机会。面对优厚的待遇和舒适的环境，他想到了老师的言传身教，于是对外国导师说："我是中国知识分子，我要用一颗真诚的心和我的专业知识报效于我的祖国。"这句话是陈大中的人生信条，也是肖纪美多年来育人的一贯准则。

肖纪美桃李满天下，一生培养博士、硕士研究生 60 余人，先后开设"热力学""金属材料学""腐蚀金属学"等课程 10 余门，应邀到多所大学及学术研究单位讲学，不遗余力地传播先进的材料科学知识。

六鸣人生路："士而不仕"老院士

虽然身为中国科学院院士，肖纪美却一直坚持着简单的生活方式，他把全部的时间和精力都投入到了科研和教学中。

肖纪美先生为人非常朴素，他所居住的房间内除了一大排摆满书籍的书柜外，再也没有什么华丽的家具，直到去世时，家里还是晶体管的老式电视。肖纪美甚至将两间卧室打通，改成了一个明亮的书房。在肖纪美看来，生活中最美好的事情便是读书和学习。肖纪美的学生乔利杰幽默地说："肖先生一年四季都是那身朴素的衣服，脚下更是一如既往地穿着布鞋。金属物理系现在的教授都受肖先生影响，生活上特别朴素，脚上也都穿着'肖氏布鞋'。"肖纪美年过九十时，去外地出差从来不用人陪伴，都是独来独往，如果到路途较近的地方开会，肖纪美甚至还会选择乘坐公共汽车。肖纪美说，"如今交通这么发达，社会治安这么稳定，我出差不需要人给我拎包"。其实，肖纪美先生的朴素作风一直可以追溯到他年轻的时候。

1975 年夏天，肖纪美受邀到重庆分析生产事故。重庆是有名的"四大火炉"，那年的天气又异常炎热，当时已经年过中年的肖纪美在事故现场头顶烈日工作了一整天，衣服都被汗湿透了好几茬。好不容易将当天的工作忙完，肖纪美带着随行的青年教师来到现场旁边的一家面馆，只要了两碗清汤面充饥。青年教师诧异地问肖纪美，辛苦工作了一天，为什么不吃点好东西犒劳一下。肖纪美看了看桌上的清汤面，对那位青年教师说："清汤面是健康食品，营养价值特别高，咱们吃这么好的东西，明天干活肯定干劲更足！"听到肖纪美"苦中作乐"一般的回答，那位青年教师也有些不好意思，心里也更加敬佩肖纪美先生艰苦朴素的作风。到了夜晚，重庆的天气更加闷热，一伙人都躺在床上辗转反侧，难以入眠。唯独年龄最大的肖纪美，侧躺在床上，把小风扇对着自己的后背直吹，将炎热的气候抛之脑后，安然地入睡。同行的青年教师都敬佩地说，肖先生是团队里面"吃得最香、睡得最好"的人。

跟肖纪美合作了一辈子的田中卓谈起肖先生的朴素作风掩饰不住发自内心的佩服："肖先生特别平易近人，与现场的工人师傅能够打成一片，无论工作条件多么艰苦，他都是第一个冲上去抢着干。"另外一位老搭档褚武扬教授更是对肖纪美的为人大为赞赏："肖先生就是一个严谨认真的学者，从来不摆大牌学者的架子，也从来不追求什么物质或者权力，无论哪里找他讲学或者作报告，他从来不找人家要什么报酬，而且他明确提出只参加学术交流，不参加任何开幕式和鉴定会。"

肖纪美一生曾经拥有多次到其他单位担任主要领导职务的机会，但是他都以科研和教育工作太忙为由婉言谢绝了，唯独参与了中国腐蚀与防护学会的组织管理工作，看着自己钟爱的学科一步步地发展壮大，肖纪美无比欣慰。"很多人可能一直误以为'学而优则仕'中的'优'是优秀和突出的意思，其实应该是充足和富余的意思，原义是治学有了富余的时间，可以考虑去当官"，肖纪美说，"搞科学研究就要认真实践，不能不懂装懂。我给自己的定位首先是一个老师，教好书之余我会考虑担任其他职务，但那些我力所不及的事情我绝不去想。我这一生从没有当过什么官，最大的官可能就是教研室主任，主要工作就是给学生排课表"。

肖纪美对于本科生、研究生以及厂矿企业邀请的学术报告几乎有求必应，真正体现了一个学者大家的风范，也用亲身实践演绎了一个"士而不仕"的朴实人生。

七 鸣书卷海：一生"拾贝构贝雕"

肖纪美住的四间屋子有三间是书房，大大小小十六个书架，参访时，他动情地说："人上了年纪，就变成一个有思想的废物，教了一辈子书、编书、写书，断不了与书的感情。"

肖纪美擅长作诗，他将自己的人生以十年为一期，作了一首《十年历程》："飞腾十年有几何？'文革'十年有坎坷！追忆十年重起步，留美十年是南柯。再加十年恨日寇，少习十年归长河。展望十年如朝露，愿随飞天作木苟！"肖纪美形象地把读书、写作比作产业，"拾贝"为一产，"贝雕"为二产，"出版"为三产。在浩瀚的材料科学海洋中漫游沉浮，谨慎挑选，出版了29本专著，可谓硕果累累。对过去的成就，肖纪美并不满足："人间正道是沧桑，专家落后正茫茫，环境巨变需通才，新园异花分外香。"他给专家下的定义是："对愈来愈少的事物知道得越来越多。"现在时代变化，信息爆炸，培养适应新世纪的通才是当务之急。

"通才具有广阔的视野，科技工作者尤其该懂自然辩证法和形式逻辑，尽可能博览群书。"肖纪美喜爱看书"拾贝"，《三国演义》读出了忠，《红楼梦》品出了情，《水浒传》看出了义，《西游记》明白了诚。他还特别推荐毛泽东的《矛盾论》《实践论》等哲学著作，他说掌握"两论"有助于改变人们观察事物的方法。肖纪美的书架上有一排排厚册，这些都是用活页纸抄录汇成的笔记，内容博杂，包罗万象：堂吉诃德、八卦与编码、人才争夺战、第三产业、南无阿弥陀佛……分门别类，内容清晰，编排精致。肖纪美笑着说，这些看似无关的东西里，可以吸收不少治学的启示。比如科研选题问题，他就借用了达尔文的"适者生存"的理论，借用了孙子"知己知彼"的理论。他说："科研选题，首先要讲一个'适'字，即适合社会的选择原则，符合所在国家的科学技术方针。而要想生存，则首先要比贡献、摆实力。同时要知彼——了解课题的类型和难度；知己——了解自己队伍的科研水平，如此才能百战不殆。"

肖纪美以科学家的人生体验和独特感悟，撰写科学方法类的书籍《梳理人、事、物的纠纷：问题分析方法》收入"院士科普书系"第一辑，在北京图书大厦卖得火爆。

肖纪美公开出版的三本韵文诗集《土心集》《志怀集》和《行知集：实践悟知录》收录了他所作的诗歌1000余首，勾画出了这位老科学家"拾贝、贝雕"的学习人生。

2011年，肖纪美荣获中国金属学会授予的冶金科技终身成就奖，这是对他一生学术贡献的最大肯定。

"莫道桑榆晚，为霞尚满天。"肖纪美用"金凤凰"的鸣响令世人惊叹，他那热爱科学、热爱教育、献身教育科学事业的热情和勤奋学习、勇于开拓、不断创新的精神，更是永远激励着后来人。

精计巧算绘彩云

——记计算机专家、中国科学院院士高庆狮

高庆狮（1934—2011），福建厦门人，北京科技大学原教授，计算机专家。1957年毕业于北京大学数学力学系后进入中科院计算技术研究所工作，长期致力于计算机体系结构设计、机器翻译、统一语言学理论、新模糊集合论，计算机网络安全等方面的研究；1958—1964年担任我国第一台自行设计的大型通用电子管和第一台大型通用晶体管计算机体系结构设计负责人之一，先后担任我国第一台十万次／秒以上晶体管计算机（专为  "两弹一星"服务，被誉为"功勋计算机"的109丙机）及我国第一个计算机管理程序（在109丙机上）体系结构设计负责人；1964—1970年兼任我国第一颗人造卫星地面计算控制中心负责人；1994年开始任北京科技大学教授，提出多自然语言的机器翻译方法，并获得了发明专利。1978年被评为全国科技大会先进工作者（全国劳模），曾任第五届及第六届全国人民代表大会代表。1980年当选为中国科学院学部委员（1993年改称院士）。

1934 年，祖国东南海域的鼓浪屿一派平静，渔民们日出而作日落而息。海面隔断了小村子与世界的联系，隔开了中华民族的痛苦呼喊。在这一年中的一个平凡夏日，高庆狮出生在这个安宁的小村子里。命运的齿轮悄然转动，若干年后，他成为我国计算机事业的"拓荒人"。

求知若渴，步入数学殿堂

幼年的高庆狮一直与外祖母一家一起住在九龙江上一艘破旧的船上。清贫的家庭背景并未给童年的高庆狮带来多大的困扰。他喜欢大海，喜欢《圣经》里的小故事，喜欢《平安夜》那样的教堂音乐。年幼的他眼中一切都是新奇的，对生命里一切美好的事物保持着热忱的喜爱之情。就这样，他深深地陷入了自己的小画册之中，沉浸在了自己的世界。1938 年，日军占领厦门，鼓浪屿随之受到波及，宁静的岛屿变成了恐怖的世界。一时间，鼓浪屿上人心惶惶，高庆狮的父亲也因日军入侵而破产。尽管日军占领鼓浪屿时高庆狮仅仅七岁，可是侵略者的暴行和亲人的苦难在他心底刻下不可磨灭的创痛。他想为自己的家人、家乡和国家做些什么，求知强国的种子深深地埋入了他的内心。

高庆狮在一所教会学校开始了自己的求学道路。刚刚进入学校的他感到十分兴奋。一直喜爱探索知识的高庆狮原本只能靠自己的悟性去理解，而当以前的疑问与困惑得到老师的指点与引导，高庆狮更加如鱼得水。在小学和中学的学习生涯里，埋头书本中的高庆狮受到了良好的教育，而他在数学思想上得到的启蒙，更为他打开了一扇通向学术之路的大门。

1953 年，19 岁的高庆狮以数学 100 分、物理 97 分的成绩考入了北京大学数学力学系。踏进北大校门的高庆狮，满心萦绕着幸福。在这里，他每天奔走于自习室、图书馆和宿舍之间；在这里，他结识了江泽涵、吴光磊、冷生明、丁石孙、陈杰等名师，在老师的帮助下他打下了坚实的数学基础；在这里，他感受到了兼容并包的思想，为今后的科研之路明确了方向。

从鼓浪屿到燕园，高庆狮明确了强国报国的志向，从此他的人生传奇拉开帷幕。

顺应国家，投身计算机研究

20 世纪 50 年代初，中国的社会主义改造基本完成，全国人民在党的领导下热火朝天地开展社会主义建设。此时高庆狮正在北京大学勤奋求学，努力钻研他所喜爱的抽象数学理论研究。然而，在国家发展的需要下，高庆狮两次转行，应国家之需，解国家之难，也是这两次改行，成就了高庆狮不凡的一生，也书写了中国计算机事业从无到有、从弱到强的传奇故事。

1956 年，高庆狮从抽象数学专业转学至计算数学。1956 年，周恩来总理亲自组织制定《十二年科技发展远景规划》，将发展计算机、半导体、电子学、自动化列为国家科技发展 4 项紧急措施，同时成立中科院计算技术研究所。同年 9 月，计算所与北京大学、清华大学合办了第一届计算机训练班，高庆狮被安排转学计算数学，参加了这一训练班。进入计算机训练班后，高庆狮直接聆听了钱学森等一批共和国功勋科学家的教诲，受益匪浅，也奠定了他坚实的计算理论基础。

1957 年，高庆狮从计算数学转行至计算机总体设计。1957 年，高庆狮以优异的成绩从北京大学数学力学系毕业，被分配到中国科学院计算技术研究所工作。在国家发展的需要下，高庆狮转战计算机总体设计，进入了中国第一个计算机系统结构研究与设计组。进入小组之后，他认真学习翻译资料、扎实做好模拟实验，收获了很多经验和成果，为他后来的计算机、巨型机设计打下了坚实的基础。

回首往事，高庆狮深有感触地说："转行对个人而言，接受起来有难度，但国家和人民的需要是锻炼和发挥个人能力的难逢机会。"读书只为报国，不计个人得失，正是这样，高庆狮开创了中国计算机事业一个又一个的"第一次"，成为中国计算机领域当之无愧的拓荒者。

一往无前，书写拓荒传奇

读书科研，高庆狮始终牢记国家需要，在半个多世纪中，他用自己的行动践行了强国报国的愿望，为我国计算机领域做出了巨大的贡献。

开拓进取，研制国防"功勋机"。

1958 年，高庆狮作为系统结构设计负责人，开始了中国第一台自行设计的大型通用电子管计算机 119 的系统结构设计研究。当领导将设计任务交给他时，他没有向组织提任何的要求，满怀信心地答应了。"我们从没有考虑有没有经费、报酬、日后算不算成果这些事情，一心想着认真完成上级交给的任务"，高庆狮说。攻关的岁月是艰苦的，但也是充满激情的，高庆狮回忆道："1959 年岁末，我国第一台自行设计的电子管计算机 119 的电路实验刚刚完成，需要立刻进行逻辑图修改，我们全部系统结构组成员及电路组中志愿者一共八个人，马上投入战斗，每天晚上工作到凌晨 2 点多。累了就趴在桌子上，或者到会议室，半坐半卧在沙发上，小睡一会儿。清晨 6 点起来，清水漱口，派人就近买点早点，饭后又开始投入第二天的战斗。"正是凭借着这样的干劲和激情，高庆狮圆满完成了任务。1964 年，我国自主设计的第一台大型通用电子管计算机 119 在中科院计算所研制成功，运算速度每秒 5 万次。

119 机是当时世界上速度最快的电子管计算机，但是，当时国外已经转入晶体管计算机时代。为了赶超世界先进水平，1959 年，高庆狮作为系统结构设计负责人，开始了中国第一台自行设计的大型通用晶体管计算机 109 乙机的系统结构设计研究。高庆狮自学了苏联的计算机总体设计方面的翻译资料，经过实验和经验总结，得出结论"在系统结构设计前必须首先分析用户程序，而后研究程序语言并探索编译的实现"。经过不断的攻关、实验、修正、论证，109 乙机的系统结构方案终于设计成功。1965 年，我国第一台大型通用晶体管计算机 109 乙机在中科院计算所研制成功，浮点运算速度每秒 6 万次。

"不要幻想经过成千上万个聪明人没有搜索到的重要的科技宝藏，会突然从天上掉到你的口袋里。"如高庆狮所说，科技发明是偶然中发现，但绝对需要长期的积累与沉淀。基于电子管计算机 119 和晶体管计算机 109 乙机的程序结构设计研究，高庆狮首次提出"内外一致语言"。之后，中国第一台计算速度为 10 万次/秒的 109 丙机诞生了！ 1967 年，全机进行了验收和鉴定，运算速度每秒 11.5 万次。《人民日报》作了专题报道。聂荣臻同志专程参观了这台机器。109 丙机在国防部门服务了 15 年，有效运算 10 万小时以上，被誉为"功勋计算机"。

成功面前，高庆狮没有丝毫的停歇，又以总体设计负责人的身份在 109

丙机上面设计了我国第一个管理程序，为我国计算机领域的发展做出了卓越的贡献。

孜孜以求，助力人造卫星升空。

1957 年，苏联成功地发射了人类第一颗人造地球卫星，之后美国也成功发射。面对错综复杂的国际形势，1958 年，毛泽东主席提出：我们也要搞人造地球卫星！

1965 年，人造卫星任务正式开始实施。中国科学院启动了第一颗人造卫星"东方红一号"的研制任务。高庆狮作为地面计算控制中心设计的负责人之一，参加了这个历史性项目。"文化大革命"中，地面计算控制中心的办公地点几经变动。但是，这并没有影响高庆狮的工作热情与效率，他夜以继日地计算，热烈执着地讨论，兢兢业业地工作。在紧张的研制、艰苦的调试和精确的现场安装之后，地面计算控制中心准备完毕。1970 年，我国自行设计和制造的第一颗人造地球卫星"东方红一号"由"长征一号"运载火箭发射成功。当听到响彻太空的《东方红》旋律时，高庆狮忘情地欢呼，这欢呼源自辛勤的付出和努力，更源自祖国腾飞的喜悦之情。

任务完成后，领导要为地面控制中心的工作人员庆功，高庆狮婉言谢绝，他认为自己只做了中国知识分子应该做的事情。发射成功的当晚，高庆狮吃到了部队食堂提供的一碗免交粮票的喜面，享受着发自内心的喜悦。

临危受命，打造超大向量机。

1973 年，我国飞行器设计进入了至关重要的阶段。众所周知，研制飞行器需要大量的数学运算。然而，当时国际上的计算机因为效率低和使用难正处于一片批评声中，国内的技术也达不到所需的条件。

在这样的情况下，当时在中科院计算所工作的高庆狮就在所长阎沛霖的带领下来到了钱学森的办公室。钱学森指出，"两弹一星"任务发展急需巨型机。面对国家需要，高庆狮没有推脱，他毅然领取了巨型机研制任务。面对艰巨的任务，高庆狮首先分析了国内相关条件，得出"使用 20 兆主频的电路基础上可以研制亿次巨型机"的结论，向钱学森进行了汇报。然而，为满足当时研制火箭和各种飞行器的计算流体力学的计算需求，高庆狮决定先对现有巨型机进行分析。经过对情报室所提供的国外相关材料的分析，高庆狮得出已存在巨型机的优缺点，继而锁定向量机的研究方案，在 1975 年提出纵横加工向量巨型机（757 大型向量机）方案并正式上马，这比美国公布的第二代巨型机（采用"分段处理向量"方法）早了一年。在 757 的研发过程中，高庆狮又先后提出了十亿次、百亿次巨型机方案（虚共存细胞结构纵横加工向量机原理），这是国际上第一个"虚共存"概念的设计方案。

1984 年，757 大型向量计算机完成并通过国家鉴定，获得中科院科技进步特等奖和国家科技进步一等奖。757 大型向量计算机完成后交付国防部门使用，做出了重要的贡献。面对荣誉，高庆狮说："这是中国三千多名科研人员共同的成果。"

1980 年，高庆狮凭借卓越的科技贡献、渊博的学识、出色的科研能力和不屈不挠的科研精神当选为中国科学院学部委员（1993 年改称院士），成为计算技术领域最早的两名学部委员之一，也是当时技术科学部最年轻的学部委员。

厚积薄发，续写科研新篇

1980 年，中国科学院为了探索计算机协助人类进行创造性劳动的途径，将工作方向转向面向未来智能领域应用的巨型机系统。这项研究工作得到了钱学森的支持，并在 1986 年被列入"863"计划。参与其中的高庆狮每日都从浩瀚的资料中查阅有用的信息，伏案工作，潜心研究，终于发现了计算机领域中一个具有跨时代意义的突破口。他发现，在半个世纪人工智能的研究中，竟没有任何一个人工系统（软件、硬件或者混合）含有真正意义上的"智能"。因此，他立刻开始了对人类智能及其模拟和应用的研究。在这一过程中，他从研究人类智能活动基本模式入手，逐渐深入到理论的总结和创新。他提出人类智能活动的基本模式之一是"宏变换"，并且发表了一组在人类智能科学领域里程碑式的论文，包括多项式算法、线性算法、局部搜索和常数算法，这些算法都比美国同类算法要早。

在对人工智能活动研究的基础上，高庆狮对具有巨大社会效益和经济效益的机器翻译产生了浓厚的兴趣，把机器翻译作为独立研究课题。20 世纪 80 年代末，高庆狮组织和指导由他的博士生、硕士生及协作人员组成的研究小组进行开发。

1994 年，高庆狮来到北京科技大学任教。他又提出基于变换的多语言互译新方法，并与公司合作进行实验。他的学生陈肇雄博士组织另外两个协作单位，进行改进和产品化，成功研制出智能型英汉机器翻译系统。该成果获国家科技进步一等奖。

从 2000 年开始，高庆狮提出国际上第一个不需要事先切分，其速度与语言知识组块多少无关的多语言机器翻译方法，及提高自然语言口语识别和文字手写（包括在线非在线）及印刷体识别率的有效方法，并且前后申请了三个发明专利，一步步向锁定的实用目标推进。

高庆狮在进行人工智能研究的同时还关注着网络安全研究，在这个过程中，他看到靠鉴别认证软件来发现病毒很难于事先进行，于是提出"如果病毒进入了计算机系统，从系统结构角度采取措施（虚拟空间隔离）来防止'病毒对系统内需要保护的软硬件进行盗窃或破坏'"。他率先提出了国际上第一个从计算机系统结构角度来防止病毒攻击和盗窃的创新性方案，这一方案打破了人们在计算机软件方面保护电脑的传统思维，创新而独立地提出从计算机硬件上对电脑进行改进，不仅在病毒防护领域提出了新的思维，甚至给未来计算机的总体设计也提出了新的思路，这一研究成果获得了国家发明专利。

与计算机病毒的抗争刚刚结束不到一年，高庆狮又锁定了新的研究方向。他通览了美国加州大学自动控制理论专家 Zadeh 的模糊集合论的有关书籍和研究资料。通过阅读和思考，发现 1965 年 Zadeh 提出的模糊集合论不完备（不能正确描述客观世界中的各种模糊现象）和不可能有补集的两个缺点。高庆狮大胆地对这一尘封近半个世纪的问题提出了挑战，他讨论了模糊集合之间存在着的关系，提出新的计算公式，改进原理论，提出了"与概率论的基本部分同构，与经典集合论一致，与通常逻辑、思维和概念相一致"的新模糊集合论，从而把模糊集合论扭转回精确的科学轨道，弥补了 Zadeh 模糊集合论的缺点。

潜心科研的同时高庆狮也不忘关注国家科技研究的发展。21 世纪以来，众多的"中国芯"不断涌现，计算机产业链的国产化又前进了一大步。这些"中国芯"都是"集成电路生产线大三角形"的一个应用，这也就意味着其水平仍然依赖于外国集成电路生产线水平和外国政府批准向中国出口的集成电路生产线的水平，仍然受制于人。面对这种情况，高庆狮多次建议国家积极研制全部国产化的亿次高性能巨型机，加快完全自产的国产计算机集成电路的研制工作，为建设我国自己的集成电路生产线做出贡献。

从体系结构到人工智能、机器翻译，构建安全计算机体系结构，新模糊集合论，统一语言学理论，倡导集成电路建设，高庆狮挂念国家科技发展，在成为中科院院士之后的几十年里，用一系列科研成果的发表、一项项新技术新理论的诞生、一本本学术专著的出版印证了他把全部生命投入科研事业的决心和信念。

数十年来，作为我国计算机领域先驱、智能科学开拓者的高庆狮，在国内外期刊及会议发表论文 70 多篇，完成 30 多篇有关重大工程的论证报告，先后获国家科技进步一等奖 2 项、中国科学院科技进步特等奖 1 项、全国科学大会重大成果奖 4 项，为我国计算机和智能科学事业的发展做出了重要贡献。

育人孜孜不倦

高庆狮不仅是计算机学界的灵魂领军人物，还是一名诲人不倦的教师。

他注重培养学生独立思考、勤奋务实的学术精神。对于学术研究，高庆狮有着自己的理解，他崇尚独立思维，告诉学生要"独立思考，不能人云亦云。独立判断是非曲直，独立判断经济效益、社会效益和科学价值"。

他时刻牵挂学生的成长。在听取学生的汇报时，高庆狮常常询问学生们最近看了什么书，他还注重引导学生进行思考，只要听到学生们有了新的研究和思考，他就非常开心，并同学生们一起探讨。因家庭的原因，高庆狮经常来往于中国和加拿大之间，但不管是身在国内还是国外，他都时时不忘指导学生的学习和研究工作。有一次高庆狮的一名学生送他去机场，一路之上高庆狮抓紧时间为学生解释六元素形式文法的问题，但是到机场时两人还没讨论完，就约好等高庆狮回来后接着讨论。可没想到那位同学刚回到学校，就接到了老师从机场打来的电话，高庆狮利用半个多小时的候机时间在电话里详细地阐述了一些思考，终于解开了学生的疑惑。

他还悉心关怀学生们的生活，是严师，更是亲人。因为担心学生们破费，高庆狮不仅不让他们带礼物上门，反而每每将一些生活用品送给他的学生们，以改善离家求学的学子们的生活。2008 年，南方许多地区遭遇了大雪灾，当时一位长沙籍的学生正在考高庆狮的研究生。这位学生元月离开北京刚下火车，正走在积满大雪的路上，就接到高老师的电话"有什么需要我帮助的吗？长沙下了这么大的雪，家里人都好吧"。那年长沙的冬季非常寒冷，而那位学生的心里却十分温暖。

他重视身教胜过言传。惜时如金、全心投入，是高庆狮的一贯原则，他用自己的行动教育学生要珍惜时间、专注学业。每天清晨，高庆狮都起很早，简单活动之后就投入工作之中、从不耽误；他平时最常做的就是伏案研究。高庆狮的简朴也深深打动了学生的心。他平时最常穿的衣服不是一件白衬衫就是一件毛背心，最好的衣服莫过于那套曾经穿着接受领导人接见的素面西服。夫人说，高庆狮最重要的财产就是书房两面墙柜上的书和材料。

高庆狮真心喜爱教师的身份。他喜欢被人称为"老师"，而不是"院士"或是其他什么称号。身为中国计算机界的权威，有人称他为中国计算机界的"八大金刚"之一，对于这样的赞誉，他仅淡淡一笑："都是他人说法。"

高庆狮以深厚的数学造诣和严谨的治学态度为学生传道解惑，以真挚的关心挂念和细致入微的照顾温暖学生，用自己的真诚、淡泊与朴素深深地影响学生。几十年里，他共指导70余名博士、硕士研究生，这些学生有的已经成为科研院所的领头人，有的已经获得了国家科技进步奖，都在各自的岗位上为我国的计算机事业做出贡献。

一生耕耘，一生奉献，他是我国计算机事业荒原的开拓者；

严谨求实，勇于创新，他是科研之路上的楷模；

潜心教育，桃李天下，他是言传身教的领路人；

谦虚谨慎，淡泊名利，他是道德风尚的榜样。

精计巧算绘彩云，善思笃行创鸿业，这就是高庆狮院士。

淬心广，臻入微

——记材料学与电子显微学专家、中国科学院院士叶恒强

叶恒强，广东省番禺人，1940 年 7 月生于香港，中科院金属研究所研究员，材料学与电子显微学专家。1958 年考入北京钢铁工业学院金属物理专业，1964 年考入中国科学院金属研究所，1968 年毕业后留在金属所工作。先后到美国亚利桑那州立大学、比利时安特卫普大学和日本东北大学访问研究。主要从事材料学的电子显微学研究，是我国最早从事固体原子像研究者之一，共获国家自然科学奖四项，获院、部级科技奖六项，出版多部学术专著，发表 400 多篇高水平学术论文，2020 年获中国电子显微学终身成就奖。曾任固体原子像实验室主任、金属所所长、中国电子显微镜学会理事长、国务院学位委员会学科评议组成员、"973" 计划专家组成员。1991 年当选为中国科学院学部委员（1993 年改称院士）。

长江滚滚，香江涌汇。1940 年抗日的硝烟与战火中，一个新的生命伴随着家族动荡的迁徙诞生了。父母给了他饱含希望和祝福的名字：叶恒强。恒，即长久；强，即强大、繁盛。其中既有对多灾多难祖国的一愿美好，也是亲人对新生儿的一厢希冀。

钢院五载寒窗，金属所半生潜心。在中国材料科学领域里，古稀之年的叶恒强依然活跃在科研前沿，在材料晶体精细结构的研究中不断探索，利用高分辨电子显微术窥探原子结构的奥秘。多年以来，作为攻坚队伍里的资深研究员和带头人，叶恒强深受国内外同行的瞩目和称赞。

孟子有云："穷则独善其身，达则兼济天下。"

他时刻要求自己做一个爱祖国、有道德、有良知的学者。他一心追求学术，淡泊的态度中能够保持清正。作为一个求学者，他勤勉，积极进取。作为一个科学工作者，他孜孜以求，成绩斐然。作为一个育人者，他严己宽他，师德恒固。

为学促成，积累土

叶恒强的父亲毕业于复旦大学，曾是一名语文老师，喜藏书读书，人文素养颇高。自幼受父亲熏陶酷爱读书的叶恒强常阅读父亲的藏书。经史子集、天地万象都令他兴致浓厚，甚至达到了废寝忘食的地步。广博的涉猎培养了他良好的文学素养和人文情怀，对他学习上触类旁通也大有裨益。由于童年动荡的环境，加之父亲未在人文研究上有所建树的失意，叶恒强对自然科学兴趣颇丰，为他日后走入物理科学世界奠定了思想基础。

"广者大也，雅者正也。"

1952 年时正值解放后不久，百废待兴。年少的叶恒强怀着减轻家里经济负担的想法，毕业时报考了素有"中国近代教育史活的见证"之称的广州广雅中学。广雅中学的校风深深地影响了叶恒强。在外界纷乱的情况下，身在广雅的他依然能安心读书，沉浸在浓厚的学风中，聆听经验丰富的老师讲课，和同窗切磋。中学六年的集体生活中，叶恒强逐步变得独立和自律，培养起受益终身的习惯。

叶恒强自幼喜爱体育，尤善跑跳。广雅六年每天下午两堂课的体育锻炼时间，更让他体会到运动的意义与乐趣。在班级运动会上，他还得过跳高冠军。有位来自排球之乡台山的同学看到叶恒强这么好的身体素质，决定教他打排球。良好的身体条件加上技巧的练习，叶恒强渐渐对这项运动驾轻就熟。从此这种排球情结一发不可收，不仅带到大学学习生活中，也延续到了参加工作之后。

广雅中学周末会给返校上自习的学生一张时间计划表。叶恒强按照要求详细写明一周每天课余时间的安排，例如预习哪一门课，怎样预习，听完课的科目何时复习、何时做习题，何时参加什么课外活动等。有了目标，零散的时间也被整合在一起，不至于浪费。长久下来，叶恒强养成了对时间详细计划、合理安排的好习惯。对于每个人而言，时间就是生命，对于科学家而言，时间更是一笔无穷的财富。只有与时间赛跑才能保持科研寿命，必须与自己战斗才能保证学习动力。童稚之年，叶恒强从这张小小的时间表中慢慢学会匡正自己。

在广雅宽宏的学习环境中，在老师规范的训练和引导下，叶恒强面对无数次的"为谁学习，怎样做人"的严厉诘问，最终完成了"为祖国和人民学习，做正直的人"的人生答卷。他尚且稚嫩的心灵里已经种下了足以影响一生的信念：拥有广阔的胸怀，民生、国家都远大于个人的得失和喜乐。

"博学慎思，明辨笃行。"

受当时"向科学进军"的号召以及"大炼钢铁"运动的鼓舞，叶恒强意识到，年轻人应该为国家做点事。1958 年，他报考了北京钢铁工业学院金属物理专业。在五年半的学习期间，他有幸受业于金属物理教研组众多出色的老师，也得到钢院物理化学系四位名师柯俊、肖纪美、张兴钤和方正知的指导。在和这些老师接触的时间里，叶恒强不仅折服于他们渊博的知识，更加钦佩他们的人格魅力。

大学期间，叶恒强十分钦佩肖纪美先生的熟读翰墨和勤于笔耕。尤记得，肖老师这样解释自己擅书的原因："看得多，然后酝酿一下，下笔一气呵成。笔头的快慢和自己肚子里的积累相关。想好了，就可以下笔，想不好，就要再想。"叶恒强深受启发，不断力行实践，收获甚多。日后他能写善讲，受到同事们的广泛认可。踏入研究所叶恒强的办公室，所有人都会惊讶于满屋的书籍和文献。他的桌子上常放着一个很厚的笔记本，里面都是平时在文献、杂志上摘录下来的信息和自己的分析批注。60 年代以来，这样的笔记本叶恒强已经积攒了一大摞。在这书摞满地的办公室里,凭着广博的理论和不断地深入学习积累,他伏案疾书,起草和参与编写了多部学术专著,在国际一流刊物上发表多篇论文。

毕业时,叶恒强的论文《关于马氏体相变机制的研究》是由柯俊教授选题并亲自指导的。柯先生以平易近人的品格、严谨的科学素养,对叶恒强面授机宜,令他十分感激、铭记在心。对于一个尚未正式步入科研领域的大学生而言,半年毕业论文研究与写作的实践对叶恒强可谓难能可贵。叶恒强深知阅读大量英文文献对于做好论文和实验的重要性,于是从零做起,主动自学英文,打下了良好的英语功底。对于在实验中新发现的现象,叶恒强惯常的想法就是先证明该现象与老师或课本的定律相符,其次就是要超越老师。这个想法受到指导教师柯俊的批评:"第一,不要受框框的束缚,总是扯到以前我做过什么;第二,过犹不及,一就是一,二就是二,不能直接跳到三。"经过多次这样的指正修改,叶恒强顺利完成实验,论文取得了优异成绩。事过多年,叶恒强仍记得恩师的教诲:对于毕业论文这段弥足珍贵的记忆,一是懂得了不能拘泥于老师的成果或者书本的陈识,要有独创思维;二是锤炼了实事求是的品质,戒除盲目急躁。在后来的工作中对待自己的学生,他也强调这些自己悟出的道理。

叶恒强从钢院老师的授业、解惑中储备了丰富的知识,提高了专业造诣,完成了从形象思维进步到抽象思维的巨大飞跃,并逐步学会了归纳推理和演绎推理。在学习过程中,叶恒强结合大学老师的授课方式,逐步学会从日常教学实验中得到的知识,再经过归纳推理,得到一些一般的规律;在老师答疑时,往往注重从一个总纲出发,再将问题分解、归类到某一细目,又具有演绎推理的特色。叶恒强发现,知识的传与受,都受到这两种推理的极大影响。于是他意识到:"大学学习,不仅仅是学一门课程,更是学会一种做学问的方法。"正是这种学术习惯和知识的储备,使得他有足够的信心和能力从事科学探索和研究。

大学期间,叶恒强不仅学习成绩优秀,还是个体育爱好者。他被选入学校的排球队,担任过主攻手和队长,经常代表学校和其他高校较量,曾打败劲旅勇夺桂冠。20世纪60年代初,自然灾害的影响逐渐显现,叶恒强在运动队中对社会有了更加深刻的认识。1960年在一次冶金系统的高校排篮球比赛期间,叶恒强到了洪水过后萧条的沈阳城,破败的景象触动了他。

在东北工学院（现东北大学）的食堂吃午饭时，叶恒强等运动员们得到特别待遇，伙食丰盛。在那个物资匮乏的年代，从周围同学们投来的欣羡眼光里，叶恒强读出了这一辈子都难忘的复杂情绪。他第一次开始认真思考社会现实："为什么有这种困难？我该怎样做？"后来，他在阅读了大量富有风骨的文章书籍后找到了答案，学会了要像松树般坦然面对困境。

后来到中科院金属研究所后，叶恒强继续发挥着自己的体育特长，常常在所里的比赛大显身手。"文化大革命"后的一次比赛，他所在的金属所代表队竟打败了有专业队员的沈河区体委队，光荣折桂。谈起此事，他仍津津乐道。岁月流逝，盛年不再的叶恒强早已离开排球场，不再潇洒跳跃和奔跑。回想起来，他总结说体育给了他三个好处：一是使他精神奕奕、体魄强健，能应付繁重的学习和工作；二是团队精神方面的锻炼和培养；三是运动中促使他体悟社会。

治学善思，拒罔殆

1964 年大学毕业，面临人生又一个十字路口，叶恒强报考了中科院金属研究所攻读研究生。20 世纪 60 年代末到 70 年代中期，正值"四清"运动和"文化大革命"，叶恒强一度被迫中断学业。在跛行的时代，叶恒强的求知路不免崎岖坎坷。他一面参加政治教育，一面做基础实验。这段时间虽然没有重大发现，却累积了大量科研经验，也记录了许多困惑。幸运的是，导师郭可信先生一直致力于我国电子显微学事业的建设。在 20 世纪 70 年代中期条件成熟时，叶恒强全身心投入高分辨电子显微学领域，并将其作为自己终身的研究方向。这次专业的变化也让他体会到，科学研究与一般学习最大的不同在于：学习贯穿逻辑学，要求前提的确定性和结论的正确性；而科学研究中创造性思维的作用却很重要，往往要敢于突发异想。叶恒强从此开始重视创新思维的培养，在心中埋下了创新思维的种子。

科学的春天又一次来临。在国家高度重视教育科研工作的环境中，叶恒强所在的电子显微学研究组勃发生机。虽然中国显微学界错失发展良机，但是在郭可信先生的指引和领导下，叶恒强接连在电子衍射与晶体学等领域取得多项研究成果。

1977 年，日本电子显微镜代表团来我国访问。其间，世界知名学者、高分辨电镜显微术创始人之一饭岛澄男的精彩报告，深深地吸引了叶恒强。高分辨电镜显微术在原子尺度研究晶体结构是当时国际前沿课题，可以直接看到固体原子的排列，使材料的精细结构研究向前迈进一大步。但我国在该领域的研究还是空白，叶恒强就暗下决心，一定要迎头赶上。然而，当时所里并没有进行高分辨电镜研究的设备和条件。在郭先生的争取下，叶恒强和同事周敬得以利用北京科仪公司的透射电镜做实验。叶恒强克服了重重困难，在沈阳、北京来回奔波了一年多，把全部精力都投入攻关的课题中。通过在北京实验室观测数据，而后将其带回沈阳分析，叶恒强和同事们终于摸索出一些头绪。在他们坚持不懈地努力下，终于在国内首次使用高分辨点阵像技术将碳化硅密排层堆垛直观显示出来，并发现多个碳化硅的多型体及合金的长周期结构。1979 年，在全国固体中的缺陷学术讨论会上，叶恒强宣读的论文受到与会专家的一致关注。这项工作被学界认为是我国高分辨电子显微学实验研究的良好开端。

勤能补拙，异国求真。

1981 年，叶恒强被国家选派到具有国际一流水平的美国进修，后到日本东北大学电子显微学中心进行访问研究。异国求学的经历使得叶恒强得以开阔视野，极大地提高了他的专业素养和科研能力。

1981 年，叶恒强来到了被誉为高分辨电子显微学"圣地"的美国亚利桑那州立大学电镜中心。在这技术和理论都是世界一流的实验室里，他告诫自己，要在这儿迈出赶超世界先进水平的第一步。怀着一颗学习的心，叶恒强在实验室里潜心磨炼自己的技术。每当夜深人静，其他人都离去的时候，他独自留下，对照着饭岛澄男拍摄的高分辨照片，把自己拍摄的照片冲洗放大进行比较研究。当时，实验室的高分辨电镜还没有开放使用，他用的是性能较低的电镜。一天，当他在滚筒烘干机上摆弄自己拍摄的照片时，在实验室工作的饭岛博士无意间抬头，顿时就被这些清晰漂亮的照片吸引住。他惊讶地注视着这位来这里工作不到 3 个月的中国学者，说："目前还没有多少人能拍出这样好的反映晶体结构的照片。"几天后，叶恒强获准使用那台性能最好的仪器。得到了专家的肯定，有了高新仪器，叶恒强如鱼得水，有了更大的发挥空间。其间，他和当代高分辨显微学权威考利（Cowley）教授合作在钼的复杂氧化物研究中取得了新的成果，在第 10 届国际电镜会议上提交了学术论文。

半年时间一晃而过，临行前考利教授对叶恒强做出了这样的评价："他以勤勉的态度和高度的机敏与判断方式去积累和研究课题有关的资料，他应用高分辨技术去考察晶体结构的一个意义重大的领域。"

1982年圣诞节后，结束了在美国的访问，叶恒强又飞往比利时的安特卫普。刚到安特卫普大学高压电镜中心时，阿默林克斯（Amelinckx）教授以为这个中国科学家不熟悉操作，于是专门给叶恒强派了一名助手，半是协助半是监督。当叶恒强把在美国学到的功底运用到操作中时，阿默林克斯教授看了他拍摄的高分辨照片，立刻安心让他自由发挥。后来阿默林克斯教授把关于合金里有序结构、非公度结构研究的课题交给了叶恒强。他没有因为自己的小有所成而骄傲，反倒俯下身子从基础的合金熔炼做起。由于白天很多人争用电子显微镜，等待时间很长，叶恒强经常是晚上来做实验。实验室里的人送了他一个绰号"中国夜猫子"。因为着急看结果，需要亲手获取高质量的照片，他谢绝了技术人员的帮助，自己冲洗底片，放大照片。叶恒强勤奋的工作精神和事事亲力亲为的作风很快赢得了大家的好感。

4月复活节，大家都去休假，叶恒强却谢绝了朋友的邀请，一头钻回实验室继续课题的研究，寻找适合显示非公度特征的晶体取向。当天夜里，叶恒强在实验室紧紧盯着显微镜，终于在衍射图中找到一个锰原子同硅原子的周期条纹所构成的二维非公度结构，处于非常好的理想取向，但是在热环境下拍照不稳定。熬到凌晨2点，叶恒强焦虑万分，只能勉强走出实验室到院子里散步休息，稳定情绪。此时万籁俱寂，只有星辰为伴。返回实验室，他打开荧光屏，发现屏上试样异常稳定。一幅姿态万千的二维非公度结构呈现在他面前，就连锰原子受硅原子调制引起的摄动也能看出来。他欣喜若狂，深吸了一口气，意识到这不可多得的机会，一连拍了几百张高质量照片，又一鼓作气地冲洗照片、观察，最后忙到四五点钟才动身返回住处。一路上回想着自己拍下的一张张美丽图案，叶恒强感到微观世界近在咫尺，几天来的疲惫也一扫而空，取而代之的是愉悦轻松和心满意足。

这项成果发表后，由于获取的高分辨图像质量好，调制模型合理，备受国外同行瞩目，被广泛应用到硅化物的研究中。日本无机材质研究所的堀内繁雄教授称赞说："这是我看到用高分辨研究调制结构的很漂亮的工作。"

推陈出新，累佳绩。

1982 年叶恒强回国投入国内电子显微学的研究中。凭借着自身过硬的知识储备和敏锐的科研嗅觉，带着对事业由衷的热爱，他不断捕捉到微观世界的奇妙变化，开启一扇扇科学前进的大门，为中国科研事业的发展做出了多项突出贡献。

曾经，为了争取一台高分辨电镜落户金属所，郭可信曾向中科院保证要在三年内赶超世界先进水平。新设备带给叶恒强等人前所未有的冲劲。但是，怎样起步，选什么研究课题成了难事。

叶恒强回想起归国前一位美国教授曾说过："我们不碰金属的高分辨像，那太难了。"这是因为金属里多是密堆相，在任何方向上原子间距离很密，以 20 世纪 80 年代初期的电镜分辨水平很难获取高质量的高分辨像。但是研究金属出身的叶恒强没有止步不前，而是带着强烈的愿望要把它实现。因为在 20 世纪六七十年代，叶恒强和同事们曾为有关单位做过大量的高合金钢和高温合金的相分析鉴定，当时只是记录测试数据给使用单位，没有做深入研究。但是从日积月累的电子衍射相分析中他掌握了丰富的合金相结构知识，而且当时他敏锐觉察到实际的合金析出相中应该存在大量缺陷和不完整性，有待利用高新设备观察。四面体密堆相对高温合金的抗热强度有重要影响，深受人们重视，其结构都是几十年前国外专家测定的。而 20 世纪 70 年代以来，国外学者通常是利用经过热处理接近平衡状态的人工配制的合金，观察到的四面体密堆相和畴结构里的新相和缺陷都相当有限。在综合了以前的实验经验，以及掌握国际科研动向的基础上，叶恒强果断地决定最先冲击具有重大学术价值的高温合金四面体密堆相的研究。这不是一个简单的决定，而是一个面向世界的挑战。

叶恒强把过去用中等分辨电镜看过的样品，重新放到高分辨电镜下观察，终于发现在大家已知的合金相边缘存在着结构不完整的区域，尽管这个区域很小，但他感觉到当中仍然存在单元结构的新的周期排列方式。但是怎样解释和论证这种现象的原因呢？按现有的理论是解释不通的。为此，叶恒强做了大量衍射图和高分辨像的分析工作。经过不懈的努力，1983 年叶恒强首先在高温合金相的共生产物中发现了 H 相。而后他又利用高分辨像、电子衍射和计算机模拟技术确定了 H 相的点阵参数和晶胞内原子位置。第一道难关突破之后，叶恒强和同事们又陆续发现了 F、K、J 等 7 种新相，还发现大量文献未报道过的平移畴、旋转畴结构。这一成果打破了金属四面体密堆相结构测定研究 20 多年停滞不前的局面，使人们的认识深入更加微观的层次。

国内著名学者钱临照、冯端等在评价这一成果时指出："这一研究在拓扑密堆相结构理论中独树一帜，已居国际同行研究的先列。"而国外学者也对此给予很高的评价。瑞典隆德大学的安德森教授收到叶恒强等人寄去的论文时，称赞这是世界一流电镜实验室水平的工作。1984 年，叶恒强协助指导的硕士生王大能在观察四面体密堆相的复杂畴区时发现有五次对称衍射的现象，而这在经典晶体学理论中是不允许的，即晶体的旋转对称不允许有五次及六次以上对称。凭着多年实践经验，他敏锐地感到这绝不是晶体平移对称可以解释的现象。于是他们继续研究，将数不清的高分辨图和衍射图对比观察，完全沉浸在微观物质结构世界之中。面对五次对称衍射，他一度感到困惑难解，"是缺陷？是畴区？还是新物质结构？"种种疑问困扰着他。在分析研究的思维中，想要挣脱传统观念束缚是很困难的，面对新的排列方式，叶恒强一度有种走投无路的感觉。凭借对科研的执着，他没有轻言放弃，而是日夜思索，找寻答案。白天，他在实验室观察样品，分析数据；到了晚上，他还是不肯放下思绪，冥思苦想……仰望天空，眼前出现了仿佛行星旋转的场景，在夜幕的映衬下一系列白光闪烁不停，这给了他新的启示。经过调整实验方案，在多次照片曝光和比对中，叶恒强的研究结果突破了传统晶体学的概念，成功地揭示了兼有取向有序与接近平移无序的块状晶体的新的结构状态。1985 年，在郭可信和叶恒强的指导下，张泽博士又利用急冷得到了钛镍合金中的五次对称的准晶体。这项研究成果使我国及时进入当时凝聚态物理最活跃的前沿——准晶体的研究中。后来，课题组先后在十个合金体系中发现五次对称，还发现了八次、十次、十二次旋转对称的准晶体。物质结构的新发现，打破了思维的局限，也从根本上改变了人们对微观世界的认识，使我国在准晶相合金学的实验研究领域保持了长时间的领先地位。

有国际学者认为钛镍准晶是继铝锰准晶之后第一个报道的准晶，因此将其称为"中国相"（China Phase）。1987 年，凭借钛镍准晶相和五次对称的发现与研究，叶恒强获得了国家自然科学一等奖这一国家自然科学领域的殊荣。1988 年，中科院对第一批开放实验室进行评估时，郭可信、叶恒强领导的固体原子像实验室名列前茅。1990 年，国家科委对重点实验室及部门开放实验室进行评审，该实验室又获 A 级评价。

90 年代起，叶恒强先后主持过国家自然科学基金重大项目、"973"项目的研究，屡有创新，屡获嘉奖，也参加了"863""973"等计划的科技管理工作。1991 年，51 岁的叶恒强当选中国科学院学部委员。

教学以行，备德才

无论是在中、小学的学习，在钢院攻读的五年半时光，还是在金属所的半生积累，叶恒强都深深感谢每一位导师的教诲和栽培。身为导师的他，也用老师的方法去教育自己的学生，用亲身感悟去实践良好的育人方法。

在叶恒强眼中，创新是培养学生的最为重要的品质之一。在普通学校里，老师灌输传播知识，学生更多的是理论学习；而进入科研领域，导师是点拨学生去创造知识。学生从大学到研究生到独立从事研究经历一个重大转变，在这个转变中导师发挥着关键性的作用。能否将自己的学生培养成为合格的科学工作者，要看能不能塑造学生的独立思维和创造精神。在给研究生开高分辨电子显微学课时，叶恒强总是旁征博引，以期能够全面涵盖基础知识，为学生在各种材料的高分辨研究打下基础。但在考试时，他却采取当时新鲜的做法，不要求学生根据书本作答，而是开卷讨论，目的就是让学生形成自己的知识体系。叶恒强贯彻的一个模式就是给学生空间去想，不能用书本的理论框住他们的思维。

在叶恒强的教学中，学术诚信也是一项要点。学生过去发表的文章不能再反复引用，一定要有新的见解，这是创新的需要。一旦发现论文不符合要求者，他都铁面无私，毫不犹豫地予以退回。科研人员的道德品质和他们的学术生命同等重要。他自己不会作弊徇私，也不会允许自己的学生如此。在一次给金属所年轻工作者和研究生、博士后作的讲座中，叶恒强明确强调"自信、自立、自强"。做学问和做人在叶恒强眼中伯仲难分，"诚信"二字是做人、做学问之根本。

爱国情怀流露于叶恒强的行动中，深刻影响了学生。在出国访问期间，他省下经费为金属所购买了一台质量较好的底片放大机，便于所里的实验观察和师生交流。20 世纪 90 年代研究所青黄不接之时，面对纷纷出国不归的学生，他曾经言真词切地写过一封三页满的长信，劝回国效力。他用生动的话语为学生讲述一个个激动的时刻，启迪他们深思何以扬国威、全己志。

德才兼备，桃李灼灼。在叶恒强协助指导下，张泽、王大能获首届吴健雄物理奖。他指导的研究生黄建宇、于荣，分别获得全国优秀博士学位论文奖；宁小光等 3 位博士生获中国科学院院长奖学金特别奖，6 人获优秀奖。

谈笑风生，君子质

叶恒强喜欢看推理和武侠小说。在他看来，小说中生动的形象思维对高度集中的逻辑思维是一种很好的休息，也是一种与人文社会的对接。在学术上，叶恒强似淬火，苛苛无隙。从成人的武侠童话里，他获取了侠客的道义，传统的中庸。

"言念君子，温其如玉。"

叶恒强谦虚温和的秉性，既有他年少沉浸书中的获益，亦有历经饥苦后的积淀。平易近人，行事公正，休休有容，是金属所同事们对他的一致评价。工作以来，无论身处何位，在谋何事，他都不与别人起争执；对待异议，他通常是缄默不语或是暂且搁置争议，重新思考。1998 年担任金属所所长的叶恒强正好面临中科院政策改革。面对攻讦，他不曾抱怨或以势压人，不曾刻意澄清，却会主动担责任，以德服人。

"在其位，谋其政。"担负起管理任务，是国家和时代赋予的责任，不容退却。卸任后，叶恒强自言不是一个好士兵，因为并不想当将军，对于行政工作从来不会主动追求，即使受邀有时也会婉言拒绝。他一心扑在学术科研上，一心一意无暇他顾。在自然科学的领域航行，他专心致志；在翰墨书香的世界潜行，他甘之如饴。仕宦起落，在他看来都属平常。成功与失败，也是平素积累的结果。叶恒强笃信：机会是留给有准备的人的。逆顺之间，就像云烟过眼，经过岁月砥砺，铅华洗尽，叶恒强更看重的是心态的恒定。

"为国为家，侠之大者。"

青春无限好，怎奈轻蹉跎。20 世纪 60 年代中期到 70 年代，这段中断学业的经历令人低沉，正值盛年的叶恒强学有所成，想一展抱负，却不得不离开实验室，甘心化作中华大地一抔泥土融入社会。

1965 年在中科院北京研究生院学习时，叶恒强和同学一起下到门头沟的煤矿井里，经常是早晨下到井里挖煤，蹭到全身漆黑；中午顾不上洗手，就和矿工们一起吃饭聊天。虽然工作辛苦，环境差，叶恒强却俨然自如。他和同伴造访过矿工家庭。矿工家庭里常有一个年轻矿工除赡养自己的父母外，还照顾着多个死难工友的老人。这些苦难不幸的点点滴滴留在他的记忆里。1968 年到 1971 年间，叶恒强被安排到某部队农场种水稻，参与了从播种到收获的整个流程。农事繁忙常常不分酷暑严寒，又在严格的军事化管理下，没有懈怠的机会，这段经历让他亲感了《悯农》的意境，农民的艰辛种种记在他心头。在这段岁月中，他第一次近距离接触到中国社会的工农群众。这段劳动的艰辛也让一直衣食无忧的叶恒强对生活、对社会有了深刻的体悟，终生难忘，弥足珍贵。

光阴易转，感受更深。每当记起酷夏打场的汗流浃背，他会回忆起那些淳朴的乡间农人。他告诫自己无论走多远，居多高，断不能失了根本。每当在黑暗中，煤矿的场景和挖煤的辛苦便浮现眼前。知道眼前所得来之不易，于是告诉自己应加倍珍惜。每当想起矿工家庭的奇异组合，他提醒自己繁华之外尚有灾难和痛苦，不能忘却现实，脱离实际。

在叶恒强脑中一直不断萦绕的是那代人的共识："保卫一个国家，爱护一个国家，才能立得住自己。"他对国有深情，更对家有仁爱。研修之心，悲悯之心，侠义之心，心心系众。时光回溯，少年汲索不言愁，中年壮志辟新地，古稀犹图尽心力。

在金属所内，已是两鬓斑白的叶恒强匆匆的身影依然穿梭其间。"发现、研究新结构，在这个领域中探索是我毕生之目标，其苦我知，但其乐无穷。"一语道出他爱恋事业的心声。

叶恒强院士将毕生心血倾注于他所钟爱的微观世界，并以此来完成他报国的志向。他的经历激起豪迈的凌云壮志，犹如翡玉般莹润明澈。

生命的铃印

——记金属材料专家、中国科学院院士张兴钤

张兴钤，河北武邑人，生于1921年11月，中国工程物理研究院教授，金属材料学、金属物理学和"两弹"专家。1942年毕业于武汉大学矿冶系；1949年获美国凯斯理工学院物理冶金硕士学位；1952年获麻省理工学院物理冶金博士学位；20世纪50年代初在美国系统地研究了在蠕变过程中纯铝及其二元单相合金的形变和断裂机构，尤其是晶粒间界行为；1956年回国后任北京钢铁工业学院教授；1963年到第二机械工业部第九研究所工作，历任试验部门主任，厂副总工程师、副厂长兼总工程师等职，为"两弹一星"事业做出了杰出的贡献；1980年任核工业部军工局总工程师；1989年赴美任麻省理工学院访问教授期间，又进行了细晶的研究，提出晶界裂纹形成和传播的模型，并系统地阐明晶界行为与高温强度、塑性、断裂的关系，在高温强度和超塑性领域内作出了重大成就。1990年任中国核学会核材料分会第二届理事长。1982年获国家自然科学一等奖，1985年获国家科学技术进步特等奖。1991年当选为中国科学院学部委员（1993年改称院士）。

"钤"字有"官印"之解。父母授"兴钤"之名,自然也寄托了对张兴钤将来能步入仕途、光耀门楣的希望。然而,时代动荡,风雨如晦,张兴钤身出河北、考入天津、南下上海、求学武汉、乐山入党、供职綦江、赴美深造、辗转回国、任教钢院、埋名戈壁、流放河南、载誉返京,在这条大开大合的人生曲线上,兴钤虽未如家庭所愿入仕为官,但他用刚强正直的为人品格、坚毅执着的治学精神、宽和质朴的待人态度、讷言敏行的处世方式给这个大时代烙下了深深的钤印,也将自己提升到了一个超乎家庭希望的高度。

子曰:"刚、毅、木、讷,近仁。"

共产党的同龄人

1921 年深秋,中国共产党成立的消息已经在河北武邑的灵通人士中流传,同年 11 月,张兴钤出生在武邑县的一个大家庭中。在那个举国彷徨、风雨飘摇的时代,没有人会把这两个消息联系起来,更没有人会想到,这个没落大家庭中的孩子,会同矢志救国的最后一支力量——中国共产党一起走过光辉历程。

至张兴钤就读时,大家庭已中落。作为适龄七个孩子中的成绩较优者,张兴钤负笈求学,一个人背负起整个家庭的希望。在叔父的接济下,他于 14 岁时初中毕业,由于家庭再也无力供养,他不得已考入了天津河北工业学院高职部机工科,放弃了由高中而升入大学的深造之路。而北上天津,也为张兴钤与中国共产党结下了不解之缘。

在天津的日租界,少年张兴钤目睹了日本军警肆意欺辱沦为三等公民的中国人,心灵受到强烈震撼,"国家不富强、人民就受欺侮"的意识在他的心中扎下了根。当中国共产党领导的一二·九爱国学生运动席卷全国时,作为高职学生的他放下了手中的书本,和当地的大学生一起,投身于这场声势浩大的运动中,为祖国的命运奔走呼号。也就是在那时,张兴钤第一次亲身感受到了共产党的救国热情和革命情怀,心中逐渐燃起了革命的火种。

时局继续恶化,日本帝国主义提出了华北特殊化要求之后,华北局势危如累卵,早已容不下一张平静的书桌。1936 年夏,张兴钤辍学离开天津,南下上海，考入了江苏省立上海中学。在中国共产党的诞生地求学，张兴钤在进步同学的帮助下，加快了向党组织靠拢的步伐。在学习之余，张兴钤阅读了邹韬奋主编的《抗战》以及巴金、茅盾的许多进步小说，经常秘密参加进步学生组织的演讲会、讨论会等，与同学们共同探讨中国之命运、如何抵抗侵略等论题。这时的张兴钤已初步接触了马列学说，并开始认识到帝国主义侵略的本质和蒋介石镇压革命运动的暴行。

1937年秋，日军攻占上海，为了不做亡国奴，年轻的张兴钤与两名同学一起，决定放弃学业、投奔陕北。途经武汉时他们看到了招考空军的通知，既然陕北征途遥远，国共合作又是大势所趋，不若就此先行参军。对于此时的张兴钤来说，只要能够上空杀敌、报效国家，何种党派已不重要。然而，就在张兴钤雄心勃勃地报考空军的时候，一纸停止招生的通告使他原有的计划全部破灭，加之耳闻目睹的国民党军队的腐败和对老百姓的欺压，他对国民党彻底绝望。在断然拒绝了国民党特务组织的拉拢后，忍受着疟疾带来的几乎夺命的病痛，张兴钤在武汉报考了大学。

侵略者长驱直入，武汉同样面临沦陷。张兴钤又开始了流亡之旅，辗转抵达长沙时，方知自己已经被内迁至乐山的武汉大学矿冶系录取。经历了太多曲折的他终于跨进了梦萦魂牵的大学校园。进入大学后，张兴钤在同室学友的介绍下，加入了中国共产党的外围组织"抗战问题研究会"。在研究会中，张兴钤结识了一大批志同道合的热血青年，他们积极奔走，出壁报、下乡作抗日宣传、组织时事讨论会。这些活动使张兴钤在政治上渐渐成熟起来。他开始感到，革命不是纸上谈兵，而是需要参加实际斗争。当时国共合作破裂，国民党政府已经开始明目张胆地迫害有进步思想的人，但这些并没有阻止张兴钤向党组织靠拢的步伐。1940年初春的一天，就在白色恐怖呈黑云压城之势的时候，在乐山城郊大渡河畔一棵大树下，张兴钤举起了右拳，庄严立下了为共产主义事业奋斗终生的誓言。那一天，天朗气清；那棵树，是心中永恒的印记；那一次立誓，他永生难忘。张兴钤曾深情地说："如果有一天我重回乐山，我一定会认出那棵树！"

1940年，国民党的爪牙在武汉大学校园内大肆搜捕进步师生。张兴钤的入党介绍人，也是他在党内的单线联系人，被转移到了解放区，刚入党不久的他就与党组织失去了联系。然而，身为共产党员和"抗战问题研究会"积极分子的张兴钤并没有因此退缩，他甘冒危险，继续留在学校内完成学业。在这段充满白色恐怖的日子里，他坚持阅读《新华日报》和马列主义论著，期待着革命高潮的再次到来。

1942年，张兴钤从武汉大学毕业并获得学士学位，分配到四川綦江电化冶炼厂工作。在繁忙工作的同时，他依然积极争取与党组织取得联系，多次赴重庆，与朋友到新华日报社和化龙桥八路军办事处，征询党组织对自己采取斗争策略的意见。当时新华日报社对这个突然冒出来的"共产党员"有些惊讶，便给了他"充实自己、迎接高潮"的意见。张兴钤牢牢记住了这八个字，在綦江电化冶炼厂工作的四年以及后来到鞍山钢铁公司工作期间（主要负责铸铁厂的战后修复工作），他注意将自己所学的知识与工作实践相结合，投入到技术工作中，并挤出时间阅读三联、生活等进步书店的书籍，从思想和业务两方面提高自己。与此同时，张兴钤与工人结下了深厚的友谊，并真切地感受到了工人阶级的先进性。在鞍钢时，厂内工人酝酿罢工还专程告知他并请他出谋划策。工人师傅的信任使张兴钤深受感动，他为自己能给予些许帮助而兴奋不已。也就是在这段时间，张兴钤的上线联系人终于找到，他的共产党员身份也得到确认。

与共产党同龄的张兴钤，终于又正式投入了共产党的怀抱。在接下来的日子里，他秘密组织留美学生回国、服从分配到钢院任教、隐姓埋名研发"两弹一星"，都有了一个响当当的理由："我是一名共产党员，哪里需要，我就到哪里！"

共和国的好儿子

努力以自己所学的先进科技知识报效祖国，为羸弱的民族带来新的活力，加快追赶世界先进国家的步伐，是萦绕在张兴钤心头一个永不湮灭的信念。本着科学救国的宏愿，张兴钤于1945年考取公费留学，1947年赴美，踏上了异国求学之路。

赴美之初，他在底特律一家钢铁厂实习。从历经战火、满目疮痍的祖国来到一派繁荣景象的美国，两地巨大的差异促使他更深入地思考祖国的未来，而美国发达的工业、先进的科学技术也使他更觉肩上担子的沉重。为了更好地打下基础，尽可能多地掌握专业知识，他来到了凯斯理工学院刻苦攻读，顺利取得了硕士学位。

　　初窥科学殿堂门径的他不满足于浅尝辄止，决定在科学道路上继续深造。1949 年，他获得了著名学府美国麻省理工学院的奖学金，师从高温合金专家格兰特教授，从事蠕变机理研究，迎来了科研生涯中的第一个辉煌。

　　蠕变是指材料在负荷和温度同时作用下，其应变随时间变化的行为。20 世纪 50 年代初，正值喷气式飞机发展热潮。发动机效率取决于燃气的进气温度，进气温度越高，效率就越大，因此发展能耐更高温度的合金是提高发动机效率的关键。当时人们只知道合金的高温力学性能和合金的内部显微组织（各个晶粒及其间界）有密切关系，但对其机理并不清楚。在格兰特教授的指导下，张兴钤建立了蠕变在位观察和测量技术。系统研究了蠕变过程中多晶纯铝及其二元单相合金的断裂机制，尤其是晶粒间界的行为，他首先提出了晶界裂纹形成和传播模型，作出了晶界滑移和裂纹并不总是引起脆断的论断，这些都是前人未能注意到的，对了解细晶材料的力学性能十分重要。在实验基础上，张兴钤揭示了几种机制（尤其是晶粒间界的行为），对合金塑性、断裂和强度的关系给出了恰当的解释，并以此撰写了 6 篇论文。这些研究都是先驱性的工作，其研究成果成为由原子尺度到宏观尺度了解多晶材料力学行为的桥梁，为建立半定量或定量的关系式发挥了重要作用。

　　张兴钤的论文在学术界引起了很大反响，此后在有关高温强度、断裂理论、合金的超塑性以及组织对高温合金力学性能影响的论文中，这些成果都被广泛引用。数十年之后，在北京的一次学术会议上，一位日本专家得知张兴钤身份后激动不已，紧握住他的手，连声说："张先生，正是拜读了你在麻省理工学院的论文后，我才选择了晶粒间界研究！"

　　求学麻省理工学院，在承担繁重学业与科研工作的同时，一直视自己为共产党员的张兴钤密切关注着国内的局势，为人民解放军的胜利而欢欣鼓舞。作为联络人，他积极参加一周一次的国内局势读书会。在张兴钤的记忆中，读书会研讨的内容包括中国的工商业政策、土改政策、论人民民主专政等论题。在此期间，他还先后参加了北美基督教中国学生会举办的夏令营，与百余名中国留学生共同进行了"认识新中国"的讨论。通过这些活动，张兴钤不但增加了对新中国政策措施的认识，而且认识到了群众工作的重要性和细致性，锻炼了自身的组织能力。

　　1952 年，取得麻省理工学院博士学位的张兴钤已有了如日中天的事业。

优越的科研条件、舒适的生活以及导师格兰特恳切的挽留，都没能磨蚀他归国参与新中国建设的决心。面对导师不解的目光，张兴钤平静地说："您有您的祖国，而我也有我的祖国！"40 年后的 1992 年，格兰特教授应邀来华，与张兴钤在长城合影后，他向张兴钤竖起了大拇指，说："你当初的选择是正确的。"

然而，当时的美国政府并不希望这些知识精英学成归国，特别是随着 1950 年中国人民志愿军跨过鸭绿江入朝与美国军队作战，他们更是制造种种理由横加阻拦，后来干脆下令严禁学理工的中国留学生回国，他们以为和禁运一样，可以通过这种方式压制一个强大的中华巨人在世界东方的崛起。

那段时间，不断有强烈要求回国的中国学生受到迫害，张兴钤也被美国移民局逼问过去的历史和对新中国的态度，这种逼问一直延续了两天。但国内热火朝天建设新中国的消息和学成报国、加入新中国建设的信念始终激励着他，他秘密参加了新泽西州一个基督教青年会夏令营地的聚会。在会上，他与李恒德、师昌绪、陈能宽、林正仙等人分析了国际局势，决定一方面想办法骗过移民局，转道加拿大或欧洲国家回国；另一方面，尽力做好与美国政府进行正面斗争的准备。然而，他们还是晚了一步，美国政府已将他们的情况通报了加拿大，加海关以得到有关张兴钤秘密情报为由不准他入境。

为了争取回国，在张兴钤、李恒德等人的组织下，留学生们两次集体给周总理写信，表达了不畏惧美国政府迫害、坚决要求回国的意愿，并先后通过印度大使馆等渠道将信送呈周总理。1954 年，在日内瓦国际会议上，这些信件成了中国政府抗议美国无理扣押中国留学生的重要证据。同年 7 月，留学生们再次在波士顿青年会夏令营聚会，讨论决定了回国斗争所采取的步骤：一方面，做好向联合国控诉的准备；另一方面，集体向美国总统艾森豪威尔写信，明确要求回国，并将公开信送各大报社发表，扩大宣传面，争取美国进步人士的同情。8 月，致美国总统的公开信一发表，随即引起了美国媒体的注意，一些有影响力的媒体对在公开信上签名的中国留学生们进行了采访，并在醒目位置刊登了留学生因美国政府禁令不能回国的报道。张兴钤与师昌绪、林正仙的合影也出现在报纸的醒目位置，美国政府扣留中国留学生的消息传遍全世界。随后，留学生们购买了一部油印机，印刷了数千份宣传资料，向美国人民控诉美国政府的恶行。同时，张兴钤还专程前往纽约，与驻联合国外国代表团接触，希望他们在联合国大会上就扣押中国留学生向美国政府质询。

斗争是艰苦的，甚至要冒着被判间谍罪的危险，但张兴钤一刻也没有忘记自己是中国人、一刻也没有忘记自己是共产党员，更没有一刻想到过退缩和放弃！在回国斗争的组织者中，只有张兴钤有一辆二手车，他不顾劳累和美国政府的迫害，驾着车、载着同学们四处奔走，争取回国斗争的胜利。

迫于国际舆论的压力，美国政府终于取消了阻止中国留学生回国的禁令。1955 年 6 月，张兴钤踏上了归国的旅途。7 月 10 日，当他乘坐的 "戈登号" 轮船远渡重洋、辗转抵达深圳罗湖口岸时，一眼望见五星红旗的张兴钤不禁热泪盈眶，那时他才明白，原来人在欣喜至极的时候也会流泪！56 年之后，耄耋之年的张兴钤谈起那个时刻，兴奋之情依然溢于言表："回家感觉就是不一样，感觉一下子抬起头来了，见到的人都特别亲。"

就这样，张兴钤放弃了国外一切优厚的条件和地位，回到了祖国母亲的怀抱。这层天然的血脉联系，使一切浮华的东西在伟大的爱国情怀面前一文不值。张兴钤回来了，带着满腹金属物理知识，带着一腔投身社会主义建设的热情，带着一颗报效祖国母亲的赤子之心！

他说："我们都是国家的儿女，这很正常。"

钢院的大名师

新中国蒸蒸日上的建设和高歌猛进的气象激励着张兴钤，他迫切期望加入到火热的建设中去，为深爱着的祖国贡献绵薄之力。当时的新中国百废待兴，学有所成的留学生更是培育高科技人才的不二良师，有关部门直接将他们分到了教育部。当部里同志征询张兴钤对工作分配的意见时，他的回答很简洁："哪里需要，我就到哪里！" 作为一个在国际蠕变研究领域取得过开创性成果的学者，张兴钤丝毫没有为离开科研工作岗位而惋惜，爽快地接受了分配，来到了北京钢铁工业学院执教，一教就是 8 年。

来到钢院后，他首先在金相教研组从事教学，执教初期步履维艰。一方面，他此前从未从事过教育工作，只能从头开始摸索，长期生活在国外的张兴钤对一些技术名词的中文译称并不熟悉，有时在课堂上讲述到某个技术名词只能在黑板上写出英文名称；另一方面，新中国的大学的条件与国外优越的科研和教学条件相比还有差距，教学资料紧缺，实验室仪器匮乏，给开展力学性能实验和研究工作带来了层层阻碍。据张兴钤的妻子左涵征老师回忆，在执教的第一年，由于教材缺乏，为了白天的授课顺利进行，张兴钤必定要"开夜车"给学生准备资料，一大早再赶去油印，最后顶着红红的眼睛奔赴课堂。

重重困难没有动摇张兴钤传道授业的信念。教学经验不足，他就虚心学习，日积月累，在实践中不断提高教学水平；现成资料不足，他就发挥英文优势，查阅大量国外现刊；实验设备不足，他便根据自己在麻省理工学院的实验经验，给学校后勤科列出设备清单，使实验设备得到补充。为使学生的基础打得再扎实些，他们还一度建议将学制由五年改为五年半，并通过了实践检验，同时辅助柯俊教授筹备建立了中国工科院校第一个金属物理专业。他与同事们合作，根据撰写的讲义，指导年轻教师编写了《金属及合金的力学性质》一书。这本书是当时唯一用现代知识和理论阐述金属和合金力学性质的专著，相继被众多国内高等院校作为教材，为新领域的进一步深入研究起到了引导性作用。

一分耕耘，一分收获。几年下来，金属学与钢铁热处理专业以及金属物理专业很快在国内声名鹊起，成为钢院众多专业中的佼佼者。同时这一专业也培养出了一大批优秀人才，其中很大一部分人成长为了国家的科研骨干。张兴钤在讲台上几近忘我的授课风采，数十年后依然铭刻在学生们的心中。

"两弹一星"的老功臣

20 世纪 50 年代末，以美国为首的国际反华势力挥舞"核大棒"，妄图借此对我国施加压力，严重威胁我国安全。是否拥有核武器已成为了衡量一个国家实力的重要标志，年轻的共和国要生存、要发展，别无选择。为了加强国防自卫力量，打破核垄断，独立自主、自力更生地突破原子弹技术难关，中央决定从全国各地区、各部门选调技术骨干参加青海草原上的大会战。1963 年 7 月，在教学中渐入佳境的张兴钤奉中央调令，离开北京，来到了条件艰苦的青海高原，担任第二机械工业部第九研究所（后改称"第九研究院"）试验部门副主任，直接参加到核武器的研制中。"高山巍峨彩云卷，凤凰翱翔舞银滩"，与青海草原的美景相伴的，却是高原气候和困难的生活条件。高原空气稀薄干燥，四季寒风刺骨、漫天飞雪，七八月一阵狂风袭来，飞沙走石，人便得穿上厚厚的棉袄。由于 3000 多米海拔高度的低气压，高原反应使人吃不下饭、睡不着觉，经常头晕头痛。而且，张兴钤参加核武器研制工作时正值三年困难时期之后，地处高原的核武器研制基地尽管拥有国家特别的供应，但生活必需品仍然不足。

张兴钤并不在意自然条件和生活条件的严酷，也暂且搁下了已得心应手的校园。真正使他心急如焚的，是如何更快掌握与核爆试验相关的核物理、爆轰物理、放射化学、光学测试等理论和技术，而这些东西以前他很少接触。对张兴钤而言，要承担如此重任，要不辜负祖国的信任，需要学习的太多了。面对新的挑战，他没有因为自己是留洋归来的博士和堂堂的教授便端着架子不放，而是求知若渴、查阅大量文献并虚心请教。

在张兴钤任试验部门副主任、主任以及后来上调分院担任副总工程师期间，他一直参与领导爆轰试验研究，组织指挥一支千人大军，废寝忘食地奋战在第一线。他们克服了重重困难，在极短时间内掌握了大量关键技术，顺利地完成了爆轰物理试验。后来，他又参与领导了缩小尺寸的聚合爆轰试验，取得了对爆轰规律较完整的认识，这次试验的成功也成为原子弹研究过程中具有里程碑意义的突破。

1964 年，第一颗原子弹成功爆炸，升腾在天边的"蘑菇云"，如同中华民族灿烂的精神花朵，照亮了每一个中国人的心。张兴钤却没有跟随大部队一起到基地目睹这一激奋人心的场景。在当时复杂的国际形势下，为了避免敌对势力的破坏，他服从安排留在草原上，参加了重要的技术资料和试验设备的疏散工作。在举国欢腾的时刻，张兴钤就是这样依旧为工作而忙碌奔波，当他转移到青海某县城时，甚至还险些感染上肆虐的鼠疫。

首次核试验成功后，依照周总理的批示，在加快原子弹武器化的同时，我国的核武器研究转向了对氢弹的探索。根据理论人员的探索，张兴钤与同事们一道，制订出爆轰模拟试验方案，并进行了一系列小型试验，通过上百次爆轰物理试验研究，解决了引爆弹设计中的关键问题，从而为确定引爆弹的理论设计方案提供了重要的技术依据。1967 年，中国第一颗氢弹爆炸成功，与第一颗原子弹爆炸试验成功相距仅两年多，同世界其他国家相比，这个速度是最快的。但是，试验的成功并不代表核事业的最终完成，如何将核装备研发融进三线建设之中，是张兴铃面临的又一课题。

三线建设是国家为适应当时的国际形势而做出的战略决策，草原上的研究基地也亟待搬迁。两弹研制任务完成后，张兴铃带领试验部工作组到三线建设现场，跋涉于大西南山山水水之间，确定有关所的实验室定点、布局和工艺设计。

正当张兴铃不断为祖国核事业做出贡献之际，"文化大革命"的阴霾笼罩了中华大地。"文化大革命"初期，周恩来等中央领导对核工业采取了保护措施，但后来在林彪的直接干预下，地处边远的核基地也卷入了"文化大革命"，科室、车间80%以上的干部受到迫害，部分功勋卓著的领导同志被迫害致死。张兴铃也被迫离开了深爱的事业，下放到河南干校，晚上开会、白天劳动。

历史开了一个残酷的玩笑，就在国外同行潜心研究的时候，这些本该在学术上继续前行、为科学事业贡献更大成就的中国核专家却在种菜、搬砖和盖房中空耗精力，这样的日子足足持续了三年。直到1971年，张兴铃才回到了钟爱的事业中。

1973年后，张兴铃先后担任第二机械工业部第九研究院副厂长兼总工程师，随后又调任军工局总工程师、中国工程物理研究院科技委顾问等职，不论他身居何处、也不论岗位、职务如何变化，他始终关注核事业发展，并为此孜孜不倦地求索，在新的岗位上不断做出贡献。

1997年，76岁的张兴铃作为中国代表在美国斯坦福大学召开的国际裂变材料保护研讨会上，向世界各国的专家学者作了题为"中国核材料保护现状"的报告，用流利的英语清晰地阐述了中国政府关于核材料控制的立场以及所采取的种种措施。

"两弹一星"给张兴铃传奇的一生平添了一份神秘与光荣，也让他的名字永远载入了中国核工业发展的光辉史册。

生活中的老实人

张兴铃把自己的一生献给了金属物理事业，其在事业上的成就已经远不是一两个头衔、荣誉所能描述的。然而，在生活中，他的妻子却给出了这样的描述，"他是个老实人。"

他的老实体现在对家人、事业和同事的那份深切的爱中。岁月如梭，老实人张兴钤用坚强、执着和奉献演绎了不一样的精彩人生。张兴钤深爱着自己的家庭。但是，"两弹一星"任务的一纸调令，让张兴钤含泪抛家舍业，别妻离女，隐姓埋名于戈壁滩，一待便是18年。18年间，他离开时，两个女儿一个两岁，另一个还未满月。工作中每次出差北京，他与家人只是匆匆一晤，便又离去，以至两个女儿一见他，都怯生生地叫叔叔……

张兴钤深爱着自己的事业。在回顾成绩时，张兴钤只是淡淡地作着叙述，绝口不提自己的成就，更不谈自己为了事业而经受过的磨难，他似乎从来不知道什么是艰苦。回国过程的艰辛，未曾使他有过动摇；青海草原的艰辛，未能使他退缩。在天山上，一次突如其来的车祸使他仅差10厘米就要丧命，他仍有余兴与惊魂未定的同志们谈笑风生；在河南干校空耗三年，他并未怨天尤人，一样若无其事地同大伙一起参加劳动，建住房、开荒地、种蔬菜，甚至当他回想起那段岁月时，依然不言艰苦二字。他说，我是旧社会过来的，什么苦都吃过。一位河南干校的同事曾描述过，其实那段时间张兴钤内心里充满了对事业荒废的担忧和对科研事业的渴求。一次，在整理书籍时，他久久地抚摸着从北京购回的英文原版书，双眉紧蹙陷入了沉思，随后低声说，"带不走了，扔了吧！"对一向沉静而豁达的张兴钤来说，这寥寥几字道出了怎样一种深切的无奈与深埋的苦痛！张兴钤用一颗执着的心为钟情的事业矢志不渝、尽职尽责。

张兴钤深爱着自己的同事。作为一名归国的博士、知名的科学家和技术领导，他从不盛气凌人，即使是在争论十分激烈的学术会议上，他更多是用清晰而有条理的分析、细致的论断去说服大家。他担任行政领导同样如此，1977年国家恢复硕士生的统考，单位几名同志希望报名应试，但当时繁重的科研生产任务又离不开这些中坚力量。张兴钤知道后，没有说教，只有理解和开导，"'文化大革命'耽误了你们，正常而论你们不该去读研究生，而是带研究生。这里的情况你们都看到了，百废待兴，技术人才紧缺啊！"朴实的言语，无形的力量，令青年们改变了主意，决定留下来继续工作。一名后来成为单位科技委副主任的同志回忆起这件事时，还激动万分："这里有我的事业，有我最好的导师，先生就在眼前，我何苦还去舍近求远呢？"张兴铃对青年科技人员的成长倾注了极大的热情，他知道，事业的持续发展要依靠青年一代，所以毫无保留地把毕业积累的学识和经验倾囊相授，有时甚至为了年轻人提出的一个学术问题几天泡在图书馆里查找资料，只为给出一个自己满意的答案。

再读张兴铃，犹如一个个惊世不语的故事，故事里，有戈壁荒漠、巴山蜀水、大地为席、明月为帐；故事里，有冷月孤星为伴，沙风砾雨相陪，隐姓埋名、离群索居；故事里，生命之火的熊熊释放，如同那一瞬间放射出的眩目光华，照亮了那段隐秘的历程，也激荡着每一个后来者的心。

大梦无疆，且歌且行

——记材料学专家、中国科学院院士邹世昌

邹世昌，江苏太仓人，1931年7月生于上海市，上海微系统所研究员，博士生导师，材料科学家。1952年毕业于唐交大冶金工程系；1954年赴苏联留学，1958年获副博士学位；回国后在上海冶金研究所（现上海微系统所）工作，历任离子束实验室主任、所长。1986年当选为中共上海市第五届委员会候补委员。1992年当选为中共第十四届中央委员会候补委员。20世纪60年代曾负责国防重点任务甲种分离膜（代号"真空阀门"）的加工

成形工作，是成功研制甲种分离膜的第二发明人；20世纪70年代以后在离子束材料改性、合成、加工和分析等方面进行了系统的研究工作，独创了用二氧化碳激光背面辐照获得离子注入损伤的增强退火效应。曾获国家发明一等奖等奖励，发表文章200多篇，培养博士生30多名。全国优秀共产党员，浦东开发建设杰出人才。1991年当选为中国科学院学部委员（1993年改称院士）。

他，生于乱世，辗转求学；他，勤学好问，笔耕不辍；他，科学图强，诲人不倦；他，老骥伏枥，矢志报国。他，就是中国科学院院士邹世昌。

从新中国低合金钢的研制，到高端硅基材料的研究；从第一颗原子弹的爆炸，到开创研究所的新局面。数十年来邹世昌走南闯北，硕果累累。以严谨的科学态度、广博的胸怀、高远的目光和兼容并包的思想，引领中国尖端科技向前迈进！

梦·求学明志

1931 年，多事之秋。这一年，九一八事变开启了日军全面侵华的道路；蒋介石提出"攘外必先安内"，国民生活一片水深火热。这一年，邹世昌出生在上海。

1937 年 7 月 7 日，卢沟桥事变，8 月 13 日淞沪会战，上海沦陷了。此时，年仅 6 岁的邹世昌刚刚懂事，便目睹了日本帝国主义的侵略暴行，目睹了旧中国饱受列强蹂躏，满目疮痍。1941 年，太平洋战争爆发，上海租界被日军占领，日军建立了封锁区，老百姓受尽苦难，只能吃碎米或是发霉的米。受压迫、受欺凌的仇恨和为国家之崛起而奋斗的种子悄悄埋在年幼的邹世昌心中。

抗战的岁月，整个社会都在动荡之中，邹世昌家境贫寒，他在逆境之中奋发图强，凭借自己优秀的成绩得到了上海的两份大报《申报》和《新闻报》提供的助学金。同时他的哥哥和姐姐先后辍学打工来资助他上学，邹世昌的求学之路得以继续。

1943 年，邹世昌报考了中华职业学校，学习机械科，1945 年转学到离家较近的格致中学。同年 8 月 15 日，日本宣布无条件投降。少年时代的邹世昌意识到：强大的经济实力和先进的科学技术是取得战争主动权的重要因素。中国之所以受侵略、受压迫，国力衰弱和科技落后是至关重要的原因。

当时各界对抗战胜利后的社会民生抱有很大期望，觉得抗战胜利了，就是"天亮了"。意想不到的是，国民党接管上海后，境况并没有改观，只是日本人换成了美国人，日本兵的暴虐换成了美国兵的横行霸道，社会秩序一塌糊涂。国民党派来的接收大员贪污腐败，物价暴涨，老百姓依然生活在水深火热之中。邹世昌逐渐明白，国家要富强，只凭经济实力还不够，还必须有一个为老百姓着想和服务的政府。艰难困苦，玉汝于成。少年时代的一系列经历，促成了邹世昌的种种思考，树立了他自强不息、治学报国的志向。

1949 年，邹世昌高中毕业，收到多所大学的录取通知书。为了减轻家里的经济负担，帮助弟弟妹妹，父母反复斟酌，决定让他去读申新纺织公司创办的中国纺织工学院，期望毕业后能在纺织厂找到一个工作。

新中国成立后，邹世昌开始接触新的思想，萌生了投身经济建设的念头。1950 年，国家重点发展重工业，邹世昌便怀着工业救国的梦想毅然转学到了唐交大，就读重工业建设紧缺的冶金工程专业。也就是在这里，他的人生发生了重大转折。大学里他奔波于教室、图书馆之间，勤奋学习，汲取营养；他结识了人生的导师吴自良；在这里已经明确理想的邹世昌受到了笃实扬华、自强不息的校魂和严谨求实、重视实践的校风感染；在这里他养成了果毅力行、忠恕任事的人生品格和踏踏实实、艰苦奋斗的作风。

1952 年，全国院系调整。这时的邹世昌已经临近毕业，被分配到中国科学院上海冶金陶瓷研究所，进行建立我国低合金钢系统的开创性研究。从那时起，邹世昌的命运就与新中国的科学事业密切联系起来了。

1953 年，邹世昌通过国家层层选拔，到北京俄文专修学校学习俄语，为赴苏联留学做准备。他在回忆这段经历时说："建国初期国家经济十分困难，培养 1 个留苏生的代价相当于国内培养 30 个大学生，但为了把这批学生送出国，国家为每个人准备的生活用品比父母考虑得还周到。正是党和人民，将我从一个连做梦也想不到可以出国留学的穷苦孩子培养成才。"这些更加坚定了他报效国家的决心。1954 年，邹世昌前往莫斯科留学，开始了为期三年半的留苏生涯。在莫斯科，邹世昌不仅学习刻苦，还光荣地加入了中国共产党，而最让他难忘的是 1957 年在苏联访问的毛泽东主席亲自接见了包括邹世昌在内的留苏学生。他亲耳聆听了毛主席"世界是你们的，也是我们的，但是归根结底是你们的。你们青年人朝气蓬勃……好像早晨八九点钟的太阳"的著名讲话，这让身处异国他乡的邹世昌感到无比的鼓舞，也为他一生报国打下了坚实的思想基础。

宝剑锋从磨砺出，梅花香自苦寒来。历经磨难，打造出坚毅的品格；艰苦求学，成就了他人生的志向。1958 年，在莫斯科获得副博士学位的邹世昌回到上海冶金研究所，开始了他一生为国家奋斗的筑梦历程。

梦·工业救国

1964 年我国第一颗原子弹爆炸成功。原子弹成功爆炸的消息传来，作为参与研制的一员，邹世昌激动的心情无以言表，四年来不分昼夜的研究终有所成，这一刻所有的付出都得到了回报。

早在 1955 年，党中央和毛泽东主席就做出了要研制原子弹的决策。根据当时的国际形势，中央确定了积极防御的战略方针，为了防御，中国也要搞原子弹。毛主席批示：要大力协同做好这件工作。

众所周知，铀 -235 是最重要的核燃料，在天然铀中含量很少。分离铀同位素是一项十分关键但又十分困难的技术。分离技术的关键是分离膜元件的制造技术。1960 年，中苏关系破裂。苏联撕毁协议、撤走专家后，设备虽然已经在中国，但是分离膜等关键元件不提供了。没有分离膜元件，发展核工业和核武器就成了无米之炊，既造不了反应堆，也爆不了原子弹，我国核工业面临夭折的危险。

二机部苏联专家撤完的前几天，邹世昌正在长春出差，一封电报把他召到了北京。钱三强在北京下达了研制"甲种隔离膜"的任务（代号"真空阀门"）。大家深感责任重大，立即组织人力开展研究。1961 年，鉴于任务的迫切性，有关单位的科研人员和设备被集中到上海冶金所联合攻关。成立了专门研究室，由吴自良任主任，下设三个大组，其中第二大组负责成膜工艺并制成分离膜元件。邹世昌任组长，这一年，他 30 岁。

那时正值国家困难时期，物质条件比较艰苦。邹世昌和其他攻关人员住在几人一间的集体宿舍里，吃的是集体大食堂，粗茶淡饭，荤腥难沾。面对生活条件的困苦，邹世昌不怕苦、不怕累，坚持奋战在实验室最前列。相比生活条件的艰苦，研究材料的缺少更是成了大问题。分离元件既要有合理的空隙与分离功能，又要有足够的机械强度并具有化学稳定性，在选料、制材和热处理方面都有极其特殊的要求。邹世昌领导的第二大组负责分离元件制造工艺的研究，包括粉末成型、压力加工、热处理、焊接等环节，困难重重。面对困难，邹世昌带领攻关人员不停地实验，夜以继日地工作，终于确定了有关工艺的设备和参数。

分离膜元件的焊接也是一个大难题。当时我国能生产供应的焊头材料性能较差，达不到甲种分离膜焊接工艺的要求。刚好邹世昌在苏联读书时曾研究出一种高强度、高电导、热稳定的铜合金材料。邹世昌将这一材料加工成了焊接电极，使用效果很好，为甲种分离膜的研制铲平了又一个障碍。

1964 年初，实验室试制工作基本结束，随即转入试生产。邹世昌与组内的同志下到工厂，指导生产并确定工艺操作规程。1965 年，分离膜制造技术通过了国家鉴定，并于同年建厂批量生产，使中国成为独立掌握浓缩铀技术的国家。多年的实际使用结果表明，自制分离膜的使用效果比预期的还要好。鉴于甲种分离膜对我国核工业建设做出的重要贡献，这项技术在 1984 年被授予国家发明一等奖，邹世昌排名第二。

闲居非吾志，甘心赴国忧。邹世昌怀揣工业救国的梦想，受命于危难之际，在没有任何资料可供参考的情况下，在摸索中艰难前行。一次次的实验，一次次的失败，一次次的总结，再实验，再失败，再总结，屡败屡战，愈挫愈勇。邹世昌，从不向失败示弱，为捍卫国家的利益付出了自己的努力。

梦·科技报国

从无到有，拓荒离子束研究。

20 世纪 70 年代初，经过"文化大革命"批判和农村劳动教育的邹世昌回到了科研工作岗位，此时他的研究领域已经转向了离子束与固体材料相互作用及其在半导体材料与器件方面的应用。由于环境所限，当时能使用的设备只有国内制造的一台离子注入机，性能很不稳定。邹世昌毅然决定对已有设备进行改造，扩充其功能，开展研究工作。

1974 年，邹世昌带领团队与上海原子核研究所合作，在离子注入机上配置束流准直器等。1975 年，邹世昌带着取得的成果在"离子束表面层分析"学术会议上发表了论文，引起了国际同行的好评。令他们十分惊讶的是，国际上一般都要用精密仪器进行的实验，中国人竟能在自制的设备上完成研究工作。

1978 年，邹世昌带领的团队与中科院上海光机所合作，在国内率先开展了半导体激光退火的研究工作。1979 年，邹世昌以客座教授的身份应邀前往弗朗霍夫学会工作十个月。邹世昌罕有的勤奋和谦逊给德国同行们留下了深刻的印象。十个月的工作结束，邹世昌完成了 4 篇非常具有创意的论文，参加了"国际离子束材料改性"学术会议。会议上邹世昌发表了研究结果，取得了热烈的反响。会前，他还应邀到各处作学术报告。从此，国际离子束学术领域多了一个中国人的名字：邹世昌。1982 年，鉴于邹世昌对离子注入技术领域的杰出贡献，国际波姆物理学会接纳他为会员。1985 年，他更被推选为离子注入技术和离子束材料改性两个学术会议的国际委员会委员。

从无到有，邹世昌书写的是一往无前的拓荒精神。正是这种拓荒精神，这种为国为民的思想使得我国离子束技术及其应用在世界上能够占有一席之地。

1985 年，邹世昌创建了离子束实验室，对离子束与固体材料的相互作用进行了系统的研究，并应用于材料的改性、合成、加工、分析，相继完成了一系列重要研究成果。

作为国内离子束研究的先驱，邹世昌在近半个世纪的时间里，共完成200 多篇学术论文，奠定了我国在离子束领域的国际地位，为我国离子束研究与应用领域做出了卓越的贡献。

殚精竭虑，管理科研双肩挑。

1983 年，邹世昌走上了中国科学院上海冶金研究所所长岗位，这一年，他 52 岁。邹世昌下定决心：既然组织和群众充分信任，那走上所长岗位后就应当全力以赴，办成几件建设性的大事，尤其是要坚持原则，秉公办事，听取各方面意见。

1987 年，冶金所召开职工代表大会，会上邹世昌做了关于在研究所实行体制改革的报告，拉开了冶金所全面改革的序幕。改革是对利益分配的一次再调整。面对改革过程中出现的个人与集体、局部与整体等各种各样的矛盾与阻力，邹世昌没有碰到困难就绕道走，而是坚持原则，凡是有利于全所学术水平提升、综合实力增长、青年队伍成长的事情，即便一时不能为一部分人所理解，也一定要把它做好。一心为公，坚持原则，不图虚名，多做实事，不计较个人得失，经得起困难与时间的考验，这就是邹世昌的领导原则。

邹世昌担任所长的 14 年中，冶金所的职工收入逐年增长，而邹世昌坚持不给自己发年终奖金。克己奉公，对邹世昌来说是一贯的。早在 1979 年，德国弗朗霍夫学会邀请邹世昌以客座教授身份工作了近一年时间，回国之时邹世昌省下一笔外汇，他用这笔钱为所里买了一台价值 3000 美元的计算机和一些计算器、集成电路及其他零件。同志们都赞扬他爱祖国、爱事业的精神，而邹世昌却只是轻描淡写地说"这是我应该做的"。

在邹世昌担任所长期间，上海冶金所承担了大量的国家攻关、国防军工和中科院重大研究等项目，每年在国际学术期刊与国内学报上发表论文三百多篇。他担任所长期间，组建了离子束实验室、传感技术联合实验室、国家金属薄膜功能材料工程技术研究中心等一批科研单元和高技术转移转化机构。在一些探索性、原创性科研项目取得长足进展的同时，研究所的科研活动也得以更好地渗透到社会主义市场经济建设的大潮中，发挥了科研国家队的作用。

梦·产业强国

1997 年，邹世昌卸任上海冶金所所长。那时，上海市和电子工业部正着手在浦东建设我国第一条 8 英寸集成电路生产线。怀着振兴微电子产业愿望的邹世昌接受了上海市政府的委托，参加中日合资上海华虹 NEC 电子有限公司的筹建工作。这一年，邹世昌 66 岁。

提到我国半导体产业，邹世昌不无感慨地说，在我国的重大科技项目中，20 世纪 60 年代的"两弹一星"与集成电路研制形成了强烈反差。"两弹一星"使我国一举跻身少数拥有核武器的国家行列，而当时起步并不晚的集成电路却与国际集成电路产业的发展渐行渐远。早在 1965 年，上海冶金所和上海元件五厂就共同研究试制出上海第一块集成电路，几乎与日本同步。但是由于种种原因，历经 30 余年，我国仍未建立起规模经营的半导体产业。90 年代初，邹世昌出国考察时，看到起步比我国晚得多的新加坡甚至马来西亚的半导体产业都后来居上，心里久久不能平静，一种强烈的责任感驱使他不甘人后，决心改变我国微电子产业落后的面貌。

华虹 NEC 筹建的过程中，从谈判到签约，从打桩到建厂房，年近古稀的邹世昌日日夜夜扑在工作上。终于，1999 年，公司比计划提前七个月投片生产，标志着我国从此有了自己的深亚微米超大规模集成电路生产线。华虹 NEC 的成功同时也引发了上海集成电路产业的集群效应，使上海在短短几年内，形成了一条由电路设计、晶元制造、封装测试、设备材料、智能卡等不同领域企业构建的完整的集成电路产业链。

邹世昌先后当选为浦东新区科学技术协会主席和上海市集成电路行业协会会长，2003 年被授予"浦东开发建设杰出人才"称号，并转任上海宏力半导体制造有限公司董事长职务。

在此后的几年中，邹世昌以科学家和董事长的双重身份，带领宏力公司承担了多项政府科技攻关项目，包括国家重大科技专项，上海市、浦东新区的多个科技项目。

发展微电子产业任重而道远。从集成电路技术和产业发展趋势看，从 8 英寸① 向 12 英寸升级是必然的。2009 年上海市政府工作报告明确要加快 12 英寸集成电路生产线的建设，作为调整产业结构、提升产业国际竞争力的重要举措。引进是手段，创新是目的。引进不是照搬，而是为了拓展和超越。在扩大生产规模的同时，更要把整机、集成电路设计和制造有机地连接起来。这正是邹世昌投身上海半导体产业以来一直在奔走、呼吁和推动的事情。

梦·桃李芬芳

邹世昌不仅是我国离子束、集成电路领域的领军人，他还是一位诲人不倦的好老师。几十年来，邹世昌以大师的风范影响和培养了 50 余名硕博士研究生。这些弟子中，近一半在国外进修后选择了回国效力，很多已成为相关学术界或产业界的领军人才，其中不乏中国科学院院士、研究所领导、公司总经理、国家重点实验室和工程中心主任等。

早在 20 世纪八九十年代邹世昌担任研究所所长时，他就常说："人才是关系到研究所兴衰存亡的大事情，一个研究单位的竞争能力，归根到底取决于科技队伍的素质与水准。"

那时，上海冶金研究所年轻科技人员流失的问题比较严重。邹世昌十

---

① 1 英寸 =2.54 厘米。

分清楚面临的难题：资金不足，住房紧张，陈旧的论资排辈思想，等等。经过反复斟酌，到 20 世纪 90 年代初，邹世昌认为是痛下决心的时候了。

"作为所长，我在位一天，就要创造一切条件让年轻人尽快成长起来，就是要采取超常规的政策和措施，吸引、稳定、留住年轻人。"邹世昌如是说。他与领导班子认真商议后，制定了一系列措施，天平开始向青年才俊们倾斜。在冶金所，晋升专业技术职称至少有 20%—30% 的比例用于青年科技人员；吸收、选拔他们参加所里学术、学位评定、职称评审三个委员会和担任各级领导职务；出国考察优先考虑年轻人；在住房分配中，青年科技人员的比例不少于 20%；对优秀青年人才要一事一议，特事特办；给青年人压担子，创造脱颖而出的环境与条件。

为了能够吸引优秀青年人才，在制度保障的同时，邹世昌还找青年科技人员促膝长谈，用自己的亲身经历影响他们，希望他们把发展祖国的科技事业作为自己的责任。邹世昌还尽心尽力为他们排忧解难，以真诚之情打动人心。他的学生，中国科学院院士王曦就与他结下过这样一段不解之缘。

1987 年，王曦刚刚从清华大学毕业，通过交谈，王曦被邹世昌渊博的学术造诣、豁达的处事态度深深折服，便毫不犹豫地选择了保送到上海冶金所攻读邹世昌的硕士、博士学位。1998 年，王曦在德国做访问学者，他再次面临选择：要不要回国。时任所长和邹世昌在德国与王曦长谈，向王曦介绍了中科院正在开展的知识创新工程，让他感到国内大有可为，在时任所长和邹世昌的感召下，王曦义无反顾地回到了祖国，改变了自己的科学研究生涯。为了让年轻人有更多展示自己的舞台，邹世昌还推荐王曦成为国际波姆物理学会成员，让王曦能进一步拓展视野，有机会在更高层面上到国外学习交流，领悟到更多先进的理念。王曦于 2009 年当选中国科学院院士。

其后，在邹世昌主持集成电路生产线建设时，他发现生产线的技术领导和负责人绝大多数来自海外，我们自己培养的人才还未能掌握集成电路制造和生产的核心技术以及领导管理能力，这更坚定了邹世昌培养青年人才的决心。邹世昌主导执行宏力半导体公司与上海微系统所联合培养博士研究生计划，他们的科研工作紧贴生产工艺实际，动手和集成能力强，走上工作岗位受到企业的普遍欢迎，邹世昌期望他们在工作岗位上经过多年的锻炼能够成长为我国集成电路产业的骨干和将才。邹世昌以深厚的学术造诣和严谨的科研态度为学生传道解惑，以真诚的关怀和细致的照顾给学生家长般的温暖，他不仅是学生的导师，更是学生实现人生理想的领路人。

梦·人生如歌

2007 年，邹世昌从宏力公司董事长的岗位卸任转做科学顾问后，又重新兼顾起上海微系统所的研究课题工作，依旧奔忙在科研第一线，身体力行地指导团队工作，为在中国的半导体先进工艺线上生产出中国人自主设计制造的芯片产品而奋斗，为解决社会经济发展和国家安全的需求发挥着一名科技工作者的作用。

邹世昌几十年如一日，在科研和社会生涯中说得少、做得多，事必躬亲，言传身教，帮助年轻人把握技术工作中的重要细节。在党和人民给予的各项荣誉面前，邹世昌时刻审视自己，谦虚谨慎，不骄不躁。运用渊博的学识和丰富的阅历，积极参与各项社会公益事业，弘扬科学道德，倡导科学理念。

展望将来，邹世昌总是谦逊地说："我要求自己在还能工作的年限里继续奋斗，自强不息，再为自主研发和人才培养这两方面做一点新的贡献。"

邹世昌视事业为第一生命。他爱祖国、爱人民，爱奋斗了大半辈子的科学研究事业。他在一则自述中深情地写道："我出生于这块饱经蹂躏侵略、贫穷落后的土地上，我的命运就和祖国的前途紧紧相连，我的历史责任是要竭尽全力去改变她的面貌，建设一个繁荣昌盛、科技发达的新中国。"

桑榆未晚，望天边夕阳如火；青松陶然，看人生如梦如歌。

邹世昌用梦想与汗水交织他的人生，一路寻梦而来。为学，报国图强；为师，桃李天下；为人，正直坦然。数十载转瞬如梦，勤勤恳恳，坦坦荡荡，大梦无疆，且歌且行！

依依金情，巍巍钢魂

——记冶金与金属材料科学家、中国科学院院士李依依

李依依，1933年10月出生于北京，籍贯江苏苏州，冶金与金属材料科学家。1957年毕业于北京钢铁工业学院冶金系；1957—1960年在本溪钢铁厂担任1号青年高炉工长兼技术员；1960—1962年在辽宁冶金设计院从事高炉设计工作；1962年调至中国科学院金属研究所工作。曾任中国科学院金属研究所党委书记、所长、所学术委员会主任和学位委员会主席；中国科协常委，辽宁省科协主席、名誉主席，中国金属学会及中国材料研究学会副理事长，"973"计划专家组成员。主要从事新材料研究、抗氢合金研制、工程材料的制备与显微组织之间的关系、大型铸锻件制备技术等。提出并致力于发展可视化铸造技术，核电用结构材料的制备与组织之间关系等系列关键技术。突破了我国装备制造业中大型关键铸锻件生产的瓶颈，为三峡水轮机不锈钢转轮、大型船用曲轴、核电压力容器的国产化制造做出了重大贡献。获国家和部委科技一、二等奖20余项，1959年获全国青年高炉先进集体，成为共和国第一批高炉女工长，获辽宁省劳动模范、国家有突出贡献的中青年专家、何梁何利奖、中国科学院首届十大女杰、中国金属学会冶金科技终身成就奖。1993年当选为中国科学院院士，1999年当选为发展中国家科学院院士。

"依依"，一个散发着江南水乡柔美气息的名字，却因一名女性滋养于北方水土并与钢铁事业结缘，增添了几笔强韧坚毅的色彩。她就是以充沛的精力投身于国家重大工程技术项目、在金属材料科研领域孜孜奉献着的中国科学院院士——李依依。

桃李年华，北上求学中她确知己任；60载金程，科研事业上她屡建丰功；岁临耄耋，生活点滴里她柔情依旧。她的美丽、执着汇成"依依金情"，传递着她与金属打了一辈子交道的深深情愫和可贵品质；她的坚强果敢铸就"巍巍钢魂"，映衬着她以钢铁般的信仰凝聚而成的精神力量与人生辉煌。

女儿不输才志，钢院筑基人生

战火纷飞是李依依童年生活的时代背景，新中国成立的伟大时刻是青年李依依迈向人生新阶梯的重要基石。在李依依的成长序曲中，乐观向上是一直流转的旋律，而钢铁则成了最为激越动听的音节。

1937年卢沟桥事变时，仅四岁的李依依和家人不得不离京南下：回上海、过汉口、转成都、经贵阳、驻重庆，返南京和上海——李依依的童年无疑在充斥着动荡与战乱的时代背景下暗淡了许多，但出身知识分子家庭的她并没有因此而丢失学习的机会，重视教育的父母克服困难坚持让她走进学堂。虽然多次的迁移使得李依依频繁、被动地转往新的学校，但对她来说能够念书已是莫大的幸福。李依依从小活泼开朗，骨子里透露出的男孩子气让她从未觉得身为女孩就会比别人弱，家中长女的身份更是让她从小就学会了担当家务、照顾弟妹。10岁那年，父亲因赴美留学去重庆考试，她独自挑起了照顾妈妈坐月子的重任。在北师大附中读高中时，她常常在周末将40斤重的面粉或大米背回家。抗战胜利后，1946年，从美国实习回国的父亲带着家人由重庆先后移居南京及上海，李依依在南京中华女中及上海道中女中完成了初中学业。1949年，上海解放，品学兼优的她首批加入共青团，并参加了在上海豫园举行的全市团员宣誓大会。同年，李依依考入上海市西中学，入校后便被选为团组织委员，开始践行她宣誓时的诺言。

1950年，由于父母工作调动，李依依随家人迁回出生地并在北师大附中念完高中。当时校园里处处洋溢着的新风气令她着迷，但也使李依依明显感觉到了与同学间思想上的差距。她积极学习中国共产党的基本知识，阅读《钢铁是怎样炼成的》等书籍，参加抗美援朝宣传等活动，在行动上做到敢为人先。基于李依依的优异表现，组织安排她挑起少先队重任。高三时，初露锋芒的李依依申请加入中国共产党。环境的熏陶加之自身的不甘落后，李依依就这样热情地拥抱着成长，探寻着"人为什么活着"的答案。"我要像保尔、卓娅那样生活，使别人因为我的存在而生活得更好。我要申请入党，努力按共产党员的标准来要求自己，为共产主义事业奋斗！"没有浮华与冠冕堂皇的辞藻，18 岁的李依依用满腔热忱为自己定下了人生理想。

1953 年的夏天，李依依迎来了人生的重要转折点——高考。填报志愿时，尽管父母希望她能学医，但李依依自己心中却早已有了打算。当时，"一五"计划刚刚起步，国内正广泛宣传着鞍钢火热兴建的"三大工程"（无缝钢管厂、大型轧钢厂和七号高炉）。满心期冀支援国家建设的李依依对钢铁事业充满了向往："男同志能做到的事，女同志一定也能做到"。在理想与渴望的驱动下，李依依毅然选择了很少有女孩子问津的钢铁冶金专业，报考了北京钢铁工业学院，步上了一条"钢路"。

在那个激情燃烧的年代，学习是件"简单"而纯粹的事情。每天清晨，李依依和她的舍友们早早起床，在"劳卫制"的提倡下来到操场锻炼身体，接着寝室五人都神清气爽地投入一天的学习。上午两节大课，下午两节小班课的设置谈不上轻松，李依依从未放松过要求。注重全面发展的李依依做事力求有计划和效率，她视课程难度而有选择性地预习，不贪全、抓重点；她会每隔一段时间温习以前的学习笔记，疏脉络、提精华。这些好的方法和习惯帮助李依依在学习成绩上一直保持优良，为她的全面发展创造了条件。

回忆起大学生活，李依依对当年钢院里注重德、智、体、美全面发展的校园氛围印象尤为深刻。而这位当年在钢院有名的"铁姑娘"也的确"耐不得闲"，社会工作、体育活动样样来。初入大学时李依依便在老师的鼓励下担任了团支部书记，随后她又先后被选为学生会文娱部副部长、军体部副部长，她的身影出现在学校的各大文娱晚会和体育赛事中。认真踏实的态度，平易近人的作风，让李依依总能在男干部居多的环境中取得不俗的表现。

体育是李依依最钟爱的科目。入学伊始，李依依凭借优良的学习成绩和出色的自行车技巧顺利考入人人向往的摩托车队，同时加入了短跑队，每天下午的训练成为她大学生活的一种常态。百米的跑道洒满了李依依每日训练的汗水，铭记着令人不绝称赞的辉煌。1954年，北京市高校运动会，李依依以14秒的成绩打破了北京市80米低栏纪录，轰动一时。风雨无阻的奔跑从未让李依依感到疲惫，反而帮她排解了学习压力，提足了昂扬的精气神儿，磨炼了她咬牙坚持、迎难而上的坚韧品格。

钢院四年，李依依学到了扎实的知识，培养了胜任多种工作的全面素质，收获了健康的体魄，领悟到了处理好学习与工作关系的诀窍。她的潜质在这里得到充分的激发，人生志向也由此愈加坚定和清晰。

首批巾帼工长，一代高炉传奇

1957年，在"以钢为纲，全面跃进"思想的指引下，钢铁生产指标越提越高。刚从钢院毕业的李依依再次将自己的命运与祖国联系到了一起。她积极响应"知识分子劳动化，劳动人民知识化"的号召，远赴东北，深入基层，在本溪钢铁厂成长为共和国第一代女工长的杰出代表。

"到艰苦的地方去，到祖国最需要的地方去"是20世纪50年代知识青年光荣与自豪的选择。当时国家的政策：要求1957年毕业的大学生必须到与本专业有关的工厂当工人劳动一年后才能上岗工作，来到本溪钢铁厂的第二天，李依依就投入到劳动锻炼当中。在高炉前扒渣时，她迎着扑面而来的热浪，拼尽全力挥动着手中沉重的铁耙；清理现场时，她不顾繁重的工作量总是冲在最前，挥锹劲头和气势丝毫不输于身边的男同学工人；观察炉况时，她不顾豆大的汗滴沁湿衣衫，在难以忍受的灼热高炉旁认真观察思考。在工厂里的第一年，李依依的身影出现在从原料到炉前、炉顶、热风炉、运输等工段，只要有任务就立马抢上前，她干遍了炉上各个工段的活。经过十个月的艰苦锻炼和踏实苦干，1958年，领导破格将李依依任命为1号高炉工长。由此，她不仅成为同批毕业生中最早的工长，更是以新中国首批女工长的身份带领工人们拼搏奋斗！

上任第一天，李依依面对铁炉心中不免有些打怵："平时上岗都是跟着干，今天要自己独立指挥眼前这群壮小伙子炼铁水……"，但不服输的她并没有因此而显露怯色。整理好防热帽和帆布工作服，李依依便镇定十足地指挥起来。然而头几天由于经验不足导致对炉子的温度判断不准，连出了两炉"号外铁"让一向追求优秀的她很是自责。但在领导的信任鼓励和大家的理解关怀下，李依依很快克服了沮丧和失落，以更加严谨的态度投入到接下去的冶炼工作中。从此，李依依更加频繁地向老师傅请教，时刻提醒自己注意将学过的理论知识与生产实践相结合。"勇敢真诚做根本，吃苦好学为先念"。实干终究换来了回报，当一炉又一炉波光耀眼的低硫磷铁水在李依依与伙伴的面前流过时，心中涌现出的喜悦令她难忘。而那被铁水映照着的火红晶莹的汗水则是她辛勤付出的证明，也是对劳动者最好的嘉奖。

高炉值班室当时艰苦且简陋，却更能衬托出可贵的品质。20 世纪 50 年代末迎来了轰轰烈烈的"大炼钢铁"运动。李依依和工人一起驻守高炉旁，平时三班倒，值一班就是连续 8 小时，任务紧急时他们更是连续 12 个小时两班倒，甚至不眠不休。

为了提高出铁量，她常会几天几夜不离炉、不合眼。有时，下班离开厂区已是繁星满天；有时因为险情突发，她刚刚下班又匆忙赶回工厂。时间有限，李依依就和工人们一样，值班室里吃饭，仪表盘后换衣；条件有限，李依依索性免去打扮一切从简，工作服、工作帽便成了她着装的常态。干活从不嫌脏怕累，生活从不讲吃挑穿。工作时塞进帽子里的发辫或许藏去了年轻姑娘本有的娇柔与妩媚，却遮盖不住李依依甘为炼铁事业牺牲的美丽与大气。她将更多的精力投入到炉前现场：专门在班前组织技术课，为工人们带去专业知识；她在工作间隙中读报，帮助大家在轻松愉悦中消除疲劳。李依依似乎从不疲倦，当自己实在坚持不住时就趴在桌上打个盹儿休息一会儿。女工长以特有的活力和朝气，为单调的高炉生产工作增添了不少跃动的色彩。

正是凭借着这种吃苦耐劳、顽强拼搏的精神，李依依与 1 号高炉创下了中型高炉炼铁利用系数连续保持全国领先的纪录。1959 年，本溪钢铁厂1 号高炉得到共青团中央的奖励，被命名为"青年高炉"。作为第一代女工长的李依依则成为当时青年人心目中的榜样，一夜名扬华夏。《人民日报》《苏联妇女》杂志和《本溪日报》等都曾大篇幅报道了李依依的事迹，本溪话剧团更是直接以她作为人物原型创作话剧《高产之夜》，成为那个时代引领社会青年拼搏进取的精神风尚。

"人红炉红融一体，曾为红炉共努力。今赴新任他乡去，青年高炉犹有您。"1960年，即将结束三年高炉生活的李依依，收到了这首来自同炉同志的送别诗。在别具特色的时代背景中，传递出一代人共有的火红记忆，宣扬了共和国第一代女工长的不朽传奇。拼搏、顽强、刚毅、笃定，李依依将自己宝贵的青春毫无保留地奉献给祖国的工厂一线，艰苦环境中的历练更为她的身躯镀上了一层耀眼的金刚，助力她从事科研工作。

密辛浇铸科研，女杰引领先锋

"应用一定要与理论相结合"是李依依在本溪钢铁厂的三年历练中收获的最宝贵的经验，这一感悟坚定了她从事冶金应用研究的决心，开始在中国科学院金属研究所继续着她的钢铁强国梦。她在冶金应用基础理论、工程材料实践中的许多学术观点以及重要发现在国内外产生了深刻影响，一系列显著成果更让李依依成为中国低温高压、抗氢脆合金研究领域当之无愧的带头人。

离开本溪钢铁厂，李依依来到沈阳冶金设计院从事高炉设计工作。

1962年，她被调往中国科学院金属研究所，从事金属中氢分析、高温合金的长期时效和铁锰铝低温钢的应用研究。初到金属所，她深感知识和技能的欠缺，于是李依依狠抓"两基一外"，一边抓基础理论和基本实验技术，一边恶补英语。一贯的勤奋努力让李依依很快在业务上有了起色。为了培养李依依，研究所决定让她在师昌绪研究室担任科研秘书，统管全研究室的重大任务课题。当时师昌绪带领的研究室是整个金属所承担课题量最大的一个，全所八大任务他们独挑半壁江山。李依依十分珍惜在名师身边的学习机会，全心全意投入工作，每天考虑的就是如何帮助大家把课题做好。她的无私与肯干得到了领导和同事的一致认可。

热情和专注让李依依收获了成长。但随着后来"四清"运动的开始，充满希望的事业发展之路也不乏坎坷。1966年爆发的"文化大革命"更使她成长的步伐受到了前所未有的阻力。十年"文化大革命"，困难重重，被免除研究室科研秘书和团支部书记职务的李依依并未因此而放弃自我、放弃事业。虽然科研队伍不能像以往一般正常运转，但设备仍有、知识还在。李依依就充分发挥主观能动性，一有时间就跑到实验室，磨样品、做材料，尝试了许多实验。逆境中的坚持让她越来越享受于这种静下心来搞研究的乐趣，更坚定了做课题的信心。

1978年，改革开放的春风吹醒了中国，也吹暖了冷冻10年的科研领域。经过10年坎坷的积累，李依依对于重新获得的研究机会倍加珍惜。她再次投入自己热爱的领域，决心在这片钢铁的热土上开创新的辉煌。

20世纪70年代末，李依依正着手于合金相图、相变的应用基础研究，通俗地讲，就是合金中的固态相结构的转变问题，即"奥氏体"与"马氏体"这些不同组织形式的研究。李依依系统研究了奥氏体合金的氢扩散系数及渗透率。1979—1981年，李依依和同事一起首次在国内将电子探针和金相技术相结合，作出了共12个等温截面的Fe-Mn-Al系富铁角相图，并制定出相应的相鉴定方法。1982年，这一成果获得国家自然科学三等奖。

1982年是我国实施"六五"计划的第二年，中国科学院金属所承担了"抗氢压力容器用钢"的国家攻关课题。当时，这一项目涉及所内11个研究室和2个协作单位至少32名同志。在时任所长李薰"金属所就是要做别人做不了的工作"的指导下，李薰所长和师昌绪副所长要求作为研究室副主任的李依依勇敢承担起该大课题组长的重任，让她放手一搏。20世纪80年代的金属研究所几乎不具备进行该项目的实验条件，李依依就带领同事将原来的养花暖房改造成防爆实验室。从文献资料的查阅与研究，到实验方案的论证与调研，再到分课题的计划与落实，忙碌的工作让她甚至在睡梦中都为实验而眉头紧锁。在同志们的共同努力下，仅4个月的时间，她提出的"高压高纯热充氢装置"就安装完毕。又经过三年的奋战，李依依和同事们建起了包括高压高纯热充氢、高纯氢分析、气相氢渗透扩散、裂纹扩展及静载拉伸等系列的全新实验装置，确定了冶金、加工、热处理全过程工艺制度，明晰了试样的氢损伤评价方法。由她带队开发出的抗氢1、2号钢种全部成功通过国家试验及鉴定。

1986年开始的国家"七五"计划中，李依依再次迎难而上，承担了国家重点攻关项目"高强度抗氢脆钢"。"氢脆"是钢材在冶炼、加工和使用过程中，钢中的原子氢在重新聚合成分子氢时产生的巨大压力超过钢的强度极限，从而在钢内产生微裂纹，导致材料的韧性与塑性下降的现象。针对这一在科学界被称为"只可防、不可治"的氢脆难题，李依依做出了氮化物等相的析出规律与相的鉴定，提出了合理的热处理制度，解决了一系列工艺问题，探查了工程厚度钢截面的氢分布规律，给出了高压充氢性能评价的数据，最终研制出了具有高强度抗氢脆性质的新钢种。

1986年、1990年的中国科学院科技进步一等奖，1987年、1991年的国家科技进步二等奖是对李依依在"六五""七五"计划中两次重大攻坚成果无上光荣的肯定。1990年，在无数次的重大项目攻关成功之后，在领导和同事们的认可下，李依依开始担任中科院金属所所长，成为中科院少数几名女所长中的一位。1990—1998年，在李依依担任金属所所长的八年时间里，她以更广阔的眼光面对科研，带领全所人员不懈努力，逐步绘制出把金属所发展成为国际一流水平的材料科学与工程研究试验基地的美好蓝图。

20世纪90年代初，随着市场经济的深入发展，科技体制不断改革。刚刚走上金属所领导岗位的李依依，面临着科研经费逐年减少的困境。困难面前，李依依没有效仿有的研究所和大学将队伍下放到资金充裕的环境任其发展的做法，而是坚持科研水平，带领全所成员一同争取课题。"队伍不能散！"一向注重团队合作的李依依并不是在削弱科研自由性，而是在凝聚人心和力量。她严格把关，认真审批，逐步建立起了由所长、副所长、科技处长、研究室主任和课题负责人带领大队伍的研究机制。

通过全所人员的协同配合，金属所争取到了世界银行贷款的实验室、研究中心，以及500万元人民币的低偏析合金工程等项目。全所上下一条心，相互配合同奋斗。在李依依的带领下，金属所不仅顺利渡过难关，还形成了更为先进的科研条件和积极浓郁的科研氛围，开创了新时期良好发展的局面。在当时中科院一百多个院所的评比考核中，李依依领导的金属研究所名列前三。

"聪者听于无声，明者见于无形。"身为所长的李依依以女性特有的细致和敏锐，加之自身的远见卓识，始终处于国际科学技术研究的前沿，跟踪着国外金属材料研究的最新态势，带领着全体人员建立起"一主两翼"（以国家任务为中心，以基础研究、科技开发为两翼）的办所模式，在特殊时期凝聚人心，积蓄力量。在中科院金属所，有人这样评价李依依："女性的风采很足，有粗又有细；不输男性的意志也很足，有谋又有断。"

"子规夜半犹啼血，不信东风唤不回。"身为所长的李依依也从未忘记过自己科研人员的身份，不仅尽职尽责做好"带队人"，更注重培养年轻力量，并通过带好金属所提升科研水平。20世纪90年代，李依依继"七五"计划后又先后将国家"八五""九五"计划交给了年轻同事，她将更多的精力投入到研究所的管理中。"十五"期间她又提出了"沉淀强化抗氢合金"攻坚科研项目。因为在低温与高压、抗氢脆合金研究领域所取得的开创性贡献，1993年，李依依当选为中国科学院院士。

科研事业上的成就靠的是李依依勤勉于学的人生追求。为了开拓视野，改革开放后她坚持苦练英语口语，信息时代她又开始学习计算机操作技术。近年来李依依用一颗与时俱进的头脑把握信息、勇征新途。孜孜矻矻之中她早已将学习化为一种习惯，特别是在遇到新课题时。

科研事业上的成就靠的是李依依不惧失败的千锤百炼。她从不以取得成绩为唯一目的，更不惧怕实验过程中的失败。她常讲："失败也是一种宝贵的资源，只有允许失败才有可能创新。"明确目标后的她更多的是潜心当下，以不轻言放弃的执着勇攀高峰。

科研事业上的成就靠的是李依依时刻秉承金属所"三严"精神：严格的训练、严密的组织、严肃的态度，而"三严"精神之本当属为人处世的诚信。无论是热处理实验时的一个数据，还是论文中的一个例证，李依依时刻以"三严"精神匡正其身，杜绝浮躁，践行着实事求是的科研态度。

多年来，李依依从未丢失过作为一个科学工作者所应具备的品质素养，切实的努力使她收获了硕果累累。她十余次出席各种国际会议，做演讲、主持大会、分会。国际著名杂志《科学》上刊登了一期"中国的科学"专栏，编者为了表明对李依依科研成就的肯定，特别对沈阳市做了这样的标注："沈阳是中国重工业城市，而且有由一位高水平女科学家领导的金属所及实验室。"2001年她获得中科院"十大女杰"称号，这是祖国给予李依依最光荣的奖励。

稀土是我国特有的优势资源，俗称工业维生素。美国在钢铁产量达到1亿吨时，其中800万吨钢为稀土钢。我国是世界第一产钢大国，而稀土又是我国的优势资源，稀土钢占比很低，实在是一大憾事！有两大瓶颈问题一直没有解决：一是稀土加入钢水中堵塞浇口，浇注过程被迫中断，严重影响工艺顺行；二是稀土加入后，容易形成大尺寸、高密度的稀土夹杂物，导致钢的性能时好时坏、不稳定。上述问题一直悬而未决，严重制约了稀土在钢中的应用。因此，除极个别钢种外，中国钢铁行业稀土应用基本处于停滞状态。

李殿中研究员负责的团队，李依依作为顾问，进行了稀土钢的研究，团队深入生产企业进行实地考察，通过大量实验室研究和工程化试验，科研团队先后在数种特钢上进行批量试验，工艺稳定，应用效果良好，夹杂物尺寸显著细化，韧塑性提高 20% 以上，低温冲击功提高一倍以上。稀土钢新技术被多家媒体报道，引起了广泛的社会关注，在行业内激发了稀土钢工业化应用的热潮，为稀土钢的进一步深化推广和特钢行业的转型升级奠定了坚实的基础。李依依认为我国的轴承应该自主研发生产而不能依靠外国，与李殿中一起向领导机关建议而被采纳。

兰心存酿蕙质，柔情润物无声

科研事业辉煌让许多人赞叹于这样一名女科学家的伟大，但是却掩盖不了李依依生而为女子的柔美和光芒。洗去名誉的铅华，李依依在生活里展现出了女性平淡却又不平凡的另一面：妻子、母亲、所长、导师……她集多种角色于一身，一如既往地以一颗强韧、柔软、真诚的心去真实演绎。

李依依与柯伟是一对恩爱夫妻，他们比翼双飞的爱情故事堪称传奇。他们因共同的体育爱好牵手于钢院，经过 4 年的相恋于 1960 年正式结为夫妻。婚后的日子并不宽裕，曾经有一段时期，一家四口人只能挤在一间 8 平方米的小屋内。但是对她而言，有爱人和孩子在的地方便是最温暖的家，无论身处何境，只要能与爱人牵手共同进退便不会害怕。"文化大革命"期间动荡飘摇，李依依从未松开过支持丈夫的双手，而她也从柯伟身上汲取到坚持的力量，夫妻同心、患难与共，最终走出了十年的阴霾。

身为一名从事科研工作的女性，李依依深知家庭与事业在精力分配上的力有不逮，但忙碌的工作从未成为她放弃家庭的借口。50 多年的家庭生活，她没有聘请过一次保姆，只要一有时间和精力便亲自照顾家人的生活。童年时就承担家庭工作的李依依成家后做起家务也得心应手：带孩子、做卫生样样能行；善于合理安排时间，她是出了名的做事高效。她从不赞成为了家庭牺牲事业，更不允许自己只要事业不顾家庭。和众多家庭一样，家务活并非只是单方的职责。许多时候她会和丈夫柯伟一同承担，谁有空谁就抓紧时间先做。你业务忙时我来持家，我业务忙时你来带孩子，如果两个人都忙，那就先放一放挤时间再做，如果两个人都空闲，便是这个家庭最幸福的时光了。

半个世纪风雨同舟的两个人早就有了一种"脖子与头"的关系：夫是头，妻是颈，头动脖子转，颈转头也动。李依依与柯伟相濡以沫、相敬如宾，在生活和事业的方方面面没有谁说了算，只有谁都离不开谁。谈起妻子李依依，柯伟先生这样说："我认为她具备女性所有的温柔和关心别人的特点，同时她也有追赶事业上成功的优点，所以她有时候为了追求一个东西特别执着，而且也非常努力，她为了这个努力可以付出很大的代价，这是一般女性不容易有的。除了她事业心很强以外，她同时也有对家庭、子女或者周围人的责任感，每当我出差前，包括衣服她都会熨好，鞋她都会擦好，这是一般的女院士不会做的，这些细心的地方保持了女性的可爱之处，这也是我喜欢她的原因。"几句平实的评价，一腔深厚的表白，伉俪情深，不过如此。

作为一名母亲，同所有妈妈一样，李依依对于儿女的爱是浓烈而厚重的。但由于工作的特殊性，这份母爱在表达中往往会伴随着些许无奈和遗憾：事业与家庭双向的取舍。李依依两难的心境诠释了新时期女性的伟大。

1963年李依依的大女儿出生。作为刚进研究所不久的新人，李依依必须要为打好事业基础而进行大量的研究工作，因此她强忍着满心不舍将出生才40天的女儿留给了北京的母亲照料，而"那时母乳是很足的，可是女儿竟然吃不上。女儿对这件事还耿耿于怀呢"。李依依说起这段往事会不由一笑，但这笑容里饱含了无限的辛酸和自责。1979—1982年，柯伟到英国访问，留下李依依和两个孩子。为了弥补孩子幼时自己留下的缺憾，同样处在事业黄金期的她毅然决定放弃了出国访问的机会。"他们两个，一个要考大学，一个要考高中，都处于学习的关键阶段，我怎么能离开呢？"这无疑是个十分艰难的选择。

亲有时，情无限，因为爱才会觉有亏欠，因为亏欠才会希望付出更多，李依依对于子女的感情恐怕也只有她本人才能品得真切。

除了对亲人的关爱，既为领导亦为师友的李依依也从不吝啬对身边人的关心与照顾。

对李依依来说，金属所的明天是"更大"的事情。在师昌绪的指导下，她注重从研究生中选拔青年学术带头人。她坚信只要能培养出 10 位学科带头、品学兼优的年轻人,金属所的发展就会有希望。在她悉心观察和挑选培养下,金属所的青年骨干在国内比同时代的年轻人更早露出锋芒,都已成为祖国的栋梁。

在李依依心中,员工们亦是亲人。担任金属所所长期间,科技骨干英年早逝的现象令她扼腕痛惜,李依依便想方设法为员工的健康谋求保障。1994 年元旦起,她率先在研究所实施起了五天工作制。1996 年,在她的提议下,所里将中科院奖励的十万元购买了各种运动器械。同期在她建议下,由大礼堂改成的体育馆至今仍是全所职工和研究生锻炼身体的首选场地。

对于李依依来说,老前辈要比自己重要。因此,逢年过节李依依都要带领所领导班子成员与老职工同赴茶话会。她在全所大会明确提出了“在职的同志与离退休同志用车有矛盾时,在职的要让位”的要求。

对于李依依来说,后继人永远是心中的牵挂。李依依曾先后十多次到美国、日本和欧洲等地去开会、讲学、参观考察。早期出国她都尽量不住宾馆,而去留学生宿舍和所里学生们住在一起,抽出时间和他们谈心,交流所里的一些情况。正是她的这份真诚与亲切,召唤了一批学有成就的海外学子共同选择了归国,成为中国科研队伍中的生力军。她惜才、爱才、大胆启用青年人,带出了一支能打硬仗、结构合理的学术梯队,培养了一批领军人才。任所长期间培养的年轻人中和研究团队中多人入选国家万人计划、杰青、百人计划和科技部重点领域创新团队。她坚持一贯的做法,由年轻人负责课题,在第二线当顾问,关键地方给予青年人支持和帮助,一批年轻的科研人员已承担重任,并在所在领域取得了可喜的成绩。

故事一书难尽,李依依的温情却可见一斑。家事、国事、天下事,事事留心;爱情、亲情、师友情,情情金贵。

光阴荏苒,当年的女工长已两鬓斑白,在沈阳的中科院金属所、在学术会议中、在国际交流论坛里、在讲堂上,这位始终带着一抹亲切微笑的谦和老人孜孜以求。她那充满活力的举手投足间,隐约闪动着当年钢院赛道上“铁姑娘”飒飒英姿的光芒。

沿着时光回放,李依依书写的“刚柔兼济”的人生传奇历历在目:“弃医从钢”时的光荣与梦想,炙热的高炉旁的坚守与锤炼,科研学术上的执着与突破,温馨家庭里的操持与奉献……她的身上有着女性特有的温婉谦和，更不乏"敢于男儿伯仲间"的飒爽气魄。"宽裕温柔，足以有容。发强刚毅，足以有执。"近年来，她在一线与团队一起合作，为团队查阅文献、提出建议、争取课题、协助实施、承担风险、进行学术推介，主动做顾问、做副手，协助年轻人从事金属构筑成型新技术、稀土新材料技术以及四代核电结构材料与制备工艺的研究。

李依依始终将国家需求作为自己的研究方向，攻克一个又一个关键技术难关，以实际行动诠释了什么是"巾帼何曾让须眉"。耄耋之年的她工作在科研一线，为年轻的学科带头人出主意、解难题，奖掖后学，甘为人梯。

立志学术，心系科学
——记计算材料物理专家、中国科学院院士王崇愚

王崇愚，祖籍北京，1932 年 10 月生于辽宁丹东，清华大学教授，计算材料物理专家。1950 年考入北洋大学，1954 年毕业于北京钢铁工业学院金属学专业；同年分配至钢铁研究总院；1999 年商调至清华大学物理系工作。2007—2008 年，在日本东北大学任访问教授。主要从事多元－复杂结构材料电子结构的第一原理计算及相关基础性研究，提出并发展多尺度跨层次序列算法及协同算法，建立和构造相应的理论研究框架，以及缺陷

能量学表述和处理模式，开展材料科学原子学模型研究以及复合缺陷体系电子结构，能量学和热力学研究。在金属合金电子结构与宏观物性相关机制的研究中强调化学及结构缺陷复合体量子效应，揭示轻杂质及过渡元素的微观作用机制及可能的宏观效应，探索材料微观结构与宏观物性多尺度跨层次算法及相关机制。先后在材料科学及电子结构研究方面获两项国家发明奖、两项全国科学大会奖，发表学术论文数百篇，合作出版学术著作多部。1993 年当选为中国科学院院士。

一种人生，可以承载怎样的内涵？

一种选择，可以传递怎样的信念？

一种付出，可以滋润多少求知的心灵？

一种精彩，可以绽放出怎样的光华四射？

沐一缕院士的风采，记录曾经的走过，照亮来者的步伐，王崇愚，师者风骨，贤者气象，智哉也。

书留春秋在，道与天地参。

怀揣梦想，辗转求学崎岖路

1932 年，日军正侵略东三省，我国同胞身陷水深火热之中。10 月，王崇愚出生在辽宁丹东的一个满族家庭。

1934 年，王崇愚跟随家人来到北京。随着岁月变迁，他经受了国家被侵略，家破人亡（母亲，外祖父母，祖母，日军侵略后相继受迫去世）之境地。

1942 年，王崇愚进入初中学习，从学习代数开始，他对数学产生了兴趣。1949 年，王崇愚进入北京市第四中学。四中有刘伯忠、张子锷和王景鹤等几位名师，他们生动的教学、清晰的表述培养了王崇愚对于科学的兴趣，是王崇愚每每忆起中学时代那些留恋之中最难忘怀的。从中学少年时代开始，王崇愚逐渐意识到努力学习是自己第一要事，树立了他刻苦求学、报效国家的理想。

1950 年，抱着追逐科学理想的王崇愚考入北洋大学。北洋大学在冶金、物理等方面的优越条件，引导他逐渐坚定了学习金属科学的方向，于是他专心提升专业知识水平，为将来的科学研究事业打下了初步的基础。

1952 年夏，全国院系调整，北洋大学矿冶学科进入新成立的北京钢铁工业学院。在钢院的日子里，王崇愚勤奋学习，逐渐投入到金属科学领域。当时著名科学家魏寿昆、柯俊、方正知都在钢铁学院任教，大四的王崇愚学习他们讲授的课程。柯俊老师主讲"金属物理"课，他丰富生动的教学以及在金属物理研究领域的成就鼓励着王崇愚对科学的向往；方正知老师精心教授的"X 射线学"也影响了他在金属学深层次问题的思考。回想大学的时光，王崇愚说："在我走向科学的道路上，大学老师的教育和陶冶，给我以启蒙，一直为我所珍惜！"在这里，明晰人生理想、打下坚实基础的王崇愚为投身科学研究，迎来了自己的一片广阔天空。

青年时期的王崇愚一直保持着这种刻苦学习、勤奋钻研的精神。1960年，他进修电视大学数学系课程，进行了长达 5 年之久的数学基础理论学习。在 1978 年及之后的一段时间，王崇愚在北京大学和中国科学院研究生院进行了理论物理基础及相关数学课程进修，为他从事材料科学准备了基本的数理背景。

毕生求索，学术生涯力攀登

1954 年，结束在北京钢铁工业学院学习的王崇愚开始了他长达半个多世纪的科研生涯。半个多世纪以来，王崇愚一直在承担国家任务，孜孜以求，用自己的实际行动在我国金属材料电子结构与材料设计领域做出相应的贡献。

孜孜以求，探索微量氧于材料磁性影响。

1954 年王崇愚进入重工业部钢铁研究所金属物理研究室，从事 X 射线实验工作，1958 年他转到冶金工业部钢铁研究总院第二研究室。根据国家任务和发展需要，他主要从事军工材料的研制。这里是他进入材料科学的重要起点，也是他后来转入材料科学和固体理论交叉领域的基础。王崇愚承担的任务要求材料特性达到国际先进水平。于是，王崇愚开始与合作者进行广泛的合金成分化学分析实验，逐渐捕获问题关键，完成了国家重要任务，所制材料关键特性赶超了国际先进水平。其间面对重重困难，王崇愚与研究团队进行了大量实验数据的综合分析，终于发现材料磁性的控制与合金中微量氧含量直接相关。氧一般被视为有害杂质元素；合金中氧如何影响材料磁导率的机制亟待探索。为了进行深入的探究，王崇愚小组采取了控制合金中氧含量的工艺措施以及萃取和 X 射线实验。

1962 年，根据 X 射线实验以及相应的织构及再结晶过程分析，王崇愚小组进一步发现了微量氧具有控制合金再结晶过程及织构状态的关键作用。基于这一发现，王崇愚产生了"'氧'进入合金引起畸变，诱发过剩空位，导致加速扩散，促进二次再结晶，从而得到优异磁性"的想法。实验验证了这一思想，他对畸变能进行了计算，分析了产生空位的条件。

20 世纪 70 年代后期，王崇愚对微量氧作用机制问题进行了进一步的基础研究，设计了一组新的含氧合金，做了成分实验及 X 射线实验。80 年代初王崇愚提出了氧层错复合体模型，同时在经典弹性理论及位错理论基础上作了数学处理，其后相应完成三篇论文。王崇愚小组进行的相关研究获冶金工业部科技成果奖，同时这部分理论性探索的含氧合金系列研究于 1983 年获国家发明奖。

寻本溯源，量子力学揭示作用机制。

王崇愚始终坚持不断向自己提出问题，这已成为他工作的一种动力。随着他对微量氧作用机制的思考加深，他开始对自己所提出模型的物理实质和数学处理的局限性进行进一步研究，尝试用量子力学的方法探索层错的电子效应。从 20 世纪 80 年代中期开始，王崇愚开始用多重散射波方法和实空间格林函数方法处理相关问题，并行地开展了有关杂质及缺陷复合体电子结构及声子谱的计算，这些工作为层错复合体电子结构的研究提供了量子力学背景和理论准备。在此基础上，王崇愚开展了层错缺陷电子结构与位错理论及电镜实验相结合的综合性研究，指出了层错能主要来自电子贡献。

通过大型计算机，求解薛定谔方程，并由此给出结合能及晶格常数等具有重要意义的物理量，得到有关电子行为的生动图像。围绕这一主题，王崇愚逐步建立了缺陷复合体能量学计算体系；同时开展了位错和晶界这两类典型缺陷及其复合体原子结构及相关能量学研究，以此基础，王崇愚进入了多尺度跨层次的建模及算法发展研究阶段。

源于合金动力学研究的需要，20 世纪 90 年代王崇愚投入精力于建立"原子间相互作用势"的理论考虑和尝试。他一直为发展一个原子结构与电荷密度相关、内含原子间方向关联、不依赖于经验参数的多体势模式而努力。到 1992 年，这一工作在密度泛函理论和有效介质理论相结合的框架下，有了较大的进展。经过 10 多年的努力，他建立了理论研究框架，拥有了一支以他的学生为基干的年轻队伍，建立了材料科学方面的研究体系。他的论文发表在国内外一流的科学杂志上，引起了同行的兴趣。国内专家这样评价他："在材料科学研究领域具有创造性，达到国际先进水平，部分处于领先地位。"

坚韧不拔，开创多尺度材料研究。

早在 20 世纪 60 年代，王崇愚承担材料课题工作时，发现材料之所以难以稳定控制、性能起伏较大主要与微量元素作用相关。这一发现使王崇愚对原子层次上的问题产生了极大的兴趣，并努力去追寻。

20 世纪 80 年代初到 90 年代中期，王崇愚开始同合作者与研究生们在探索合金材料杂质缺陷复合体电子结构方面进行了一些探索，一个"逆向"问题——微观结构与宏观物性关联问题在王崇愚的思考中不断浮现并逐渐成熟：电子结构信息如何传递到宏观物性上？他进行的一个典型工作是将含氧合金物性问题逆向转化为一个量子力学模型计算，基于缺陷复合体密度泛函理论，跨越位错运动方程与 X 射线、电子显微镜、化学分析相结合。终于，在 20 世纪 80 年代末，王崇愚基本上完成了这一问题的建模和计算，并于 1990 年将第一篇多尺度跨层次论文发表在国际期刊上，它实质上表述了固体领域以物理参量解析传递方式建立的第一个序列耦合算法，直至今日这一算法仍在进一步发展和应用中。著名数学家鄂维南写道：最近序列多尺度模型策略，基于参量解析相关，该算法已被成功地开始从量子力学的模型出发用于研究流体和固体的宏观物性问题，王崇愚的工作被认为是一个成功基于量子力学模型的开始性研究。

1998 年前后，王崇愚考虑到序列耦合算法在处理不太弱耦合问题中的局限性，开始着手建立多尺度协同算法——能量密度方法，包括建模工作和解析表述以及特征物理参量的确认。他在 2002 年至 2003 年期间基本上完成了能量密度算法，2003 年首次在中俄国际会议上作特邀报告，2004 年在中日国际会议上作报告。

多尺度跨层次建模和算法研究得到国家"973"项目的长期支持并得以发展。近年来，王崇愚结合国家需要，着手进行了合金成分设计与物性多尺度预测探索性研究，基于第一原理，跨越弹性理论，发表了计算合金强度的算法"多尺度格林函数力匹配桥接算法"。

元素周期表及环绕周期表的直观思考和探索性联想或猜想是他研究工作的一个重要方面。1988 年以来，王崇愚在材料缺陷电子结构方面发表论文数百篇，合作出版学术专著多部。此外，他从事研发的军工材料获突出贡献奖章及奖状。2016 年获中国金属学会终身成就奖。

2011 年以来开始从事材料基因基础问题研究并承担国家"材料基因工程"专项任务。2018 年起主要集中于多元（多达 10 个元素）复杂结构（包含多相及缺陷复合）合金计算材料设计的理念变革以及科研算法发展，这是多学科集成和计算模型设计的理论及方法。以"建立一个新原理新途径之下，按需设计材料"为科学目标，同时以实现低耗、节时、高效、优质航空发动机高温区合金材料为任务，材料物性指标已达四代高温合金水平。已完成综述性总结分析报告以及多个重要材料学术会议报告，申请获得发明专利和计算软件知识产权。

唯实求真，莘莘学子放心间

王崇愚是北京科技大学等高校的兼职教授，他深刻认识到教书育人、指导科研的神圣职责。

王崇愚坚持在学术研讨会上与学生们讨论专业科学问题及研究生论文问题，同时注重培养学生的基础素质，引导他们进行创新。王崇愚强调："科研必须有创造性和创新性内涵。作为一名教师，应当积极引导，激励学生以创新为动力，让创新成为一种科学素养。"他教导学生们在进行科研的过程中，要有高度的责任感。他以身作则，在研究中淡泊名利、勤奋钻研、心无旁骛；他积极引导，让学生努力，激励他们为国家做出贡献。

几十年来，王崇愚的团队成员实际上都是他的学生。不论是在科研中还是生活中，他都将自己的学生视为自己的亲人。科研中，他反复阅读、研讨学生论文，以求论文的严谨性。生活中，他关心学生健康，力求给予宽裕条件。王崇愚常对他的学生们说，你们必须在人生最美好的研究生时光里，锻炼自己、创造未来、报效祖国。

他立志学术，至诚者居上。严谨为先，让学风通过一代代学者、一代代学子流传，成为学生心中最温馨的校园情节。治学以来，王崇愚共培养了数十名研究生。如今，这些学生在科研领域上做出了自己的贡献，有的在钢铁研究总院、贝尔实验室或专业性商业公司担任重要职务。王崇愚感谢学生们带给他的活力与朝气，与学生们的交流成了他科研生活中的规范。他说："研究生们超越我才是导师的期待和责任。"

关注社会，胸中自有气象

"科学家应具有社会责任感、道德、宽容和正直。"王崇愚曾经如是说。

多年来，王崇愚在长期的科研岗位上承担了一些科技性、社会性工作。

他曾任多届国家自然科学奖评委、国家最高奖评委、何梁何利奖评委等。1993 年进入中科院后，他曾任技术科学部常委以及中国科学院咨询委员会委员。在这些工作中，他做到了认真实行、力求尽职。在计算材料科学领域，他努力与国内外学者协力，在材料科学界的支持下建立了计算材料学分会（中国材料研究学会的二级学会）。该分会在众多科研工作者的努力下已具有相当影响，为我国计算材料科学发展贡献了一份力量。作为第八届、第九届全国政协委员，他不辜负党和国家对他的信任和期望，一直以做好本职工作为中心，关心国家社会。参加全国政协会议，积极提交提案，参加政协委员京外考察团和学习团，为社会服务。他在政协会议上两次提交了关于食品药品管理问题的提案，特别针对食品保质期标示问题进行了尖锐陈言。

曾经担任全国政协委员的王崇愚，一直关心我国政协工作的发展。作为中国科学院院士，他也多次参加学部和咨委会组织的学术交流活动，服务于社会。

王崇愚热爱祖国，热爱党，热爱自己的学生，热爱奋斗终生的科研事业。他，勤奋、朴实、求真、坚韧，立志学术，心系科学。

学界泰斗，耀人光泽

——记材料学专家、中国科学院院士徐祖耀

徐祖耀（1921—2017），浙江宁波人，上海交通大学原教授，材料科学家。1942年毕业于国立云南大学矿冶系，留校任助教一年；1943—1948年任国民政府兵工署材料试验处技术员、助理研究员；1949—1953年任唐交大冶金系副教授；1953—1961年任北京钢铁工业学院金相热处理系副教授；1961年起在上海交通大学任教，先后任副教授、教授、材料科学及工程系首任系主任、校学术委员会委员。曾任比利时鲁汶大学客座教授和香港城市大学名誉教授。他潜心于材料科学研究与教学，成果迭出，著作等身，在相变研究及材料热力学上尤见特长。他率先在我国开展纳米材料相变的研究，是我国研究开发形状记忆材料的先驱者，也是材料热力学研究和教材建设的倡导人和执行者。近年来，他致力于超高强度钢的设计和研发，提出淬火—分配—回火热处理新方法，颇具成效。曾获国家自然科学三等奖、国家科技进步三等奖和何梁何利奖。出版著作10部，其中《金属学原理》培育了新中国第一代材料工作者。1995年当选为中国科学院院士。

徐祖耀在我国改革开放后研究材料相变（主要为马氏体相变和贝氏体相变）、材料热力学，研发形状记忆材料，致力于超高强度钢的设计和研究，成果迭出；他积极投身材料学科教育改革和教材编写，著作等身，桃李芬芳。这位学界泰斗从求学起就立志科教兴国强国，他淡泊名利，用勤勉和专注献身科学，彰显耀人光泽。

"冶金强国"梦

徐祖耀的心中一直深藏着"冶金强国"梦。从"实业救国"到"科教强国"，耄耋之年依然孜孜以求。

徐祖耀出生于宁波的一个中等经济家庭，徐家祖上曾显耀一时。据传，宁波徐氏家族从山东迁来，辈分为"文武传芳承祖德"。徐祖耀的尊叔祖传隆公在清末任江南提督，传隆公晚年便居住于他修筑的"将军第"中。徐祖耀的三个叔祖均无后嗣，二叔成为大房继子，而父亲从小将徐祖耀作为二叔的继子，因此徐祖耀自小就成为昔日提督军门的长房长孙。不过，徐祖耀的父亲一向自立门户，虽例行对长辈尽孝道，但坚持自食其力，在担任一家公司高级职员的同时，自修中医，经常为人免费施医，道德操守令人称道。这为年少的徐祖耀做出了很好的示范。徐祖耀曾说，父亲虽然很少"言传教导"他，但身教使他从小便牢固树立起了自食其力、正直、恪尽职守、待人忠厚等人生信条。

身处乱世中，徐祖耀从小便目睹了旧中国民穷国弱、忍辱受屈、战火肆虐、民不聊生的惨痛情状。在民族自尊心和国家使命感的驱动下，他和其他满腔热血的爱国青年结伴同行，贴标语、搞宣传，试图用自己的努力唤醒大众投身抗日救国的大潮。当时，中国的钢铁工业十分落后，"冶金强国梦"就在徐祖耀的心中扎下了根，而他也将自己的命运紧紧地与祖国的兴衰连在一起。

1932 年夏，徐祖耀小学毕业，考入私立效实中学，在"行忠信，行笃敬"的环境中茁壮成长，这为他后来从事科学研究打下了坚实的基础。1938 年，日寇在华夏大地作威作福，高中毕业的徐祖耀受老师鼓励，决心奔赴西南内陆昆明上大学。虽然父亲希望他能成为医生，以治病救人，而他却在"冶金强国梦"的驱使下报考了国立云南大学矿冶系。"当时人们认为重工业乃是发展百业之基"，徐祖耀回忆当初为何选择艰苦的矿冶专业时说："我选择的矿冶业正是当时最'重'的工业。"

踏入大学校门的徐祖耀开始勤奋学习，大学一年级成绩居全班第一，荣获奖学金。大学四年，校园因躲避日寇轰炸几度迁徙。徐祖耀和同学们常年身处荒郊僻壤，环境朴素，时常青衫一袭。做实验、上课堂，连正月初一都在紧张地复习功课，准备考试。虽然条件艰苦，但是校园中的学习热情十分浓厚，当时云大矿冶系有美国资助协办先进设备，大师也云集校园。据徐祖耀回忆，1938—1943年期间系里任教的教师中，有五人后来当选为中国科学院院士（孟宪民、冯景兰、许杰、袁见齐和郭令智）。在云集的大师中，有两位教师对他人生起着重要的导向作用。第一位是系主任石充老师。学校为他来校执教所进口的选矿仪器是当时国内最先进的主要设备之一。石充老师在实验室大显身手，学生看得出神。徐祖耀的毕业论文就是当地贫铜矿的浮选法，初步成果使他立志献身科学研究、振兴中华。第二位是蒋导江老师。当年蒋导江老师教授冶金课程和金相学课程，他对学生要求极为严格，每科考试只有三题，但都要求深刻的思索和总结，一般学生到考试后再加琢磨才能回答完全。当年徐祖耀对于金相学课程兴趣浓厚，倍花力气，自信能取得好成绩。但是蒋导江老师最后只给了78分，尽管这已是班上的最好成绩了。这个78分让徐祖耀印象深刻，也成为他后来不断进取的动力源泉。每当想到那个78分，徐祖耀就充满动力，全身心地投入到学术研究工作中。

徐祖耀于1942年毕业。在他班中有两名学生后来当选为中科院院士（另一位为殷之文）。徐祖耀留校任金相学及分析化学助教一年。回想起在云南学习的五年时间，虽然时时身处险境，但救国救民的愿望刻刻铭心。谈起他做毕业论文之事，徐祖耀总是激动不已："中国人不笨，中国人勤劳，为什么会比别人差呢？""中国人应该超过他们，中国人应该有所作为，我们不甘心呀！"徐祖耀坚信这点。当他的毕业设计取得显著效果时，他第一次深切感受到科学救国的力量和造福国家的欣喜。

1943年秋，徐祖耀进入位于重庆的国民政府兵工署材料试验处冶金组。在这里，徐祖耀先完成周志宏处长直接下达的一项测试任务：以物理方法（比重）代替化学分析测定硅铁中的硅含量。之后他又被派到合金钢厂（周志宏兼任厂长），历时半年解决了高速钢锻造开裂问题。这项成果于1944

年正式投产，打破了日本对中国的钢材封锁，为抗战出了份力。

此后，徐祖耀先后于唐交大、北京钢铁工业学院、上海交通大学从事冶金科学的教学和研究工作，一次又一次实践着自己"冶金强国"的人生信条。

甘当"教书匠"

徐祖耀最喜欢做的事情就是教书育人："当教师离不开学习，教学相长，教书育人，也培养自己。"在90周岁生日庆典上，北京钢铁工业学院1956届学生谢锡善到场祝贺，并为徐先生送上一张珍贵的班级合影。已经年逾古稀的弟子谢锡善深情地说："先生的学生中，至少有两人已经成为院士，分别是周邦新和柯伟。"此外还有唐交大1952年毕业的邹世昌和葛昌纯，北京钢铁工业学院1954年毕业的陈国良，上海交通大学1963年毕业的赵连城。

1949年，徐祖耀进入唐交大任教，开始了"教书匠"的生涯。1952年，全国院校调整，北京钢铁工业学院成立，徐祖耀于1953年调入该院执教。由于肩负着钢铁强国的历史使命，钢院的学风非常严谨，学术气氛十分浓厚，徐祖耀和好友（亦师亦友）张文奇、方正知等名师一同教授"金属学"课程。当时，全国大多院校采用的古里亚耶夫所著的教材较浅，唯有钢院采用深得多的金属学教材，徐祖耀和同事们为了备课经常讨论切磋，这进一步帮助他夯实了理论基础。1956年，中央号召向科学进军，金相热处理系每周举行科学报告会和讨论会，全市的物理学者每两周都会聚集钢院。柯俊安排徐祖耀做了一次马氏体相变的报告，得到了大家的欢迎。后来，苏联专家来到教研组，徐祖耀一度代理教研室主任职务，每天忙于授课、行政和教学活动，经常及至夜半尚未成寐，虽身心劳累，但成长很快。凭借着刻苦的努力，徐祖耀很快就成为钢院学生们最喜爱的青年教师之一。许珞萍教授对徐先生的授课印象极深："徐先生讲课完全脱稿，将艰涩的内容都讲活了，尤其讲到有色合金相图时，徐先生当场将极复杂的青铜相图全画在黑板上，可见备课时的认真和费力之巨，他所表现出的深厚功力，深受学生们景仰。"陈梦谛教授能清楚地回忆出徐祖耀关于相变条件的讲述："热力学条件是最基本的，强调它是必然性，而动力学讲的是整个过程，也就是可能性。只有热力学和动力学都具备的条件下相变才能进行。每一类相变都要经历孕育、成核、长大的全过程，一般来说新相的形成初期会有一个'浓度起伏'和'结构起伏'……"春风化雨细无声，徐祖耀当年精彩的授课影响了几批人，他们仍在应用先生教授的基本理论开展学术研究。

1961 年，徐祖耀调至上海交通大学冶金系。他认为"个人的能力总是有限的，只有培养出大批科技人才，国家才能兴旺发达"。因此，教育是根本任务，"教师的天职就是为国家培养人才"。1962 年，徐祖耀任金相教研室主任，把已在国际上兴起的热力学引入金属学课程，丰富了教学内容。他集北京钢铁工业学院、上海交通大学的教学心得和国际研究进展和发展趋势于一体，于 1964 年出版了《金属学原理》教材，该教材被柯俊院士认为是当时"国内最好的著作"，培养了一代人的成长。"文化大革命"结束后，根据自己的前期研究和国际研究动向，他在国内积极提倡"材料热力学"，同时提倡大学生和研究生应接受包括金属、陶瓷和高分子在内的综合材料科学知识的教育，而不仅仅是单一体系的知识，并身体力行，亲自为本科生和研究生讲授"材料热力学"和"材料科学导论"，开国内之先河。他撰写的《金属材料热力学》于 1981 年出版，1983 年第二次印刷，在此基础上合著《材料热力学》，合编《材料科学导论》，这些教材在国内很有影响力。随后，徐祖耀又撰写《相变原理》研究生教材，是课程的主要参考书。在短短的几年内，徐祖耀编写的教材连续出版，充分体现出他对教育的重视。为培养人才和提高教学质量，按照徐祖耀的说法："著书立说乃是教授之本分"。

徐祖耀培养研究生，可谓严格要求，尽心尽力。他改学生论文的认真程度令人惊叹，不仅修改内容，而且多次指出学生引用文献的页码错误。他要求课题组的教师，要阅读 100 篇以上国际文献，才能给研究生定方向。他极力提倡"学生阅读文献后不只是综述，而是要进行评述，这样才能有创新的思想"。他鼓励研究生独立思考、刻苦钻研、发挥特长、敢于创新。

徐祖耀除授课、著书和培养研究生外，还非常重视教学改革。徐祖耀首任材料科学及工程系主任时，积极推动教学改革。他提倡美国的"宽厚型"模式，即加强理论基础和拓宽知识领域，不同于苏联的"单科型"模式。徐祖耀要求本科生课程增加"量子力学"和"统计物理"课程和相关数学课程，加强微观组织表征的实验课程，还有 X 射线衍射和电子显微学。这些教学改革对材料科学的发展，产生深远的影响。徐祖耀力求把材料科学及工程系办成"大材料"，即包括金属、陶瓷和高分子三位一体的科系。他坚持提倡和宣传这一办学思想。20 世纪末，北京科技大学邀请徐祖耀等院士作为专家对"大材料"的教育改革作了细致的评定。对专业教改，他既肯定了成绩，又指出了需要改进的方向，为我国材料与工程专业的教育改革提出了宝贵的意见。

一生"金相"情

大学授业期间，徐祖耀偏偏对金相学一门课程最感兴趣，不承想这个感情一直延续逾 60 年。

"文化大革命"期间，徐祖耀和许多学者一样，受到审查等不公正的待遇。在受审查期间，他仍然惦记着教学科研工作。在从事工农兵学员的教学工作和教材参编工作中，有机会接触专业期刊，他如饥似渴地大量阅读文献，了解材料科学近年的发展，不断地思索研究的切入点。他深知材料科学实验对材料研究的重要性，可摆在他面前的问题是：既不能开展实验工作，也没有助手和其他必要的条件，唯有文献可查，有纸有笔，还有大脑可以思维。在这困难重重的情况下，他选定不需要实验的相变热力学为研究对象，先从马氏体相变热力学着手，经过 10 年磨难，身心衰竭。1976年夏，他体检时被查出患肺结核，医生开出病假条，对这个诊断他安之坦然，还认为"因祸得福"，即"可以借此请长假，避免参加当时的政治运动"，全部时间可以遨游于无限的思索和奋笔之中。可是，病痛的折磨一天天加剧，他仍然将全部精力投入研究工作，在他的病床旁，堆满文献、笔记本和稿纸，不断地阅读、思索、计算，再阅读、再思索、再计算。手术前，他终于完成了"马氏体相变热力学"的初稿。然而祸不单行，该年冬季，胃镜检查后医生怀疑他胃内长瘤，需要手术。他给领导的信中写道"此行生死未卜"，但其内心却未起波澜，看到自己的研究工作不断取得进展，他欣喜不已。研究中，他博采众家之长，对前人研究加以提炼，使马氏体相变开始温度的计算得以成功。经胃切除 3/4 出院后，他稍作休息，又每天去上海图书馆，除完善"马氏体相变热力学"文稿外，还想在此基础上撰写一本完整的专著《马氏体相变与马氏体》。后来，他形容这段岁月是"不觉得度日如年，恰似如鱼得水"。由于当时不能向国外杂志投稿发表论文，于是在《上海交通大学学报》发表了他在这方面研究的第一篇英文论文，随后在《金属学报》又发表4篇有关论文。后来，向国外杂志投稿发表论文的禁令开放后，他在国际主要期刊相继发表多篇论文。此外，《马氏体相变与马氏体》也出版了，这些改革开放初期的硕果，均来自他在"文化大革命"磨难期间的艰苦耕耘。

改革开放迎来了科学的春天。在国家教育与科研逐步走向正轨的背景下，徐祖耀开始招收研究生，并组建了"相变理论及其应用"课题组，从此开创了他科学生涯最辉煌的时期。看书、阅读论文、与课题组成员讨论、做科研、学术报告、撰写著作和论文，他如饥似渴地工作。常人的娱乐休闲时间已被他不停的工作挤得无影无踪。即便在任系主任期间，公务繁忙的他也从不放松科研工作。他深知改革开放来之不易，科教兴国的责任不容松懈。徐祖耀似乎在寻找一种清苦中的甘甜。他常对组里的教师和研究生说："做学问，一要有兴趣，二要耐得住清苦。"他几十年一贯清贫自守，全身心投入学术研究之中。他在国家自然科学基金、上海市科学技术发展基金等资助下，研究领域广泛，从马氏体相变扩展到贝氏体相变，从结构材料扩展到形状记忆功能材料，等等，取得了不少学术前沿的成果。因此，徐祖耀应邀参加国际会议作主题报告、大会报告，担任小组乃至大会主席。

步入耄耋之年后，徐祖耀强国之愿不减。他领导的课题组，一方面从事纳米材料相变方面的理论研究，另一方面再次把研究中心转向钢铁材料。钢铁材料中不仅有丰富的相变理论有待研究，而且钢铁材料对国民经济和国防建设，具有重大的战略影响。他在撰写的综述性论文中指出：我国是钢铁大国，但高附加值的产品不多，能耗高，污染大，因此我国并不是钢铁强国。要使我国从钢铁大国变成钢铁强国，必须发展具有自主创新的工艺和新的钢种。例如，如果把钢材的强度提高一倍、两倍甚至更高，就可节约大量的原材料，显著地降低能耗和污染。为此他更关注科研为社会服务以及产学研的结合。例如，基于节能的考虑，他提倡钢的塑性成形与热处理一体化，并指出其理论基础是多场（温度场、应力场和磁场）下的相变，并就此应邀在多种场合下作报告。他带领课题组积极开展具有自主创新的先进的高强度结构钢的研究，提出了具有足够塑性的超高强度钢的微观组织设计的原则。他在斯皮尔等人提出的淬火和分配（Q&P）热处理工艺的基础上，进一步提出"淬火—分配—回火（Q-P-T）热处理工艺"，从而克服了 Q&P 工艺的缺陷。通过和宝钢合作，课题组成员应用 Q-P-T 热处理工艺，首次研制出超高强度纳米马氏体钢。随后课题组开展对不同中低碳含量钢的 Q-P-T 热处理的研究，所获得的研究成果进一步表明，Q-P-T 钢不仅具有高强度，而且具有高塑性。相关的论文发表在国际杂志上，得到国际同行的认可。Q-P-T 新工艺在工程上的应用也获得初步的成果。自徐祖耀提倡开展先进高强度钢研究以来，他不顾身体劳累，先后应邀在中国工程院学术会议、北科大名师讲坛等作学术报告。2008 年，他带领课题小组成员，亲自赴山东莱钢牵头研究工作，使课题组和钢厂建立了合作项目，并和莱钢成立了高强度钢联合研发中心，他亲任联合研发中心理事会理事长。

徐祖耀始终有一个理念：科研理论要得到国际同行的认可，其应用成果要转化为生产力。徐祖耀取得了丰硕的成果。他在国内外期刊和会议上发表论文 600 余篇。科研成果"马氏体相变"于 1987 年获国家自然科学三等奖，"马氏体相变热力学"于 1986 年获国家教委科技进步二等奖，"形状记忆合金研究"于 1987 年获国家教委科技进步一等奖，"贝氏体相变热力学及机制"于 1988 年获国家教委科技进步二等奖，专著《相变原理》一书获 1999 年国家科技进步（著作类）三等奖。

用徐祖耀的话来说，初学"金相学"，是从"冶金强国"愿望开始的，随着研究的深入，它成为自己的科学理想，愿意为之终身追求。"60 多年来，我一直干着这一行，要是在这行里有些成绩的话，应归功于开始有一种愿望，到后来一往情深……"他对"金相学"的研究从"一种愿望"发展到"一往情深"，不断在材料科学领域内迈上一个又一个新台阶。

"寂寞坚守"心

徐祖耀经常说："世界上天才是少数，有成就者大多工作勤奋。做学问要甘于清贫，安于寂寞。"他自己治学几十年，常常以此自励。

认识徐祖耀的人都知道，他的一生除了做学问，做研究以外，没有任何欲望。这位从 20 世纪 50 年代起便蜚声海外的学界泰斗，却一直到 1995

年才当选为中国科学院院士。有人笑称他是"养在深闺人未识"，也有人称他是"抹上了灰尘的金子，既然是金子，总有一天要发光"。1995 年之前，徐祖耀的名字从未列入上海交通大学申请院士的名单中，尽管此前他已获得各项国家级奖项，他却从不提起，而且他既无先进的光环，也无社会职务，甚至还不是博导。不愿做官，不谋发财，为人低调，以书呆子自称的他一直视责任重如山，视名利淡若水。在 1995 年申报中科院院士时，他已是一名退休教授，但他从未中断过他深爱的学术研究。"欲空未必空"，他对自己获得迟来的院士称谓如是评价。

徐祖耀奉行"活到老，学到老"的信条。20 世纪 50 年代，他在北京钢铁工业学院完整地听完苏联专家教授的"物理化学"课程。之前因单位人事的变动，他失去了去美国麻省理工学院（MIT）攻读博士学位的机会。尽管如此，他毫不气馁，竟然自学完成了 MIT 研究生的主要课程。60 年代，他已是国内著名学者，他仍去华东师大物理系甘当学生，进修了热力学和统计物理课程。80 年代，他自学群论，并指导硕士研究生将群论运用到马氏体相变晶体教学中去，创造性地提出了由马氏体相变产生形状记忆效应的条件是获得单变体马氏体，并基于理论研发了新型的形状记忆材料。90 年代，他向数学系教师学习，同时指导硕士研究生演算和阐释了相变驱动力和马氏体长大速率之间的关系。他在国外经典著作上密密麻麻地写着学习体会和评论，他说，"每读一遍就有新的体会"。他保持勤奋工作的状态，在他十多平方米的办公室里，除了西面墙上挂着一幅斗大的"寿"字条幅外，俯仰四顾，都是书和资料。古有陆游著书巢，徐先生的办公室确实颇有几分相似。三分之一的沙发被成堆的书籍资料占据，茶几也俨然成了这房间的第三个书桌。

徐祖耀生活非常简朴。20 世纪 80 至 90 年代，徐祖耀住处的楼道里灯光暗淡，到处积满了灰尘，过道上还堆有户主的各种杂物。对于高度近视的徐祖耀来说，每天通过这段"荆棘密布"的路途非常困难，可是他从没有抱怨，悠然自享"斯是陋室，惟吾德馨"的惬意。他的房子是一套南北向的三居室套间，由一条约五平米的过道（所谓的厅）把三间卧室分隔成两南一北。"厅"内炊具占了一半，不能作为待客之地，因此只能把其中一间卧室改作客厅，剩下的两间作为卧室。房子谈不上装修，也没有像样的家具和电器——老掉牙的冰箱和老式的电视。大夏天为了防蚊，屋里门窗紧闭，只有吱吱呀呀的电扇送来一丝凉风。徐祖耀就是在这样简朴的环境下研习学问的。

徐祖耀待人接物的方方面面都有些"特别"。作为国内外知名教授，他经常受邀参加由政府机构或学术团体召开的学术会议，出于对徐祖耀的尊敬，邀请的组织机构总是希望能尽到地主之谊，展现较高规格的接待礼仪。可是每到这个时候，徐祖耀总是表现得"不近人情"。学生谢春生就有过被拒绝的尴尬经历，但是他能理解先生的心思：搞学术、做学问不必迎合社会世俗，吃请花钱浪费太大，再则要作学术报告，提前还要做一些准备，吃一顿饭，估计至少耽搁两个小时，时间也陪不起。谢春生曾多次邀请徐祖耀到学校讲学，有一次，在出席国家召开的两院院士大会前几天，他应邀去作学术报告。其间，发生了一件小意外，徐祖耀的脚后跟被划了一寸长的口子，这一变故耽误了他去北京的行程。为此谢春生感到非常抱歉，因为这次事故让徐祖耀错过了接受中央领导接见的机会。不料徐祖耀却和声细语地说："一点关系也没有，我已通过学校请假了。我们做学术的不在乎领导的接见与不接见，主要是没有能参加国家技术发展计划的讨论，这点比较可惜。不过，这方面的工作还能补救回来。"

徐祖耀曾经说过："科学研究不是为了金钱，不是为了名利，而是作为一名科学工作者的责任——推动国家和全人类的进步。"他用自己几十年的奋斗，实践了这个庄严的宣言。

"学高为师，身正为范"，徐祖耀的一生正是阐释了"师""范"的真正内涵，学界泰斗，耀人光泽。

人生曲折路，不坠凌云志

——记冶金物理化学专家、中国科学院院士周国治

周国治，广东潮阳人，1937年3月生于南京，北京科技大学教授，冶金物理化学专家。1955年考入北京钢铁工业学院，1959年提前毕业留校，任教于物理化学教研室，1978年破格提升为副教授，1979年赴美国麻省理工学院进修，1982年学成回国，1984年破格提升为教授、博士生导师，并获首批有突出贡献中青年专家称号。曾任中国金属学会常务理事、中国科学院技术科学部常委，第十届全国政协委员。研究成果被国内外专家学者称为"周模型"或"周方法"，应用到合金、熔盐、炉渣、半导体材料等多种体系，用来处理热力学和动力学问题，还被系统地编入多部高校教科书和专著中。曾获得国家自然科学三等奖、国家教委科技进步一等奖和冶金工业部科技进步一等奖各一次，国家教委科技进步二等奖三次。曾获得北京市高等学校教学名师奖。教学团队获得2010年国家精品课程奖。先后发表论文200多篇，获得多项美国、中国专利。1995年当选为中国科学院院士。

金色的九月，美丽的银杏叶铺满北科大的校园小路。在逸夫楼的一间教室里，冶金学院的四百多学生聚集在一起，翘首等待着他们冶金物理化学课的第一讲。这是一堂令许多学生终生难忘的课，主讲人正是周国治。一位学生感慨："他在课堂上幽默风趣的谈吐、言简意赅的语言和极其清晰的逻辑思维与表达，让我们见识到了一位大师的风采，令人印象深刻的是他思考问题的角度独到、创新，我想他是在潜移默化地培养我们形成一种多维度的思考方式，打破陈规，让我们不仅要知道做什么，还要知道有几种做法。"北京科技大学的这门"冶金物理化学"专业课，在 2010 年获国家精品课程荣誉称号，居同类课程翘楚。这门课的教研组，正是周国治领导的教学团队。"冶金物理化学"的辉煌，离不开这位大师的辛勤耕耘，而他也是在勤勉好学、笃志力行的探索与实践精神的支撑下，演绎了一段奋进人生。

少年不识愁滋味——转折

周国治出生在一个知识分子家庭。父亲周修齐早年留学德国，曾在上海同济大学、南京西门子等单位工作。1937 年 3 月周国治出生在南京鼓楼医院，满月以后，因日本侵华紧迫，举家又由南京迁往香港。周国治全家有兄弟姊妹五人，他有一个姐姐、三个弟弟。在几个兄弟姊妹中，只有周国治的功课不好，让父亲非常恼火。由于小时候别人都说周国治长得像他的母亲罗碧昆，加上母亲惜子之心的"姑息"，每当父亲严加管教时母亲总是出来挡驾。周国治书念得不好，玩起来却很精，五花八门样样在行，不时还搞些新名堂，在孩子圈中颇有点小名气。还在念小学三年级的时候，一天晚上在家自习，周国治无心做功课，便拿着长长的铁皮铅笔盒捣鼓起来。他打开笔盒，倒空里面的东西，套根橡皮筋，在上面弹奏起来，渐渐地发现了规律，居然奏出了乐曲。母亲见了大喊"聪明"，并叫他父亲来看。没料想，父亲见状只淡淡地说："这有什么新奇，所有乐器都一个样！"丢下冷冷的话，完全忽视了连乐器为何物都不知道的"小音乐家"所进行的创造，深深地挫伤了这小小的心灵。回忆起这段往事，周国治笑称，"大学教授也应学点儿童心理学啊"。

幼时周国治不爱读书，每次作业都得靠姐姐帮助才能完成。小学六年级的一次期中考试，他考了 4 个整"60"分，父亲大发雷霆，认定这些 60分都是老师加出来的，实际上就是不及格！母亲又从旁插话了："得了，他身体不好，还是健康第一！"就这样，父亲咆哮几句后，对他也就毫无办法了……

转变发生在初二那年。为一桩小事，周国治和姐姐斗嘴，把姐姐激怒了。做作业时，有道几何题做不出来，他只好厚着脸去请求姐姐帮助，这回姐姐不依不饶，连讽刺带挖苦。他倍感自尊心受到伤害，一撅嘴："我就不求你！我自己做！"功夫不负有心人，冥思苦想了两个多小时后，他终于靠自己的力量解开了这道题。周国治兴奋异常！他认识到：只要坚持，没有什么不能解决的问题，命运是可以自己掌握的！

这件看似微不足道的小事对周国治一生产生了巨大的影响，激发了他学习的热情。从此他像换了个人似的，学习认真刻苦，成绩扶摇直上。此后的一次几何课上，老师出一道难题让大家破解。谁也没有想到，第一个举手解出的竟是班上很不起眼的差学生周国治。当全班同学带着惊奇的目光刷一下都注视着他时，一种莫名的满足感流向心头，更加激发了周国治的学习热情。不出所料，在这年的期终几何考试中，周国治拿了人生中第一个 100 分。"这 100 分对别人来说也许是一件小事，对我来说却是一件大事。它使我知道，只要努力，我也可以是优秀的。少年时代的这段经历成为我人生中的一个转折点，奠定了我以后对学习的持久热忱，给了我勇往直前的动力。"初中毕业后，周国治已敢一个个名校考过去，而且是考一个中一个。最后考虑了远近，他选择了上海市市西中学。

也许正是青少年时的这段经历，让他懂得了年轻人需要"赞扬"而不是"训斥"。"还是给年轻人多点鼓励吧，鼓励更能激发他们自身的潜力，我自己可不是也这样过来的吗？"这成为周国治在以后教学和科研中指导学生的重要信条。

1955 年，在父亲和他的同事周志宏教授的引导下，18 岁的周国治以优异的成绩考入北京钢铁工业学院钢铁冶金专业。在钢院这个学术严谨、注重实践的知识殿堂里，周国治拼搏笃志，胸怀铸就钢铁强国的理想与责任，昂首阔步地向冶金科学的高峰迈出坚定而执着的步伐。

学教辩证悟天机——积存

师者，传道授业解惑也。现今站在讲台上的周国治意气风发，侃侃而谈，课程内容条理清晰，简明扼要，让每一个学生都赞不绝口。而他第一次站在讲台上的时候，还只是一名大学三年级的学生。不过，那时的周国治已被学校的老师们公认为"当届最有潜力、最优秀的学生"之一。

刚入校时周国治极为刻苦，每天在教室、图书馆间奔走，如饥似渴地学习着各种知识。但是，"大炼钢铁"中断了正常的教学秩序。周国治仅上了一年半的基础课便被迫终止学习。此后，受全国政治风浪的影响，青年教师取代"被批判的老教授"成了当时高校里的潮流。仅上了一年半课的周国治因为成绩优异被学校抽调出来，由学生变成老师，派到教学一线从事教学工作。这给了周国治一个机遇。1959 年，因试讲效果好，周国治进一步被推上物化课的主讲台。为了讲好课，他在繁重的教学任务中自学了一门又一门课程。在自学中，他不仅学到了知识，更摸索到了掌握知识的规律。于是他注重在讲课中，不仅仅讲清楚定理、公式的证明方法，还特意说明白采用相应方法的原因以及为什么会想到这种方法，取得了很好的效果。他喜欢把自学的心得通过课堂分享给学生，这个习惯不仅丰富了他的教学经验，更为日后他的科研成就打下了坚实基础。

周国治面对只比自己低两届的学生大显身手，把物理化学课讲得有声有色。教研组见他的课堂效果好，就让他主讲 11 个班 300 多名学生的大课，后来甚至把让大部分老师都头疼的"干部班"授课也交给了他。干部班里大部分都是从战争年代中走过来的革命功臣，打仗是把好手，文化基础却极其薄弱，加上已步入中年，接受能力大打折扣。如何让老干部面对艰深的大学课程听得下去、听得明白，对周国治来说是个新课题。课堂上，他用通俗易懂的语言向老干部们传授一个个知识点，还不时穿插生活当中的例子，降低理解难度。老干部们都听得津津有味，竖起拇指夸赞这个年轻的小老师。

自此以后，周国治开始了教学和科研"双肩挑"的道路。通常，高校教师被分为两类：基础课老师和专业课老师。前者基本概念清楚，教学技巧突出，但无暇顾及科学研究；后者专注搞课题找经费，发论文报奖励，无心于课堂的教学。在这两类中，教师似乎只能二择一。教基础课就欣赏着现有体系的完美，专注着怎样把课讲得娓娓动听，而对那些尚未纳入理论轨道的科研结果无暇顾及；而要是搞科研，就觉得教书过于浪费时间，像放留声机一样将一生耗尽。但是，周国治喜欢将两者结合在一起，第一次讲课时就发表了专业论文，而调往专业组后，又老琢磨着怎样把成果纳入基础体系对学生讲清楚。在他的思维中，这两者是统一的、相互促进的。从表面上看，"教书"是一种耗时的"输出"，"科研"是得益的"收入"。但在讲课的过程中，周国治逐步掌握了人的认识规律，反过来促进了自己快速获取知识，提升了工作效率，节省了科研的时间。

紧随大师奔前沿——学习

1964 年，中国科学院上海冶金研究所所长邹元爔收到了一个名不见经传的年轻人从北京寄来的信。信中告知他论文中提到的一个难题已被解决了。邹先生仔细阅读了这篇文稿，兴奋异常，当即回信，并给予"颇具巧思"的高度评价。这位年轻人就是当时正在钢院讲授基础课的助教周国治。

邹元爔是我国著名的冶金学家，早年留学美国。他所创立的分配系数求活度的方法，被国际同行奉为经典之作，享有很高的声誉。回国以后，他继续在此领域工作，成为领军人物之一。1964 年，邹元爔在《金属学报》上发表了一篇关于由化合物相图求活度的重要论文，解决了活度的数据来源。该文指出，被积函数趋于无穷的问题限制了该方法的使用。周国治读到这篇文章后，便决定破解这个难题。在一周多的时间里，他几乎把所有的业余时间都投入到对这个问题的钻研上。一天夜里，一个可能的解决方案突然闪现，他兴奋异常，急忙从床上翻起，生怕这珍贵的灵感转瞬即逝，直至奋笔疾书到天明。

周国治运用从自学中总结出来的联想和类比推理方法，将该问题与外国人导出并已获得成功的"α 函数"进行分析比较，从中提出了解决的关键，由此一举破解了邹先生的难题。邹元爔以最快的速度回了信，热情地夸赞这一新奇的方法，并毫无保留地将自己掌握的数据全部给了周国治，以帮助他撰写论文。事实上，α 函数的概念是周国治从老师魏寿昆撰写的书中学到的，他也请魏先生给予了指导。经过缜密的研究和严谨的推导，周国治的第一篇学术论文就这样在两位大师的关怀下诞生了。

所谓大师者，不但有着丰富的学识和正确的学习方法，更重要的是，还能给后继者指出学习的方向并将年轻人带领到学科的前沿，使后来者少走很多弯路，以最短的时间、最少的精力冲到科研的第一线。

事后看来，正是周国治"不知天高地厚"紧跟大师的做法，使他步入科学殿堂。

巨人肩头习武艺——尝试

向国内大师学习的成功给周国治极大的鼓舞，他将目光进一步转向国际大师的身上。由美国一位院士首先提出的三元系和多元系的偏克分子量的计算是一道国际著名的命题。前后有五名美国院士卷入到这项工作的理论推演和实验验证中，在冶金界被誉为里程碑式的工作。著名的固态化学之父，德国 Wagner 教授也不甘落后，紧跟着提出了以自己名字命名的新方法，以显示其深厚的热力学功底。连国际知名的《自然》杂志也不顾已有的多种方法，登载新方法的报道，足以说明本课题的重要性和热门程度。由于当时的几种方法都以国外著名学者的名字命名，周国治此刻突发奇想，想创造一种中国人的方法。

正当周国治将全部心思投入到新的科研探索时，政治运动的风浪扑面而来。他的论文被当作"只专不红""成名成家"的证据。他被迫离校，下乡、下厂、下连队当兵，完全失去了科研最基本的条件。在别人眼中，周国治屈服了。他有时会像"傻子"一样发呆，实际上他在琢磨着各种新问题、新思路，为再一次的厚积薄发默默准备着。回校后，周国治在北京没有自己的住处，集体宿舍的环境不允许他搞研究，这成了困扰他的难题。教研组的一名同事看出了他的心事，自告奋勇带他到自己的亲戚家写论文。在集体宿舍时他买了一本《红旗》杂志，别人来访就把《红旗》拉在上面，装作认真学习政治，来访者一走，就赶快继续推演他的公式。就在这样的环境下，一种由中国人创立的计算三元系和多元系热力学性质新方法——R函数法诞生了。

正当周国治沉醉在新的科研成果的喜悦中时，一张大字报拉开了"文化大革命"的序幕，所有的学术杂志一律停刊。周国治所写的论文无处投递。祸不单行，因为莫须有的罪名，他又被打成了"反革命"小集团的成员，写检查、挨批斗，本该着力在研究工作上大展宏图的他却在这场浩劫中耗尽了十多年宝贵的青春岁月！1975 年，国内期刊陆续复刊。周国治重新捡起那篇"R 函数法"厚厚的一沓稿纸。那是他从武斗现场抢救出来的，就如他的孩子，跟随着周国治在这灰暗的十年里四处漂泊。十年隐忍，如今是"这个孩子"看看世界的时候了。在一个晚上，周国治战战兢兢地拿着这篇稿子，去找刚从"牛棚"里释放出来的魏寿昆先生，请魏老对他的论文加以指点和修改。一时间，忘了"牛棚"的滋味，甘冒着充当"资产阶级知识分子接班人"的风险，两人讨论得非常热烈。从魏家出来时，这篇"R 函数法"的论文就已经定稿了。周国治怀着初生牛犊不畏虎的气概决定投向国内学界最高水平、审查十分严格的《中国科学》，经历几个权威的重重审查，这篇中国人的计算方法终于面世了。

在《中国科学》发表论文之后，周国治的思路就像关不住的闸门，一发不可收拾，一口气在《中国科学》上连续发表了好几篇"文化大革命"前积蓄的论文，产生了不小的影响。1978 年，周国治经答辩由助教被破格提升为副教授，在当时也造成了不小的轰动。

"文化大革命"结束，周国治迎来了人生中的又一个转折点。1979 年42 岁的周国治考取了留美访问学者。在魏寿昆、柯俊、肖纪美、邹元燨四位大师的大力推荐下，周国治进入了美国麻省理工学院进修，师从当时国际冶金界的第一把手 Elliott 院士。

周国治很快打响了留美的"第一炮"。到美国的第一个月，他就写出一篇高质量的论文。作为奖励，Elliott 带周国治去加拿大出席了周国治一生中第一次国际会议。周国治和组内的研究生、科学家也开始有了交流。一天，该组一位已经毕业的老研究生回麻省理工学院访问，同组的美国人告诉周国治，此人能力很强，在做研究生时曾扬言要创造一种三元系热力学性质的计算的新方法，遗憾的是他没有做到。周国治告诉这位美国人，自己已经创造出一种 R 函数计算法，十分简便，第二天便把自己的论文拿了出来。组内的同事都震惊了，因为这位研究生花了 3 年时间都没有做出来，如今从"铁幕"后过来的人居然也有方法，自然不能不使他们大跌眼镜。自此，组内的人对周国治刮目相看，邀请他参与自己论文的工作。

挑战传统攀高峰——拼搏

"几何模型"是一种由二元系热力学性质计算多元系热力学性质的十分实用的模型，在多元系热力学性质的估算和相图计算中得到广泛应用。该模型的核心，是设法将三元系的性质用三个二元系来表示。传统的几何模型的特点是二元"代表点"的选取是固定的，一经选定就再也不能改变，与使用的体系无关。周国治一眼就看出：犹如进鞋店买鞋，无论脚大小，一律让穿同一尺码的鞋，不能变化，而且没有选择的余地。这显然是极端错误的！周国治决定挑战这种错误的传统观念。为什么这种错误的观念能统治长达近半个世纪？他首先对这个问题陷入了沉思。原因找到了：解决这个问题首先必须要有各种尺码的鞋，困难的是当时还没有人把各种尺码的鞋造出来。也就是说，现在需要有一种二元系的选点新方法。发现一个传统观念的错误已属不易，要为这种新观念找到一种新的能满足以上条件的计算方法就更难了。周国治不知花了多少个日日夜夜，发呆发愣地去思索这个难题。终于，经过长时间的推理和分析，在引入一个"相似系数"的新概念以后，问题迎刃而解，而且计算实现了完全的计算机化！这种方法目前已被多个国家的学者引用过百次。周国治深信，随着测量技术的提高，更多的精确数据的出现，这种新观念将得到更广泛的应用。

动力学是关系到反应速度的问题，它直接与生产率相联系，自然十分重要。气固反应几乎在各行各业中无处不在，除冶金外，农业化学、生物化学、化学工程、建筑工程、地球化学、药物化学……以至半导体材料、纳米材料等几乎都有气固反应的问题。它的研究意义自然就远远超出了冶金和材料的范畴。

这个课题的研究意义是重大的，但其进展并不理想，大多数动力学关系式不能体现样品形貌、样品大小、颗粒分布、升温速率等因素对反应进展度的影响。再有就是表达式中一些未知常数的存在，影响了一些物理量计算的精度。造成所有这些弊端的原因是，模型的推导建立在一个粗略的数学关系式的假设上，而不是从真实的微观图像出发。

针对上述情况，周国治提出了"真实物理图像"的模型。具体说，就是从真实的样品形貌，具体的样品尺寸和真实的反应出发而不是从假设的应服从的数学关系出发，去推导动力学模型。由此就得到了能包含温度、压力、样品形貌、样品尺寸、产物密度等因素的统一动力学模型，还能方便地处理颗粒分布问题和变温反应问题，更重要的是，由于避开了未知常数，由回归算得的活化能等物理量，就更为准确和可靠。他的这些理论已在储氢材料和非金属材料的运用中获得了证实。这一模型在国际气固反应动力学的研究工作中处于领先地位，今后也将会在更广泛的领域中获得应用和验证。有关这方面的工作，已获得了近百次引用。

上述的"几何模型"和"气固反应动力学"是两个完全不同的课题：前者研究的是过程的可行性，后者则研究过程的速度，分属于热力学和动力学两个不同的范畴，需要用到不同的知识和方法。但周国治在处理时有一个共同的特点，就是都跳出了旧观念的束缚，敢于挑战传统，从一个全新的审视角度去看问题和思考问题，从而取得了突破性的进展，登上了新的高峰。

雨后晴空无限美——收获

一次在麻省理工学院 Elliott 院士的办公室里，周国治和他相对而坐，Elliott 突然问周国治："你第一篇论文发表得很早，为什么时隔十多年才有第二篇呢，这十年多你干什么了？""我下乡、下厂劳动了，这是'文化大革命'，无法向你解释。"周国治坐在那里直摇头，一言未发，好一阵沉默……

Elliott 想说的话，李政道和杨振宁代他说了。李、杨曾指出，一个科学家从 30 岁到 40 岁这十年是最宝贵的，是创作的黄金时期，那时精力充沛，理解深刻，创造欲强，是论文发表的高峰期。大有成就的科学家，应在这时期有所建树了。周国治很明白自己已永久地失去了这"最宝贵的十年"。现在他所能做的，只有抢回浪费的光阴，将损失减到最少。周国治急切地要抓住生命里的每一分钟。他说："我最迫切的希望，就是怎么把更多的知识贡献给国家。我最大的愿望，是在有生之年，为国家和人民多做一些事情，为后人留下一些有价值的东西。""文化大革命"结束了，雨后晴空无限好。周国治如饥似渴地吸取一切可能的营养,不分昼夜地勤奋工作。他逐步将科研成果转向实践应用:将几何模型用于各类物理化学性质的预报中,以满足生产和科研中对数据的需求。他提出氧位递增原理,为氧化物提供生成自由能数据。他还提出可控氧流冶金的新思想并用到炼钢的脱氧中。在取得了一系列重大科研成果之后,1995 年,周国治当选中国科学院院士。

周国治的研究兴趣是广泛的,他研究的课题还涉及更多的方面。有些已发表,有的在撰写中,有的在构思中,还有的仍在摸索阶段。这些课题包括:微小颗粒的物理化学行为、块体玻璃材料的判别、表面扩散流在化学反应中的应用等等。

最能反映周国治广泛兴趣的,莫过于关于对"酶反应动力学"的研究了。这是一个似乎与冶金毫不相干的例子。该课题来自周国治的弟弟周国城。当时一位美国权威来沪作报告,认为酶反应这样快难以解释。周国城就提出了范德华力的作用理论,在和谷超豪院士探讨了计算方法后,获得了满意的结果。当时这件事作为重大的科学新闻登载在《解放日报》上。周国治得知后,从物理化学的角度探讨了这问题,他引入了表面扩散流的概念,揭示了它的物理本质,也获得了满意的结果。该工作在唐敖庆院士的支持下,顺利地在《中国科学》上发表。另一篇后来也发表在国际刊物上。

周国治常常感到时间不够。繁忙的教学科研工作,尤其是众多的社会活动使他无法专下心来从事这些研究。他希望有那么一天,自己能从这些活动中解脱出来,再次进入知识海洋中去漫游和探索。

化作春泥更护花——传授

一枝独秀不成景,万紫千红才是春。要国家富强,要站立在世界之林,靠少数人的力量是不够的,中国需要千百万世界一流的专家、学者。为此,周国治一直以培养年轻一代为己任。

在周国治指导下,他带领的教学团队总是喜讯不断、捷报频传:他的博士生鲁雄刚、李谦获评全国优秀博士学位论文,博士生侯新梅、张国华等也纷纷获得学术荣誉。

周国治早先培养的一批研究生，在国内外科研院所也各有建树。陈双林和张帆在相图领域的研究和计算中有独到的贡献。章六一、胡建虹、谢繁优、胡晓军等也在各自的岗位上传来了鼓舞人心的喜讯。看到学生们的种种成就，周国治感到无比欣慰。

壮心不已夕阳红——情操

少年时的好强给周国治一生注入了充沛的动力；中年时的逆境成长带给了他对学习方法的渴求和顽强的拼搏精神；在业务上对科学无止境的追求最终使他一步一步地登上了科学的高峰；他那淡泊名利的宽阔胸怀使他能有一个平静健康的心态去面对人生的波澜，保证一生稳步向前，更使他在晚年感到无限的欣慰和极大的满足。

周国治知道，"人的生理变化是一个自然界无法抗拒的客观规律：人总是要老的，智力也会衰退。但是，只要能淡泊名利，保持永恒的进取心和无止境的创新欲，总会有所斩获，生活永远是充实的、美好的！"

周国治还有一些几十年来从未向别人吐露过的人和事。她们的名字没有出现在自己的论文中，有的只是默默无声的奉献。当周国治考取出国时，爱人邓美华刚生第二个儿子周维扬，长子周维宁才五岁。加上美华产后疼痛难熬，周国治的出国势必给她带来极大的困难，她的家人不支持周国治出国。邓美华一咬牙："还是走吧，来之不易啊，这里由我撑着！"临上飞机那天，天空飘着鹅毛大雪，邓美华抱着孩子送周国治到北京机场。大雪使航班延误，周国治隔着玻璃挡板发现还未离去的儿子仍不停地向他招着小手时，心一软，都不太想走了。爱人对他的无声支持，周国治由衷地表示感谢。不出所料，周国治走后，妻子疼痛发作。这时又传来了周国治母亲的声音，"快把维宁接来！"此时弟弟国城的孩子已寄养在母亲家中，再来一个，其艰难不难想象。但为了孩子们安心学习和工作，母亲强笑着说："开托儿所了，我喜欢。"后来周国治的母亲还为他另两个弟弟国平和国强带大了孩子，实现了继续培育第三代的夙愿。长年超负荷的操劳，使她过早地走完了人生历程。回忆一幕幕往事，周国治深情地写下了他生平的第一首诗《忆慈母》，字里行间是他真实情感的喷发：

慈母告别辞人间，热泪如泉洒枕边。
辗转难寐忆往昔，幕幕依稀犹眼前。
儿歌嬉戏芳草地，焦容满面病榻边。
深秋寒夜手中线，晨星犹明炉炊烟。
月台远去母身影，异乡千里飞鸿雁。
为儿为孙独无己，一生奉献春蚕羡。

"帽子里拎出兔子"

——记物理学专家、中国科学院院士陈难先

　　陈难先，浙江杭州人，生于 1937 年 10 月。1962 年北京大学物理系毕业，先后在北京钢院担任助教、讲师、教授、应用物理所所长、副校长。1980—1986 年在美国宾夕法尼亚大学、IBM 公司等学习、工作，1984 年获美国宾夕法尼亚大学电气工程与科学博士，2000 年任清华大学教授、理学院学术委员会主任。曾长期从事普通物理、普通物理实验、电动力学、振动与波等课程的教学，发表多篇物理教学研究的文章；在国际上首先用第一原理方法算出了石墨插层化合物的介电谱和光学性质。在国际上明确提出凝聚态物理和应用物理中玻色、费米及晶格三大类逆问题。在晶格比热逆问题研究中发展并统一了爱因斯坦与德拜的经典工作。在原子间相互作用势库研究中提出了由晶体结合能到对势的严格简捷公式，为复杂材料性能预测建立了良好基础。曾任国家高技术功能材料专家组组长、"863" 计划专家组成员、"863" 计划监督委员会副主任、《中国物理快报》副主编、中国物理学会和中国材料研究学会理事；曾获国家自然科学二等奖、"973" 计划优秀成果奖、何梁何利奖。1997 年当选为中国科学院院士。

"他的做法就像（魔术师）从帽子里拎出兔子一样"，这是《自然》杂志对陈难先工作评论中的话；《物理评论》等则将陈难先对黑体辐射及比热逆问题的解法命名为"陈氏定理"。

成长与求学生涯

陈难先出生在1937年淞沪抗战的激烈战火之中。祖父给他起的名字是"国难当先"之意。在日伪的横行下，陈难先很小就了解了亡国奴的屈辱和汉奸的卑鄙可恶。

陈难先上几代人都是办教育出身，对孩子的要求就是要有自力更生和报效国家的志气，从不要求孩子要在学业上争名次。但是从小学开始，陈难先过于贪玩，他到了二年级结束还不会背九九乘法表。补考题要算"26×13=?"，他是用26个13叠起来，硬是用加法拼凑出答案才算没留级。

陈难先初中就读于北京八中，他的母亲在教育部图书馆工作，他便常常待在图书馆里看各种杂书，尤其是关于革命战争的历史。当然，他也看到了上野清的数学书之类的参考书。可是，学校历史课、生物课里的内容他却偏偏记不住，每学期总有一门课不及格。因此，八中教务处管补考的陈英老师对他颇感亲切，好像对他补考过关充满信心似的。在陈难先的印象中，高中的物理课充满了乐趣。一位物理老师通过讲述他在抗日战争时参与做炸弹的故事讲解"压强"；一位老师将自己自行车的座架安上了摩托车座垫，让大家感受"压强"的设计带来的舒适感。后来，不知道是由于少先队和共青团的教育，还是由于学校里社会主义建设形势教育的鼓舞，还是生了一场大病的顿悟，陈难先在高中忽然变成了兴趣十分广泛的三好学生。他曾是北京八中乒乓球队队长、第一届全国数学竞赛北京赛区优胜者。

1956年，怀揣着"向科学进军"报效祖国的梦想，陈难先考入北京大学，立即就被"思想自由，兼容并包"的氛围深深吸引，他选择物理专业作为学习方向，全身心地投入到自己喜爱的理学知识的学习中。在"大跃进"时期，陈难先和同学们一起提前进入科研环境，几乎每天都熬到晚上十一点。北京大学自由的学术氛围让陈难先受益良多。王竹溪、叶企孙、黄昆、丛树桐、郭敦仁、胡宁、周光召、曹昌祺、曾谨言、吴杭生等许多老师都给他留下了深刻的印象。那个时候，北大的物理考试采用口试，每次有多道开放性题目，由学生抓阄定题，考生现场作答，考察的就是知识的掌握程度和思考的方式方法。刚开始陈难先被指定在大礼堂示范，抽题后，认为题目有问题，如果添加不同的条件就会有不同的结果，他的解释获得了老师和同学们的认可。轰轰烈烈的"反右"运动、"大跃进"和三年困难时期给学校工作的正常运行带来了很大困难，但是，老师们坚持原则的态度，以及参加生产劳动和科学研究的经历，帮助学校培养出了大批与祖国共命运、同赴艰难的人才。

临近毕业，陈难先觉得应该用所学的物理知识服务于社会，选择了教书育人和学术研究兼备的学校工作，这便开启了他的教师生涯。"钢铁元帅"对他的吸引是很强烈的，也是很曲折的。

潜心教书育人

1962 年来到钢院后，陈难先本想投奔柯俊先生，但是因为工作需要，他被分配到物理教研室任教。物理教研室主任顾静徽先生给了陈难先很大的帮助，刚刚一年多，陈难先就在顾先生的信任和关心下走上了讲台，成为一位人民教师。在当时，从实习到讲大课一般要五年以上时间，陈难先经过一年就同时开两门大课，他深知自己责任重大，在物理课程的教授过程中十分认真。他觉得 150 学时的课程内容很难将物理学的全部内容讲授清楚，于是就主动给学生出习题，每天都熬到很晚。物理学的知识一般都比较抽象，为了帮助学生真正掌握抽象的理论，陈难先还主动给学生答疑，甚至对考试答题不好的学生进行"口试"，帮助他们理清题目的"出发点"和"目的地"之间有哪些可能的连接（搭桥）方式，让学生自己分析搭好了哪些，没搭好哪些。他认为这样做比简单的补考要好。可是，不少人认为他的做法是违反规定的，他都顶住压力扛着，认为这样一点不违背教育的精神。陈难先的课一般都比较严格，但也有风趣的时候。一次物理答疑课上，一个学生问他，"一个大圆球顶上的小球无摩擦滑下，小球会在什么位置脱离大圆球"这题目有什么实际意义。陈难先回答说，这就是个基本功练习。学生不满意。陈难先又回答："设想你剃一个光头，在操场跑了一圈，在脑门上冒出一滴汗珠流下来，在什么地方该离开？用光滑小球作为汗珠的模型，它该在三分之一处离开，保护了眼睛。但是汗珠有点黏，不这么光滑，上帝在三分之一处给你设计了一个眉毛，因此黏一点的汗珠就沿着眉毛往旁边流，不会跑到眼睛里去了。"这个生动的讲授不仅让学生们掌握了"三分之一"的基本理论，也记住了这个物理学道理。陈难先回忆，当年的钢院学风十分纯朴，老师和同学们都为了振兴国家钢铁工业而全力以赴，教书的生活十分快乐，让人难忘。当然，"光头之例"后来被大字报说教师上课不严肃，也是难免的。

1965年，因故不得不离开讲台的陈难先，在实验课程中继续教书育人。在每一次电学实验中，陈难先总是多准备一些有关的仪器，鼓励同学们按照自己的想法去挑选和设计，连接电路后、闭合电源前，需要通过陈老师的检查，只要不烧仪器，都让学生做下去，自己发现问题。有一次实验课，学生们设计出7种教科书上见不到的连接方法，大家都很高兴。陈难先常常关起门来拆仪器，发现哪些部位最容易坏、最需要小心，他带的实验几乎没有设备损坏发生。在轰轰烈烈的"文化大革命"时期，他也曾经被分配去扫厕所，为"大串联"的孩子服务，学了不少有趣的知识。那时，他和其他教师一样不能上课，甚至不许在书架上放业务书，他们常到旧货市场买些无线电元件，津津有味地制作收音机和简单的电视机。"文化大革命"后期，他重新走上讲台给工农兵学员上课，虽然学生水平参差不齐，但是陈难先还是想尽办法让所有学生都能理解基础理论知识，并在普通物理课中组织学生做变压器的设计制作。他为工农兵学员设计的新讲法，有三篇都登在世界著名物理教学研究杂志上。

1980年，冶金工业部选派优秀人才去海外留学，组织了一次全系一万多人的考试，陈难先获得了物理科目满分，踏上了美国求学的航程。当时国外的物理研究水平比国内发达很多，尤其是计算机的应用非常普及，这给陈难先的学习带来了困难。此外，他以前只会用俄文，几乎没学过英语，语言方面也非常吃力。但是，已过不惑之年的陈难先咬牙坚持，他想："笨鸟先飞，世上没有过不去的坎儿。"在宾夕法尼亚大学，陈难先很快就在学术研究方面有所建树，先后发表了多篇关于石墨插层化合物的研究论文，这类材料和后来的纳米管及石墨烯都有关系。宾夕法尼亚大学组织的技术发明创新评选，陈难先获奖，这让国外的同行对他刮目相看。1984年，陈难先获得了博士学位。

1986 年，陈难先回到了他魂牵梦绕的祖国，回到了钢院。回校后，他重新走上了阔别多年的物理讲堂，从讲师到教授，继续着教书育人的工作。

致力物理学研究

从美国学成归国的陈难先，能不能在国内条件下开展学术研究只能用实践来回答。他发现带回来的两台微机完全不能用于大规模计算（十年后条件好了，这方面工作又得以进行），于是他挑选了黑体辐射逆问题这个课题。

大家知道，遥感卫星可以探测到地面热辐射的频谱分布，从中提取出地表的温度分布，就能够获得有关地面的各种实际信息。例如，对导弹发射、核试验和动物昆虫群体迁移这类敏感事件的监测，也要用到遥感技术。从测试结果反推这些异常的温度分布，要解决一个所谓黑体辐射反问题，这就引起了热烈讨论。陈难先的工作则圆满地结束了这一讨论。现在从公开文献可以看出，"陈氏定理"已经被进一步用到了星际尘埃中的温度分布、黑洞外壳的温度分布等天体物理问题。

由于陈难先是物理出身，很快就把黑体辐射逆问题与声子比热的逆问题联系起来。这就是要从比热的测量结果提取出固体中原子的振动频谱，可用来分析固体的晶格结构等微观物理机制。爱因斯坦和德拜（Debye）都曾为此做出了十分重要的贡献，并推动了量子理论的发展。求解这种反问题，需要的是数学上的直觉，是数学的技巧与算法。陈难先推出的新公式为这个声子比热的反问题画上了圆满的句号，这个"神来之笔"带着数论的典雅与优美，像魔术师一样从礼帽里拎出了兔子。

当请陈难先发表感想时，他说这件事发生在钢院并不偶然。当时有出国机会又能回来的人是不多的，自己和同事心中的责任感是比较强的，觉得应该做出些更加出色的事。他说，当时用迭代方法拼凑出初步结果后，是北科大数学系柳孟辉教授看出来这可能和数论中莫比乌斯反演有联系。"现在看来，当时我对莫比乌斯反演基本上一知半解，写的文章就像一锅生米饭，居然被人当作香饽饽。这是由于信息时代的到来使人们对物理中逆问题的追求十分热烈。后来在北科大、清华又提出了一系列物理中逆问题的解法，还得到北科大许多老师的帮助和鼓励。"

《自然》杂志在具体介绍和分析陈难先的工作之后，指出了进一步工作的方向和问题。面对进一步发展的机遇和挑战，陈难先从黑体辐射逆问题出发，进一步提出了一系列命题，这些命题在凝聚态物理和统计物理中基础性强、应用广泛。与此同时，莫比乌斯反演方法对费米体系中逆问题的应用也取得了有意义的进展。基于陈难先在逆问题研究中取得的重要成果，他获得国家自然科学二等奖。

又经过约三年工夫，陈难先推出了简洁、普遍的晶格反演公式，揭示了晶体内隐含的半群结构。在此基础上，他对稀土化合物、金属/陶瓷界面中的原子相互作用势进行了大量计算和应用，并在北科大创立了科技部"863"新材料模拟设计实验室。

思考教育发展

长年工作在教育一线的陈难先对于教育发展和创新人才培养有深刻的思考。

陈难先对于教育的"三个面向"有深刻的理解。他认为："教育是要培养未来的人才，因此教育要面向未来；这个世界是经济全球化、一体化的世界，教育必须面向世界；这个世界是用现代化的高速交通工具、通信工具和网络联系起来的，所以教育要面向现代化。建设一个强大的社会主义现代化国家，要靠具有现代化思想和才能的人。我们培养的人才必须要适应'三个面向'的要求，否则就跟不上飞速发展的世界形势和日新月异的科技进步，建设强大的社会主义国家就成了一句空话。"

陈难先坦言，当前教育的"大一统"趋势对于我国科教兴国和创新人才培养十分不利，尤其是教学大纲、教学课本的统一和自我封闭，给教学工作加上了"框框"，这种"统一"似乎只是为了上级机关管理和检查的方便才制定出来的。他认为，现在这种"标准化"已经发展到对优秀人才的统一要求，例如，引进人才要看其是否为211院校毕业，这种做法近乎荒唐。另外，职业学校太少，理工科院校的实验和实习太少，也是大问题。

陈难先力荐同一省份内应该多种教材同时采用，让教师和学生自主选择，多样化教学。在教师的选拔工作中，陈难先也认为教师的来源应该多样化，工程技术人员、财政经济人员、行政管理人员等，只要有业务专长，条件比较适合，经过短期的教师资格培训和选择，使他们了解国家在教育方面的方针政策、法律法规和一般的教育理念，就可以到学校教授专业类课程（并非终身制），师范院校的毕业生不应该是教师的唯一来源。来源的多渠道，有利于教师结构的合理重组，有利于建设一支高素质的理论联系实际的教师队伍，更有利于教育的改革和发展。

陈难先认为，创新人才的教育应该从环境营造做起。教育领导者首先要有清醒的认识，解放思想，然后才有可能解放教师和学生的思想。领导者应该取消原来对教师的过多束缚，给教师创造一个宽松的环境。他举例说："丁肇中带一帮学生搞研究，他们一进实验室就忘我地工作起来，一连几天不出来，吃饭睡觉都在那里。你当领导的一会儿喊他开会，一会儿叫他接待，一会儿叫他写篇文章，一会儿叫他填个报表……他怎么还能安下心来搞实验呢？教师搞教学研究也是如此，你得让他不为吃饭发愁，有条件搞研究。给他安排一个宽松的环境，放手让他搞就是了，不要给他过多的干扰。"

他认为"顾全大局"是重要的，但是"听话"不应该是选拔科技和学术人才的重要标准。发明发现既是艰苦的劳动，也是很有风险的工作。我们培养的人要有探索和承担的态度，也要有奉献和负责的精神。

参加社会活动

陈难先曾经担任全国政协科技组委员、全国人大教科文卫委员会副主任、北京市政协副主席、民进中央副主席等，参加了不少社会工作。这使他对"我国仍然是一个发展中国家"这个基本国情有更多机会和更多角度去了解。他认为"自己在中国的那个时代能受到完整教育是很幸运的，所以报效国家是很重要的命题"。

有一次全国政协科技组开会讨论"如何学习雷锋"，大家讲了不少要参加扫地、刷试管等事例。当时，陈难先就提出知识分子"学雷锋"最主要应像马寅初那样理性思维，坚持原则，不看风使舵，不盲目随众。他的意见一发，会场忽然冷了下来，局面有点尴尬。这时，列席会议的某位同志作了发言，表示"支持老陈的意见"，还讲了不少有意思的历史回顾。

陈难先十分关心家乡杭州的发展。在回乡探亲时，他说："在我的印象中杭州很美，我现在也一直关注浙江的发展，我回去过几次，的确感觉到浙江的经济实力有了长足的进步，成为全国经济的排头兵，为家乡感到骄傲。"陈难先认为家乡应关注文化的发展和建设。他认为，吴越文化历史悠久，因此要在发展经济和开发建设时，加强传统文化的继承和弘扬。另外，他认为要加强环境保护，让文化景观更美。一个国家的环境和文化要比经济更能代表一个国家的价值观。

2008 北京奥运会前夕，身为奥组委委员的陈难先积极为"人文奥运"献计献策。"人文奥运应从'人文北京'入手，而且应该把这个任务的宣传普及工作交给正在上中学的孩子们。"他认为，软环境建设是筹办奥运最具挑战性的任务，深入开展首都文明礼仪宣传教育实践活动尤为重要。陈难先建议，给北京的中小学做个规定，把人文奥运的精神实质和待人接物的礼仪规范融入中小学的教学课程里去，早一点在孩子们当中形成参与人文奥运的气氛，争取让每位中学生每年贡献出一天或半天的时间，走出校园，到社会上做人文奥运的宣传，用"奥运好坏，我们有责"的口号感动社会。

陈难先始终没有停下前进的脚步。他精于学问，著书立说；他心怀教育，倡导创新；他情系社会，关注发展。他的治学精神和为人准则永远激励着后来人。

他看见上面这段话后说："自己只是普通人，没有资格受这样的抬高或美誉。随着工作的积累，我知道自己有许多事情没有做好，缺点错误多得很。但是，经过北大马寅初—江隆基时代的熏陶和钢院高芸生—张文奇时代的洗礼，我在跟随时代的进步中，还是感到某些特有的自豪和自信。"他是真心的，我们只好把他的话附上。

他说："人生应该是有趣的，也是多样的，让我们一起以各种不同方式把国家建设得更加美丽多彩。中国发展很快，问题也很多，需要我们乐观，积极，奉献！"

"材"子风华，闪耀冶金陶瓷灯塔

——记粉末冶金与先进陶瓷专家、中国科学院院士葛昌纯

葛昌纯，浙江平湖人，1934年3月生于上海，北京科技大学教授，粉末冶金与先进陶瓷专家。1952年毕业于唐交大冶金工程系物理冶金专业；1952—1985年，在冶金工业部钢铁研究总院工作，担任过技术员、学术秘书、专题负责人、高级工程师、研究室副主任、学术委员会委员；1960—1985年，研制用于生产浓缩铀–235的孔径为纳米量级的复合分离膜，创建起中国第一个纳米材料实验室，以第一发明人身份获国家发明一等奖。1980—1983年，先后在德国马普所和柏林工业大学从事粉末冶金和先进陶瓷研究。1986年起，作为引进人才在北京钢院从事研究和教学工作，由副教授晋升为教授、博士生导师。1988年获评国家有突出贡献中青年专家，1990年获评全国高校先进科技工作者。2001年，当选为中国科学院院士。2004年，当选为世界陶瓷科学院院士。2016年获中国金属学会冶金科技终身成就奖。2020年中国核工业集团有限公司授予葛昌纯院士中国核工业功勋奖章和核工业功勋人物荣誉证书。

束发读诗书，修德兼修身。

仰观与俯查，韬略胸中存。

躬耕从未忘忧国，谁知热血在山林。

"两弹一艇"临危受命，粉末冶金、先进陶瓷殚精竭虑，材料报国追求第一，执鞭教坛呕心沥血。探赜求隐，阐幽发微，志行诚笃，勤奋探索。葛昌纯沉潜学术树立科学巨塔，高风亮节绽放导航之光，引领莘莘学子扬帆起航，乘风破浪。

漫漫求学艰难路

葛昌纯于 1934 年出生于上海。祖父葛金烺为晚清进士，曾任刑部主事和户部郎中，以精通书画辞赋、博学多才而著称，还在家乡创建了葛氏传朴堂藏书阁，收藏研究大量中国古代书画善本。父亲葛嗣浵立志教育事业，创办了稚川学校，培养出不少优秀人才，其中就有后来成为中科院院士、全国人大代表的邹元燨先生等。父亲一生还将葛氏传朴堂发扬光大，一度达到藏书四十余万卷的鼎盛规模，为地方文教事业做出了重大贡献。在父亲重视培养人才、崇尚传统道德文化的思想熏陶下，葛昌纯从小就懂得要用功读书，要忠孝仁义，要奋斗创业。

抗战初期，父亲病逝，又正值国难当头，日寇占领平湖。葛宅、葛氏传朴堂藏书阁毁于一旦，数十万卷带有葛氏传朴堂印章的珍贵画卷和藏书遭抢劫，散失在各地。全家老小顷刻间流离失散。母亲赵曼影孤身一人带着葛昌纯和比他大九岁的哥哥葛昌权逃难到上海，姐姐葛昌瑄被亲戚带到浙江丽水，全家在七年后才得以重逢。在家破人亡之际，赵曼影仍不忘教育子女要好好读书、奋发图强。在最艰难的时刻，她以中国妇女特有的坚韧顽强精神，忍辱负重，历尽千辛万苦，最终把三个子女全部培育成才。

幼年时期这段国恨家仇的苦难经历，使得岳飞"精忠报国""还我河山"的誓言和富国强民的愿望深深扎根在葛昌纯幼小的心灵里，从此赤诚报国成为他一生之所向。而对于帝国主义、汉奸、叛徒和内贼他深恶痛绝，从小就形成了疾恶如仇、爱憎分明的性格。

由于家庭穷困、颠沛流离多次迁徙，葛昌纯从小学到高中经常变换学校。在哥哥的引导下，他始终成绩优异，多次破格跳级，并考入了当时最好的中学。在葛昌纯的回忆中，对他影响最大的有三所学校：先是圣约翰青年中学，为他打下了较好的中英文基础；接着是南洋模范中学，为他打下了扎实的数学基础；最后是名师汇聚的江苏省立上海中学，他在这里得到了全面的锤炼。南洋模范中学以赵型老师为代表的数学老师培养了学生对数学的浓厚兴趣，把一元二次方程两个解编成歌曲的教学方法令葛昌纯记忆犹新。他之后求学的江苏省立上海中学是当时上海录取难度最大的中学，这里集聚了一大批一流教师，如朱凤豪等。教化学的徐老师每次上课都要把大教室的两块大黑板写满，这使得学生们不得不一边仔细聆听一边抓紧抄写。葛昌纯爱做笔记的习惯就是在这时养成的。毕业工作后不久，他用过的笔记本就积累了足足半米高。

上海解放后，短短几个月发生的翻天覆地之变使葛昌纯看到了共产党的伟大和新中国的希望。1949 年，仅 15 岁的葛昌纯考取了唐交大。当时的冶金工程系云集了一批国内冶金界的著名学者。张文奇、林宗彩和朱觉教授讲课深入浅出，他们教授的有色金属合金、高炉炼铁、平炉炼钢和电炉炼钢让葛昌纯至今不忘。由于第一个五年计划急需人才，国家要求 1952 年在读大三的学生提前毕业。为了将四年的课程在三年内上完，章守华教授承担了最重的教学任务——教授两门主课"钢铁合金及热处理"和"压力加工"，他的勇挑重担和严谨治学精神深深影响了葛昌纯。章守华教授也成为葛昌纯一生学习的楷模。徐祖耀教授以刻苦自学著称，教授葛昌纯"冶金原理"。在这些名师的教诲和熏陶下，葛昌纯在大学时期就打下了坚实的物理冶金和化学冶金基础，不仅学到了如何从冶金学、材料学的角度分析处理技术问题，更领悟到了为人、治学、做事的人生哲理。

解放初期的唐交大，不仅有严谨治学的名师，还有着浓厚的政治氛围。葛昌纯在那里受到了系统的马列主义、毛泽东思想和中国革命史的教育，从思想理论上真正认识到只有中国共产党才能救中国的道理。1950 年底，葛昌纯加入了中国新民主主义青年团，在这所共产主义大学校里他的思想水平得到了进一步提升。

少年立志，坎坷求学，风尽管猛烈，浪尽管汹涌，终长风破浪，历练一双鹰翅飞越了沧海。

宝剑初砺见锋芒

毕业以后，葛昌纯被分配到钢铁工业试验所（后更名为钢铁研究总院）冶金室工作。室主任是留美归来的合金钢专家孙珍宝教授，他是很重视应用和实践的冶金学家，他认为像葛昌纯这样刚毕业的大学生应首先到工厂去实习和工作，积累实战经验。于是自1953年初直到1954年国庆，葛昌纯一直在抚顺钢厂进行实验研究和实习，经常与工人们一样倒班和操作。在和工人同吃、同住、同劳动的经历中，葛昌纯积累了丰富的经验，和工人同志们产生了深厚感情。

在此期间，葛昌纯作为技术骨干实际负责了钢坯高温快速加热研究项目。在这项研究过程中，他除了完成苏联专家建议的钢坯快速加热试验任务外，还把研究的对象从钢坯扩展到钢锭，并研究了避免造成钢锭高温快速加热时产生裂纹的条件，包括钢种、钢锭尺寸和决定钢锭中残余应力的浇注工艺参数。根据这项研究，抚顺、大连等特钢厂都把钢坯高温快速加热纳入操作规程，大大缩短了钢坯的加热保温时间，节约了能源。在抚顺钢厂工作的后期，葛昌纯参加了以耐热钢为主体的新钢种的试制研究。葛昌纯回忆说："我在毕业后完成的第一阶段的研究任务，反映出我在唐交大学习时确实打下了比较扎实的冶金学和材料学基础，培养了较强的独立工作能力。"

在生产第一线实习和科研的一年半，使葛昌纯从一开始走上科研道路时就感悟到科技对生产力的巨大推动作用，也从此致力于用科学研究去解决国民经济中的实际问题。回北京后，他接受了筹建压力加工研究室和所里最早的、颇具特色的锻钢和轧钢实验车间的任务。之后，在短短两年内，他就和同事完成了一些研究课题。1956年葛昌纯作为代表出席了冶金工业部社会主义建设积极分子大会。

经过党的多年培养，葛昌纯在1956年光荣地成为一名共产党员。葛昌纯作为冶金工业部第一批干部之一，到河南郑州郊区祭城农村插队。一年多插队和参加各地"大炼钢铁"的经验，使葛昌纯得以深入河南、湖北等省的广大农村，深刻理解了我国人口多、底子薄、广大人民群众渴望摆脱贫穷落后面貌的基本国情，增进了与劳动人民的感情。

1960年葛昌纯被调到新成立的粉末冶金研究室（即四室）从事耐高温

涂层和粉末冶金新材料的研究。他和同事们开展了当时属于国际新技术的等离子体喷涂等多种技术制备耐高温涂层的研究。20 世纪 60 年代末到 70 年代初，葛昌纯又先后三次被安排到五七干校云南草坝和河南淮阳等地。在草坝他曾经一度带领小队承担在悬崖上点炮炸山和排除哑炮的任务。葛昌纯以"一不怕苦，二不怕死"的精神冒着生命危险去排除分散在宽阔山坡上的哑炮。当时环境下的劳动锻炼，虽然是以时间和精力为代价，但他将这些劳动锻炼的经历视作对自己意志的磨炼，视作自己一生的宝贵精神财富，促使他在后来的科研攻关中不管多苦多累，都毫不退缩、勇往直前。

梅花苦寒而孕幽香，宝剑磨砺愈见锋芒。历经磨难不言弃，正因为自己是一把利剑，葛昌纯相信终有一日会见锋芒。

"两弹一艇"建功勋

在葛昌纯的前半生中，最难忘的是有幸于 1960—1985 年临危受命，负责中央下达的紧急任务——乙种分离膜的研制和生产，作为我国浓缩铀 -235 复合分离膜的专题负责人，为打破超级大国的核垄断作出巨大贡献。

要使铀 -235 浓缩，必须采用工业化的气体扩散法，而此法的心脏元件就是分离膜。制造分离膜是一项技术难度极大、涉及多学科的尖端技术。随着中苏协议撕毁，有的苏联专家撤走前曾说：中国的核工业将成为一堆废钢烂铁，因为中国不会制造分离膜。在危急的形势下，中央向中国科学院和冶金工业部下达了研制分离膜的紧急任务，由中国科学院负责研制用在粗料端的甲种分离膜，由冶金工业部钢铁研究总院负责研制用在精料端的乙种复合分离膜。这两种膜都是必需的、缺一不可。

葛昌纯作为粉末冶金室核心组成员和复合分离膜的专题负责人，在没有专家指导、资料短缺、没有设备的条件下，和专题组同志共同奋战。为了打破超级大国的核垄断，他带领四室团队，在中南工学院派出人员的积极参与下，不畏艰险，不怕剧毒，不怕苦、脏、累，不分昼夜地战斗在分离膜研制的第一线。经过无数次的实验、推导、计算、总结，攻克了一系列技术难关，终于在 1964 年提前完成国家急需的乙种分离膜的研制任务，同年底通过鉴定试验。随后，葛昌纯兼任乙种分离膜生产总指挥，至 1967 年完成了乙种分离膜的生产任务，满足了制造原子弹、氢弹、核潜艇和核反应堆的急需。有关领导部门发来贺信指出：实验证明乙种分离膜性能良好，能够满足生产使用需要。这就为我国自力更生地发展原子能事业做出了重要贡献。1967—1985 年专题组又相继完成了丁种、戊种、己种复合分离膜的研制任务。这四种复合分离膜为我国的"两弹一艇"事业和原子能事业做出了巨大的贡献。

当年参加乙种分离膜研制人员的平均年龄不到 25 岁，都是新中国成立前后国家培养出来的技术人员，彰显着这支年轻队伍在党的领导下敢于承担艰巨任务、众志成城的勇气和能力。

从任务带学科的角度看，乙种分离膜是我国研制成功的第一种纳米复合多孔薄膜材料和器件，为我国纳米复合多孔功能材料的研究奠定了理论和技术基础。在这项任务中，葛昌纯和四室同志们在我国首次创造了一整套制备纳米金属、合金及陶瓷粉末和复合多孔薄膜的粉末冶金工艺，提出了一系列纳米粉末和材料的检验方法，建立了我国第一个纳米材料实验室，为粉末冶金和先进陶瓷的基础研究做出了重要贡献。

在乙种分离膜的研究中，葛昌纯本人和复合分离膜专题组的研究集体曾多次得到国家和院、部的奖励。葛昌纯把一生中最宝贵的青春年华献给了"两弹一艇"的崇高事业，为乙、丁、戊、己种复合分离膜的研制成功倾注了大量的心血。他曾说："我为这些成果能够最终为祖国的国防现代化贡献一份重要力量，感到无比的欣慰和自豪！"

粉末冶金苦钻研

1962—1965 年间，葛昌纯提出了一种适用于超细金属粉末的高压静电上粉工艺，并和孙焕仁、郑国梁、曹勇家、杨勋烈等同志合作解决了超细金属粉末团聚及在高压静电场中的自燃、布料不匀等问题，在国际上首次将此项新工艺应用于纳米金属或合金薄膜的批量生产。

我国镍产量和需要量之间缺口甚大。为提高我国的镍产量，必须打破常规，尽量采用先进技术。1972—1974 年间，葛昌纯领导的研究组成功地进行了以羰基合成、分解技术由镍锍提取镍的研究。研究结果表明：用金川镍锍经氧气顶吹转炉吹炼后得到的低硫铜镍合金可以在较低压力和温度条件下合成羰基镍，提取率达 85%—95%。这一技术显著提高了金属回收率，超过了电解精炼一次提取率 60% 的水平。

在研制丁种分离膜期间，葛昌纯创造了在超细镍粉上包覆铜的新工艺，这项新技术在生产上得到应用。

接着，他又开始着手粉末高速钢的研究。他和王洪海、曹勇家等专题组同志一道研制成功全密度、无偏析、使用寿命为熔炼高速钢 3—7 倍的粉末高速钢。他开拓了我国超硬粉冶高速钢和粉末热挤压、粉末锻造的研究领域。与此同时，他和同事成功用气雾化法和水雾化法制备合金钢粉末。葛昌纯不仅埋头在科学实验的第一线，还关心着生产线上的工人们。在去天津粉末冶金厂考察还原铁粉生产情况时，他发现工厂的劳动条件极差，粉尘浓度超标，严重危害工人的身体健康。于是，他下决心结合瑞典和日本制铁的先进技术，和同事开展提高还原铁粉质量的研究，并与天津粉末冶金厂和首钢设计院合作，对天津粉末冶金厂的铁粉生产工艺进行全面技术改造，提高铁粉质量，为工人创造一个优良的工作环境。葛昌纯组建攻关组，深入一线，从改进大隧道窑的加热、保温、冷却制度着手，对全部生产工序逐个进行技术改造，终于改变了还原铁粉质量不高、工作环境极差的状况。

随后，他向冶金工业部提出在武钢等大钢铁企业建立十个现代化铁粉生产基地，他的建议得到了国家计委和冶金工业部的支持。于是，葛昌纯开始为在武钢建立我国第一个现代化铁粉基地而不懈努力。

葛昌纯将自己在还原铁粉和雾化钢铁粉末研究中所取得的成就总结在他和韩凤麟合写的《钢铁粉末生产》一书中。国际著名粉末冶金专家在评价此书时指出："该书取材新颖，在国际同类书中还没有可与之相比的。"

1976—1980 年间，葛昌纯开始了氮化硅基陶瓷的研究。他在国内首次采用压力烧结工艺研究成功以尖晶石作为烧结助剂的陶瓷，这种陶瓷被批量用作热加工模拟实验机的垫块，取代了进口的日本氮化硅垫块，填补了国内空白。此项成果是国家"六五"攻关项目的重要成果之一，荣获冶金工业部科技进步二等奖。此后，他一直走在我国氮化硅基陶瓷研究的前沿。

留德三年重积累

1980 年，葛昌纯在邵象华、李文采和刘嘉禾的推荐下申请到德国洪堡基金会研究奖学金，赴德后先学习了四个月的德语，随后开始在马普所粉末冶金实验室从事粉末冶金研究。在一年时间里，他完成了相关项目，发表了三篇论文。他的努力和成绩获得了马普所材料科学专家等的高度评价。1982年起，葛昌纯转到柏林工业大学无机非金属材料研究所的实验室工作一年。葛昌纯对所里教授提出的问题"能否为氮化硅找到一种非氧化物烧结助剂取代现在通用的氧化物烧结助剂以提高氮化硅的高温性能？"产生了浓厚的兴趣。为了解决这个问题，他开始闭门研究。前三个月，他选了多种非氧化物做了不少实验却毫无收获。后来，他根据相图的基本原理，打破常规，以新的思维方式，采取复合非氧化物的技术路线，终于成功地找到了可以使氮化硅在烧结后的相对密度达到95%以上的非氧化物烧结助剂，解决了问题。

在德国工作学习3年，葛昌纯逐渐产生了为祖国建立一个国际一流的将粉末冶金技术和先进陶瓷技术相结合的新型研究所的强烈愿望。答辩通过后，他不顾教授的挽留，迫切地踏上回国的征程，希望尽快将这个"国际一流的研究所"的愿望变成现实。

再续粉末冶金、先进陶瓷情

回国后的葛昌纯几经周折，离开了工作奋斗30余年的钢铁研究总院，先去中科院冶金所，后又辗转回京，作为引进人才调到钢院任教。在学校的支持下，葛昌纯很快就在粉末冶金教研室内建立了一个小型的特种陶瓷粉末冶金实验室，继续他在德国从事的非氧化物烧结助剂的研究。从这个小小实验室起步，经过12年的努力，他和同事开发出了具有优良性能的新型复合陶瓷刀片，并实现了产业化。此项成果获得了冶金工业部科技进步三等奖和教育部科技进步二等奖。

葛昌纯继续扩大自己的研究，在北京科技大学创办了国内第一个粉末冶金和先进陶瓷相结合的特种陶瓷粉末冶金研究室。除了继续研究氮化物基陶瓷及其多种制粉工艺外，研究室开始扩大研究范围，开始了硼化物基、碳化物基、硅化物基为主的各类先进陶瓷、金属陶瓷以及粉冶高速钢、不锈钢的研究。

葛昌纯在先进陶瓷和粉末冶金相结合这个总的研究领域内兢兢业业，

屡创佳绩。同时，他不忘开拓创新，在已有领域的基础上开辟了自蔓延高温合成和功能梯度材料这两个新的研究方向。2004年，他当选为世界陶瓷科学院院士。

在北科大期间，葛昌纯在宽松的教研环境下钻研自己的学问，学术人生实现了很大飞跃，发表了大量论文。葛昌纯还注重人才队伍的培养和学科的建设，参与创建了我国第一个粉末冶金博士点，以及无机非金属材料博士点，培育了大批人才。在全国学科建设上，葛昌纯从不吝啬，亲自组织、主持了两届全国粉末冶金特殊材料与制品学术会议，推动了我国粉末冶金学科的进步。

他经常提醒他的学生们，中国的材料水平和发达国家还有一定差距，一定要以只争朝夕的精神努力赶上，这是我们实现现代化、实现民族复兴的基础。在他创建的粉末冶金与先进陶瓷研究所的墙上挂着"材料报国，追求第一"的横幅。这是葛昌纯一生的追求，也是他对学生的教诲和期望。

葛昌纯始终贯彻着"两弹一星"精神，不遗余力地为祖国培养着人才。

执着奉献核能事业

葛昌纯的一生都在为核能事业无悔奉献。葛昌纯积极推动中国加入国际热核聚变实验堆（ITER）计划，提出了多项战略性建议，被国家采纳，做出了贡献。2004年，葛昌纯在国家有关部门召开的关于ITER计划的论证会上，作了长篇发言，系统论述了我国参加ITER的必要性和可行性。在葛昌纯等的多方推动下，我国终于正式加入ITER计划。葛昌纯也由此被科技部聘为第二届国家磁约束核聚变专家委员会顾问。

葛昌纯还是我国空间太阳能发电及其关键材料研究的倡导者。2004年他提出关于我国发展空间太阳能电站（SPS）及其他关键材料研究的建议，得到国家采纳。作为被邀请的中国科学家，他在日本神户召开的国际SPS会议上作了主题报告。

除了在核聚变材料研究上的贡献，葛昌纯还十分注重实验室的建设和人才培养。他在特种陶瓷粉末冶金研究室的基础上，创建了研究和培训中心。同时，他还积极牵头组织了国际ITER材料研讨会。面对这些，葛昌纯只是谦虚地说道：我和团队虽然在核材料研究方面做了一些工作，但觉得离为祖国创建一个"一流的研究所"的目标还相距尚远。我们当继续为此奋斗不懈!

丹心热血育栋梁

葛昌纯深知"育人先育己,正己后正人",耄耋之年,面对如孙辈的学生,他依然身体力行、言传身教,无论严寒酷暑,他不顾高龄仍然下工厂、爬高楼,亲自指导学生做实验。他要求学生勤奋的同时,自己加倍勤奋,频繁出差的他利用一切可以利用的时间,在外出车上、参观途中、会议间隙抓紧时间看资料、写文件、谈合作、与学生谈心。他朴实无华,始终谨记曾经的艰苦岁月,从不浪费一分一毫。

"甘为孺子育英才,克勤尽力细心裁。"葛昌纯以"材料报国,追求第一"为奋斗目标,狠抓学德学风,用"两弹一星"精神鼓舞和激励年轻一代,带出了一支政治过硬、具有较高声誉的科研团队。迄今他已经培养出37位博士和70余位硕士,其中不少已成为国家栋梁。目前,葛院士正带领着一支老中青结合的科研教育团队,不断向新的目标前进!

作为一名老科学家、老党员,他在培养学生专业知识的同时,极其注重学生思想和道德品质的培养。他对学生提的最多的就是:树立革命的人生观,要爱国爱民。

葛昌纯院士说:"我们国家正在迅猛发展,为了实现强国梦,我还有很多事情要做。"他带着一定要自主创新的信念,至今仍坚守在科研工作的第一线,无论是粉末冶金、先进陶瓷,还是核材料、空间太阳能发电等新能源材料研究,都贯穿着他材料报国的热忱信念。

患难与共爱永恒

回顾大半生的科学生涯,家庭的温暖就像一个遮风挡雨的恬静港湾,一个温馨宁和的浪漫归处。在困难时给他鼓励,在挫折时给他力量。

葛昌纯十分感激朝夕相处的妻子夏元洛教授。"她是我生活上的好伴侣,两个孩子的好母亲,为我解除了后顾之忧。同时,她更是我科研拼搏战斗中的战友。"

葛昌纯和夏元洛从 1958 年在钢铁研究总院粉末冶金研究室相识。最初都从事耐高温新材料研究，从 1960 年开始，共同投入复合分离膜的攻关战斗，前后达 25 年之久。在乙种、丁种和戊种分离膜的成果中，夏元洛都是主要发明者（或完成人）之一。刚到钢院后，在困难条件下，她和葛昌纯一道创建起特种陶瓷粉末冶金研究室和研究开发中心，并担任研究室副主任和中心总工程师。她忠诚、干练、任劳任怨，计划性强并善于团结同事，带领教师、研究生和工人，出色地完成各项研究和生产任务，成为葛昌纯在坎坷的生活和事业道路上患难与共的同事、助手和参谋。

2001 年，当得知葛昌纯当选为中国科学院院士时，夏元洛哭了。一切辛酸、激动和回忆都化作那两行热泪，夫妻俩紧紧地拥抱在一起。葛昌纯说："我深深地知道，我取得的成绩，与爱妻的全力支持是分不开的，成绩也有她的一半。"

不惧深夜而归只因知道尽头有盏灯亮迎归人，无悔勇往直前只因坚信风浪再大有她的并肩同行。葛昌纯与妻子情之浓爱之切，感人至深。

自 1952 年大学毕业至今半个多世纪以来，葛昌纯基本上是在材料研究第一线摸爬滚打。坎坷和险阻远多于顺境，但是即使在最困难的时候他也没有灰心失望过。在党的路线方针指引下，他始终严格要求自己，刻苦学习，在服从国家需要，完成各项任务中提高自己。爱国奉献、钻研创新贯穿在他科研生涯中，也是他科研生命不竭的驱动力。

摩擦学的探路人

——记摩擦学领域专家、中国科学院院士雒建斌

雒建斌，陕西西安户县（今鄠邑区）人，生于 1961 年 8 月，摩擦学专家，中国科学院院士。1982 年 7 月获东北大学金属压力加工专业学士学位；1982—1985 年在西安电缆厂工作，任技术员、助理工程师；1985—1988 年就读于西安冶金建筑学院，1988 年获北京科技大学硕士学位；1988—1991 年在西安冶金建筑学院工作，任讲师；1994 年获清华大学机械设计及理论专业博士学位并留校工作；2000 年获国家杰出青年科学基金资助，2002

年被聘为长江学者特聘教授。曾任清华大学学术委员会副主任，机械工程学院院长，机械工程系主任，兼任国际摩擦学理学会副主席，"973" 项目首席科学家，多个国内外学术刊物的主编、副主编或编委。长期从事纳米摩擦学和纳米制造研究，研制出纳米级润滑膜厚度测量仪，发现了薄膜润滑的系列新现象，建立了薄膜润滑物理模型和润滑失效准则；将纳米摩擦学研究与先进电子制造相结合，在表面平坦化方面取得了关键技术突破，并应用到计算机硬盘、单晶硅片、蓝宝石晶圆等制造中。曾获国家发明三等奖 1 项、国家自然科学二等奖 2 项、国家科技进步二等奖 1 项和省部级科技奖 12 项；2020 年获得陈嘉庚科学奖。2011 年当选为中国科学院院士。

古代钻木取火，冰雪路面防滑，运动员涂抹镁粉，机械齿轮隆隆作响……摩擦现象在人类日常生活和工业生产中处处可见。而摩擦现象发生时，往往伴随着磨损。摩擦、磨损会引发能源消耗，给设备、器件、材料带来损失。研究发现，全世界每年约 30% 的一次能源因为摩擦被消耗，约 50% 的机械装备恶性事故源于润滑失效和过度磨损。

中国是制造大国，但机械装备使用寿命较短，低端高耗能装备较多。每年因摩擦、磨损造成的浪费巨大。所以如何降低摩擦系数、如何减少摩擦能耗，便成了必须解决的重要问题。雒建斌自接触摩擦学以来，对这一领域就有着浓厚的热爱和执着的追求。他深耕于此，始终坚守"减少摩擦能耗，推动科技进步，服务国家发展"的初心，在将近四十年的科研生涯中上下求索，是一位名副其实的"摩擦学专家"。

四校求学，开启摩擦学领域求索之路

雒建斌的求学追梦之路十分艰辛。在高中以前，他都没有进行过系统的理论知识学习，所学所知大都是生活所迫，父亲希望他未来能够有谋生的技能，要求他在小学阶段就看水浒，初中开始学习中医。然而时代的变迁改变了他的人生历程。"那时考大学的愿望，做梦似的就突然出现了。"1977 年，我国恢复高考制度，当时正读高一的雒建斌作为 12 个优秀生之一被推荐参加高考。由于备考仓促、缺乏理论知识学习，他在第一次高考折戟而归，但是雒建斌并没有放弃，转而开始了更高强度的学习备考。

1978 年，雒建斌怀揣着对知识的渴望和对大学的憧憬，在恢复高考的第二年以优异成绩考入东北大学金属压力加工系。17 岁的他背起行囊，只身离开老家，不远千里来到东北求学，这也是他在科学道路上奋力求索的起点。在大学浩瀚的知识海洋里，雒建斌开始如饥似渴地学习科学文化知识。特别是毕业设计时在对科学研究的初步尝试后，他第一次感受到了科研的迷人魅力，同时也点燃了他投身科学事业的心底火花。然而，追求梦想的道路并非一帆风顺，由于当时专业调整，他在没有学习专业课的情况下考研，结果没有成功。

1982 年，雒建斌被分配到西安电缆厂担任技术员。进入工厂后，他愈发意识到专业知识在工厂生产流程中的重要性。电缆厂制作电缆，有一道工艺叫拉拔铜丝。夏天拉的铜丝容易氧化变色，变色的铜丝就成了废品。一旦出现废品，每个车间、车间里的工段都要追责，追责首先必须知道加工过程中的各种原理、找到出现缺陷的原因在哪里。于是，雒建斌认真分析，和同事一起演算试验，推导出了拉拔铜丝温度计算公式，为控制铜丝氧化、降低铜丝温度提出润滑意见。并基于"铜线拉拔加工的时候，温度高就容易氧化变色，造成大量废品"这一现象进行了研究，发表了自己的第一篇学术论文。也就是从那时候起，雒建斌开始对摩擦学产生了浓厚的兴趣。

有了好奇心，就不甘满足现状。雒建斌抱着继续深造的梦想，挤出一切时间，在不影响工作的前提下，争分夺秒为考研做准备。功夫不负有心人，1985年他被西安冶金建筑学院（现西安建筑科技大学）冶金系录取，师从严崇年教授，从事高速钢丝拉拔过程的固体润滑研究，开始正规系统地学习摩擦学知识。再一次回到大学校园，雒建斌更加珍惜宝贵的学习时间，他在教室、图书馆、实验室三点一线中来回奔波，孜孜不倦，乐此不疲。也正是因为他的刻苦努力、勤奋好学，他所研究的项目最终取得了突破，获得了国家奖。

雒建斌还有一段短暂但十分珍贵的求学经历是在钢院度过的。临近研究生毕业时，由于西安冶金建筑学院还没有硕士学位授予权，雒建斌便来到北京钢院学习并准备硕士答辩，这段经历给他留下了深刻的印象。钢院拥有一支治学严谨、崇尚实践的教师队伍，穆成章、贺毓辛等老师严谨的治学风范给年轻的雒建斌留下了深刻的印象。另外，严崇年老师也是钢院毕业生，十分推崇在实践中树人育人，非常重视学生的实践动手能力培养。雒建斌清晰记得，在他实习时，严老师给他开了一封介绍信，让他自己联系首钢、大连钢铁、上海钢铁等全国各地钢铁企业，独立完成此次实习。当时的他克服了心理上的畏难情绪，通过一次次勇敢的尝试探索，培养了自己敢于挑战的精神和勤于实践的科学态度。雒建斌对钢院的另一个印象就是"精"，这体现在学术水平、教学风格等各方面。特别是在当时的办学条件下，钢院在很多领域都处于国内顶尖水平，这些为学生们的学习研究创造了非常好的环境。同时，雒建斌对钢院的体育传统也赞不绝口，他认为体育可以教会学生敢于面对挫折、敢于接受挑战的优秀品质，这对学生未来从事科学研究或者其他事业都有着深远的影响。

1988 年，雒建斌研究生毕业后，留在西安冶金建筑学院任教并继续从事摩擦学研究。但随着对知识的渴望和对摩擦学领域探索的不断深入，雒建斌越发感受到，已有的积淀不足以支撑进一步深入的研究，于是他选择继续深造，走自己看准的路。虽然当时的他面临着外界的压力与未曾学习过的考试科目的困难，但雒建斌始终坚守信念，刻苦自学了弹性力学、摩擦学原理等科目。

1991 年，他顺利考取清华大学精密仪器与机械学系博士研究生，进入摩擦学国家重点实验室后，师从我国著名摩擦学专家温诗铸先生，主攻当时国际前沿的薄膜润滑领域科学研究。博士期间，雒建斌开始从事纳米级的薄膜润滑研究，这是一个从模仿到超越的过程。当时，英国帝国理工的教授首先提出了测量纳米润滑膜厚度的"最大光强法"。正在帝国理工访问的温诗铸先生随即提出要学习英国的方法，并寄来了实验用的钢球，希望能设计出测量纳米膜厚度的方法。起初，雒建斌和两位同事尝试着复制英国的技术，但却遇到了许多问题，意识到这个方法"又困难又做不好"。之后他们不断尝试，反复实验，终于成功研制出了基于新原理的纳米级薄膜厚度测量仪，这也为他后续的薄膜润滑理论研究奠定了良好的基础。

辗转四校，十余年求学路，雒建斌在科研理想的支撑下，始终脚踏实地，稳步前行，虽然过程坎坷波折，但他对自己的选择从未犹豫过。他认为职业发展有三重理念：第一是就业，即找一个好工作，工资收入比较好；第二是创业，即创建一个公司；第三是创造，也就是做新的发明、发现。职业的选择完全取决于个人理念，每个人都会根据自身情况做出不同的选择。他经历很多次相似的抉择，深造还是工作，搞科研还是转行，而他清楚地知道自己擅长纵向思考而弱于横向思维，同时搞几件事可能不行，但把一个问题想透是可以的，所以他坚定不移地选择做科学研究，一步一步走出了自己的摩擦学领域求索之路。

一瓶酸奶，一碗莼菜汤，攻克国际摩擦学科研难题

尖端前沿的科学发现有时候来源于科学家偶然的生活发现……在雒建斌所从事的摩擦学领域，"超滑"是一个困住国际摩擦学界已久的科学难题。所谓超滑，是指摩擦力被降低到一个极小数值并无限度接近于零的摩

擦状态。国外专家曾调研确认若将轿车的发动机摩擦系数降低18%，每年能够节约数千亿元燃油，减少数亿吨二氧化碳的排放。超滑作为一种可将摩擦能耗与磨损率降低几个数量级的变革性技术，必然能在工业发展中发挥重要作用。但是理想和现实是存在一定差距的，超滑到底怎么实现？借助何种物质实现？对润滑材料的成分特征有哪些要求？雒建斌日思夜想、多次实验，研究却始终没有实质性的进展。

有一天，雒建斌课题组的一名学生把一瓶酸奶带入了实验室，抱着好奇的心理，他把酸奶加到了实验超滑的机器上。没想到，屏幕上的摩擦系数曲线骤然降低。团队惊讶极了，迅速分成四个小组，针对酸奶的不同成分开展研究。从事乳酸菌研究的同学后来回忆起这段经历说："这辈子再也不想喝酸奶了。"然而遗憾的是，经过严谨论证，大家发现，这是实验设备经长时间使用后加载杆偏移造成的超滑假象。在调试好仪器之后再次进行测量，发现酸奶的摩擦系数并没有那么小，因此酸奶实现的是"假超滑"，不足以推导出缜密的科学关联。

尽管当时有些失望，雒建斌却突然意识到，偶然现象背后往往存在必然。他开始格外留心生活里各种与摩擦有关的细小现象。一次出差去杭州，雒建斌喝到了一碗莼菜汤。"用筷子根本挑不起来莼菜，我就开始琢磨它为何这么滑溜溜。"那时候的他沉迷于"超滑"的研究，无论看到什么都会想起"超滑"。

这种对于科研的专注感和敏锐的洞察力极大地帮助了他。雒建斌与同事在反复思考几次"假超滑"的实验过程后发现酸奶虽然无法实现超滑，但在用酸奶进行测试后摩擦系数确实会比刚开始变得小一些。这个发现在进一步研究后证明是酸奶中存在的乳酸和蛋白质对减小摩擦系数起了关键作用。由此他们选择了酸作为新的研究对象，对酸的关注给了他们新的灵感。无数次寻觅、验证和举一反三，让他最终带领团队发现了多种配比的酸、醇、碱溶液都能实现超滑，特别是磷酸超滑现象的发现，对两种超滑新机理的提出有巨大帮助。"国际上实现超滑的手段，有的是通过在两个云母表面加盐水，有的是在陶瓷表面间里用纯水做出来。对酸的关注我们是第一个，后来我们发现的几十种超滑材料大大地拓宽了超滑领域的研究范围。"回想起来，雒建斌觉得"没有放弃，机会总会出现的"。

在外人看来，雒建斌在科研道路上可谓走得顺风顺水，可对于他自己

来说并非如此。从 1996 年开始从事超滑研究，到 2008 年才真正在此领域
有所突破，12 年间起起伏伏，备尝科研艰辛。如今世界上超滑领域的顶尖
论文有五六成都出自他的团队，他的研究成果有望广泛地应用在制造、医
疗、航空、航天、水下航行等方面，为解决人类高能耗问题提供了非常重
要的途径，可雒建斌却说，这些还远远不够。

也正是雒建斌这种始终坚持不懈、精益求精的科研精神，让他在面对
全新的国际前沿领域，敢于尝试，不断突破，取得了令人瞩目的成绩。他
提出了薄膜润滑物理模型，该模型被评为"90 年代早期世界上关于受限液
体的重要模型之一"。同时他根据对薄膜润滑的理论研究，在国际上首次提
出了"薄膜润滑状态"概念，填补了弹流润滑与边界润滑之间的理论空白。

2020 年，雒建斌荣获陈嘉庚技术科学奖。该奖项肯定了雒建斌从事科
研工作以来取得的代表性成果，包括建立了薄膜润滑理论，实现了液体中
纳米颗粒运动状态和速度分布的测量，揭示了液体中纳米微粒的行为及其
与固体表面间的作用机制，发现了新的超滑体系，揭示出液体超滑机理等。
雒建斌带领的团队始终坚持瞄准关键核心技术，特别是"卡脖子"的问题，
才能一次次攻克摩擦学领域的世界级难题，才能引领中国超滑领域的研究
不断突破，达到世界先进水平。

超精抛光，推动国家科学技术发展进步

"如果你认准的事情，别人都不理解怎么办？"

"我会坚持下去，人生值得一试。"

雒建斌摩擦事业中的"抛光生意"就是这样做起来的。

有一年，雒建斌和团队到广东一家计算机硬盘磁头公司参观工艺，本
意是介绍薄膜润滑技术，他却被公司高管提出的磁头抛光精度难题吸引
住了。

"硬盘存储量由存储密度决定。磁头和磁盘有一个飞行高度，距离越
近，有张角的电磁波覆盖面积就越小，磁盘存储密度就越高，硬盘存储量
就越大。但是飞行高度越小，磁头就越可能和磁盘相撞。传统抛光的精度
已经无法压缩飞行距离，弄不好还加重磨损。"雒建斌说，这是国际计算机
硬盘制造业都面临的难题。如何把握好这个度，降低磁头磁盘表面粗糙度，

改进保护膜性能，成了他的小组新的研究方向。

在薄膜润滑研究过程中，他们发现在润滑液中加入纳米金刚石颗粒后，产生了良好的微抛光作用。雒建斌提出将其应用于硬盘磁头表面加工的设想。

消息一出，舆论哗然。很多同行质疑："难度太大""这不是传统摩擦学的路径""不务正业"。雒建斌没有放在心上，他这样鼓励团队成员："没做，怎么知道不可以？科学需要跳出框框看问题，大胆假设小心求证，才能有创新成果。"他始终认为不必拘泥于传统的条条框框，研究为服务现实，能解决问题就是有用。

他率领团队攻关数月，将清华大学的实验室研究和企业现场的实验结合，成功把纳米金刚石颗粒引入了磁头表面抛光液中，将磁头表面粗糙度降低了50%，对磁头飞行高度的下降起到了重要作用，实现硬盘存储密度的大幅度提升。这个大胆的选择，证明了摩擦学与电子制造学科的结合是正确的，该方向也逐步成为摩擦学国家重点实验室的一个全新的研究方向。

"硬盘和芯片制造关系着计算机核心技术的发展，芯片虽小，承载的却是信息行业的殷殷希望。"雒建斌团队没有停止研究的脚步，将主要精力投入芯片制造中的超高精度抛光工艺与装备研究，并取得了巨大成功，填补了我国芯片制造抛光装备的空白。不止芯片，科研团队还逐渐将该研究范围拓展到 LED、轴承等更多制造领域，推动了制造业发展。

"科研是不可能一帆风顺的，任何一个课题全世界都有不少人在做，当你都觉得困难，大家都做不出来的时候，你很可能已经站到了最前沿、最高峰。"很多人在遭到质疑时会选择放弃，但雒建斌坚持了下来，所以他最终取得了成功。2013 年，经美国摩擦学者和润滑工程师学会评选，雒建斌荣获 STLE 国际奖，成为中国大陆首位获此殊荣的学者。STLE 国际奖每年只授予在摩擦学领域做出卓越贡献的摩擦学专家。2017 年，第六届世界摩擦学大会在北京举办，这是摩擦学领域级别最高的国际会议，20 年来首次移师中国，雒建斌正是此次大会的主席。

因材施教，春风化雨孕育桃李芬芳

教书育人是教师的天职。一直以来，雒建斌极为重视学生教育工作。

他视教学为使命，视育人为己任，在教学实践中不断摸索出自己的一套方法。

他认为做一流科研，必须瞄准高风险、高难度的问题执着攻坚。科学研究做不成的概率是 90%，做成的概率只有 10% 或更小，失败是正常现象，成功才是小概率的。如果每做一个项目都能成功，只能说明其风险度非常低，是不值得投入的项目。雒建斌要求学生，搞科研一定要能"跳起来摘桃子"。

锚定研究方向后，他看重的是"专注"与"静心"。他认为做科研往往需要把问题想得非常深，把隐藏在最里边、根深蒂固的因素找出来，需要安静和深入的思考。也要有执着的追求，不要急于求成，年轻人遇到挫折容易沮丧，他常常教育学生，那些一下子就做出来的研究，要么研究价值不高，要么是别人早做出来了，而你不知道。越艰难的时候越应该高兴，这是黎明前的黑暗。他的办公室里，"板凳要坐十年冷，文章不写半句空"的字幅异常显眼。多年来，他一直严格要求学生每年发表论文不能超过 3 篇，目的就是让学生沉心静气，保证论文的质量，培养学生严谨的科研精神。

雒建斌始终坚持因材施教的教育理念，他非常尊重自己的学生，在许多问题上都会首先征求学生的意见。在他看来，每个学生都是独一无二的个体，让他们做最喜欢、最适合的工作，这才是最佳的教育方法。他认为年轻人要做国家的栋梁之材，至于是哪个领域的栋梁没有关系，人生的道路会碰到很多转折点，但是回过头来看，如果这个人他有自己的人生目标和理念，并且能够坚持下来，基本上都能实现自己的价值。他教育引导学生在研究生期间要明确自己的目标，明白自己的未来选择，无论是想做一个科研工作者，想做一个政府的要员，还是想做一个企业界的精英，还是想要一个舒适的生活，只要是态度端正的选择他都会给予鼓励与支持。雒建斌也非常认可自己的学生，他始终认为："同一个事情全世界很多人在做，只有方向对，手段好，成员能力又强，组合在一起才能做好。尤其摩擦学是交叉学科，作为导师有义务将不同学科背景的学生凝聚起来，因材施教，各尽所长，才能早出成果。我的很多想法也是在听其他人作学术报告时，灵光一闪产生的。"

雒建斌一直秉承"春风化雨、润物无声"的教学态度，虽然科研工作极为繁重，雒建斌仍然会经常抽出时间和学生讨论问题，实验室每月组织所有研究小组共同参与的课题讨论大组会，他从未缺席。在讨论中，他会仔细聆听各小组的阶段性科研情况，无论对年轻老师还是研究生，他总能敏锐地抓住科研问题的根本，并给予客观中肯的指导意见。遇到重要研究问题时，他会与学生一起搭实验台、测数据、讨论分析，有时一忙就到了深夜。

雒建斌的办公室贴满了学生们为他画的人物漫画，画上的雒建斌总是笑眯眯的，他和学生们一直保持着紧密融洽的关系。2016年他被评为清华大学第15届"良师益友"，他的学生一致评价雒老师在学术上要求极为严格，在生活中却像是一位慈父。

雒建斌桃李满天下，不仅他的团队里凝聚了擅长理论研究、技术攻关、产业化推广等各方面的人才，他的学生也在制造、航空、航天等各个行业领域发挥着重要作用，取得了一系列突破性学术成果，共同书写着服务教育、服务社会的新篇章。他曾经的博士生解国新始终以雒建斌为榜样，他说："雒老师随和、平易近人，而且身体力行、勤勉学术，营造了良好的氛围，给我们学生带来了深远的影响。做一名好老师不容易，做一名能让他的学生全都觉得好的老师，更不容易。而雒老师是这种好老师的表率！"可见雒建斌"言传身教、提携后学"的师者情怀，"学为人师、行为世范"的大家风范。

因时而进，倡导产学研联动培养人才

雒建斌自1994年开始在清华大学任教，二十多年的高校工作经历让他对教育的本质有着深刻的理解，他始终坚持"为党育人、为国育才"的初心和使命，以培养建设国家的时代人才为己任，不断探索人才培养的新模式。他认为人才教育不能拘泥于条条框框，知识分子的前途和命运与国家民族的前途和命运紧密相连。我们国家最开始是工程师人才培养模式，要求学生能学会用，学会别人的研究成果并能够进行良好运行，最后再提出自己的见解推进技术革新。因为当时我国还处于追赶过程，所以这个模式对于中国前几十年的发展尤为重要。但是现在中国已经到了前端的、原创性的研究阶段，学生本科毕业后大概80%都会选择继续读研究生，研究生的教育就是以有价值的研究为核心，以要创新、要做出一个别人没有的东西，或者比别人还高档的东西为研究目的。所以我们的人才培养模式应该从培养工程师向培养创新型人才转变。

雒建斌认为创新型人才培养应该注重思想创新和技术创新两个方面。思想创新是能够有一个新的思想、新的方法、新的理念、新的模式，从学术上能做出东西。技术创新是从技术上来做创新，做引领未来发展的技术。基于此，他在清华大学提出"双 T"人才培养的建议，他认为培养"双 T"人才有两点非常重要：第一，要让学生知道工业界现状，所以一方面他从各行业邀请专家到学校上课，让学生能够更加客观准确地了解企业现状；另一方面他让学生到能够代表行业发展的企业实习，让学生更加全面深入地了解到企业的一些情况。第二，他认为科技人才培养不能纯粹靠高校，进入企业以后需要再升级再教育。很多学生进入企业后，可能做很多非常有实际应用价值的事，但是也容易陷入企业的日常事务中去，对新的理论实现和新的发展形势反而知道比较少。缺乏学校系统性知识锻炼，对钻研的细分领域很清楚，但是对相关的技术发展，一般不太清楚。所以作为科研人员在工作中需要再学习、再提升，过段时间再回学校了解一下相关学科、相关领域的发展。很多发展都是不同学科互相交叉的，往往一个交叉就可能出现一个新的成果。这样才能把"专"和"广"结合起来，缩小高校和企业鸿沟，培养出更多具有创新思想、掌握创新技术的新时代人才，才能更好地服务于科技人才教育，更好地引领国家未来发展。

雒建斌不仅是教育教学的创新者，还是科研实践的改革者。他认为一流成果做出来后，一定要走出实验室，很多科研成果做出来如果仅仅停留在发表高水平论文和国家奖的阶段，是对成果最大的浪费。所以这几年，除了沉浸在实验室里，雒建斌的身影还越来越频繁地出现在工厂、车间和生产一线。他以身作则要求自己和学生时刻铭记，科技人才应该把个人的理想追求融入波澜壮阔的国家和民族事业中，要静下心把成果做出来，千万不能只沉在实验室里，成果要能够走向工业，这样才能够真正为人类发展服务。

2014 年，清华大学天津高端装备研究院成立，雒建斌先后担任院长、荣誉院长。他认为在世界科技发展史上，有不少如柏林洪堡大学创新的现代大学体制、约翰斯·霍普金斯大学创建的研究生体制等体制机制上的改革创新，造就了科技水平迅速发展的案例，值得我们学习与借鉴。研究院应该发扬"清华科技，服务社会"的清华精神，坚持面向国际学科前沿和国家重大需求，解决国家"卡脖子"技术难题，以创新驱动为引领，打造战略性高端装备产业集群。他提出"科技研发、成果转化、产业孵化、科技金融、人才培养"五位一体的培养研发模式。一方面为产业服务，帮助大型企业进行技术合作和转移；一方面为技术团队服务，吸引金融投资、孵化企业；同时研究生、年轻同事也可以在研究院参与技术研发、转移转化、孵化、投资全过程，和产业界、金融界打交道，得到综合性锻炼。这种模式的探索和实践不仅在高校、企业和金融界之间搭建了"科技、产业、金融"高度融合的"握手区"，完善了科技创新链，而且对科技创新和科技成果转化产生了非常积极的影响。目前，研究院已集聚了涵盖机器人与智能制造、微纳米制造与节能环保、生物医疗器械与大健康、高端装备四大战略领域的多个团队，与中小企业合作成立研究室。

"做科研是我为国家作贡献的最好方式，也是无上光荣。要让中国人在摩擦学领域中做到最好，我们还需要更加努力。"雒建斌坚守在他热爱的摩擦学领域，带领自己的团队在科技创新的道路上不断探索，引领一代又一代的科研人为国家的科技发展贡献自己的力量！

材苑学海"苦行僧"

——记材料学和力学专家、中国科学院院士张统一

张统一，河南省郑州人，生于 1949 年 10 月，材料科学、工程科学和固体力学专家，我国材料基因组工程、材料信息学和力学信息学的推动者。1978—1979 年就读于新乡师范学院（河南师范大学）物理系；1982 年在北京钢院物理化学系金属物理专业获得硕士学位，1985 年获博士学位；1986 年起先后在德国哥廷根大学、美国罗切斯特大学、耶鲁大学等工作；2014 年在上海大学创建上海大学材料基因组工程研究院、任创院院长；
2020 年起任哈尔滨工业大学（深圳）教授。曾兼任中国腐蚀与防护学会荣誉理事长、国际断裂学会副主席。近年来在国际和国内大力推动材料信息学并首提力学信息学新概念；倡导材料正向设计和逆向设计相结合的新理念；呼吁发展以数据为中枢，向上支撑新材料研发和创新，向下加快产业制造生产智能化和信息化的新模式。曾获国家自然科学二等奖 2 次、何梁何利奖等。2011 年当选为中国科学院院士。

材苑漫漫，学海无涯。中国科学院院士张统一，年少即苦海行舟、笃定志向，求学路苦中作乐、勤奋不辍，研究中苦思研精、追求精益，收获时苦尽甘来、坚定依旧，为师际苦心经营、桃李芬芳。他几十年如一日，全心投入科学研究，于清苦的学术工作中体味出甘甜和快乐，唱响了属于材苑学海"苦行僧"的华丽乐章。

苦海泛舟，心若磐石志不渝

1949 年 10 月，张统一出生于河南省郑州市的一个知识分子家庭。由于父兄均从事科学技术工作，幼小的张统一便对自然科学产生了浓厚的兴趣。上学后，他开始接触自然科学的基础知识，一边学习课本上的知识，一边思考着大千世界中的奥秘。中学以后，张统一愈加喜欢数学、物理等自然科学知识，对老师讲的每个公式和定理都要问个"为什么"。刨根问底式的学习方法帮助他牢固地掌握了课本上的基本原理和问题。1965 年，凭着对自然科学的浓厚兴趣，张统一报名参加了郑州市中学生物理竞赛，辛勤的汗水换来了如意的结果，他考得了优异的成绩。同年，他考入郑州一中。郑州一中全省招生，对学生要求十分严格，紧张而规律的学习生活使得学生受益匪浅。张统一如饥似渴地学习，希望用科学文化知识投身到新中国的建设。然而，一场突然袭来的"文化大革命"让他的学习戛然而止。1966 年，教育全面停顿，对科学知识无比渴求的张统一与其他刚刚升入高中的同学们一起被迫离开了课堂，他们那颗炽热的求知之心也像刚发芽的幼苗一样遭到了冰霜雨雪的摧残。

1968 年，毛主席发表了知识青年到农村去接受贫下中农再教育的最高指示。1969 年，张统一背着行囊远赴河南省西南山区方城县独树公社插队。从小在城市中长大的张统一开始接触农村的生产劳动，学习各种地里面的"粗活儿"。那颗科技报国之心并没有完全停止跳动。每到夜晚，张统一都辗转反侧，每每想要放弃，几分不甘又涌上心头。终于有一天，在痛苦的思考和抉择中，年轻的张统一想通了，他相信这样的日子迟早会过去，应当随时准备迎接新中国建设的曙光。于是，他开始在简陋的劳动环境中恢复学习，在劳动中积极思考祖国的未来。那时候，他参加的耕种或运输任务大多是笨重的体力活。他开始联想：农业生产如果要进步，就必须改进落后的生产工具和生产方式。只有科技进步和科学技术现代化才能发展新中国！后来，他又参与了漯（河）南（阳）铁路的修建，他主动向工程技术人员学习测绘知识，从中他进一步认识到了科学技术是多么重要。由此，他和同学们一起学科学、学技术，尝试科学种田，并挤出时间把高中课程读完。

1971年，中小学教育逐步恢复，郑州市急缺大量中小学教师。这年底，大批郑州知青被召回郑州师范接受中小学教师培训。张统一近三年的知青劳动生活也终于接近尾声。在师范物理班培训三个月后，他被分配到郑州七中担任物理教师。教研组的七八个教师中，只有张统一没有大学经历，于是他深感责任重大，任务艰巨。他经常想："作为一名人民教师，绝对不能误人子弟，一定要对得起每一个学生。"于是，他开始发奋地学习，边学边教，不仅学习物理，还要挤时间学习数学、化学、语文等课程。当时，同宿舍的郭家宽老师是张统一郑州一中的同学，工作和学习也同样万分刻苦努力。两人在这段艰苦的岁月中共同经历磨炼，相互鼓励、相互支持，建立为二人所经常回忆的诚挚友谊。他不仅自学完成了高中的全部课程，而且还尝试学习了大学的基础课程。为此，他常到郑州大学物理系旁听和请教。功夫不负有心人，他很快就学完了大学物理系的全部基础课程，同时也加强了教课的专业能力，成为郑州七中一名认真负责的任课教师。

1977年，高考制度得以恢复，张统一迫不及待地报了名。凭借着多年的自学功底，他考得了优异成绩。怀揣着科技报国的梦想，张统一喜悦地轻叩着象牙塔的大门。然而，残酷的录取制度再一次将他的梦想击碎，因为"年龄过大"，多所名校看过张统一的档案后都摇头而去。1978年初，全国高校实行扩招，爱才心切的新乡师范学院（现河南师范大学）录取了张统一，帮他圆了大学梦。

自1978年进入新乡师范学院物理系学习后，张统一百般珍惜这个久所盼望的读书机会，争分夺秒地学习，恨不得一天当几天用。为了将熄灯制度对学习的影响降到最低，张统一甚至"见灯起舞"，将灯亮作为起床号令。当年，高等数学全年的课程，他在不到半年的时间里就把讲义中两千多道习题完整地做了两遍；在普通物理电磁学部分的学习中，他突击一周，解完了三百多道习题，比老师布置的习题要多十余倍……他就是要通过这样大量的解题练习，牢固地掌握概念、熟练地运用公式、深刻地领会原理。

他说："这是为了攀登高峰必须打下的根基。"在完成教学大纲的规定内容之外，他还自觉选修了研究生班开设的"热力学"和"数学物理方法"。研究生班的师生都被他的学习精神所感动，为他旁听准备了桌凳，任课教师王勉教授课后还经常专门对他作个别辅导。谈起此事，张统一依旧对王勉教授充满着无限的感激之情。

艰苦的环境磨砺了张统一的坚定意志，他心若磐石，将满腔的报国志向化为学习动力，苦海泛舟，扬帆远航。

苦中作乐，材苑求学勤为径

1979 年，刚开始读大学二年级的张统一报名参加了恢复高考后的第二次研究生招生考试，依靠着扎实的基础知识，他又一次脱颖而出，被钢院金属物理专业录取，踏入材苑的学海继续深造。

进入钢院的张统一被浓厚的学习氛围深深吸引，更加勤奋地投入到专业学习中。由于对钢铁专业不甚了解，进入金属物理专业学习的张统一对材料学科的课程不太适应。于是他每天都去阶梯教室和图书馆占座，挤出时间读书、学习，如饥似渴地在材料学海中汲取营养。在"金属 X 射线"课程的学习中，他不仅将教材中要求的关系式反复背记，还在课后进一步推导，力求掌握全部的证明过程，并就金属结构方面向老师提出一些问题，以期得到更多的指导。为了更好地用数学方法解决材料学问题，张统一主动到数学系请教。在完成规定科目的学习后，他又开始涉猎相关学科的知识，比如他选修"电子计算机"课程，寻求在工程实验中提高计算效率。最为难得的是，他还见缝插针地学习从未接触过的英语。经过反复进行听、说、读、写的训练，一年多时间他便从只认识 26 个字母提高到了一般的笔译和口译水平，攻下了外语学习的堡垒。平日超出凡人的努力，让张统一很快就适应并喜欢上了材料学科，决心在金属物理领域深入钻研。

钢院专业实力雄厚，这给张统一提供了良好的学习环境。在老师的帮助下，他完成了 X 射线、量子物理、凝聚态物理等课程，扩展了基础知识，进入了研究生课题研究阶段。在吴兵教授和苏世漳教授的指导下，张统一从国民经济的实际需要出发，选用三种材料，采用不同的热处理工艺，制作了多片型、单片型的压磁式传感器。通过大量的实验，张统一做出了回线误差小于 0.1% 的传感器。他所做的实验结果表明，单片传感器的回线误差小于多片传感器的回线误差。在研究中，他发现回线误差的主要原因是多片传感器的机械加工精度不高，因此传感器内的应力分布在加载和卸载的过程中不重复，如果将多片传感器装入弹性架，可以减少这种不重复性，降低回线误差。1982 年，张统一获得硕士学位。

获得硕士学位的张统一并不满足于此，他决心继续读博深造。他以优异的成绩成为钢院首批 3 位博士研究生之一，从而开始了新的学习生涯。博士阶段，张统一师从著名金属材料学家肖纪美和褚武扬，针对材料的氢致开裂机理开展深入研究。肖纪美团队从国民经济的实际需求出发，将断裂学科引入金属材料领域，首先提出了"断裂化学"这个新的分支学科，并且通过大量的实验结果提出一大批具有独创性的新见解。扎实的学科基础和出色的独立工作能力，使得张统一很快在团队中崭露头角，在氢脆和氢致开裂研究领域进行了大量实验，做出了具有开创性的工作。

1985 年，张统一依靠勤奋的工作取得了突出的成绩，顺利通过答辩。张统一随肖纪美团队获得 1987 年国家自然科学二等奖。1988 年，他被中国科学技术协会授予中国青年科技奖。

苦思研精，科海弄潮立涛头

1985 年，博士毕业的张统一受到了家乡河南的盛情邀请，河南省领导亲自到钢院请求学校将其分配至豫工作。但是，张统一最终选择留校任教，继续他的学术研究工作。

1986 年，张统一由于突出的工作成绩获得了德国洪堡奖学金，远赴德国哥廷根大学留学。在德国他研究氢对单晶硅脆韧性转变的影响、位错和裂纹的交互作用。1988 年，结束了德国留学的张统一来到罗切斯特大学从事博士后研究工作。在美国工程院院士李振民教授的悉心指导下，他开始了微纳米力学的研究。1990 年，张统一来到耶鲁大学，进一步开展微纳米力学方面的研究。1993 年，张统一来到成立不久的香港科技大学机械工程系工作，深入地开展材料学和力学方面的工作，从讲师做起，1995 年晋升为终身副教授，2002 年晋升为正教授，2008 年晋升为讲座教授，2013 年当选香港科技大学首批冠名教授。

多年来，张统一的学术成就和贡献主要围绕五个方面：

第一方面是多场断裂力学。张统一团队发展了材料蠕变和应力松弛公式，解决了此前常用公式中逻辑不自洽的问题。

第二方面是微纳观力学。张统一科研组形成了完备的单层膜、双层膜、多层膜、纳米管和纳米线的力学性能测试方法，同时给出了悬臂梁测试方法的理论基础。

第三方面是氢渗透和氢致开裂。在肖纪美院士和褚武杨教授指导下，张统一对氢在铁中的应变场研究作出原创性成果。他研究发现恒扭矩作用下钢能发生氢致滞后开裂，理论计算发现氢的应变场是非球对称的。

第四方面是尺度依赖的材料热力学。张统一科研组发展了表面（界面）本征应力模型，并基于表面本征应力模型，发展了纳米材料弹性模量的尺度率，给出了尺度依赖的多种材料性能的解析公式。

第五方面是材料基因组工程、材料信息学和力学信息学。张统一从2014年创立上海大学材料基因组工程研究院起，一直推动并在第一线从事材料基因组工程、材料信息学和力学信息学的研究。张统一科研组发展了一种结合专家知识分析高维度大噪声材料小数据的统计方法；基于一种最常用的机器学习算法，成功地发展了一种粉末X光衍射谱的分析和精修新算法和软件；发展了如何从数据中寻找解析公式的新机器学习算法和软件。

长期以来，张统一始终全心投入学术研究工作，在材料学、力学、材料基因组工程、材料信息学和力学信息学等领域一直处在前沿水平，于科海弄潮而勇立涛头。

苦尽甘来，学无止境心依旧

一分耕耘，一分收获。张统一在材料科学、工程科学和固体力学等领域成就卓著，著作等身。

张统一辛勤依旧，执着地耕耘在研究一线。由于突出的学术成绩，张统一的工作得到了国内外知名学者的高度认可，他也受邀到各地开展学术交流，经常奔走于各大科研院所，与同行们一起探讨最新的研究进展。近年来，他先后到清华大学、中国科学院、南京航空航天大学、郑州大学等院校讲学，将自己的工作进展与同行学者交换意见，同时了解领域内的前沿问题。

张统一勤奋依旧，坚持躬身于钟爱的学术领域。除了外出交流，他长年奋战在实验室，坚持每周七天的工作制度，每周六召集研究小组开组会。即使下班回家，他的神经依然紧绷于学术研究，每每于深夜或凌晨迸发新的研究思路，他会立即拿起电话与成员交流最新想法。肖纪美和褚武扬先生都对学生张统一的工作精神大为赞赏，当被问及爱徒的最大特点时，他们都选择了"勤奋"二字。

张统一朴素依旧，全心投入无止境的学术研究中。虽然学术领域成就显著，但是张统一在生活中十分朴素，他几乎放弃了物质上的享受，全心地投入工作中。到香港科大工作后，他养成了打羽毛球的爱好。打羽毛球能使他从繁忙的工作中放松下来，是他再充电的最佳手段，这也成为他仅有的业余生活。当谈起对张统一的印象时，大学同学说："他读大学时候就是食堂、宿舍和教室的'三点一线'式生活，如果说他有爱好，那就是学习。"

学术研究的工作看似清苦平淡，但张统一却乐在其中，他深知学海无涯，还有万千的问题需要一个一个解决。因此，唯有竭尽所能，才能在学无止境的研究中有新的突破。

苦心经营，孕育桃李吐芬芳

张统一的学生们不仅在学术领域屡有建树，还在人才培养中佳音不断。这些成果得益于他尊师重教的教育理念，也得益于他多年来的苦心经营。

张统一尊敬恩师，永远铭记老师的教诲。张统一怀有一颗感恩之心，张统一在钢院学习六年、工作一年，他说："钢院帮助我系统地完成了研究生阶段的学习，这里是我难以忘怀的母校。"在张统一的心里，钢院求学的岁月承载着他的报国梦想，每一个帮助过他的老师都对自己恩情似海。他对马如璋先生敬重有加。马先生坚持奋战在科研一线，忘我的工作精神令张统一十分感动，是他的精神导师。肖纪美和褚武扬先生是张统一的博士生导师，也是他学术研究的领路人。谈起两位导师，张统一充满了感激："肖先生做事效率很高，手写材料都是一气呵成，不用进行修改。褚老师是一名优秀的学者，工作特别投入和认真。从两位老师身上我学到了很多为学和为事的道理，受益一生。"只要来到北京，张统一就会第一时间回母校看望恩师，汇报自己工作中的最新进展，表达感激之情。

言传身教，身体力行是张统一的为学真谛。张统一已为人师，指导自己的学生开展研究工作也成为他的一项重要工作。他常说，"作为大学来说，培养人才是根本任务"。2020 年，他当选为上海大学"我心目中的好导师"，这位看起来严肃又具有多重身份的院士被学生贴上了"和蔼""好聊"的标签。在学生们看来，张老师能耐心倾听师门里大大小小、形形色色的各类问题，并给出针对性意见。

"和学生们在一起，感觉自己更年轻了，也总有一些惊喜和收获。"在众多的社会角色中，张统一最看重的身份是教师。"自信、独立、主动、创新"，是他致力培养学生做为祖国发展贡献力量的人的最佳注脚。"尽全力帮助学生解决他们在成长道路上的困惑和疑问，使他们尽快明确前进的方向，这是充分调动每个学生内在积极性的关键所在。"张统一依据自己所带的硕士、博士研究生的不同特点，分别制定了独属于他们每个人的培养方案，因材施教，有教无类。在他看来，成为一个真正自信的人尤为重要，任何一项事业的成功都需要精神力量的支撑和持续推动，相信自己、相信未来的无限可能，更能助力年轻学子走好属于自己的路。如果说确立自信是其育人"三步走"的第一步，那么充分挖掘学生发现问题、独立思考、主动探究的能力，则是培养过程中重之又重的第二步。张统一鼓励学生结合兴趣选择研究方向，让学生能有较充分的发挥空间。而他甘愿扮演"被压榨的导师"，最大程度上为学生所用，这是他倡导的师生关系的精髓，也是"教学相长，平等互助，合作交流"的第三步。他说，"在创新创造能力上，我始终相信一代更比一代强。对于每位老师而言，我们能做和必须做的，是相信学生的才智，激发学生的活力，发掘学生的潜力，充分利用已有的经验、抱着'心甘情愿被学生占便宜'的心态投入领路人的工作中"。

以学生为骄傲的张统一对同学们有着"三好"要求与希冀：思想好、学习好、身体好。同时，他还赋予了"三好"新的内涵：在适应党和国家需要的前提条件下，希望硕士研究生能够适应国民经济和社会发展需要，成长为具有市场竞争性的人才；博士研究生能够充分彰显科学技术的优势，积极承担国家重点、重大科技任务，在重要攻关中发挥积极作用。

昔日学生黄海友谈起张统一，充满了敬佩之情："张老师工作特别勤奋，可以说是我接触过的最勤奋的学者，所有学生都被他的工作状态深深感染，因此不敢有丝毫松懈。另外，他还注重在学术中给我们指点方向，他教导我们不要急功近利，'发论文只是科研工作的副产品'，让我受益匪浅。"他的学生纷纷选择到国内外科研院所或大型企业继续发展，取得了相当不错的成绩，可谓桃李满天下。

张统一十分推崇美国斯坦福大学一位教授的观点：明确目标，释放激情，勇往直前，无论以前如何，现在努力一切都还来得及！悠悠材苑，漫漫学海，执着勤奋的张统一将继续在他钟爱的学术之路上修行，以更加出色的科技成果报效祖国。

纳须弥于介子，守正道利天下

——记材料物理和纳米材料专家、中国科学院院士张跃

张跃，湖南醴陵人，生于 1958 年 11 月，北京科技大学教授，材料物理和纳米材料专家。1978—1982 年就读于武汉水利电力学院（现武汉大学）物理师资班，获理学学士学位；1982—1987 年在武汉钢铁学院（现武汉科技大学）担任助教；1987—1993 年就读于北京科技大学金属物理专业，获得工学博士学位。1993—1995 年在武汉工业大学（现武汉理工大学）从事博士后研究工作、担任科技处副处长；1995 年至今在北京科技大学  工作，历任党委研究生工作部部长兼研究生管理处处长，研究生院副院长、常务副院长，北京科技大学副校长兼研究生院院长，新金属材料国家重点实验室主任，曾任国务院学位委员会材料科学与工程学科评议组第六届召集人和第七届成员、北京市学位委员会委员。现任北京科技大学前沿交叉科学技术研究院院长、新能源材料与技术北京市重点实验室主任，英国皇家化学学会会士；兼任中国体视学学会理事长、党委书记及材料科学分会主任委员，中国金属学会常务理事及材料科学分会主任委员，国家重点研发计划纳米科技重点专项专家组成员，*Fundamental Research* 副主编。主持承担国家级、省部级科技攻关项目 60 余项，发表论文 460 余篇，论文引用 15000 余次；授权专利 60 余项，撰写出版中英文专著 11 部。以第一完成人获国家自然科学二等奖 1 项、省部级科技一等奖 3 项、省部级教学成果奖一等奖 2 项，指导学生获全国优秀博士学位论文 2 篇。2019 年当选中国科学院院士。

疾风知劲草，板荡识诚臣。张跃的成长经历不是一帆风顺的，甚至充满着波折苦难与跌宕起伏。然而时势造英雄，在艰苦和曲折的环境中破茧成蝶的他，烙印着一种特殊的气质，那是敢闯敢拼的必胜信心，坚忍不拔的执着信念。在一次次争夺材料领域科学研究前沿阵地的"战役"中，他带领团队勇闯科研"无人区"，最终在纳米材料的基础理论与应用技术方面取得了一系列重要成果和重大突破。

厚植信念，少年自强坚韧不拔

张跃的少年生活坎坷起伏，辗转于城市与农村、大院与公社，颠沛流离的环境和特殊的磨炼培养了他坚忍不拔、坚毅刚强的精神意志，更激起了他对知识的无尽渴望，在他心中萌生了追求真理、科研报国的信念。

播种科学种子——研究所大院里的小梦想家。

张跃出生在中科院长沙矿冶研究所（现长沙矿冶研究院）的大院中，父母都是高级知识分子，家中堆满了各类书籍和文献资料，使得他从小养成了喜爱读书、喜欢独立思考的习惯，对科学文化知识充满了渴望。在他的印象中，大院里有很多戴着眼镜的叔叔阿姨，大多是文质彬彬、见多识广的知识分子，还有一些来自东欧地区的外国科学家，在他们的言谈中常能听到一些有趣的科学故事。这样的成长环境让少年张跃对自然科学产生了浓厚的兴趣，从小就憧憬着长大后也能像父母一样从事科学研究的工作。家庭的培养，环境的熏陶，文化的洗礼，都对少年张跃的成长产生了重要影响，在他心中埋下了一颗成为科学家的梦想种子。

锤炼坚韧品格——少数民族村寨中的苦学郎。

小学四年级时，因父母在"文化大革命"期间受到冲击，张跃一家人来到了湖南湘西土家族苗族自治州花垣县排碧公社。全家人被安排住在仓库旁，用竹子和泥巴糊成的竹篾做墙围搭建的一个临时小屋里。在透风漏雨的房子里，冬日刺骨寒风和春秋绵绵细雨都能穿墙而入，让一家人常常彻夜难眠。

村寨不仅生活条件落后，学习环境也很艰苦。起初，张跃在村大队上小学，教室是在空旷的木楼里临时搭建的，里面只有一个小黑板和几张破旧的书桌。山里的冬天寒风凛冽，当地的少数民族同学早有准备，都靠手中抱着的小炭火炉取暖，而初来乍到的张跃却毫无准备，只能坐在四面透风的教室里瑟瑟发抖。进入中学后，张跃来到离家更远的排碧公社中学读书，每天都披星戴月，徒步 10 公里山路在学校与家之间往返。后来，随着父亲频繁的工作调动，张跃先后转学到花垣县一中、桑植一中和湖南麻阳铜矿子弟学校读书。

凛冽寒风、崎岖山路、轮渡求学、不断转学……这些艰苦异常且不停动荡变化的艰难环境，让很多人可能驻足于一张安稳的饭桌，抑或一间遮风挡雨的小屋，放弃了儿时的梦想和对未来的憧憬。但是，千磨万击还坚劲，任尔东西南北风。越艰难的条件反而更加磨炼了张跃不服输、不退缩的拗劲。正是憋着这样一股劲，他每天深夜都趴在被褥里，打着手电筒硬是读完了我国古代的四大名著。这些外在环境从未打断他对知识的渴望，对儿时梦想成为一名科学家的执着。他坚信只要不放弃，就一定能够克服眼前的困难，梦想就一定能够实现。这段经历，也培养了他不怕苦、肯吃苦、敢吃苦的意志品质，让他在日后每次遇到坎坷困难时，都能够从容应对，坚定信心。

坚定求知理想——挑灯夜战修本领的自习生。

高中阶段，父亲落实政策后调到武汉钢铁学院工作，全家重新回到城市生活。坐在宽敞的教室里，有老师指导、同学切磋、书籍引路，张跃可以更加心无旁骛地求知问学，这让他深感来之不易，同时也倍加珍惜。面对浩瀚的知识海洋，他常常感到学不够、"吃"不饱，于是他又开始自学钻研身边的各种专业书籍。高二时，国家号召在高中阶段培养又红又专的人才，张跃和同学们一起到校工厂学习炼钢，到公社卫生院学习掌握打针、护理等基本医用技能。虽然每个白天都要完成繁重的实习培训任务，但是张跃依然痴迷于基础科学知识，特别是物理和数学。于是每天晚上他都回家自学，仔细攻读父亲上大学时用过的高等数学、物理等学科专业书籍，甚至是俄文和英文的原版书籍，枯燥的课本和公式丝毫没有减弱他学习的激情，几乎每天都能学至深夜。

每每回忆到这段能够沉浸在知识海洋中、稳定而短暂的幸福时光，张跃都会为之动容。这段时光为他后来的成长打下了坚实的文化基础，进一步坚定了他努力学习，成为一名科学家的理想。

炼就强健体魄——田间地头劳作的壮劳力。

高中毕业后，16 岁的张跃响应国家上山下乡的号召，独自一人插队来到湖北省钟祥市东桥公社联合大队二小队。再次来到农村，张跃的人生又迎来了一系列新的变化。他和一起下乡的知青们住进了临时搭建的土坯房里。每天清晨，他们闻鸡起舞，下地劳作。春天从犁地到耙田，夏天从插秧到施肥，秋天从收割到扬谷，城市长大的张跃几乎学会了所有农活，经历了许多难忘时光。

每年抢种抢收的"双抢"时期，与农民伯伯一样，张跃每天凌晨三点便开始下地劳作，从拔秧、插秧到割稻谷、挑稻谷，再到打稻谷、扬稻谷，晚上还要顶着星光露天值班看守稻场，一天下来几乎没有休息的时间。虽然年龄只有十六七岁，肩膀还很稚嫩，力气还没攒足，但他经常挑着二百多斤重的稻谷奔走在泥泞的田间。

到了冬天，修水利更是一项艰巨的挑战。不仅要面临寒冷潮湿的南方寒冬，还要完成高强度的修建工作。他们经常是早出夜归，还常常吃不饱饭。有时候为了填饱肚子，知青们向一起修水利的当地社员淘来一些吃食，张跃笑称他们当时吃的是"百家饭"。但是，不管是什么样恶劣的条件，他总是那个坚持到最后、工作最努力、工分挣得最多的人。

不管工作多辛苦、劳动量多大，张跃都始终坚定着自己的理想，抱有对科学探索的美好向往和期待。每天劳动结束后，他总要挤出时间来看书学习。回首这段难忘的经历，张跃常常用物理化学中的"熵增定律"来总结。在他看来，"适者生存"不仅存在于材料微观世界，同样也适用于人类生活。没有学习条件就要学会创造条件，没有学习时间就要学会挤出时间，只有经受住磨难、战胜挑战的人，才能淬炼出坚毅的品格，收获更大的舞台。

艰苦的岁月就像炼金石，经过苦难的磨炼，才会对生活的意义、人生的价值有更透彻的感悟。然而面对艰苦的岁月，人们的选择却不同，有人屈服，有人逃避，而张跃总是迎难而上。他喜欢在艰苦岁月里深邃地思考，发现隐藏在岁月下的隐忧，寻找艰苦中蕴含的机遇。张跃开始意识到科学知识对国家发展与社会进步的重要性，更坚定了他成为一名科学家的梦想，逐渐萌生出追求真理、科研报国的信念。那段岁月里，他像一头蛰伏在严酷冬日里的猛兽，拼命汲取着知识，等待春日的号角，向自己的理想发起最猛烈的攻势。

难忘的象牙塔时光——学海无涯乐在其中

1977 年，恢复高考为知识青年带来了改变命运的机会，也为张跃提供了一次难得的求知机会。跌宕起伏的成长路让他意识到机会的难得，他更加渴求在更广阔的知识海洋中充实自己，在科学前沿的舞台上展现自己，在祖国需要的地方奉献自己。

得知恢复高考的消息后，张跃的内心无比激动。虽然距离考试仅剩不到一百天，但他暗下决心，一定要把牢牢握住这次难得机会。由于白天要出工劳作，他只能在晚上熬夜复习。时值寒冬，在昏暗的柴油灯下埋头苦学到深夜的他，每天都被冻得手脚麻木。最终，凭着长期积累的、扎实的文化课基础，张跃如愿考入武汉水利电力学院（现武汉大学）物理师资班，叩开了象牙塔的大门。

走入大学校园，张跃再次感受到了科学文化知识的重要性，更加珍惜来之不易的学习机会，开始孜孜不倦地学习。四年大学生活中，他除了吃饭、睡觉和锻炼身体，其他时间几乎全部用于读书。那个年代，专业教材是稀缺资源。为了巩固基础知识，同时强化外语能力，张跃坚持阅读和学习英文原版物理专业书籍和教材。除此之外，大学期间他还读过卢梭的《忏悔录》，看过莎士比亚的文学经典《哈姆雷特》，翻阅过进步电影剧本，不仅拓展了视野，增长了见识，同时也丰富了文化素养。本科毕业后，张跃被分配到武汉钢铁学院工作，开始担任助教。

张跃认为大学四年是他人生中最重要的时光，在这四年里，他的思想逐渐走向成熟，形成了正确的世界观、人生观、价值观。也正是从那时起，他看到一代又一代矢志报国的科学家怀着深厚的爱国主义情怀、精湛的学术造诣、宽广的科学视野，前赴后继、接续奋斗为祖国和人民作出了重大贡献。在这种精神的感染下，他真正树立起自己的理想信念，那就是成为一名科研工作者，追求真理，科研报国。也正是这份扎根于他的心中的信念，引领他走过人生的每一个阶段。

硕士求学的无悔岁月——向科学研究进军。

1987 年，凭借着对科学研究的满腔热忱，张跃获得了北京科技大学金属物理专业继续深造的机会，开启了他的研究生求学之路。

北京亚运会召开前夕，亚运会组委会提出要用一种新材料为亚运村中运动员和官员的公寓制作红色的瓦片。正在攻读硕士研究生的张跃从导师肖纪美院士和职任涛教授手里领到了这个艰巨的任务。当时，金属物理系的另一位老先生柯俊院士从英国带回了一种彩色的宏观无缺陷水泥样品。但宏观无缺陷水泥是什么？该怎样做？谁也不知道，也无资料、无经验可以借鉴。那个年代没有便捷的电子数据库，也没有无处不在的互联网。大家只能依靠一点点样品，不断摸索研究，一步步揭开宏观无缺陷水泥的结构、性能和制备工艺等秘密，提出适合当时国内条件的制备和生产方案。

时间紧、任务重，为了赶工期，在廊坊的一个轧钢厂的车间里，他和当时团队的几名研究生在工厂里一待就是半年，边生产、边研究。为了获得准确的生产工艺条件，每次生产试验刚结束，张跃就和团队成员顶着弥漫的粉尘，第一时间冲进还有高温余热的热处理炉窑里，测量每一个工艺参数。从实验室到工厂，从工厂再到亚运村，他们终于按时圆满完成了研制和生产任务。

面对难度前所未有的科研任务，张跃未曾退缩。他知道，要想实现追求真理、科研报国的信念，就要坚信导师的指引，要有"敢教日月换新天"的勇气，"不破楼兰终不还"的决心和"山登绝顶我为峰"的信心，只有敢于走出"舒适圈"，迎接新挑战，才能够取得新突破和新成就，才能够助力国家在科研领域不断向前发展。

博士研究的新挑战——全力以赴突破自我。

张跃在硕士期间的出色表现，得到了导师肖纪美院士和褚武扬教授的高度认可。1989年，导师们同意他直接攻读博士研究生。进入博士阶段后，张跃本以为会沿着硕士课题继续深入研究，但导师给了他一项新的挑战：钛铝金属间化合物断裂研究。

项目伊始，首先要解决的第一项难题就是如何对材料进行切割和加工。由于钛铝合金的力学性能非常好，以当时国内的科研条件根本没办法进行样品切割，试验研究就不能开展。几经周折，张跃终于找到了一个专门做机械加工的科研单位，确定了合适的切割工艺。但最终，用了半年时间将样品成功冶炼出来后，他才开始进行钛铝合金的应力腐蚀和氢脆断裂研究。在研究的过程中，他发现了第三种应力腐蚀现象——相间应力腐蚀现象，丰富了断裂力学与分形理论。张跃也因为这部分开创性的工作，以第一完成人身份获得了教委提名国家科学技术一等奖。

"守得云开见月明"，正是对追求真理、科研报国信念的执着，张跃克服了求学路上的重重困难，从不会做科研，到入门，再到熟练，一步一个脚印，终于掌握了从事科学研究的奥秘，也更加坚定了投身学术研究的决心。

坚守信念，潜心科研矢志报国

博士毕业后，张跃先后在武汉理工大学和北京科技大学组建了课题组，开始独立承担科研任务。从学生向老师的身份转换，给他带来的是更重的责任和使命。选择什么样的研究方向，怎样培养学生，成为摆在他面前需要深入思考的重要问题。幸运的是，攻读硕士和博士研究生期间，凭借拼命三郎式的工作作风，张跃能有更多的机会和导师深入探讨学术前沿问题，这也帮助他积累了丰富的科研经历，使得他对世界科技前沿问题有了更深入的体会和更全面的认识。特别是，他在博士课题研究过程中创新性地将新兴的纳米科技表征手段应用到了传统材料的断裂研究中，这段经历给他留下了非常深的印象。最终，他决定将纳米科学与技术研究作为新征程上的新目标。

20 世纪末，纳米科学与技术成为新兴研究领域，并得到了人们的广泛关注，一时间"纳米"成为一个从科学界到商业界都非常时髦的词汇。然而，科学家的敏锐思维告诉张跃，随着纳米科技理论体系与研究方法的建立和完善，纳米与材料科学的交叉融合绝不仅仅是尺度的变化那么简单，必将产生新的学术思想。他牢记肖纪美先生教导，教学和科学研究要不断创新才有出路，"山重水复疑无路，交叉研究又一村"。正是凭借敏锐的洞察力和扎实的学术根基，张跃果断带领研究团队进入了纳米科技这一新兴学科的开拓和研究中。

当时，一维功能纳米材料与器件逐渐成为纳米科技领域的热点。张跃在确定了一维功能纳米材料与器件这个研究领域后，选择什么样的材料体系成为下一个需要深入思考的问题。张跃认为传统半导体器件研究中氧化物半导体薄膜材料是最常见的功能材料体系，如果把氧化物半导体薄膜材料的优异物性与一维纳米结构的结构基因相结合，必将成为一个全新的研究领域。经过反复研判和全方位考虑之后，张跃选择了一维氧化物半导体材料——氧化锌作为自己的研究方向。

方向确定后，他带领团队马上进入紧张的研究中。"万事开头难，那时候真的是什么都没有。张老师和我们挤在一个办公室，想要做实验需要张老师到处借炉子、借设备。现在想想，张老师带着我们每天'走街串巷'做实验还是很有趣的。"每当回忆起那段艰苦的时光，张跃合作的第一个博士后、武汉理工大学的戴英教授总是会陷入沉思，当年的一幕幕细节还历历在目。

如今，说起当时的选择仿佛只是几句话，但走一条未知的路却需要开天辟地的勇气。当时，张跃在一维氧化锌研究上倾注了大量的精力与人力，几乎将整个团队的所有"兵力"压在了这一研究方向上。他说，当时也很害怕，怕学生培养不好，怕项目完成不了，怕科研结果没用。但科研就是这样，你觉得这东西对国家对人民是有用的，就必须建立起坚定的信念，你认为这个研究是可行的，那就必须建立起信心，沉下心去做，纵使前路茫茫未可知，困难重重未可控，也要有敢于"亮剑"的魄力，坚定必胜的信心。

项目初始的构想是朝着信息器件和应用方面深入下去的，但是物理专业出身的张跃敏锐地发现一维氧化锌的结构和物性结合后，会使得在氧化锌纳米线材料内部的电子可以在高电压场下快速、定向通过。围绕这个新奇的特性，他带领团队开始寻找这个特性的应用领域。

他带领团队面向国家重大需求，瞄准强流电子发射领域，经过深入研究探索，研制出了大面积一维氧化锌强流发射冷阴极，实现了稳定、均匀的强流发射，一举攻克了传统阴极材料发射电流低和寿命短等难题，最终获得了教育部高等学校科学技术一等奖。

一维氧化锌材料的研究过程中，张跃发现通过工艺条件的有效控制，可以生长出一种四针状的空间结构氧化锌纳米材料，在国际上率先验证了这种空间结构的成核机理。那么，怎么让这种新颖的空间结构充分发挥作用，应用到实际领域呢？张跃发展了空间复合结构吸波材料设计新策略。他利用氧化锌独有的四针状空间结构为骨架，进而通过结构设计在骨架中填充具有高饱和磁损耗的磁性纳米颗粒，从而构成空间网格状的复合吸波材料。这些材料相比传统吸波材料不仅性能优异，而且达到了减重超 50% 的效果。张跃凭借在低维功能纳米材料结构性能调控与器件基础方面的研究，以第一完成人获得了北京市科学技术一等奖。

正是凭借在一维氧化锌领域的深耕厚植，经过二十多年的系统研究，2018 年张跃带领团队终于斩获国家自然科学二等奖。

"一代材料、一代技术、一代装备、一个时代"是张跃经常挂在嘴边的一句话。随着在纳米材料领域研究的系统和深入，他深深感受到我们国家与发达国家在科技水平上的差距，特别是在设备和装置的研发上，与国际先进水平差距明显。开发一套中国人设计研发的科研设备成为他新的研究目标。

在对前期研究工作进行总结和归纳的基础上，张跃提出了研制一套纳尺度多场耦合原位表征设备。纳尺度多场耦合原位表征设备研制的最大难点是要把光、电、力等物理场全部耦合在仅有纳米尺度的区域，从而实现极低温、超高真空环境，原位观察材料在多物理场耦合下原子结构、光谱特性、电输运特性等的变化规律。设备虽小，却涉及材料、物理、信息等多个学科的交叉融合，从物理空间的合理设计到信号干扰的最优解决方案，再到数据采集与处理的可视化呈现等问题都亟待解决。

怎样把设备研制的想法落到设计图纸上呢？张跃带领的团队走遍了这一领域的研究所、大学等研究机构，调研了数十家国内外的装备研制企业，绘制了数百张设计图纸。每一个连接口的位置、每一根连接导线的精度、每一个螺丝的尺寸都要经过详细和周密的论证。在此基础上，张跃申请承担了国家自然科学基金重大科研仪器研制项目。功夫不负有心人，经历了三年多的艰苦奋斗，在团队的共同努力下，世界上第一台可以在超高真空、极低温条件下研究材料的原子结构、宏观输运性质以及光谱特性的多场耦合原位表征设备横空出世。

进入信息时代以来，随着人工智能、物联网等领域的快速发展，我国在集成电路高端芯片制造领域缺乏核心技术的短板日趋显著，已经成为影响我国经济社会发展和国家安全的重大挑战。然而，促进集成电路产业高速发展的摩尔定律逼近了尺寸微缩极限，发展未来芯片关键新材料与新器件成为全球关注的热点问题。张跃敏锐地捕捉到这个重要机遇期，提出了研制原子层厚度的新型二维半导体材料和新原理范德华异质结电子学器件，解决尺寸微缩极限下传统半导体材料性能衰退的关键瓶颈问题的研究思路。

说做就做是他不变的风格，瞄准国家重大需求和世界科技前沿，张跃积极向国家建言献策，撰写了教育部专家建议书，主持承担了国家重点研发计划和国家自然科学基金重大项目，率领团队开展新型二维材料和范德华异质结电子学器件的科技攻关。目前，已经在二维材料范德华异质结构筑技术和高迁移率、高饱和电流密度的原子层厚度晶体管器件方面取得了进展。为了进一步明确发展方向，张跃带领团队制定了三步走的二维材料与范德华电子学器件的发展战略蓝图，力争用三到五年的时间验证二维材料与范德华电子学器件在未来集成电路发展技术路线中的可行性，推动与硅技术融合发展的二维材料及其范德华异质结电子学器件的变革性发展。

对待科研，张跃认为，既然是自己选择的事业，就要竭尽所能地发光发热。科研是一条充满艰险、前途未卜的奋斗之路，需要以明知不可为而为之的魄力开局。即便如今已经步入新时代，也依旧需要这种魄力，要以甘坐"冷板凳"的勇气、脚踏实地做事的决心、勤勤恳恳搞研究的信心对待科研创新工作。

传承信念，解惑授业为国育才

张跃长期工作在教学育人的第一线，对培养学生有独到的见解。在他看来，一名教师不仅要教给学生探索科学高峰的知识和本领，更要教会学生如何做人，如何做事，如何做学问，如何对待人生。他常说，"做人要待人以诚，做事要精益求精，做学问要顶天立地"。这是张跃从老一辈科学家身上继承的"金属物理精神"，更是他为人、为学、为师的价值准则。

完成博士学业后的张跃有幸得到了时任武汉工业大学校长袁润章教授的赏识，开展博士后研究工作。袁校长凭借对材料科学发展趋势的精准把握和敏锐判断，布局了一批材料复合新技术领域的研究方向，大力起用青年教师担当重任，为一批刚刚步入研究工作的青年教师确定研究方向。袁校长宽阔的胸怀、敏锐的战略眼光、精准把握研究方向的洞察力和大力提携青年人的情怀都让张跃终身受益。那时受到袁校长培养和支持的一批青年骨干人才，很多人都已成长为我国材料科学领域的重要人才。

正是在老一辈科学家严谨治学、精益求精的科学研究态度以及大力扶持青年人才的工作魄力的影响下，张跃明白了当一名合格的老师就要把坚定不移的信念、敢为人先的魄力、吃苦耐劳的意志和永不言弃的精神传承下去。因此，张跃在培养学生时，会时常讲述老先生们的故事，塑造学风严谨的科学精神，注重在学术研究和生活中通过潜移默化的方式来引导学生们树立学术道德标准、坚守学术底线。

张跃常对学生说，做人要用一种精神、一种信仰、一种动力贯穿人生，个人奋斗获得的荣誉不是最重要的结果，最重要的还是对国家、社会、家庭和个人的责任。他经常和学生说："成长往往都会伴随着疼痛，现在若不痛苦，将来势必会吃苦。要依靠精神和信仰的力量战胜挑战，牢记强国报国的理想抱负，坚持干下去肯定有收获。"

老一辈科学家求真务实、报国为民、无私奉献的爱国情怀和高尚品格，是新时代广大科技工作者攻坚克难、勇攀高峰的强大动力源和精神营养剂。张跃认为，自己身为一名师者，应当通过自己的言行举止，让青年教师和学生明白什么是家国情怀、什么是民族精神、什么是科学品质，让老一辈科学家的精神，能在新时代得到进一步传承和弘扬。

张跃注重学生科研能力的培养，始终将自己定位为一名"牧羊人"而不是"放羊人"，他要做的是带领学生到广阔肥沃的"草原"，为学生开辟一个符合世界科技前沿发展的研究领域，引导学生沿着这个方向开展深入的研究。他教育学生要善于发现、捕捉和抓住机遇，平时多观察、多积累、多思考，善于从一场学术报告、一份文献资料中获得启发。

张跃坚持认为在科学研究和学术问题面前师生是平等的，大家都有表达科学思想和学术见解的空间。他倡导自由、合作、探究的学习方式，让学生选择喜爱的学习内容和学习方法深入研究，充分调动学生学习的积极性、主动性和创造性。在实验室，经常可以听到他和学生热烈讨论科研工作。在张跃的研究团队里，有个"1对1"的学术讨论传统。每隔一段时间，他都会围绕研究方向、研究内容和主要进展与团队内每名学生进行一次深入讨论。久而久之，团队内部平等和谐的氛围也由此形成。

张跃特别注重培养学生的科研自信，鼓励学生进行国际化交流，在增长学识提高科研能力的同时，通过中西方研究对比，更加真实地感受中国科技事业的迅猛发展和科研条件的优越，从而更加坚定为国家科研事业贡献力量的决心和信心。

　　张跃认为每个学生都有闪光点，应当多鼓励学生。"张老师虽然表面看起来严肃，但是却很少批评人。"这是张跃团队师生的共同感受。在他看来，鼓励的作用远大于批评。鼓励可以激发学生更深入思考问题，能促进学生们取得从思想到行为上的更大突破。张跃的博士研究生刘邦武说，张老师对学生的培养是全方位的、循循善诱的；张老师从来都不会强迫学生做出选择，他会以自己的成长经历引导进行更深入的思考，营造更加开阔的视野，做出更加成熟的判断。

　　张跃常说学生就像自己的孩子，说起"孩子们"的成长经历，他总能滔滔不绝、如数家珍地讲个不停，学生们也喜欢与他分享自己的进步、收获与感悟。在张跃看来，自己的成长经历虽然艰苦、曲折，但也培养了他坚定的信念和强烈的家国情怀，为他留下了宝贵的精神财富。他有责任，也有义务将这些宝贵的精神财富传承给学生们，让他们成为有理想、有本领、有担当的新时代青年，做一个无愧于家庭，无愧于社会，无愧于祖国的人。

　　本书成文之时，恰逢国家"十四五"开局。年过花甲的张跃以培养国家科技战略领军人才为己任，积极发掘青年人才的创新潜力，鼓励和支持青年人才挑大梁、当主角。他带领着年轻的研究团队，厉兵秣马开启新的征程。他们瞄准国家新材料强国的战略目标，聚焦先进基础材料、关键战略材料以及前沿新材料，继续践行着他追求真理，科研报国的信念。

生当灿若乌金
——记采矿专家、中国工程院院士范维唐

范维唐，湖北鄂城人，1935年7月生于北京，原煤炭工业部副部长、党组成员，采矿工程技术专家。1952年考入北京钢铁工业学院采矿系；1959年被选送到苏联莫斯科矿业学院攻读研究生，获技术科学副博士学位；1963年回国后历任煤炭科学研究总院技术员、工程师、研究室主任、总工程师、副院长、院长；1993年任煤炭工业部副部长、党组成员。曾兼任中国煤炭工业协会会长、中国煤炭学会名誉理事长。我国煤炭科技战线的领导者和实践者，曾组织若干国家和部级重大科研项目，是我国煤矿综合机械化开采技术的主要开拓者。提出了炮采三项新技术、菱形网技术等量大面广、适用性强的推广应用项目，取得了显著经济效益；组织提出了煤炭工业的质量振兴纲要，参与初步建立了我国煤炭工业的质量标准化体系。1994年当选为中国工程院院士。

煤炭被称作"乌金"，极言其对人类文明及社会进步的贡献。范维唐先生也如同乌金孕育的价值一般，外表修饰放在其次，内在能量呼之欲出，燃烧出一片夺目的灿烂。

出身名门，灿若星辰

范维唐 1935 年出生于北京的一个书香门第，深厚的教育背景和文化底蕴让他从小就在教育世家的书海中感受着知识的魅力。

范家是一个名副其实的教育世家。祖父范鸿泰曾留学日本，学识宽广，才能出众，曾担任黎元洪时期的民国湖北省教育厅厅长。虽然官位很高，但是范鸿泰对待家中的仆人十分宽厚。一次，他乘坐的黄包车在风雨里途经陡坡，范鸿泰老先生不顾泥泞湿滑和全身淋雨，下车帮车夫一起推车，此事感动全家。

新中国成立后，范鸿泰受到资本家的牵连，被政府一并审查，范家很可能因此而败落，不想宽仁的家风救了范家。原来，范鸿泰的车夫是一名地下党员，解放后心念范鸿泰的宽仁之情，力保他政治可靠，没有参加过镇压学生活动，范家因此通过审查。范家车夫深受范鸿泰影响，为人正直而宽厚，后来一度担任地方领导。此后，范家更行宽仁之风，家道越发兴盛。

范维唐的父亲范治纶是新中国著名水利学家，我国早期水利教育的先驱。范治纶在良好家风的培养下，自小学习刻苦，曾在美国密歇根大学留学，回国后在唐交大任教。在唐交大期间，范治纶曾讲授水力学、水文学等课程，其深厚的学术功底让学生们敬佩不已，培养了不少水利专家。此外，范治纶著述颇丰，其编著的《水力学》等曾长期作为教材，影响了几代水利学子。

先辈的言传身教让范家子孙领受"宽仁"二字的要义。为学，秉承传统，勤勉踏实；为人，功成不居。

在祖、父的影响下，维唐、维澄兄弟二人读书刻苦，后来成为"兄弟院士"，被传为美谈。

范维唐小时就在书香之门的耳濡目染下聪慧过人，小学时跳级，而且还在学习之余主动思考一些自然科学的道理，对万物都有揭示其奥秘的好奇心。另外，幼年时的范维唐身体较弱，进入中学开始重视体育锻炼，是一名"运动健将"，曾经获得唐山市中学生游泳比赛冠军，直到后来在煤炭工业部工作后，范维唐的游泳技艺仍十分出众，在北戴河的水面上让好几个年轻小伙子都追赶不及。

范维唐的弟弟范维澄小兄长 8 岁，自小也刻苦学习，考入中国科学技术大学近代力学系，后来成为火灾科学与安全工程领域的顶级专家，是我国该学科的开拓者之一。而范家"兄弟院士"的传奇经历后来也被传为美谈。

除了"兄弟院士"，范维唐的表兄涂光炽是我国著名的地质学家、矿床学家和地球化学家，是一名中国科学院院士，良好的家风铸就了"院士家庭"的传奇。

范维唐虽从小生活在书香门第，但华夏大地承受着的苦痛和日寇残暴的侵略深深刺痛了他。饱读诗书的范维唐自小就萌生了"工业救国"的远大理想。1952 年，怀揣梦想的范维唐报考了刚刚成立的北京钢铁工业学院采矿系，开始了"矿业兴邦"的人生。

钢院实事求是的严谨学风和实践传统对范维唐影响深刻。建校伊始，因为校舍建设原因，钢院借助清华大学办公、教学，清华园中八大学院"比学赶帮超"的学习氛围让刚刚踏入象牙塔的范维唐全心投入专业课程的学习，脑中只有"矿业兴邦"的远大志向。待到大学第二年，范维唐和同学们回到刚刚竣工的钢院校园，虽然条件十分艰苦，但是抵挡不住他们高涨的学习热情。为了心中的远大理想，范维唐和同学们每日"朝六晚十"，没有课桌就自造"课板"，没有电灯就自备"洋蜡"，没有教材就自编"讲义"，用忘我的学习热情将采矿学的精华和要义牢牢掌握住。此外，钢院建校伊始就将"实践教学"作为重要的教学环节，范维唐和同学们跟随老师到全国各地的采矿工地进行现场教学，向实践学习，向工人师傅学习，在生产现场夯实了所学的理论知识，为后来的工作奠定了坚实的基础。

钢院的体育传统对范维唐影响甚大。钢院借住清华园时，每日实行"强迫运动"，范维唐和同学们一起出来跑步、打球。酷爱游泳的范维唐还经常约上几名好友于课余时间在泳池比拼，劈波斩浪的他总能拔得头筹。在范维唐的记忆里，体育精神的培养也自钢院启蒙，在清华园时学校曾经请马约翰为全校学生作报告，坐在台下的范维唐深刻地记下了马先生对于体育精神的理解：体育的功效，最重要在培养人格，补充教育的不足，教你们怎样保护身体，照顾自己，培养一种干！干！干！的精神，强调一种坚持到底，决不放弃的精神。在马先生的引领下，范维唐此后一直坚持体育锻炼，同时还将马先生干！干！干！的体育精神要义带入到工作中，坚持到底，永不放弃，成就了一番事业。

大学毕业后，范维唐又进行了外语及业务的进修，于 1959 年被选送到莫斯科矿业学院进修。

奠基矿业，灿烂炳焕

20 世纪 60—80 年代，范维唐从技术员做起，历经工程师、课题组长、室主任、总工程师等岗位变迁，始终扎根采矿行业一线，为我国采矿机械化发展做出了卓越的贡献。

扎根采矿场。

1959 年，范维唐踏上了苏联留学的道路。在莫斯科矿业学院，范维唐看到了世界上先进的采矿理论，更加投入地汲取营养，力争早日学成归国，为国效力。有了理论的指导，范维唐深入苏联各地的采矿现场考察、学习，积累矿场开发的宝贵经验，认真思考采矿学的实践应用和工业指导。三年时间，范维唐就学有所成，他将自己对于采矿工艺的学习成果发表于论文中，文中阐明了巷道的稳定性及巷道支护与围岩相互作用的规律，这个规律后来被苏联顿巴斯等矿区的生产实践所证实。1963 年，范维唐获得技术科学副博士学位。

1963 年，学成回国的范维唐走进煤炭科学研究总院北京开采研究所，从一名技术员做起，正式开启了自己的"采矿生涯"。20 世纪 60 年代中期，他作为一名工程技术人员，经常深入现场，每年在煤矿一线的时间达 10 个月之久。他在阜新矿区等煤矿现场主要从事缓倾斜特厚煤层及近距煤层条件下底板巷道受采动影响规律的研究，在国内首次进行了碹体巷道矿压显现的实测，提出了底板岩石巷道的合理布置方法，对生产实践具有指导意义。同时他还参加了采煤工作面矿压的研究工作，在对采煤工作面矿压显现参数进行实测的基础上，取得了我国主要矿区矿压显现规律的认识。

扎根采矿场的这段经历，使得范维唐的业务能力得到了提高，从而逐渐走上了工程师、课题组长等技术领导工作的岗位。

开拓机械化。

20 世纪 70—80 年代中期，正值我国大力发展采煤机械化的时期。此时已走上煤科总院领导岗位的范维唐，作为采煤机械化科技攻关的技术总负责人，为采煤机械化立足于自主开发并进一步发展奠定了坚实的基础，有力地推动了我国采煤机械化的快速发展。

20 世纪 70 年代初，我国煤炭工业基本处于笨重、原始的手工作业水平。技术装备十分落后，效率极其低下，安全性差，极大地制约着煤炭工业的发展。煤炭工业的根本出路在于机械化，经过可行性论证和反复讨论，燃化部领导下定决心要走采煤机械化的道路，这个艰巨的任务降临到了范维唐肩上。

身担千钧重任的范维唐深知机械化是一场"必须打赢的硬仗"，于是广泛借鉴发达产煤国家的经验，结合我国的具体情况，与广大的科技人员共同研究。经过充分的研讨和论证，他们提出了以综合机械化作为采煤机械化技术主攻方向的思路，同时以液压支架为综采技术的突破口，拉开了我国采煤机械化的大幕。

1972 年初，在康世恩、贺秉章等老同志的领导下，范维唐和他的团队开展了大规模的采煤综合机械化的攻关会战。作为攻关会战的技术负责人，他与有关科研院所、高校、煤矿、机械制造厂等近百个单位的科技人员和广大职工，通过几年艰苦努力，突破了液压支架的技术难关，此后又相继组织了与液压支架相配套的采煤机、运输机、可伸缩皮带机及防爆电器设备的技术攻关，并逐步使之标准化、系列化，实现了综采设备的国产化，产生了巨大的效益。随着生产技术的发展，1999 年我国国有重点煤矿已有综采工作面 200 多个，工效为炮采的 5—6 倍，并有 71 个综采队年产逾百万吨，最高年产 500 万吨以上，达到世界先进水平。液压支架等设备已出口美国、俄罗斯、土耳其、印度等国。

另外，范维唐领导的技术团队根据支架与顶底板相互作用关系，在分析研究国际发展趋势的基础上，提出应以"掩护式"为我国液压支架的基本型式，并组织研制开发了掩护式支架，经不断改进提高，已大面积推广使用。目前的液压支架中，80% 以上为掩护式液压支架。实践证明，此种架型的各种力学性能与结构特征能适应我国大多数综采工作面高产高效的要求。

在此基础上，这支技术团队还根据我国煤矿大量采煤矿山压力显现的特点，以及矿井的平均生产能力，于 20 世纪 80 年代初提出并主持开发了具有我国特色的经济型综采设备。这套设备生产能力适中、可靠性高、重量轻、操作方便、总体性能好、成本比一般综采便宜近 40%。除在北方一些煤矿应用外，成为我国南方煤矿采用的主要综采型式。

为适应煤矿不同的地质条件和对技术装备不同层次的要求，范维唐团队从 70 年代中期还组织开发了以单体液压支柱为主配套的经济实惠的采煤机械化技术与装备，工效比普采提高 50%，作为主要的技术装备改造地方国有煤矿。

范维唐在采煤机械化技术攻关中提出并坚持了"先元部件后整机、先实验室后现场、先地上后井下"的研究开发程序，始终把基础工作放在首位，不断提高自主开发能力。为此，他主持建立了液压支架、采煤机、运输机等现代化的测试系统和采煤机械化测试中心，使我国成为世界著名采煤机械化测试中心之一，为今后采煤机械化的进一步发展奠定了开发与创新的基础。

范维唐团队的艰苦努力彻底改变了中国煤炭生产技术的落后面貌，他也由此成为我国煤矿综合机械化开采技术的开拓者之一。

谋划战略，灿若图绣

20 世纪 80 年代开始，范维唐先后担任煤炭工业部总工程师兼技术咨询委员会主任、煤炭工业部副部长等职务，在更大的平台上谋划能源发展战略，助推国民经济发展。

范维唐调部工作后将工作重点转移到煤炭行业的宏观科技管理上，但仍极为重视包括采煤机械化在内的一系列重大课题的研究开发、中试、推广工作，经常为协调、解决重大科技问题奔走于科研院所、大专院校和矿山企业。

科学技术是第一生产力。在发展社会主义市场经济的新形势下，如何建立适应市场经济的煤炭科技进步运行机制？如何深化科研改革，推动科技与经济建设紧密结合，促进煤炭企业更好更快地发展？这些问题成为摆在范维唐面前的又一个挑战。范维唐认为，煤炭工业的发展必须依靠科技进步的力量："科技进步是煤炭工业发展的必由之路，特别是在当前煤炭企业刚刚走向市场，许多煤矿面临重重困难的情况下，我们绝不可动摇依靠科技进步的决心和信心。越是困难时期，越要紧紧抓住科技第一生产力，向科技进步要生存、求发展，依靠科技进步提高产品质量，提高竞争能力。"

工作中，范维唐高度重视技术与经济的紧密结合，强调要把各项有广泛应用前景的科技成果进行移植和二次开发，使之成配套，形成规模效益，如炮采新工艺、菱形网技术等的推广应用，使煤炭企业取得了很大经济效益，推动了煤炭工业的技术进步和企业竞争能力的提高。

除此之外，作为工程技术专家和副部长，范维唐的工作紧张而多样：参与制定"六五"至"九五"煤炭科技发展规划；主持了煤炭工业技术政策等重大项目的咨询研究；兼任中国煤炭学会理事长、中国科协工程学会联合会主席、波兰科学院名誉院士、世界采矿大会副主席等职；在国内外一些主要矿业技术刊物上及国际国内重要技术会议上发表论文，并主持了一些国际技术会议。

近年来，范维唐从中国国情出发，提出了要实施中国可持续发展能源战略，必须要提倡科学引导能源的需求与消费，切实把节能放到更加突出的地位，引导国民经济走上资源节约型道路，做到需求合理，消费适度，大幅度减少能源需求总量；必须优化经济结构，引导国民经济走上质量效益型发展道路，大幅度降低能源强度（单位产值能耗）；必须开发和采用先进的能源技术，提高能效、优化能源结构，搞好一次能源转化，保障能源安全和保护环境。他组织参加了"中国可持续发展能源战略研究""先进能源技术产业化研究"等项目，提出的许多意见，受到有关政府部门的重视和采纳。

回忆起自己的矿业人生，范维唐如细数家常："三十多年前大同曾发生过坚硬顶板大面积垮落，强大的冲击波造成了矿工的巨大伤亡，部长要我去调查研究，提出解决的技术措施。我清楚地意识到，只有彻底改变刀柱采煤方法，才能解决问题。为此，必须采用大吨位、抗冲击的液压支架和顶板软化的技术措施。广大职工迫切的需要和期盼，使我意识到自己的责任……三十多年过去了，过去的需求和期盼已经实现。但是，需求永无止境，科技进步永不会停顿，需求就是给我们下达的命令，也是鞭策我们努力拼搏、创新和奉献的动力。"

为人至真，灿似云锦

范维唐业务精深，为中国矿业发展做出了卓越贡献。生活中的范维唐更是典范。

严于学术，宽以待人。

生活中的范维唐爱好广泛，颇有情趣。除了在钢院磨炼出的健康体魄以外，范维唐爱好音乐，精通音律，歌喉十分了得，擅长演唱。

范维唐精通多门外语，尤其俄语、德语、英语的水平不凡，出国时从不需要带翻译，有时甚至可以给其他翻译"挑错"。范维唐在主管煤炭工业部科技情报研究所工作的时候，他熟练的外语派上了大用场，帮助我国和俄罗斯、波兰、德国等国家建立联系，打开了煤炭业外联、合作的新局面。此外，中美建交前，两国煤炭上的贸易关系甚密，当年"乒乓外交"的促成也有"煤炭外交"的功劳。

范维唐对学术业务要求极为严苛。1996年1月，党和国家领导人带队考察煤炭工业发展情况，范维唐作为主汇报人出席，时任科技情报研究所副所长的孙茂远也陪同参加。会上，当被问及美国目前煤矿事故死亡率时，孙茂远流利地报出数据，并分析对比了中美两国的煤炭发展情况，为中央决策提供了参考。之所以能在会上即刻报出准确数据，得益于范维唐的严格要求，范维唐要求认真准备，一些具体数据必须信手拈来，还多次检查准备情况。

范维唐的宽仁也让同事、朋友们广为称颂。担任领导职务后，范维唐对后辈竭力培养和提携，孙茂远对此十分难忘。孙茂远因为突出的工作成绩申请评选正高职称时，有人质疑他的学历和资格，认为"工农兵学员"不具有申请的资格。范维唐发表了意见："评审不能唯学历论。例如跳高运动，两米是优秀的标准线，有个运动员他有能力跳过两米，但是你说他姿势不对，那他就不算是优秀的运动员了吗？我还是希望大家看材料，看候选人的实际成果，以能力和业绩决定一切。"在范维唐的秉公建议下，孙茂远凭借出色的工作业绩无可争议地当选为正高，有机会在更大的平台上为煤炭行业贡献力量。

夫妻恩爱，教子有方。

范维唐有一个美满幸福的家庭。他和爱人李硕在钢院结识，后来李硕一直在学校工作了 19 年，两个人一同见证了钢院的成长和发展。年轻时候，范维唐和李硕都可谓一表人才，亲朋好友们都说他们俩男才女貌，他们当年的结婚照还用作照相馆的展览照片，一直在大橱窗里面展示。后来，李硕卧床，工作繁忙的范维唐坚持在爱人身边坚守、照顾，十六载光阴，他放弃了所有疗养和休假机会，耐心陪伴爱人，成为众所周知、名副其实的模范丈夫。

夫妻的相敬如宾给孩子以无形的教育。在儿子范晓冲的印象中，父亲的关爱无处不在。"父亲的教育非常开明，要求我们好好读书，非常严厉，在我们参加工作后还要求我们不能打他的旗号，所以我的同事都不知道我的家庭情况"，他还说，"父亲对我们的关爱也无微不至，小时候每个周末都会带我们去公园爬山、划船，长大后也一直是我们的慈父，对我们自己的生活十分关心"。让范维唐欣慰的是，孩子们都小有所成，已成为社会栋梁之材。

鄂城少杰，遍学中外；家门鼎盛，人才辈出；潜心矿业，孜孜不倦；宽宏待人，情深意重。范维唐先生为学，天资过人，勤勉刻苦；为研，著书立说，名扬中外；为人，朴实宽厚，心善为训。先生之学者气质，大家风范，润物于无声，感染代代人。

在范维唐先生的努力下，乌金为国民经济的发展燃烧放热、强力助推，而先生也如乌金一般于无华中孕育价值，绽放出灿烂夺目的光辉。

赤胆忠心，熔钢铸魂

——记钢铁冶金专家、中国工程院院士徐匡迪

徐匡迪，浙江桐乡人，生于1937年12月，中国工程院原院长，上海大学教授，钢铁冶金专家。1954—1959年于北京钢铁工业学院冶金系钢铁冶金专业学习，毕业后留校任教；1963起在上海工学院、上海机械学院、上海工业大学工作；1971—1972年，下放安徽凤阳五七干校劳动；1989年起历任上海市高教局局长、上海市计委主任，上海市副市长、市长，中国工程院院长、党组书记；2003年当选为第十届全国政协副主席，瑞典皇家工程院外籍院士。1995年当选为中国工程院院士。

熔铸，乃熔炼铸造之意。钢铁，只有在熔炼过程中达到极高温度，方可铸就高强度、高品质之钢。徐匡迪正是以如此至高的热情投身钢铁行业，孜孜不倦、砺言砺行、攻坚克难，为中国钢铁冶金事业的发展保驾护航；用独特的政治思维为官治世，成就了院士市长。为国为民赤子心，一生一世钢铁情。

赤子入钢，励志远方

1937 年战火纷飞，中华民族饱受苦难。徐匡迪在难民潮中呱呱坠地。当时父亲为其取名为"抗敌"，以铭记国仇家恨。1944 年的一天，徐匡迪的语文老师征得其父母同意后，为其改名为"匡迪"，寓意"匡扶正义，迪吉平安"。

徐匡迪的童年是在云南昆明度过的。抗战胜利后，徐匡迪与父母回归故里，先后就读于著名的杭州天长小学、杭州市立中学和省立杭州高级中学。中学时代的徐匡迪，在求知的过程中，目睹了国民党的腐败和如火如荼的革命群众运动，也曾加入到欢迎解放军进城的行列中，为新中国的成立而欢呼。正是这些经历让爱国的种子深埋于风华正茂的徐匡迪心底，他自此确立报国志向，决心要为祖国的事业奋斗终生！

1954 年，临近高中毕业的徐匡迪，根据"钢铁是一切工业的基础"这一方针，决心将钢铁冶金作为自己毕生的事业。成绩优异的徐匡迪面对清华大学等许多理工科名校的吸引，毅然决然地迈入了成立伊始的北京钢铁工业学院的大门。从此，他便与钢铁结下了不解之缘。

在钢院严谨的学风中，徐匡迪对专业学习精益求精。大学期间，他几乎门门功课都是满分 5 分。据其大学同学回忆，徐匡迪特别好学，每次课堂讨论问题他总是抢着举手发言。图书馆一直是徐匡迪最爱光顾的地方，直到留校任教后，他亦是图书馆的常客。通过大量的阅读，徐匡迪获取了许多课内外的知识。一次冶金领域泰斗、时任学校教务长的魏寿昆先生到图书馆查阅书籍。当他走到存放冶金书目的书架前时，不禁皱起了眉头：美国钢铁冶金的最新期刊已被"搜刮一空"。询问了图书管理员后，他看到了正专心致志学习的徐匡迪和他身边垒得高高的一摞。魏先生便走到徐匡迪身边说："图书馆的书是公共的，为了方便大家查阅"，说着指了指桌上，

"你应该看完一本再拿一本，要不别人就没法看了"。听完先生的教诲，年轻的徐匡迪有点儿不好意思了，正要把暂时不看的放回原处，魏先生却笑着将他拦住："这些你还是先给我吧。"从此，徐匡迪便与同样热爱书籍的魏先生结成了忘年之交，经常就专业知识向他请教。与此同时，在钢院崇尚实践的氛围中，徐匡迪积淀了很深的实践应用功底。大一开始每周半天的金工实习；大二暑期到钢铁联合企业进行认识实习；大三暑期的生产实习，更是让他掌握了炉前工的操作；大四的炉长实习，让徐匡迪学会了如何全面掌握及判断炉况，指挥一炉钢的冶炼全过程；五年级的毕业实习，徐匡迪在他的导师关毓龙教授的带领下到大连做毕业设计。当时，大连钢厂的劳模凭借多年的工作经验，对炼钢过程中的一个环节进行了技术创新，但不能把它上升到理论高度。徐匡迪在关毓龙教授的指导下对这一技术创新进行了理论研究，完成了毕业论文。徐匡迪在回忆起大学的实践教育时感慨颇深："我认为实践环节教育最根本的教益，并非在于学习操作，而是教会了我如何做人、怎样治学。钢院崇尚实践的治学传统令我获益终身。"

大学期间，学习成绩名列前茅的徐匡迪课余生活也是丰富多彩的。先后加入过校田径队、合唱队、足球队和管弦乐队，曾先后担任班长、团支部书记、总支委员、校学生会军体部部长和学生会副主席。其中，尤其值得一提的是这位大提琴手的"军体"情。20世纪50年代，在"为祖国健康工作五十年"口号的鼓舞下，在"钢铁事业需要钢铁般的体魄"信念的支持下，钢院的体育锻炼蔚然成风，酷爱体育运动的徐匡迪凭借过硬的身体素质和出色的组织能力，成功担任了军体部长，学校的各项体育活动开展得如火如荼。军体部长出身的徐匡迪对于体育确有一番深刻的认识，在北京科技大学建校50周年的庆典上，他发自肺腑地说道：钢院让我在体育运动中学会了团队合作和拼搏进取，她不仅给了我钢铁般的体魄，更给了我钢铁般的意志。

谈及母校，徐匡迪深情地说：如果让我回忆这一生中最美好的时光，并不是美丽西子湖畔的中小学生涯，不是于英国泰晤士河边留学，不是在瑞典斯德哥尔摩做总工程师，也不是做上海市市长。最美丽的生活应该是1954到1959年在钢院，那里是我生命的摇篮。

钢苑骄子，传道育人

从助教到"阿匡老师"。

1959年，徐匡迪从钢院毕业。由于父亲政治上的原因，成绩优异的徐匡迪最终未能如愿读研深造。通过钢院冶金系老师的推荐，徐匡迪成为电冶金教研室的一名助教，开启了他的教育生涯。在电冶金教研室，众师相聚、同论共学，从教学思路到重难点剖析，从学术探讨到严谨学风的诉求，徐匡迪在这种氛围中汲取了许多关于教学的经验，也为他日后投身教育事业打下了良好的基础。尽管只是名助教，徐匡迪却对自己的要求非常严格。十分关心学生的他，常常利用课余时间到小教室里为学生们答疑、补课。由于教学条件有限，一些学生只能在宿舍里学习，徐匡迪就到宿舍里为他们辅导功课。徐匡迪踏实肯干、平和诚恳，获得了老师和学生的好评。

1963年，表现优异的徐匡迪南下，到刚成立不久的上海工学院，担任冶金工程系炼钢教研室副主任。后来，上海工学院与上海机械学院合并为上海机械学院，徐匡迪成为这所新学院的年轻骨干教师。大学阶段就十分重视实践的徐匡迪，更是在工厂里给大家做起了老师。那时候，上海机械学院的大一新生被安排到上钢五厂实习一个月。在这一个月中，徐匡迪领着学生们一起，同工人一同吃住，实行"三班倒"，俨然成为一名专业的工人。电炉炼钢等方面十分专业的徐匡迪，很快成为一名熟练的工人，在实践操作中，他还将自己的知识传授给新入学的学生，因此，这位大学来的老师慢慢成为工人眼中的"阿匡老师"。正是这些实践上的亲力亲为，使得徐匡迪很快成为学生们心中喜欢的老师。徐匡迪就此走上了真正的为师之路。

改革开放后，中国的知识分子迎来了崭新的春天。1978年，徐匡迪凭借优异的成绩顺利成为"文化大革命"后第一批硕士生导师。1983年，他又被提升为上海工业大学"文化大革命"后第一批副教授，并且光荣加入了中国共产党，实现了多年的夙愿。无论是在本科生教学还是在指导研究生的过程中，徐匡迪都十分重视创新能力的培养，反对填鸭式教学，他对于教育提出了自己的观点——"牧羊论"。徐匡迪说："老师教学生，就像羊倌牧羊一样，要把羊领到水草茂盛的地方，让羊自己吃草，而不是拿草喂给羊吃。"爱岗敬业的徐匡迪，在自己的为师之路上，成为冶金讲坛的"牧羊人"。

1984 年，徐匡迪应邀到瑞典兰赛尔公司任职，主要负责三项工程、两项课题以及新一代产品的开发研究。在那段日子里，他夜以继日地不断努力，坚持工作，为瑞典兰赛尔公司的发展做出了贡献。在那里，徐匡迪难以忘掉自己的教育使命，找到瑞典皇家理工学院的冶金系主任埃克托普教授，请他为上海工业大学培养一名博士研究生或指导一位访问学者，教育经费出自公司奖励的 2 万美元。

上海工业大学校长钱伟长出访欧洲。在瑞典，他看望了徐匡迪的研究集体，并与徐匡迪促膝长谈。说到中国钢铁行业的发展及上海工业大学的建设时，钱校长深情地说："国家需要你，学校需要你，我也需要你回去帮我一起管理学校啊！"听了钱校长的一番话，徐匡迪深感自己作为一名冶金教育和科研工作者的责任，他婉拒了瑞典兰赛尔公司的挽留。"我的岗位在中国"，徐匡迪这样说道。回国后，他立即回到自己的科研阵地和教育岗位上，为振兴祖国钢铁行业不懈努力。

1986 年，徐匡迪回国一年后，担任了上海工业大学的常务副校长，主管学校的行政与教学工作。但烦冗的行政工作没能阻挡他学术的步伐。这位敬业的教师，甚至曾经不顾自己反复发作的腰伤，放弃个人休息时间，坚持为自己所指导的博士批改 100 多页厚的论文，以至头晕眼花，最后需要靠吸氧才能恢复过来。

政协副主席的"特别休息"。

徐匡迪担任全国政协副主席后，虽然工作繁忙，他仍然担任着上海大学博士生导师。作为老师，他对于学生的关爱之情令人钦佩，"有的人休息是打网球、游泳，而我的休息就是带学生，这个很科学，可以让左右半脑轮流放松"。

徐匡迪除了将自己的岗位工作做好，还力求把教育理念带给大家。在两会上，徐匡迪对高校现行的专业设置模式提出异议："我们要把市场的需要作为我们培养人的方向，专业设置应紧跟时代的发展，千万不要像过去那样因'神'设'庙'，有什么样的教授就开什么样的专业，几十年都不变化。"这就是徐匡迪著名的"神庙论"，这一理论在教育界引起了很大的反响。

徐匡迪曾先后在钢院、上海机械学院、上海工业大学、上海大学任教，他爱生如子，辛勤耕耘，教书育人，呕心沥血，为祖国的教育事业做出了卓越的贡献。

百炼成钢，攻坚领航

"青春求知"勇探索。

在经历了 20 世纪 50 年代中后期的历次政治运动后，中国科技界的老一辈早已"伤痕累累"，加之 1960 年苏联单方面撕毁合同，突然撤回专家，给各方面都处于起步阶段的中国留下一个个"半拉子工程"。其中，发展国防事业所必需的"高纯度航空用不锈钢管"的研发亦遭到重创，成为冶金学术界的一个特殊难题。徐匡迪刚到上海就投入该项目的攻关中。凭借着钢院培养的坚实理论基础和实践经验，他和工人、技术人员一起反复试验，不断改进不锈钢冶炼、加工工艺。经过艰苦努力，终于自主生产出国防亟需的超低碳、高纯度、航空用不锈钢管。此外，徐匡迪还参加了国家组织的以"三结合"攻关组为单位的"军用轴承钢"以及"薄壁氧气瓶钢"的研制与生产，并获得了国家嘉奖。正是青春的求知与探索，让徐匡迪在钢铁领域崭露头角，成为不折不扣的"钢之子"。

在"文化大革命"期间，各种科研项目被迫中断。1971 年，徐匡迪被下放到安徽凤阳五七干校劳动，生活虽然艰苦，徐匡迪却丝毫没有放松对自己的要求，依然抱定信念，刻苦学习。他坚信：国家不会永远乱下去，知识绝不会无用。就这样，身处逆境、不甘沉沦的徐匡迪，凭借坚定的信念和一股子韧劲，坚持学习并复习专业基础，为未来积蓄力量。

1972 年底，徐匡迪迎来转机，重返上海工学院，继续从事冶金教学与科研。1976 年，徐匡迪的课题小组和上海钢铁研究所合作的不锈钢精炼新工艺取得了成功，并荣获上海市重大科技成果奖。1976—1982 年间，徐匡迪还发表了多篇论文，承担了国家科委重点攻关项目。20 世纪 70 年代，徐匡迪在喷射冶金的应用领域大展拳脚，特别是特殊钢冶炼方面。

"中国眼镜"惊四座。

20 世纪 80 年代，在瑞典兰赛尔公司，大家簇拥着一个黄皮肤、黑头发的中国人，用掌声与欢呼声欢迎一位冶金方面的专家。他用流利的英语和大家交谈，他的专业知识令公司上下无不钦佩，这个人正是徐匡迪。原来，

1982 年，徐匡迪率领的展出团在国际冶金工艺及装备博览会上，击败了在此专业一直处于强势地位的德国和日本竞争对手，从而为兰赛尔公司赢得了北海油田管线钢的合同。这是一项无法用金钱来衡量的技术资本。由于该项目在以后三年中可以为当地增加 300 个就业岗位，整个城市都为此欣喜若狂。在该市举行的庆祝活动上，徐匡迪作为功臣，受到热烈欢迎和祝贺。同时，为了表达全体市民对徐匡迪本人的感谢和喜爱，该市还授予他"荣誉市民"的称号。中国的教授在瑞典技惊四座，引起很大的反响。专业知识精湛、工作认真负责的徐匡迪很快升任为公司的技术副总。从初来乍到的陌生，到赢得外国公司的信任和重视，这绝非轻而易举之事，成功的背后，是徐匡迪长期以来的坚持和努力。正是在兰赛尔公司工作的经历，使得徐匡迪与瑞典结下了不解之缘，并被瑞典皇家理工学院聘为客座教授。2003 年，徐匡迪又当选瑞典皇家工程院外籍院士。

"实践是检验真理的唯一标准。"1984 年，徐匡迪在海外工作时，曾为北海油田生产抗硫化氢腐蚀的厚壁钢管。其中有一炉出钢时，徐匡迪通过国内带去的炼钢镜，肉眼判断温度，果断地提出停止钢包喷吹处理，直接浇注，否则可能冻包。英方炼钢分厂厂长察看了操控室的自动测温记录，根据仪器的记录，判断可以进行喷吹。于是，他回应了一句英国式的幽默，"但愿这次是你的眼睛不准"，并坚持按原计划进行喷吹。徐匡迪则根据实践经验坚持这一炉不列入试验供货计划。英方厂长决心和徐匡迪开个玩笑，便在炉前记录上写下"徐教授认为这炉温度不够"，并要求徐匡迪在下面签字，徐匡迪毫不犹豫地签了。结果，果然有近 200 吨钢水冻在包中，造成了一次较大的事故。由此，"中国眼镜"惊四座。

后来，徐匡迪被英国土木工程师学会授予名誉外籍会员，并当选英国皇家工程院外籍院士。

"生产难题"大突破。

徐匡迪作为钢铁冶金领域的专家，在科研与技术革新方面取得了不小突破，解决了许多生产上的难题。炉外精炼是近代化工业过程单元优化在炼钢中的具体应用，可将炼钢过程的精炼反应进行优化分工。这不仅能带来高效率和高质量，还能带来更加丰富的钢材品种。20 世纪 80 年代初，由于种种原因，炉外精炼技术的落后已经成为当时限制我国提高钢材质量的瓶颈之一。徐匡迪从各个角度出发，奠定理论基础，并结合国内钢铁企业的生产实践做了系统的研究，为电弧炉冶炼不锈钢新工艺的开发发挥了重要作用。他主持开发完成的精炼轴承钢工艺，使上钢五厂的特殊钢产品质量保持国内领先，钢材纯净度接近世界先进水平。以他的理论和实验室模拟研究结果为基础，日本新日铁公司等开发完成了用于高纯净度管线钢精炼新技术，成为世界上冶炼优质钢水的主流技术之一。

不仅如此，如何延长电弧炉的使用寿命也是关系到炼钢发展的重要命题。为了给电弧炉延寿，徐匡迪煞费苦心。徐匡迪带领他的同事和上钢三厂合作，研发延寿新方法。在实践中，凭借深厚的理论功底以及多年的实践经验，结合国外的相关研究，徐匡迪团队经过几个月废寝忘食地埋头苦干，终于研制出了我国第一个电弧炉水冷挂渣炉壁，并在上钢三厂投入使用。这一具有历史意义的成果，在国内冶金界引起了轰动。同时，这一成果使得电弧炉及时弥补了寿命过短的这一致命缺陷，并终于在"炉龄战争"中站稳了脚跟。

熔钢治世，为党为民

机遇总是被有准备的人牢牢抓住。1989年，上海市召开各界人士参加的经济形势座谈会，会上徐匡迪用自己敏锐的洞察力谈到"计划经济已不再适合现今中国的发展"，这在当时是需要极大勇气的。一番鞭辟入里的论述深深打动了正一心致力于改革且求贤若渴的市长朱镕基。他看到了眼前这位工科教授对经济的超凡悟性。徐匡迪话语中流露出的过人的才华以及饱满的爱国热情，在会上受到了肯定。于是，徐匡迪开始了由上海市教卫办公室副主任及兼任高教局局长身份的漫漫"治世"之路。

1995年，徐匡迪当选为新一届的上海市市长，一个月后又当选中国工程院院士，成为当时唯一的院士市长。

三个月的"军令状"。

20世纪90年代初，我国正处于经济体制的转型和探索期，计划经济意识根深蒂固，市场调节举步维艰，各地都在摸着石头过河。徐匡迪正是在此时接到了履新上海计委的委任状。当时计委的很多干部对搞教育、学工科出身的徐匡迪能否胜任表示怀疑，认为他在经济管理方面知识不专、能力不够。于是，在他上任后的第一次计委会议上，就有人拿出了各种统计资料，摆在徐匡迪面前说："计委是最大的综合部门，亦是最高层次的经济决策机构，刚进入这一领域的同志一般需要用几年的时间来熟悉。"巨大的压力没有使徐匡迪低头，而是当场立下军令状："我将用三个月时间尽快熟悉这里的工作，否则我就向市委提出辞呈！"

功夫不负有心人。三个月后，徐匡迪不仅熟悉了计委的全部工作，而且对之前工作中存在的问题提出了自己独到的见解。其"入行"的适应力和创造性，以及解决问题的才能，很快得到了计委上下的一致肯定，而他对待工作认真负责的态度更是令每个与他接触过的人都肃然起敬。那时徐匡迪没有午休时间，也放弃了节假日和晚上的休息，夜以继日、全身心地投入工作，他的工作作风带动了整个部门。

虽身处计划经济时代，徐匡迪却是一个"不喜欢计划经济"的计委主任。1981年作为访问学者游学英国期间对宏观经济知识的积淀和对国家未来经济发展走向的深入思考，加之在瑞典兰赛尔公司期间对市场经济的实践感悟以及围绕公司运营撰写的10万字工作笔记，使徐匡迪对于经济建设有着独到的眼光。经过反复思考、调研和咨询，他带领计委主动将负责审批项目和投资的四个审批部门划出计委，分别归到工业、农业、城建、商业部门去，这一举动在旁人看来无异于"自断手臂"，一时之间，惊讶、质疑不绝于耳。与此同时，徐匡迪进一步转变计委职能，一方面筹建几个全国性的大市场，也就是证券市场、期货交易市场、外汇交易市场和人才市场；另一方面，用市场的方法来筹集大资金搞建设，通过市场运作解决了徐浦大桥等大项目的资金难题。随后几年，上海经济腾飞、产业繁荣的不争事实，印证了当年计委改革的正确性和前瞻性。更为重要的是，这段时期徐匡迪带领计委所进行的革新，为上海的经济转型铺好了路子，真正将计委由经济发展的"瓶颈"和矛盾的焦点，转变为上海转型发展的助推器，也使上海站在了全国市场经济改革建设的最前沿。

从市长到院长。

2002年，中国工程院院士大会选举产生了中国工程院第三任院长——徐匡迪。

在当选院长的第二天下午，徐匡迪出席记者招待会。有记者提出徐院长之前是上海市的市长，现在成为中国工程院的院长，两种角色有何不同？徐匡迪对此直言不讳：不同之处在于，上海市是一个城市，有1600万人口。作为一个地方政府的负责人，面对的是上海人民的日常生活，既有城市规划和产业结构调整这些大事，又有许多很具体、急需处理的事。而中国工程院是我国工程技术界最高荣誉性、咨询性学术机构，由院士组成，每位院士都是德高望重、在工程技术界做出杰出贡献的工程技术专家……所以我的任务就转变成组织、发挥我们国家最宝贵人才的集体智慧，让他们为国民经济的发展、重大工程项目的建设提供决策咨询，发挥院士们更大的作用。

在日后的工作中，徐匡迪也是凭借着对中国工程院作用和地位的准确把握与认识，确保院士质量不动摇。徐匡迪在工作之初就明确提出了"五个不希望"直指学术作风弊病：不希望有什么活动都参加的社会活动型院士；不希望院士为提高某项研究成果层次而随便挂名，导致不尊重别人的劳动，或要对自己并不熟悉的科研成果负责；不希望院士以行业的"祖师爷"自居，压制青年科技工作者或有不同学术观点的人；不希望院士参加商业炒作和商业包装；不希望和明确反对院士卷入伪科学和封建迷信活动。这对当时学界中渐渐出现的违背科学道德的不端行为和院士们参加活动过多过滥，浮躁、浮夸之风抬头的现象起到很好的警示作用，受到了院士们的高度认同和普遍赞扬，在社会上也引起了强烈的反响。

在徐匡迪的带领下，中国工程院不断开拓创新，完成了国家许多决策咨询活动，以及面向企业和地方政府的咨询，在国内咨询行业确立了独特的优势地位，得到了国家和社会的高度认可。除此之外，徐匡迪在研究咨询的过程中，还针对现实问题，提出了很多具有前瞻性和批判性的改革发展建议。

2006年，徐匡迪以高票连任工程院院长。在新的任期内，徐匡迪对工程院的发展和管理有了更加清晰的思路。针对工程院建院时间短，机关机构不够完善的情况，徐匡迪通过争取编制、设立制度、选贤聚才，把工程院下设的四个局级单位逐步完善起来，又一步步稳步推进中国工程院机关内的改革以及民主制度建设，使工程院机关不断焕发新的活力，呈现出欣欣向荣、快速前进的发展风貌。同时，针对中国工程院没有独立办公楼的实际困难，徐匡迪通过积极争取，亲自监督，为广大工程科技工作者建立了实用而不奢华的绿色家园。新办公楼堪称科技、环保与人文的结合，体现了中国工程院应有的设计和建造水平。

2003 年，徐匡迪当选为第十届全国政协副主席。正如他自己总结的那样："不管我是上海市长还是中国工程院院长，有一种情怀是相同的，我只有一个选择，那就是全身心投入，把党和人民交给我的这个重任完成好。我的终身愿望就是报效祖国！"他自始至终用行动诠释着自己的赤胆忠心，与无悔钢魂。

钢情一生，淑质赤诚

"徐挑夫"二三事。

徐匡迪和夫人许珞萍教授的爱情故事既叫人羡慕又经历着特殊的考验。在长达 12 年的时间里，徐匡迪夫妇因为工作被分隔在两个城市，平时难得见一面，只能靠每周一封的书信传达对彼此的爱与思念。家中的大小事务全由夫人一人承担。但是，她从来没有向丈夫抱怨过，一如既往地支持着丈夫的工作，一个人把家务打点得井井有条。妻子的理解和坚持，让徐匡迪看在眼中，记在心里。每次一有机会回家，他都会尽自己所能揽过所有的家务，让妻子稍作休息。

20 世纪六七十年代，中国的家庭还是由国家按月计划供应的，徐家也是一样，每月能领到国家供应的蜂窝煤票。由于煤场离家较远，加之家住顶层，徐夫人一人无法将煤搬回来，所以徐匡迪每次回家都要先搬够一定数量的煤，码放整齐，确保妻子可以放心地用。一次暑假，徐匡迪正往家里挑煤。楼下一位老太太看到身着白色背心短裤、身上煤迹斑斑的徐匡迪，误将他认作挑夫，就说："那个挑煤的，你也帮我们家挑一担吧。"徐匡迪欣然答应，很快挑够了两家的煤，后来老太太才从自己的小辈们那里得知，给自己挑煤的"徐挑夫"竟然是大学老师，自此不知如何是好，徐匡迪微微一笑，安慰她说："阿婆，您别在意，我以前还挑行李走过山路呢，这点儿煤不算什么！"

"六亲不认"的市长。

"在我的任期内，请大家就不要来找我了。"1995 年，在上海的一家饭店包间内，徐匡迪端起了酒杯，面向全家长辈亲朋，郑重说道。这是发生在徐匡迪正式出任上海市长之后、第一次家族聚会上的一幕。"我现在当了市长，这是党和人民对我的信任，家庭成员也要理解我。我做得好，大家都光彩，做得不好就是家庭的耻辱。因此，在任期内我是六亲不认的，你们有事没事别来找我，我也不会给你们办的。"说完，徐匡迪将杯中酒一饮而尽，就这样开始了他的市长生涯。

2003年，徐匡迪的母亲——90岁的王志强老人在上海溘然长逝。得知噩耗的徐匡迪悲痛万分，即刻奔赴上海。一想到自己因忙于工作而未能见到母亲最后一面，徐匡迪顿时心如刀绞。赶到病房，徐匡迪再也抑制不住内心的悲痛，一下子扑上去紧紧抱住母亲的遗体，长跪不起。根据母亲的遗愿，徐匡迪向家人约法三章：其一，不能影响所有人的工作，不向领导机关和同事好友发讣告；其二，丧事从简，谢绝任何人送的花圈花篮；其三，不做厚葬，火化后骨灰撒入西湖、钱塘江，让老人与青山秀水长伴。瑟瑟寒风中，徐匡迪小心翼翼地捧着母亲的骨灰盒，在妻女的陪伴下，一步一步，缓缓踏上了返京的航班……简朴的告别，却在每一位知情人的心中留下了深刻的印象。

举手投足真性情。

2002年4月，在北京科技大学的校园内，火红的气球高高飘扬，喜气洋洋的学子汇聚一堂。一条鲜艳的横幅飘扬在蓝天碧草间："热烈庆祝北京科技大学建校50周年！"这一刻，充斥着纵情的欢呼和重逢的喜悦；这一刻，汇聚了庄严的凝视与学子对母校的感激。徐匡迪也是这欢腾中的一员。在校庆典礼上，他向台下的校友和同学们缓缓地鞠了一躬，再向主席台上的恩师们——魏寿昆院士、柯俊院士、关毓龙老师……深深地鞠了一躬。台下顿时掌声雷动，这是一个学者的严谨风范、一个官者的谦逊风度，更是一个校友对母校的深情厚意。

2006年9月，人民大会堂河北厅内座无虚席，共庆中国科学院院士、北京科技大学建校元老魏寿昆先生百岁华诞。在魏先生的生日庆典上，当轮到徐匡迪发言时，年近七旬的他走到了魏先生面前，与恩师热情的拥抱在一起。当年意气风发的学子，已是古稀之年，数十载的师生之情骤然间融化在这一拥抱中，感动了在场的每一个人。随后，徐匡迪缓步走到自己的位子前，并没有就座，解释说："在老师面前我只能站着说话。"正当人们感慨之际，徐匡迪又面向魏老问道："这样的声音大小可以吗？"人们无不为徐匡迪尊师的品质和独特的人格魅力深深打动。

为学，徐匡迪在喷射冶金、不锈钢精炼、炉外精炼、熔融还原以及冶金物理化学、电冶金等领域内的杰出成就享誉海内外，以赤子情怀在中国钢铁业从小到大、从弱到强的历史征程中，立下赫赫功勋；为师，徐匡迪以春风化雨、爱生如子的情怀和不问收获、辛劳耕耘的勤勉，在北京、上海两地的三尺讲台上，播撒知识的种子，悉育钢铁冶金的脊梁，收获满园桃李；为官，徐匡迪以战略家的视角、科学家的严谨、实干家的赤诚，助力世纪之交上海飞速发展的奇迹，又站在全国政协的舞台上继续为民谋福、为国效忠；为人，徐匡迪对家人柔中有刚，对老师恭敬如父，对同事关心支持，对朋友真诚友善，广受爱戴。诚如徐匡迪所言："我将永远坚持自己的人生哲学：对党、对祖国无限忠诚，对事业充满热诚，对同志、朋友永远真诚。"

勇擎钢铁脊梁

——记冶金学家、钢铁冶金专家、中国工程院院士殷瑞钰

殷瑞钰，江苏苏州人，生于1935年7月，原冶金工业部副部长，钢铁研究总院高级工程师、名誉院长；钢铁冶金专家，冶金流程工程学的开拓者，工程哲学开拓者之一。1957年毕业于北京钢铁工业学院冶金系。历任唐山钢铁公司副经理、总工程师，河北省冶金厅厅长，冶金工业部总工程师、副部长，钢铁研究总院院长等职；曾兼任中国金属学会名誉理事长，中国工程院化工、冶金与材料工程学部主任。在20世纪90年代，在全  国范围内大力推进连铸技术等六项关键技术及其集成优化，提出钢铁制造流程的整体优化概念，在新一代钢铁基地建设方案的技术决策中发挥了重要作用，致力于工程哲学研究。1994年当选中国工程院院士。

殷瑞钰，1935 年 7 月生于江苏省苏州市一个职员家庭。1947 年于苏州晏成中学初中毕业，1953 年于苏州市第一中学高中毕业，同年考入北京钢铁工业学院冶金系，1957 年毕业分配到唐山钢厂工作。该时正值第二个五年计划时期，唐山是中国近代工业发源地之一，唐山钢厂在我国转炉炼钢发展中曾发挥过重要的技术基地作用。虽然当时百废待兴，条件艰苦，但这里是殷瑞钰事业的起点。从此开始，经过不同岗位的锻炼成长，殷瑞钰为中国钢铁工业崛起乃至雄踞世界倾注了毕生的心血。

1957—1983 年，唐山钢厂的发展反映了殷瑞钰火红的青春并开启了他丰富人生的新篇章。在这个充满变化的时期，他从一名普通的大学毕业生，逐步成长为车间技术员、转炉工段总工长、技术科副科长。组建唐山钢铁公司后，历任钢铁研究所副所长、所长，1978 年提升为工程师，后又历任公司副经理、总工程师等职，并获得高级工程师职称。即使是在 1966—1976 年间的"文化大革命"期间遭受不公正待遇，他仍然坚持注意学习科学技术，注意跟踪正确的技术方向，辛勤地耕耘在钢铁生产第一线。在唐钢期间，他先后承担了唐钢第二炼钢车间 8 吨涡鼓型侧吹转炉的设计和生产工作；主持并参与了唐钢第一炼钢车间氧气顶吹转炉的改造以及氧气底吹转炉、氧气侧吹转炉的工业性试验；主持并参与了转炉直接拉碳法冶炼碳素工具钢、弹簧钢、海军用锚链钢等品种的研究开发。1975 年，殷瑞钰发现炉渣在转炉炉衬上熔接上长的现象，并发表论文。20 世纪 80 年代初期，他在唐钢总体技术改造方案的决策讨论中发挥了关键作用，特别是在选择初轧机还是连铸技术的战略决策判断上，力主停建初轧机，选择连铸工艺，并主张淘汰化铁炼钢，改为建设大高炉自主炼铁。这为唐钢的技术改造和结构调整把握了正确的方向，从而使唐钢由中型钢厂成为完整的大型钢铁联合企业。他在唐钢从工厂的基层干起，始终保持着独立思考、不断学习的积极态度，在各个岗位工作中不断成长进步，在实践中深化理论认识，并养成了及时总结和提升认识的好习惯。

1983—1988 年，他担任河北省冶金厅厅长，主要负责管理河北省钢铁工业的发展战略、企业领导班子建设、科技进步、生产运行、质量管理等方面的工作；参与了唐钢、邯钢、承钢等钢厂的技术改造规划制定。同时，还在深入基层调查研究的基础上，推动河北省黄金工业的建设和发展，其中包括崇礼、赤城等地区的新金矿建设。五年的努力和决策的实施，为河北钢铁工业的发展打下了坚实基础。

1988 年起，殷瑞钰担任冶金工业部总工程师、副部长，主持和参与了20 世纪 90 年代全国钢铁工业的技术进步和战略决策，主持并直接推动了连续铸钢技术的突破、全连铸钢厂的结构性升级和全国性普及，推动不同容积高炉喷吹煤粉强化冶炼等六项关键技术实现突破，并结合及时、有序的战略性投资，初步实现钢厂生产流程和技术结构的升级和优化：大多数钢厂在增产、节能、降低成本、提高产品质量、减少各工序的排放量、提高劳动生产率等方面取得了明显的技术整合效果，体现了中国特色，使中国钢铁工业的技术水平上了一个新台阶。

1995 年兼任钢铁研究总院院长，2001 年后任钢铁研究总院名誉院长。基于不断丰富的理论知识和实践经验的基础，以及对钢铁工业的发展战略、关键共性技术和钢铁制造流程的解析与集成等方面进行的长期、系统的研究，殷瑞钰提出了一系列钢厂模式及其结构优化的技术思路和经济评价的观点，形成了具有开创性的新学科分支——冶金流程工程学。经过十年的深入思考和潜心研究，从工程科学的高度开拓了冶金流程工程学学科新分支，并出版了专著《冶金流程工程学》，得到国内外学术界、企业界以及政府有关部门的关注和肯定。其英文版也出版了。新世纪以来，以殷瑞钰为首的团队提出的"钢铁制造流程三个功能"的理念，为国家"十一五"规划纲要采用，在钢铁行业中产生了重要影响，并在新一代钢铁基地建设方案的技术决策中发挥了重要作用；提出钢厂能量流网络的理论概念和低成本、高效率洁净钢制造平台集成技术，并推动实施。在 21 世纪初，作为中国工程院工程管理学部的跨学部院士，致力于工程哲学研究，发挥了开拓性的作用，出版了《工程哲学》及其姊妹篇《工程演化论》，受到社会上有关学术团体、大学、企业等方面的关注和好评。

近 20 年来，在殷瑞钰的指导下，中青年科技人才茁壮成长，他曾在北京科技大学、钢铁研究总院和东北大学、中国科学院研究生院担任兼职教授或博士生导师，已培养博士后、博士生和硕士生 50 多人，为培养我国冶金工程科学人才做出了贡献。他还热衷于学术刊物工作，担任《金属学报》编委等职。

殷瑞钰时刻关注世界钢铁工业的动态，积极参与并倡导国际学术交流，也是国际钢铁界的著名学者和活动家，一直致力于促进我国钢铁界与国际钢铁界的交流与合作，特别是持续推动了中日、中澳和中德之间钢铁领域的定期学术交流与合作，并主持召开了涉及炼铁、炼钢、连铸、轧钢等专业领域的国际会议，在国际上享有很高的荣誉和声望，推动了国际钢铁冶金领域的技术进步和理论发展。

殷瑞钰热爱党，忠于党的事业，心甘情愿地为国家服务，热爱祖国，胸怀钢铁报国之志，毫无保留地将自己的渊博知识和丰富经验奉献给祖国和祖国的钢铁事业。工作生涯兼涉学术界和产业界，理论与实践兼长。他的研究领域主要涉及冶金学、冶金工程、工程管理和工程哲学，历年来发表论文 200 余篇，出版著作 10 余部。由于对钢铁工业发展的重大贡献，1994 年殷瑞钰当选为中国工程院首批院士，曾获国家科技进步二等奖 1 项、冶金工业部科技进步一等奖 3 项、何梁何利奖、中国金属学会冶金科技终身成就奖等。

大力推动全连铸技术，发展高效连铸

自 1988 年开始，殷瑞钰在全国范围内倡导并推动实施"以连铸为中心，炼钢为基础，设备为保障"的技术路线，提出了以加速发展连铸工艺为中心，带动炼钢、轧钢乃至整个钢厂生产流程结构优化的方案。在全国范围内推动连铸技术的过程中，首先解决了连铸机长期不达产的问题：重新研究并制定了连铸设计规范、确定合理的铸坯断面尺寸等参数、铸机合理规模化等；进而提出了全连铸炼钢厂整体优化的技术路线，即炼钢炉—二次冶金—连铸机三位一体，整体优化，发展全连铸的优化途径；继而又积极组织和推进以高拉速为核心的高效连铸技术的研究开发和应用，使我国小方坯连铸技术达到国际先进水平，并实现了小方坯高效连铸机工艺、装备的国产化。全国连铸比大幅提高，我国连铸的发展速度达到了发达国家发展最快时期的水平。新世纪以来，他又大力组织并推动了我国薄板坯连铸连轧工艺、产品的开发和交流，使我国薄板坯连铸连轧生产工艺进入国际先进行列。这与他作为钢铁行业的技术专家和战略型领军人物之一，善于认识并坚持正确的技术路线，并深入工厂切实推进是分不开的。

开拓冶金流程工程学分支学科

殷瑞钰在半个多世纪的生产、科研和管理实践过程中，不断地在钢厂整体生产流程和钢厂模式方面进行系统化、理论化和工程化的探索和思考。特别是从 20 世纪 90 年代我国钢铁工业技术进步、技术改造和取得的成果中总结经验并进行理论思考，创造性地提出钢铁制造流程中的工程科学问题，指出冶金制造流程中存在着不同时空尺度上的科学问题，即基础科学、技术科学、工程科学三个层次的问题，并从工程科学的层次上开拓了冶金流程工程学学科新分支，研究了钢铁制造流程动态运行的物理本质和钢铁制造流程宏观运行动力学等理论问题，指出钢铁制造流程的特点是物质状态转变、物质性质控制和物质流管制在制造过程中的有效集成。进而指出钢铁制造流程动态运行的物理本质是：铁素物质流（如铁矿石、废钢、铁水、钢水、铸坯等）在能量流（主要是碳素流）的驱动和作用之下，按照特定的运行程序，在"流程网络"中作动态有序的运行；在"流程"的运行过程中，铁素物质流和碳素能量流时而"耦合"、时而分离，分别形成了铁素物质流的"流程网络"和能量流的"流程网络"。研究了钢厂模式优化，提出了新一代钢铁制造流程的概念和理论框架，从而前瞻性地提出了未来钢厂应具有三个功能的新理念：即优质钢铁产品高效率低成本制造功能、能源高效转换和及时回收利用功能、社会大宗废弃物处理消纳和再资源化功能，为新一代钢厂的建设提供了新概念、顶层设计方案和若干关键技术的支撑：在首钢曹妃甸钢铁新基地等工程中得以成功应用，并为新世纪钢铁工业的绿色化、智能化发展提供了理论基础和工程导向。

殷瑞钰阐述了钢厂结构优化理论的工程逻辑：实际上是在制造流程集成优化下的冶金流程结构分析和重组；深入地研究了冶金工序功能集合的解析优化、工序之间关系集合的协调优化、钢铁制造流程中工序集合的重构优化，丰富了冶金学的理论。针对钢厂制造流程的工程分析和钢厂模式研究，从工程设计上归纳并提出了钢铁生产流程运行中的四类典型工程效应，即"临界—紧凑—连续化"效应、"解析—集成"效应、"瓶颈"效应和"动脉—静脉"循环效应；提出不同类型钢厂的结构优化的模式及其经济评估。在此基础上，结合钢铁工业的流程制造业特点，研究了钢铁制造流程的本质、属性、内涵理论，提出了钢铁制造流程整体优化的理论框架。他将几十年的实践和研究成果探索出具有代表性的专著《冶金流程工程学》。该书出版后得到工程学界和企业界的热烈反响，现已成为现代冶金流程优化研究的代表性著作。

作为首席科学家，殷瑞钰主持并参与了"九五"期间国家攀登计划——熔融还原炼铁技术基础研究项目。他所带领的团队经过基础理论研究与实验研究，提出了有中国特色的低二次燃烧率、中等预还原度两步法的熔融还原炼铁新工艺流程，成功地完成了半工业试验，并构想了利用尾气进行发电或制成氢气、二甲醚等工艺技术，申请了多项专利。该项目曾获冶金工业部科技进步一等奖。

钢铁工业生态化，助力新一代钢铁基地

进入新世纪以来，殷瑞钰结合冶金流程工程学的研究，在中国工程院的支持下，主持并参与了重大咨询项目"中国可持续发展的矿产资源战略研究""绿色制造与钢铁工业""新世纪 20 年中国钢铁工业的定位和发展战略""流程工业与循环经济"和"过程工业与低碳经济"等多项中国工程院咨询项目的研究，并完成了多项钢铁工业发展的咨询报告等新领域的开拓性研究。还负责"钢铁工业生态化模式及其管理和评价体系""钢铁工艺流程环境负荷评价体系"等多项国家自然科学基金项目。从工业生态学和冶金流程工程学的理论出发，研究了钢铁工业生态化的概念和内涵，提出了循环经济应是以"3R"（即 Reduction，Reuse，Recycle）为原则，进而实现"5 要素"（物质—能源—时间—空间—资金）集成优化的新理念，并指出钢铁工业是我国新型工业化进程中的基础性、支柱性产业，同时也应是推进循环经济的优先切入点和重要环节，发挥钢厂的三大功能是钢铁企业融入循环经济社会的有效途径。其研究成果已为国家"十一五"规划纲要所采用，为国家制定中长期科技发展规划和钢铁产业发展政策提供了可靠的科学依据，对于推动我国钢铁工业的功能拓展和发展循环经济具有重要的现实意义和深远的社会效益。

他和徐匡迪院士、张寿荣院士等一起，牵头负责中长期科技发展规

划"新一代钢铁制造流程"的战略研究，提出要集成现有的先进工艺技术、优化的界面技术和新开发的技术，构筑起具有高技术含量、具备三项功能特点的新一代钢铁制造流程，为国家科技部确立"十一五"重大支撑计划"可循环钢铁流程的工艺与装备"提供了重要的科学依据。

作为国家"十一五"规划专家委员会的成员，殷瑞钰对我国"十一五"规划和发展提出了重要意见。在曹妃甸新一代钢铁基地的规划与建设过程中，殷瑞钰多次参与工程方案咨询，多次到有关钢厂、有关钢铁设计院做学术报告，并提出在建设具有三大功能的新一代钢铁制造流程过程中，应大胆创新性地采用以大型高炉、铁水包多功能化（俗称"一包到底"技术）、铁水全量"三脱"预处理、高效率真空脱气装置、高拉速板坯连铸机为核心的洁净钢生产平台，构成"2-1-2"的流程网络结构（即2座高炉—1座炼钢厂—2套热轧薄板轧机），并提出应以信息化控制的动态有序、连续紧凑运行为目标的设计原则等重要的指导性意见，为我国未来大型现代化钢厂建设提出了新思想。

工业绿色发展

2013年，作为工业和信息化部与中国工程院合作的重大咨询项目"工业绿色发展工程科技战略及对策"的负责人，他牵头组建了由多家单位和200多位专家组成的研究团队，以重点高耗能行业推进绿色、低碳、循环发展为目标，在分析研究以钢铁、有色、石化、化工、建材、造纸为代表的流程制造业及所涉及的通用机械和某些高耗能的工业装备所处现状和面临的挑战基础上，研究了六大行业的产量峰值的拐点，单位产品能耗的进步，行业能源消耗总量和污染物排放总量的峰值；提出流程制造业应拓展功能、融入循环经济，关注开发行业（产业）间及与社会的生态链接技术，并构建了不同类型流程制造业的循环经济模型；提出了工业绿色发展的工程科技战略对策，包括5大引领性重大工程、42项示范带动项目和一系列关键技术。项目提出的很多新见解和重要的工业绿色发展工程科技战略对策，具有宏观性、战略性，又具有前瞻性和实用性，绿色发展被纳入"中国制造2025"发展战略之中，并为"十三五"工业绿色发展规划提供重要依据。

工程哲学的开拓者之一

殷瑞钰常讲："有多大的眼光看多大的事，多大的胸怀办多大的事。"他在长期从事钢铁冶金工程科学研究和管理实践的基础上，在新世纪之初进一步拓宽研究领域，致力于工程哲学的研究。与汪应洛、李伯聪等院士和专家合作，开展工程与工程哲学的专题研究。他指出工程哲学是面向实践的、面向现实生产力的、面向工程管理的、面向工程思维的、面向工程知识的哲学；他强调工程与哲学互相需要、哲学就在我们身边，哲学就在我们的实践过程中，工程师需要哲学、哲学家要面向工程、工程是现实生活世界中人类活动的主战场，工程是现实生产力，工程需要哲学思维。当21世纪之初工程哲学兴起时，中国工程师和哲学家走在了国际同行的前列，殷瑞钰院士会同工程师和哲学家提出和阐释了一个包括科学 - 技术 - 工程三元论、工程演化论、工程本体论、工程方法论和工程知识论"五论"在内的而以工程本体论为核心的工程哲学理论体系框架。同时，他负责组建了工程哲学专业委员会，并推动中国工程院工程管理学部的院士们和中国自然辩证法研究会工程哲学专业委员会的哲学家们结合在一起，形成"组织化"研究团队，持续立题开展工程哲学领域的研究。他推动哲学界和工程界形成牢固的联盟，形成了中国工程师和哲学家相互学习、密切合作、共同探索工程哲学新方向的学术团体，并持续举办了一系列国内外学术活动和宣讲活动，形成了工程哲学领域的中国学派。此外，他也在积极呼吁教育界特别是工科教育人士重视工程哲学的发展进程，并积极推动工程哲学进入工科大学本科教育的课堂，指出工程哲学可以推动、促进工科教学的创新，推动工程哲学学科建设。他与研究团队一起著有《工程哲学》《工程演化论》《工程方法论》《工程知识论》等。还深入大庆油田、宝山钢铁公司、三峡总公司、港珠澳大桥工程等工程单位以及清华大学、北京大学、哈尔滨工业大学、北京科技大学等高等院校讲解工程哲学，并在相关国际会议上宣讲中国工程哲学研究的进程和成果，受到国内外工程界、哲学界、教育界和其他有关读者的欢迎。

板形之先，满井之霖

——记冶金机械专家、中国工程院院士陈先霖

　　陈先霖（1928—2009），四川遂宁人，生于1928年9月，原北京科技大学教授，冶金机械专家、工程教育家。1949年毕业于上海交通大学机械工程系；1954年起任教于北京钢铁工业学院，历任机械系冶金机械教研室主任、机械系副主任、研究生院副院长、图书馆馆长，博士生导师。曾任国务院学位委员会学科评议组成员，中国金属学会《钢铁》杂志编委。长期从事重大冶金设备运行性能的研究，是应用弹性系统动力学理论及断裂力学理论分析解决重大零件断裂事故的先期工作者之一，在冶金机械力学、强度方面的研究中取得系统成果。多年来针对武钢、宝钢的宽带钢轧机及攀钢、鞍钢等大型转炉设备在生产中出现的各种重大技术疑难问题，取得多项重要研究成果。获评"六五"国家科技攻关有重要贡献人员，1995年被评为全国教育系统劳动模范。1995年当选为中国工程院院士。

为学，他严谨求实、敢为人先；为师，他兢兢业业、无私奉献；为人，他质朴淳厚、无欲则刚。在其 81 年的生命中，陈先霖始终以坚守者的姿态，穿行于科学界和教育界，人如其名，为霖济物，清辉溢世，灼灼明然。

云腾，丰富学识的积累

1928 年，陈先霖出生在四川遂宁的一个知识分子家庭。天资聪颖的陈先霖勤勉好学，垂髫之年就到私塾读书，深得老师喜爱。"人之初，性本善。性相近，习相远。"从《三字经》《千家诗》《幼学琼林》到《唐诗三百首》，中国传统文化中仁爱谦和的思想好似涓涓细流般滋养着他的品行。

近代的中国历经血雨腥风，国家基础建设基本陷于停滞。作为一名铁路工程师的儿子，陈先霖深受父亲的影响，很小便决心投身交通事业，实业救国。1945 年，他顺利考入上海交通大学，学习船舶工程。学习一年后，他感觉机械为工业之首，发展实业离不开机器设备，随即转入机械系。

大学四年，春秋易序，陈先霖把精力投入学习当中，丰富着自己的学识，不断向实业救国的目标迈进。数不清多少个清晨，陈先霖在舍友熟睡时就已起床，日复一日地刻苦学习，成绩出众。然而，孑身在上海求学的陈先霖无依无靠，通过课余在校外打零工维持学费和生活费用。陈先霖当时有两份兼职：为杂志社测绘地图以及翻译英文。虽是谋生的手段，他却也热情投入。测绘让他的绘图功力大增，翻译英文帮他打下了坚实的外语基础。美好的校园生活对陈先霖的影响是深远的，勤奋成为他不变的习惯，实践对学习的促进让他深感学习方式方法的重要。

1949 年，新中国成立。陈先霖异常兴奋，百废待兴的大环境下，他决心把自己的本领毫无保留地奉献出来。经过四年学习生活的陈先霖就像一朵饱含学识和理想的云，准备在新中国的舞台上挥洒甘霖。

霞蔚，照耀科研的殿堂

新中国成立后，陈先霖被分配至重工业部工作。1954 年陈先霖进入刚刚成立不久的北京钢铁工业学院任教。在这里，陈先霖开始了他科教报国的征程。

　　陈先霖刚到钢院时，正值我国"一五"计划起步。国家正大规模开展冶金工业的建设。为了国家的需要，陈先霖毅然肩负起责任，把自己一生的精力投入到科研和教育工作中。从炼钢机械到轧钢机械，从生产工艺到机械装备，从实验研究到大规模的工业测试，从经典力学分析方法到现代计算机仿真技术，从钢铁工业老基地鞍钢到现代化钢铁工业的代表宝钢，从国内研制的炼钢转炉到国外引进的大型冷、热宽带钢轧机，50多年的时间，陈先霖以饱满的热情、勤奋的工作解决了钢铁设备运行中的重大科技难题，完成了一系列国家科技攻关项目。

　　初战攀钢，勇担转炉安全责任。

　　20世纪70年代初，攀枝花钢铁公司安装了我国自行设计制造的3座120吨大型转炉。正是这组当时十分先进的设备，成了陈先霖走向科学研究与企业生产结合之路的开端。

　　1972年，攀钢2号转炉直径800毫米的合金钢主轴突然发生断裂。由于当时科技界对于断裂知识的匮乏和"文化大革命"的特殊背景，很多人怀疑这是"阶级敌人"的破坏之举。人心惶惶之际，陈先霖率课题组从主轴的断口特征入手，对转炉主轴的动应力进行了系统测试，运用断裂力学理论，对主轴断裂的现象给予了科学解释：在大幅交变应力的持续作用下，存在于主轴沟槽根部的裂纹缺陷失稳扩展而导致断裂。然而，在当时特殊的时代背景下，这个结论一出立即遭到众多质疑：同样的转炉攀钢有3座，为何独有2号转炉主轴发生意外？陈先霖也因此背负着无形的舆论压力。不过，仅五年之后，1号转炉主轴也发生了同样的断裂现象，这一事实最终成为陈先霖结论正确的有力证明。陈先霖对攀钢120吨转炉主轴的失效分析，成为那个年代将动力学及断裂力学理论成功用于实际工程的典范，他成功破解了实际生产中重大零件断裂事故的发生机理，其研究报告也被多次转载，引起了业内的广泛关注。

　　1978年，攀钢3座转炉的托圈上也发现与主轴类似的裂纹。转炉托圈是支承和带动总重近千吨的转炉炉体倾动的要害部件，自重180吨的托圈一旦断裂，800吨炉体必会从十多米的高处轰然坠落，炉体内百余吨、千余度沸腾的钢水将立刻化身为洪水猛兽将现场的一切吞噬殆尽。面临如此重大的安全隐患，原设计单位提请冶金工业部组织专家对转炉托圈的可靠性进行评估，专家的结论将决定托圈是否继续使用。这次任务的艰巨性不言而喻：如果结论是"托圈不可用"，那厂方将被迫停产更换托圈，专家可以不承担任何意外事故的责任；但如果结论是"托圈可用"，虽能避免造成经济损失，可一旦结论不准确，出现事故而造成的后果将不堪设想，专家也将难辞其咎。面临这样十分棘手的问题，陈先霖怀揣着对国家经济利益和人员安全的强烈责任感，再次接受任务。受命于危难之际，陈先霖顶着巨大压力，带领课题小组从北京赶赴四川，连续两个月在炉温高达千度的炼钢炉前进行转炉托圈工作应力及工艺参数的实测工作。他还将当时在国内刚刚起步的有限元仿真技术用于托圈三维应力场的分析，终于在 1979 年做出明确结论：由于托圈上的裂纹不具扩展的条件，3 座转炉的托圈均可继续安全使用，不仅无需更换，还可将转炉扩容到 150 吨。结论一出，闻者愕然：不仅不用更换，而且还能扩容？出了事故谁来负责？为了免除企业的后顾之忧，陈先霖冒着巨大的风险表达愿意承担一切生产责任，他的担保使得厂方避免了转炉停产造成的巨大损失。

此后十几年托圈的安全工作证实了陈先霖结论的科学性。相关文件指出：这一结论所起的作用"实非经济效益数字所能估算"。陈先霖因此也获得中国机械工程学会全国机电装备失效分析预测预防优秀成果一等奖。

转战武钢，挑战国外先进技术。

在成功完成重大设备失效分析及安全性判定后，陈先霖的科研工作从攀钢转移到了武钢，但是科研工作仍然没有离开企业。时光荏苒，日影横移，陈先霖焚膏继晷，孜孜不倦，为广袤的中国科技之田，带来云霞的光芒。

武汉钢铁公司在 20 世纪 70 年代时从德国 SMS 公司引进了 1700mm 宽带钢冷连轧机组，这同时也是我国第一套现代化的冷连轧设备，冷轧薄钢带年产量达到 100 万吨。但投产后经常发生工作辊辊颈与工作辊轴承黏结的事故，进入 80 年代后，情况愈发严重，3 年内发生事故 130 余次，每次事故都使轧辊、轴承和轴承座同时报废，不算耽误生产，每次直接经济损失就达 10 万余元，德方对此一筹莫展。

难题面前，陈先霖再一次临危受命。盛夏时节，"火炉"武汉炎阳如烤，轧钢车间内更是高温难耐，然而已过半百的陈先霖却带领课题组的老师和学生进行了历时 5 个月的两次大规模现场测试，完成了系统的理论分析和工程计算，从理论和实践两个方面论证了这套进口设备存在轴承负载能力不足、润滑方式欠当、轴承座结构不合理等设计缺陷，并将研究结果正式提交给德方。

对于陈先霖给出的结论，德方完全接受并给予书面认可，并积极采取措施，提供改进方案，使得此类事故的发生率大幅降低。德方随即对正在实施中的宝钢 2030mm 冷连轧机的设计进行了改进，避免类似事故重演。汗水浇铸出成功的果实，陈先霖的辛勤付出为国家年均创收 280 余万元，国家级科技进步三等奖的荣誉是对陈先霖实至名归的肯定。

校企合作，板形控制成果丰硕。

陈先霖不仅在理论知识的应用方面轻车熟驾，在未知领域亦能不畏崎岖，勇攀高峰，他沉稳而轻快的科研脚步一直紧紧跟随世界科技前沿。武钢公司有过这样一笔核算："该项目"年增收金额 500 多万元；在试验与应用的 4 年时间内节支金额累计为 2000 多万元。而"该项目"正是陈先霖在宽带钢轧机辊形与板形控制方面的研究成果。

20 世纪 70 年代以来，国际市场对板带产品的板形质量要求愈来愈高，板形控制作为宽带钢轧机的一个核心关键技术，成为薄板生产技术中最前沿、最具竞争性的课题。当时，合计年产量 300 多万吨的武钢 1700mm 和宝钢 2030mm 宽带钢冷连轧机组均从德国引进，占据着我国冷轧薄板生产能力的 70%，但在生产中却同样存在着无法避免板形不良的问题。板形不良不仅影响钢板的生产过程，还直接影响板带产品的质量；前者导致产品造不出，后者导致造出的产品卖不出。"海带钢"即是生产现场对板形不良板带的形象描述。

当时，国际上虽有多种轧机机型，但在板形控制方面均未达到稳定和成熟。针对这一难题，陈先霖又一次站在学术科研的风口浪尖。那段时间，双鬓雪白的陈先霖在研究现场以一贯严谨的态度，亲自编写程序，在计算机上模拟了 3000 多种生产工况；带领由工厂技术人员和学校科研人员组成的课题组，在冷轧和热轧生产现场进行贯穿全机组的轧件全长取样，成为当时国内外规模最大的工业生产环境下的实物取样。他运用先进的仿真技术，建立支持辊—工作辊—轧件三体接触的复杂有限元模型，并编制出辊系变形仿真程序，并进行了大量实验测试。

凭借科学的方法和坚毅的精神，陈先霖完成了以 VCR 板形控制技术为代表的多项成就。其研究成果应用于武钢 1700mm 冷连轧机、宝钢 2030mm

冷连轧机及武钢 1700mm 热连轧机，使钢厂板形质量明显提高。陈先霖团队因此获得 1993 年国家科技进步一等奖，在我国冶金行业科技研究的发展史上写下了浓墨重彩的一笔。

敢为人先，计算机仿真拓新路。

在科研求知的道路上，清瘦温和的陈先霖不惧挑战，开拓创新的勇气日益彰显。20 世纪 70 年代末，电子计算机的应用在国内刚刚起步，当时学校尚无计算机，全北京的高校和科研院所也仅有几台。陈先霖敏锐地意识到新技术的应用前景，直面"无设备、无基础、缺资料"等实际困难，带领一批年轻教师满怀热情地投入新领域。由于计算机资源紧张，他多方联系，终于得到在北京大学计算中心上机的机会，但时间却被安排在了凌晨两点至六点。当年，陈先霖与教师们一起骑自行车前往，经常是夜深而出、日出而归，陪伴他们的有漫天繁星的细语，亦有狂风雨雪的呼啸。天道酬勤，陈先霖等人终于完成了一个科研项目的三维有限元的仿真工作，撰写的两篇学术论文在国外科技期刊上发表后取得良好反响。不久，他率领一批年轻教师组建了计算机研究室，引进了学校第一台电子计算机，学校从此跨入运用计算机开展教学和科研活动的新时代。

20 世纪 80 年代初，学校购进了第二台计算机，安装了用于结构分析的大型有限元仿真软件。该计算机的输入靠卡片、输出靠打印、使用要排队。年过半百的陈先霖经常出现在预约上机的青年教师和研究生中间，成为计算机中心一道特别的风景。也正是从这个时期开始，陈先霖带领他的团队，步入板带轧机板形控制的研究领域。

20 世纪 90 年代初，计算机应用进入到 PC 时代，但硬件和软件尚不具备进行大型三维有限元计算的条件。陈先霖将专业理论与计算技术巧妙结合，设计并编制了变厚度有限元仿真程序，在采用 DOS 操作系统的 PC 机上，实现了多辊轧机辊系变形的高精度仿真，开发出变接触支持辊轧制技术 VCR，在武钢等钢铁企业应用，获得了国家科技进步一等奖。陈先霖还应邀在国际轧钢会议上做报告，其学术论文也在英国著名学术刊物上成功发表。诸多成就，确立了陈先霖在板带轧制与板形控制研究领域的突出地位。

进入 21 世纪，德国、日本等国的冶金设备制造商开发了多种以高精度板形控制为重点的板带生产技术和装备，并向钢铁工业大发展的中国积极推销，这在促进中国与国际接轨的同时也使得国内钢铁企业在技术开发和设备引进上难以抉择。陈先霖就此进行了大量的理论和工程实践工作，系统地阐释了热连轧机组的"上游"与"下游"、冷连轧机组的"门户"与"成品"、板形控制中辊缝横向刚度的"刚性"与"柔性"、轧辊非对称磨损的"危害"与"利用"等关系，提出了"机型、辊形、控制"一体化的板形控制理论，为提高国内钢铁企业板带生产装备的建设水平和产品质量做出了重大贡献。

科研路上的前行者陈先霖，在谈及引进技术的消化吸收与自主创新的关系时说："对引进的成套技术和装备，应区别其中大量的一般先进技术部分和核心的技术密集部分。对前者可以用常规方式处理，并逐步减少引进；对后者则宜组织专门力量进行有深度的消化和跟踪。"陈先霖笃信"外国的月亮不一定比中国的圆"，他以敢为人先的精神、不辞劳苦的品格和创新求实的态度，为我国板带冶金机械事业做出了巨大的贡献。

雨润，滋养教育的良田

陈先霖执教杏坛半个多世纪，在北京科技大学这片热土上洒下了珍贵的甘霖。苏轼有云："博观而约取，厚积而薄发，吾告子止于此矣。"教学育人，是一种缓慢的智慧释放。陈先霖为师半个世纪，厚积薄发，精益求精，宽严相济，桃李满园。

细致教学，坚守讲课 1 ∶ 10 原则。

陈先霖曾在一篇文章中提到了讲课的要求，包括"讲课要有一个设计"和"讲课要 1 ∶ 10"。讲课的设计包括内容设计和表达设计：内容设计即选材和组织思路，而表达设计则包括讲稿的设计，这些成功与否直接关系到教学成果的好坏。陈先霖经常讲到这样一个故事：二战期间英国首相丘吉尔以即兴演讲精彩而著称，后人从其子的回忆文章中得知，丘吉尔在凡有集会的前一天都要花整晚的时间做准备，哪怕演讲的时间只有五分钟。陈先霖认为"精彩来自精心的准备"。因此，无论是备课的内容设计还是讲课和板书的表达设计，他都会在事前做好充足的准备，甚至是黑板的哪个地方写哪个公式，一节课黑板需要擦几遍这样的小细节，他都能做到运筹于心。

2006 年 11 月，陈先霖应邀为本科生讲课。在讲课的前一天晚上，他缓缓走到教室的最后一排坐下，请陪同的教师一页一页地播放上课的课件，并用话筒试音。他则仔细地听着、看着，认真地记录下课件中有待改进的地方。如此严谨，是担心最后一排的学生看不清或听不到。作为一位古稀之年的教授，陈先霖为这短短的一堂课足足准备了 3 个月，他用实际行动躬亲实践着"讲课要 1∶10"的原则。此后因身体原因，他告别了钟爱一生的讲台，这堂课也就成为他为学生上的最后一堂课，但每一名听过他讲课的学生都会将老师的隆情厚意永铭于心。

字斟句酌和厚积薄发使得陈先霖的课堂上下连贯，因果呼应，张弛有度，一气呵成，每一节课都像章回故事一样高潮迭起、紧张生动。学生们都风趣地评价"听陈老师讲课，是一种享受，厕所都舍不得去"。

进厂下乡，助学生在实践中成长。

"千里之行，始于足下。"熟悉陈先霖的人有一个共识："他把教学科研的重心放在企业，走对了路。"这是对陈先霖多年来将研究生教育、科学研究和企业技术变革紧密结合的真实概括，也是北京科技大学"学风严谨、崇尚实践"光荣传统最生动的写照。

1954—1966 年，除了兢兢业业的课堂授课，陈先霖必不可少的一项工作就是每年两次带学生下厂实习。现场教学的同时，为工厂完成一些试验、测试和技术革新。他将工厂考察幽默地称为"了解机械设备的日常'生活'"，并希望学生从"学会如何与工人一起工作"中受益。

谈起与企业合作进行科研和研究生的培养，陈先霖有三点体会，他说：第一，没有实干的态度就建立不起良好的企业人际关系，没有成果就不可能最终为企业所承认；第二，校企合作是一种互补关系，要拿出企业拿不出的东西；第三，高校有不同于科研院所的特殊优势，那就是有人数众多的研究生群体，特别是博士生群体，他们掌握着最新的理论方法、计算机武器和现代实验技术，如果培养得当，完全可以成为一支深入到生产中去的科研生力军。

自 20 世纪 70 年代来，陈先霖先后与攀钢、武钢和宝钢进行了校企合作。学校课堂与工厂车间的紧密配合，有效地缩短了科技成果转化为生产力的转变周期，为国家创造了更多的物质财富。这对学生的研学也有着深刻的影响。学生回忆说："陈老师具有踏实、严谨的治学风范。20 多年来他长期坚持深入现场，进行艰苦的测试工作。在陈老师的影响下，几代学生都秉承了不怕吃苦受累、坚持深入现场的传统，给现场人员留下了深刻的印象。"

1973 年，首批采用推荐与考试结合的"工农兵"学员进入学校。陈先霖与 9 名教师组成教学集体，带领冶金机械 73 级 5 班进行教育改革试点。从基础课、技术基础课、专业课内容改革，到深入钢铁企业开展现场教学活动，各处都离不开他的身影。他还积极参与春秋两季的农收实践。收割、扛拉、收捆，不顾骄阳的照射、不顾学生的劝阻，这位身体力行的师者，一个人扛起一百多斤麦子，一步一步，从地里走到地头，待到上车、上架等一系列环节结束后，这才腾出时间，擦额上的汗水，呼吸谷物成熟时吐出的别样芬芳。在那段与学生"同吃、同住、同劳动"的时光里，陈先霖与同学们结下了深厚感情，每当同学们在谈到这段经历时，对陈老师的敬佩之情就溢于言表。

注重德育，强调敬业、严谨、内心健全。

德才兼备是陈先霖育人的重要理念。他认为，教师的责任不仅是传授知识，更是要培养合格的人才。所谓人才，不但有知识，还要有文化；不仅有学问，更要有品格；不但会做事，还要会做人。从传授知识到培育人品，再到教学生做人，是一个又一个台阶。关于德育的特殊性，陈先霖特别强调了"培养学生的敬业精神""培养学生严谨的学风"和"开导和熏陶学生铸造一个健全的内心世界"三个方面。

针对培养学生的敬业精神，涉及对人生的追求以及执着的人生态度。陈先霖认为生活的历程是不可逆转的，但是可以随时加以修正，教师应该帮助学生发挥这种修正的作用。教学多年以来，陈先霖一直注重言传身教。他是学生们的良师益友，会把学生空着的生僻字补上，把学生的错别字暗自改正，把学生洗坏的账本用塑料壳套好，把每个年轻人的名字亲切地挂在嘴边。他以身作则，让学生们在耳濡目染中真正学会敬业。

作为一名工程教育家，陈先霖非常重视学生严谨思维习惯的养成。他的学生讲过这样一个故事："记得一次在翻译一篇文章时，自己认为陈老师将原文中的'optional'译为'可选的'是错误的，我认为应该译为是'最优的'，就说陈老师错了。陈老师没有否定，而是说，'也许你是对的'，并马上拿出字典进行查询，发现是我把它混淆为'optimal'了。但是陈老师并没有责怪我，反倒像小孩一样得意地说，'看，还是我记对了吧'。"

陈先霖在学生的小错误上十分宽容，但在关乎治学态度时却不留情面，他曾在会议上当面指出弟子的不严谨之处，坚决遏止学生投机心理。陈先霖说："搞科学技术容不得粗制滥造，更容不得弄虚作假。"在学校组织的一次重点学科申报工作汇报会上，陈先霖认为汇报人准备的材料不够充分，甚至在一些关键数据上出错。他坚决地说："材料如果是这样的，我们就应该放弃申报。"陈先霖一贯的严格要求成为其学生日后有所建树的重要鞭策，同时，他的学生从陈先霖的一言一行中体会到：只有一个内心丰盈的人才可能在纷繁世界中独立清守、成就自我。

做好德育工作一直是陈先霖的教学追求。他认为一个人的内心世界是一个非常复杂的结构，"德育的范围很广，从世界观、人生观、价值观到政治方向、道德情操、精神品位等等"。

霖颂，奏响一生的赞歌

陈先霖把自己的一生献给了他钟爱的冶金机械领域。正是严谨、朴素和执着绘就了陈先霖人生的壮丽华章。

他注重身教胜于言传。陈先霖结婚后一直忙于教学和科研，妻子在学校附属小学工作，两人婚后即双双投身教学事业。夫妻两人白天工作，晚上在家中备课，年幼的儿女也会拿起书本，一板一眼地学着父母严肃认真的样子进行紧张的"备课"。几十年如一日，正是陈先霖的影响让家中书香如蝶，满室蹁跹。

他喜爱绘画。受其母亲的影响，陈先霖非常喜爱绘画，尤其热爱绘制地图。地图能够精密准确地反映客观存在，陈先霖在做学问和做人上也体现出这样的特性。2008 年北京奥运会期间，陈先霖因病在家休息。他每天通过电视报纸，关注奥运圣火的传递情况，绘制出火炬在全球的传递路线，火炬途经的百余座城市，几乎无一遗漏。陈先霖讲课所用的幻灯片图文并茂，学生和同事们都喜闻乐见。但很少有人知道，所有配图在扫描成电子版之前，都是他亲手画在纸上的。陈先霖自大学起不安排午睡，工作后利用中午时间整理资料然后绘制配图，一毫一厘都十分用心。他曾说自己退休后最想做的"一是看古典小说，二是绘编地图"，言语之间，流转的是一份朴素的挚爱。

他看待科研高于自己的生命。2008 年患病后，陈先霖的体质每况愈下，但却刻意向学校和学生隐瞒病情。在完成了企业的一个研究课题，提交完一生中最后一份研究报告后，他在学生面前表现出一种别样的轻松。这时候，学生们都不曾料到，陈老师的时日已不多。2008 年年末，他重病的消息终于为人所知，这对陈门弟子来说不啻于晴天霹雳。当日前去看望的每一个人在静默的沉痛中，来到老师的病榻之前，学生们泪眼婆娑却又不敢涕泣。春风化雨，陶熔鼓铸，他博学海纳的教师形象，光明磊落的透明心界，宽厚包容的博大胸怀和通世达观的大家风范，所有一切，无不令人感怀。

陈先霖敏而好学，是孜孜不倦的"求学徒"；严谨无畏，是求真创新的"领航员"。陈先霖的一生，虚怀若谷，专心致志，实事求是，决不附和。他漫漫求索的是科学的真理和教育的境界。而这些追求的实现，恰是他内心真正的自由与坦然。面对这样一位机械专家和工程教育专家，面对陈先霖曾经行走中的形象以及他身后那一行行脚印，人们似乎能感觉到，自己身上那些拿不起放不下的东西，正一块块脱落、粉碎，甚至察觉到内心深处的某种觉悟、清洁和升华。

《说文》有言："霖，雨三日以往也。"好一场润物无声的甘霖！

铭佩不忘，旌麾耀世
——记金属材料与热处理专家、中国工程院院士涂铭旌

涂铭旌（1928—2019），四川巴县（今重庆巴南区）人，四川大学原教授，金属材料与热处理专家。1944—1947年在同济附中学习；1951年本科毕业于同济大学机械系；1955年研究生毕业于哈尔滨工业大学、北京钢铁工业学院金属材料系；自1951年以来历任同济大学助教，上海交通大学助教、讲师，西安交通大学讲师、副教授、教授、博士生导师，金属材料强度研究所副所长、所长。1988年调至成都科学技术大学（后合并组建四川大学），任教授、高新技术研究院院长、稀土及纳米材料研究所所长。2008年获聘重庆文理学院教授，创建材料交叉学科研究中心。长期致力于金属材料强度，稀土、钒钛和微纳米材料工程与技术等方面的研究，取得了许多开拓性的成果。获评国家有突出贡献中青年专家、全国高等学校先进科技工作者，享受国务院政府特殊津贴。1995年当选为中国工程院院士。

涂铭旌起自微寒，生逢乱世，勤学奋进，人莫能屈，豪迈而有俊才。求学之路多舛，却不移其志。他苦读不辍，忘了寒来暑往；披星戴月，送迎傍晚黎明。从寒窗数载，到踏足材苑；从醉心书海，到科技报国；从偶有顿悟，到硕果累累。育英才无数，桃李满誉中华材苑。六十年科教之路，六十载钻研长途，一展胸中抱负，不负生平所学。

读书、报国、育人，构成他人生的主旋律；担当、乐观、淡泊，写照他独特的人格魅力。

中国少年·担当

1928 年的中国内忧外患、民生凋敝。是年 11 月，涂铭旌出生在四川巴县的一个小村子里。家中兄弟众多，父母虽整天劳作，一家的生活却依然难以为继。家庭的穷困让年幼的涂铭旌感到了前所未有的彷徨和无助，他甚至感叹："大千世界，人生之路，路在何方？"

1943 年，刚完成初中学业的涂铭旌面临着辍学的困境。然而他没有放弃，反而因逆境激发了力量，在艰苦中寻找希望，他开始思考作为一名中华儿女应如何承担起自己的担当和责任。满怀青春激情的涂铭旌，高唱着毕业歌，开始苦苦找寻自己的报国之路：我们要做主人去拼死在疆场，我们不愿做奴隶而青云直上！我们今天是桃李芬芳，明天是社会的栋梁；我们今天是弦歌在一堂，明天要掀起民族自救的巨浪！那时，范仲淹的"先天下之忧而忧，后天下之乐而乐"、文天祥的"人生自古谁无死，留取丹心照汗青"、顾炎武的"天下兴亡，匹夫有责"等仁人志士的豪言壮语无时无刻不充溢在涂铭旌的胸膛，"科学救国、工业救国"的人生理想便在这时油然而生，更从此扎根心中，成为他终身铭记和践行的坚定信仰。

1944 年，涂铭旌在暑期报考了因抗日战争被迫迁移到四川的同济附中，并以优异的成绩被录取。1947 年，他又以优异成绩直升同济大学。

就读于同济期间，他看到了日寇打到贵州独山引发青年学生投笔从戎的动人场面；见证了抗日战争胜利后，在北京、上海等地爆发的反对美军暴行的学生运动；参加了地下党领导的同济师生反美大游行；经历了解放初期抗美援朝保家卫国的大学生参军参干运动。这些经历让涂铭旌接受了深刻的爱国主义教育，成为他践行人生理想的思想基石。

材料人生·转变

在同济大学学习期间，涂铭旌每天都穿梭于教室、图书馆和宿舍，尽管艰辛，但只要想到国家需要，他便乐此不疲、辛勤努力。虽然就读于机械系学习机械设计，但在学习过程中，他总是喜欢思考这样一个问题："振兴工业是靠变革机器设计，还是靠创新制造工艺？"后来，两次偶然实习经历，帮助他找到了问题的答案，也完成了涂铭旌从"探索研究机械设计"到"追求材料工程人生"的完美转变。

1949年，大学三年级的涂铭旌在上海工具厂参加实习，偶然看到了高速钢刀具经过高温加热烧红后在油中冷却，由软变硬，成为锋钢的全工艺过程。正在他还惊奇于这一从未在书中见到过的"神奇"的钢铁热处理时，涂铭旌又在上海纺织机械厂不经意间发现日本人用热处理技术加工石油钻井用的钻头，制造而成的石油钻井钻头的表面渗碳，淬火变硬可以钻破坚硬的岩石。神奇的热处理技术，神奇的加热、冷却过程，神奇的内部组织结构转变——这一系列书本中和课堂上没有学过的"神奇"深深地激发了涂铭旌的兴趣，也正是实践这位"神奇"的老师带领他一步步走上了材料工艺研究之路。实习回校后，他便产生了自学热处理原理及工艺知识的念头。经过查证，他发现大至飞机、轮船，小如铁轨、炮弹，无不需要具有高强度的钢铁材料，然而我国却缺少这种具有丰富热处理技艺的人才。因此，他毅然决然地转换了方向，开始自学热处理工艺知识。

为了更好地服务国家需要，在临近毕业时，他决定放弃机械设计研究方向，满怀信心地改变了自己的毕业设计题目，转而做毕业论文《钢的热处理》。在教授的指导下，他写成了毕业论文，获得优异成绩，成功将自己的研究方向由"多人区"转变到充满挑战的"少人区"。次年，涂铭旌"半路出家"写作的这篇论文还被上海龙门书局正式出版，成了当时国内第一本中文版钢的热处理专著。

读书但不拘泥，用实践检验真知。涂铭旌挑战常规的做法，展现了一个青年人敢于走自己道路的魄力，就这样，两次实习经历和一篇毕业论文便成为涂铭旌"材料人生"中的重大转折点，也正式开启了他在该领域教学和科研的历程。机械学子转变为材料才俊，他走出了少年的困惑与迷茫，清楚了心中的渴望与梦想。

1952年，涂铭旌到哈尔滨工业大学读研究生。1955年，由于专业调整，他跟随导师来到北京钢铁工业学院金属材料及热处理专业。在这里，他结识了柯俊、肖纪美、章守华等名师，帮他打下了坚实的材料学基础；在这里，明确了人生目标的涂铭旌扬起风帆，投身材料领域，迎来了一片宽广天空。

科教报国·耕耘

1955年，结束在北京钢铁工业学院金属材料系研究生学习的涂铭旌投入了他长达半个多世纪的科教生涯中。他始终以我国经济和科技发展的重大需求为己任，孜孜以求，以期科教报国，服务社会，回报社会。他始终在科研教学中严于律己，用求真务实的态度对待每一项工作，不断进取，为国家和人民做出了自己的努力。

孜孜以求助力材料强度研究。

1958年，涂铭旌从上海交通大学西迁至西安交通大学任教。在这里，他经历了讲师、副教授、教授、博士生导师、材料系主任的变迁，然而不变的是他孜孜以求、求真务实的精神。作为主研人员，他首先进行钢铁材料综合强韧化的研究，随后根据机械工业部的重大攻关项目又进行了结构钢低温脆性断裂规律、机理及判据的研究，提出概率统计数学模型及可靠性分析模型，并在国内首次研究了低温疲劳裂纹扩展速率的韧脆转变温度，耐寒钢的计算机辅助选材以及预防低温脆断的计算机辅助安全评定程序等，为我国金属材料强度潜力理论应用方面作出了贡献。

在涂铭旌担任西安交通大学金属材料强度研究所副所长、所长期间，他曾多次帮助国内同行进行重点课题研究。一次，南京从法国引进30万吨合成氨成套设备，在吊装过程中重达108吨的氨合成塔掉落，造成重大事故。面对这种情况，中法两国的专家在责任归属问题上产生了巨大的分歧。南京市立刻邀请西安交大金属材料强度研究所进行相关事故原因分析。涂铭旌等人连夜赶往南京，组织实验分析，数日不肯休息，对装吊断裂螺栓的结构设计和材料强度进行了实验验证，最终证实了法国公司的螺栓设计方案及制造存在重大的错误，法方应当承担全部事故责任。他以科学为武器，为国家避免了损失，也打破了当时对"洋专家"的迷信。

涂铭旌在科研工作中积极参与多项机械工业部和煤炭工业部的重大科技攻关，在耐寒可焊高强度结构钢、国产化输煤机低合金高强度钢的开发与应用以及材料强度与断裂等领域取得了成果。涂铭旌先后获得国家自然科学三等奖、国家科技进步二等奖各 1 项，省部级成果奖 10 项，他的科技成果也为国家带来了上亿元的经济效益。

竞争谋略开拓稀土应用。

涂铭旌认为，符合国家的需求，科研工作才能取得事半功倍的效果。这就是涂铭旌的科技竞争谋略：做科研，就必须顺应"天时、地利、人和"，要找到满足国家重大需求、适合自身的方向，然后全力以赴。经过了解，涂铭旌知道稀土在农业、冶金高技术功能材料等方面的应用具有关键作用，为了让稀土能够真正地服务我国生产，涂铭旌带领着他的团队开始了稀土功能材料的研究。

首先，他分析了稀土领域的情况，瞄准了第三代稀土永磁材料 Nd-Fe-B。这种材料按制造工艺的要求分为了烧结和塑料黏结两种。20 世纪 80 年代末，前者制备工艺已经比较成熟，属于"多人区"，而塑料黏结永磁材料刚刚起步，处于"少人区"。涂铭旌又一次毅然选择了"少人区"，他进行了大量的实验，依据磁性金属材料与塑性黏合的金属基复合材料原理，利用相对简单的加工工艺，为以后的研究打下了坚实的基础。

其次，面对国内外塑料黏结永磁材料的竞争，他制定了"微特电机用塑料黏结 Nd-Fe-B 永磁粉及其永磁体"的研究课题计划。从 1989 年开始，在涂铭旌的带领下，该课题得到四川省科委连续三次立项资助。1993 年，他成功完成中试，并通过四川省技术成果鉴定。而后，技术成果实现了产业化，2002 年产值超过 3 亿元。他的团队还开发出低成本低钕纳米晶 Nd-Fe-B 交换耦合永磁材料，并获 2000 年四川省科技进步二等奖。在纳米晶 Nd-Fe-B 稀土永磁材料的研发中，他承担了国家"863"重大项目，赶超了世界先进水平，2006 年获得了国家科技进步二等奖。

正是这种竞争谋略的"天时、地利、人和"，这种以国为先、一心为民的精神，让涂铭旌由单纯的钢铁材料热处理和材料强度与断裂研究，转移到稀土、钒、钛矿资源优势深度开发的研究中去，开拓了我国稀土材料应用领域。

诸多的荣誉并没有使涂铭旌满足，年事渐高的他加快了科研的步伐，拓展了研究的深度。

在室温磁致冷材料及磁制冷样机研究中，他自主开发的四元室温磁致冷材料通过省级鉴定，并申报了发明专利，取得了从跟踪到跨越性的研究进展，在采用国产原材料制备高性能低成本室温磁致冷材料方面具有重要意义。室温磁致冷材料及磁制冷样机研究新进展成为有前景的稀土发展方向，被评为 2002 年中国稀土十大科技新闻之一，该项目的研究开发也纳入了国家"863"计划和"十五"规划中。

涂铭旌团队成功研发了镧镨铈（LPC）有色金属中间合金系列，并广泛运用于我国冶金机械处理钢铁和铝、锌、铜等有色合金的冶炼中。这种合金和传统富铈稀土中间合金相比，不仅价格更加低廉，更在除氢和细化组织以及还原能力方面有着卓越的性能，为我国有色金属冶炼事业的发展注入了强大的动力。接着，他们进一步应用这种 LPC 新型混合稀土金属，开发出了成本低廉、常温及低温性能优异的贮氢合金及镍氢动力电池，并通过省级鉴定。其中的部分成果获 2001 年度总装备部科技进步二等奖。

其他稀土新材料方面，他开发出固态化学反应法制备高纯稀土氧化物（氧化镧、镨、铈及钕等氧化物）、无机稀土复合抗菌剂和稀土掺杂及纳米改性 ZnO 压敏电阻陶瓷。多元复合纳米 ZnO 压敏电阻陶瓷已形成产品，获得新疆科技进步二等奖，并申报了 2 项国家发明专利。

孜孜以求不变心中祈盼，高瞻远瞩定计稀土研究。自 1988 年以来，涂铭旌主要从事稀土、钒、钛功能材料及纳米材料的研究与应用。涂铭旌先后获国家及省部级奖多项，有发明专利 100 多项，发表论文 700 余篇，著有《钢的热处理》《材料创造发明学》和《科技竞争谋略 36 法》等多部论著。

呕心育人 · 薪火

为学，涂铭旌追求卓越，取得丰硕成果；为师，他呕心育人，培育大批人才。对于教师的职责，涂铭旌有着自己深刻而独到的见解。他认为，授人以鱼，不如授人以渔。为师者必须知识渊博，德行高尚，师者必有大爱。

三尺讲台上，涂铭旌为学生认真讲述知识和技能，传播智慧；课后生活中，涂铭旌不忘与同学聊天、传承责任与使命，甘做关心青年成长的引路人。平时，涂铭旌除了向学生们传授专业知识和工作技能外，还特别注重培养青年们的创造发明思维、科技辩证思维和科技竞争谋略。涂铭旌说："后金融危机时代，高素质创新型人才培养的思维分为人文艺术思维、创造发明思维、科技竞争思维、科技辩证思维。我已经带了几十名工学博士，但我希望他们走出'工而不博'的困扰，多发展其他方面的思维。"为了让学生们体味到这一点，他还利用大量休息时间精心编写著作，指导教学实践。

在涂铭旌看来，办学思路一定要更开阔，要让学生更多地参与到实践中去；要在研究中瞄准学科前沿，大胆开展相关研究，争取尽快取得大的突破；学科方向要有特色；科学研究要加强技术转化力度；要加强学科团队建设。针对创新思想，他主张科技与人文结合，治学与修身相融，这样才能有高尚的科教报国思想境界。工科类学生往往太注重技术方面的训练，而不注重文化的积淀，然而对于工科学生来说，一方面要有硬实力，另一方面还要有软实力，因为一个团队如果没有文化支撑，就没有凝聚整个团体的团队精神。其实，也正是在这种团队精神的引领下，涂铭旌带领着他的科研队伍登上了一个又一个高峰。

桑榆未晚，桃李满天。涂铭旌培养研究生100余名，这些弟子多已成为材料科学与工程研究领域的学术、技术骨干，他们承担稀土功能材料、纳米材料和复合材料及其应用等方面的"863"课题，国家"十一五"核能技术开发、国家自然科学基金、博士点基金、省部级重点科技项目和企业横向课题。至今，这些学生仍然时常回忆当年恩师的谆谆教诲。

涂铭旌曾深情地总结了自己认为最幸福的六个时刻——当学生知错改正之时；当学生品德凸显之时；当学生从失败走向成功之时；当学生事业取得成就之时；当得病，学生来看望之时；每逢佳节，学生来电问候之时。

他说："人生如歌，学生们取得的每个成就，都是我人生中最珍贵的财富，更是我人生谢幕乐章中最为动听的弦歌。"

巴蜀老人·归乡

涂铭旌17岁离开家乡，历经40余载，学有所成，然而始终没有忘记年轻时出川读书立下的誓言："有朝一日，学业有成，定要回报生我养我的故乡。"1988 年，他毅然决定回归故里，回报桑梓。辞别已工作 30 年的西安交通大学，涂铭旌调至成都科学技术大学，担任高新技术研究院院长，这一年，他整整 60 岁。

落叶归根令人欣喜，然而实现回报家乡、回报祖国的夙愿并非一帆风顺。刚刚回归家乡的涂铭旌便经受了常人难以想象的巨大考验，但面对摆在眼前的二次创业关，他并没有放弃，而是迎难而上，挑战自我，战胜自我。他刚刚来到成都科学技术大学的时候，这里没有学科博士点、没有研究实验室，一切都要"从零开始"。他没有去找领导谈待遇、讲条件，而是马上开始着手创建金属材料学科，并积极承担起建立专业实验室的繁杂工作。就这样，经过涂铭旌及同仁们的共同努力，成都科学技术大学顺利创建学科点及专业实验室，并于 1994 年成功申报博士点。金属材料学科从起步到壮大，无不凝结着涂铭旌的智慧、心血与汗水。

涂铭旌念念不忘的是家乡发展，他提出要因地制宜地发展四川，依托地区资源优势，实施"反梯度"推进战略，把西部的优势产品推广到中东部地区。攀枝花被誉为"富甲天下的聚宝盆"，那里有着丰富的钒钛磁铁矿。为了进一步整合资源，发挥资源优势，做好攀西钒钛资源的深度开发，涂铭旌向省委、省政府提出了要抓好攀枝花国家新材料成果转化及产业化基地建设，以基地为技术开发、人才聚合和产业的载体，整合西部钢铁企业资源推进攀西钒钛资源开发的意见。该意见一经提出就得到了四川省高度重视，促进了攀西钒钛资源深度开发。

故乡的热土上，涂铭旌团队在金属陶瓷刀具材料，钒基固溶液体贮氢合金，纳米智能材料，纳米碳氮化钒等，钒、钛新材料研究方向都取得了新的研究成果，为家乡也为国家贡献了自己的力量。

月是故乡明，水是故乡甜，情是故乡浓。滔滔的嘉陵江畔，一位巴蜀老人恬然而坐，开始了新的思考。

成败得失·人生

涂铭旌把自己的一生都献给了材料工程领域，在充满挫折与苦难的一生中，他始终没有放弃，长风破浪，直济沧海，只为那一抹赤子之情。细读涂铭旌，不难看出他的执着、坚毅、睿智、无私、淡泊与洒脱，这些品性被他用谋略编连起来，绘就了一幅壮丽的人生宏图。

他读了一辈子的书。早在同济大学求学时，涂铭旌就酷爱读书，被同学们戏称为"啃书匠"。那时，他经常"泡"图书馆，和管理员非常熟悉，成为唯一被允许进入图书馆书库的学生。"读书匠"的绰号伴随着他走过了半个多世纪。他常常亲自去书店买书，他读的书必须自己去选择，买完书后他会把看到的好的地方夹起来，等看完后一起整理，并转化为自己的知识。年岁已高，涂铭旌仍热衷于读书，阅读已成为他一生割不断的情缘。

他视生死如草芥微尘。长期的超负荷工作，让涂铭旌积劳成疾，患上了直肠癌。住院手术治疗期间，他一边接受化疗与病魔做着顽强的斗争，一边在治病期间坚持给研究生讲课。面对生与死的严峻考验，涂铭旌却显得十分冷静与淡然，他总是这样告诉自己的家人，叮嘱身边的学生："生与死对立统一，相辅相成，相互转化。不惧怕死、不谈癌色变，就不致增加心身负担。积极治疗，反而会起死回生。人，孰能不死，要死得值得，死得其所；对事业要鞠躬尽瘁，死而后已。"

他用谋略于无形。涂铭旌读《孙子兵法》，近30年不断地学习让他领悟了其中包含的谋略艺术。《孙子兵法》中写道"知己知彼，百战不殆"，涂铭旌认为这句话主要是指导人们如何实施"知彼知己"谋略：现代企业领导者应随时根据国家的路线、方针、政策，把握国家发展规划以及重大需求动向、科技重点支持领域动向，关注本地优势及国内外同行的研究动向、重点、特色。"科技竞争没有固定的方式方法，就像水流没有固定的形状一样，能依据客观情况变化而取胜的，就叫作用兵如神。"科技永无止境，只有了解最新学科的发展，了解自己的特长，才能促进自己的发展。

他以奉献为己任。涂铭旌曾利用稀土技术研制出一种耐紫外线粉化、耐酸雨冲刷、耐油烟污染的纳米涂料。与同类产品相比，这种材料具有很大的优势，一旦投产必将取得巨大的效益，然而他将这项技术以低价转让给了一个企业，成就了一个品牌，也支撑起民族工业的强盛。涂铭旌用自己的实际行动践行了他科教报国的志愿。

他常自省而不争。1995年，涂铭旌顺利当选为中国工程院院士。面对眼前的荣誉，他为自己"约法三章"，制定了"五不做"条款来严格约束自己——不逐鹿中原，不接待记者，不上电视台，不上报纸，不登杂志广告。他更是将张衡《应问》中"君子不患位之不尊，而患德之不崇；不耻禄之不夥，而耻智之不博"的格言，作为自己的人生座右铭，时刻自警。《道德经》中有言："知人者智，自知者明。胜人者有力，自胜者强。知足者富，强行者有志。不失其所者久，死而不亡者寿。"人的智慧就在于认识别人的才能和弱点，从而正确地运用和必要地制约自己，战胜自己的弱点，反思自身能做什么，究竟有多大能力，客观地评价自己。涂铭旌认为人在任何时候都要知足常乐，要客观地考量自己，切不可高调，要低调做人。同时，要用心做事，平等待人。

他性豁达而超脱。涂铭旌爱写诗，用诗篇勾勒自己人生的轨迹。"焚膏继晷勤求索，何堪少年曾赤脚。自古巴蜀产橘柚，当今茂林覆山河。落叶归根报桑梓，成败得失任评说。粗茶薄酒君勿醉，少长咸集喜同乐。"一首《七十九岁有感》写出了他超脱世俗的洞达和与世无争的淡然。日以继夜的刻苦学习促成他作为学者的辉煌成就，兢兢业业成就他作为师者的桃李天下，而就在繁花似锦春光满园日，"粗茶薄酒"与众同乐的他却想淡忘是非成败，任由后人评说。

涂铭旌，一生热爱祖国、为振兴中华努力奋斗；他勇于探索创新、不断追求卓越；他献身教育、淡泊名利而甘为人梯。科教报国，大爱无疆，他，以一贯的超脱飒然行走，手握岁月的刻刀，雕塑人生的明灯，照亮后来者前行的路。

创造"鬼斧神工"，竭诚为国效劳
——记机械工程专家、中国工程院院士钟掘

钟掘，河北献县人，1936年9月生于江西南昌，中南大学教授，机械工程专家。1960年毕业于北京钢院，先后任中南大学助教、讲师、副教授、教授、博士生导师、机械系主任、机电工程学院院长等。曾兼任国家重点基础研究发展计划专家组成员。长期从事冶金机械教学与科研工作，先后参与和主持了科研项目约50项，发表论文200多篇，出版专著多部。在机械设计理论、材料制备技术与装备等方面进行了开拓性科学研究与工程实践，为我国相关科技领域的发展做出了重要贡献。获国家科技进步一等奖2项、二等奖2项，国家发明二等奖1项。1995年当选为中国工程院院士。

对未知世界充满探索破密之心并终身热情不减，这就是钟掘。她青年立志报国、渴求知识、多才多艺、能歌善舞，中年扎根一线、躬身实践、言传身教，一生严谨治学、执着创新、忘我追求，用满腔热情在冶金机械这一"傻大黑粗"的世界中掘取宝藏。

报考钢院：少年立下报国志

钟掘生于1936年，儿童时代正值抗日战争。在那个混乱的年代，她不得不随着家人辗转多地、逃难求生。从那时起，她就深深感到祖国必须强大才能不受人欺凌。

1952—1955年，钟掘就读于北京师范大学女附中。学校有着十分浓郁的学习氛围和优秀的师资条件，非常注重对学生毕业后人生方向选择的引导与教育。高三期间，学校多次组织学生到生产第一线学习实践。当来到天津钢厂参观时，第一次来到钢厂的钟掘立即被钢厂壮丽的场景所吸引：出钢时钢水喷涌、钢花四溅，炼钢工人冒着喷溅的钢花，矫健地穿梭其中往来操作。这一情景立即让少年钟掘心潮涌动，激情澎湃。立志像钢铁工人这样为国家贡献一生的心愿油然而生。当来到京西煤矿时，钟掘看到煤矿工人在环境恶劣、危险重重的深井中采掘工农业生产及生活急需的燃料，她开始懂得了什么是祖国的呼唤，什么是自己的责任。

1955年临近高中毕业，在填报高考志愿前，尚未确定未来方向的钟掘聆听了周恩来总理关于第一个五年计划的报告。总理报告中关于钢铁工业是国家的基础，机械工业又是基础的基础的论断拨亮了她的心。她渴望国家钢铁和机械行业早日腾飞，她要到国家最需要的地方去。于是在填报高考志愿时，钟掘坚定地选择了北京钢铁工业学院机械系，并顺利考入。从此，在轰鸣的冶炼工厂多了一位女性的身影，多了一份投身国民经济建设大战场、要为我国重工业的发展贡献青春的殷殷热望。

在到大学报到之前，钟掘早早地就和师大女附中同桌好友坐在北京钢铁工业学院门口的大圆木上，遐想校园里的情景：浩瀚的图书馆藏书，琳琅满目的实验仪器；座无虚席的教室里，白胡子教授正给莘莘学子讲课……对大学的美好憧憬让钟掘笑了："这里以后就是我的起点，我要在这里迈出理想的第一步。"

当时，钢院有众多知识渊博的学者讲大课，数学老师刘景芳，专业课老师徐宝升、陈先霖都是相关专业的顶尖专家，他们为钟掘打开了一扇扇知识的大门，钟掘如饥似渴地吮吸着知识，享受着每门学科的魅力，为报效祖国积蓄力量。

初出茅庐：脚踏实地打基础

1960 年，钟掘以优秀成绩毕业，被分配至岳麓山下的中南矿冶学院（现中南大学），开始了在冶金机械行业里的教学科研生涯。

一名刚出校门的学生却要担起大学教师的职责，钟掘首先想到的就是自己需要在教学、科研等方面不断提升。那些日子里，为了集中精力完成这一人生的重要转变，钟掘把两个年幼的孩子送到北京的奶奶家，自己全力投入教学的每个环节。两年下来，考虑到年老体弱的奶奶负担太重，她就自己带着四岁的女儿下工厂实习，冒着年幼的孩子被机器砸伤的风险，与女学生一起住在车间值班休息室。每当想起这些，钟掘总感到愧疚，自己给予孩子们的关怀太少。

功夫不负有心人，各个教学环节的磨炼中，钟掘形成了她教书育人教学思想的一大特点：让学生在课堂学习与生产实践的结合中获取真知和锻炼能力。

投身实践：教学一线的铁姑娘

在人们的想象中，机械工程领域是一个充满"阳刚之气"的世界：庞大无比的机器轰鸣、生产车间里钢花四溅，这些似乎都离女性很远。然而作为钢院走出来的铁姑娘，钟掘并没有因此退缩，而是全心投入，从一线生产实践中的点滴做起。在鞍钢和太钢，她与工人们一起抡大锤、倒夜班；在洛铜和武钢，她领着学生在生产线上实习，为解决机械故障，在几层楼高的庞大设备上爬上爬下，一天下来满身油泥；她顶着机器的轰鸣声现场教学，对一组组学生反复讲解，直到学生们全弄明白了，她的嗓子已嘶哑得说不出话来。热爱学生、热爱冶金机械，励精图治，从点滴做起，这就是执着工作在第一线的钟掘。

牛刀小试：新知巧解铝箔轧机的异常故障

20 世纪 80 年代初，钟掘带领学生在西北铝加工厂实习，在与工厂技术人员交流时，获悉该厂从德国引进的 800 铝箔轧机在生产中出现非承载面严重失效的异常设备故障，影响生产稳定和产品质量。现场技术人员百思不得其解，不敢使用设备。一个背离书本的现象，一个全新的问题，思维在难题的挑战下迅速激发，钟掘当即意识到轧机传动系统中一定存在反向的异常载荷传递。经过反复思索、多次试验测试和系统分析，她和合作者提出一个新认识：在轧机传动系统中存在一个异常增大的封闭力流使轧机异常损坏。实验数据表明，这是辊径差、辊间压力、轧件厚薄和辊间界面状态的特殊匹配所致，而且在这些参数影响下，封闭力矩变得巨大，轧机传动系统已由并联驱动演变成运动与动力的串联封闭传递。据此，她提出金属箔带极限轧制传动系统中存在附加封闭力流和辊间变态驱动的新观点，并给出了定量判据和规避的工艺准则，进而形成了轧机驱动系统封闭力流理论。这一见解被当时国内冶金机械学术界评价为"是对轧机驱动理论的补充和发展"。

锋芒初露：妙解武钢涉日纠纷

20 世纪 80 年代，武汉钢铁公司从日本引进 1700 热连轧机，在日方主持调试时重要零件损坏，日方指责是我方操作和维护不当引起，一切后果应由中方承担。闻讯而去的钟掘与课题组调查了现场情况，认为不存在中方工人操作不当的原因，日方推诿责任欺人太甚。钟掘决心要打赢这场仗，查明故障的根本原因，否则，中方不仅仅是损失了几个这套设备正常运转所需的零件，更严重的则是损害了国家的尊严和不迷信国外的自力更生精神。那时的钟掘还只是一名普通大学讲师，从未接触过这套从国外引进的高速热轧机，她与课题组同事顶着巨大的压力，坚持认为解决难题的唯一出路是从实践中获取真知，于是潜心在机器前仔细试验观察、反复推算，寻找产生问题的蛛丝马迹，逐步发现系统传递功率远大于电机输出功率的异常现象，应用自己提出的轧机变相单辊驱动理论对轧机机组进行故障诊断与论证之后，终于查明事故是日方设计与调试不当导致的，轧机在调试与模拟轧钢时出现变相单辊驱动，巨大的辊间压力导致巨大的封闭力流使主要零件异常损坏，并据此提出了排除故障的方法。在翔实的试验数据和严谨的科学分析前，日本专家终于承认是日方失误。钟掘和课题组成功挽回了损失，保证了轧线的正常生产。之后，变相单辊驱动理论和技术被广泛推广，并成功应用到五种类型工业设备的设计与运行维护中，这项成果也获得国家科技进步一等奖。

神机妙算：预测湘钢轧机寿命

20 世纪 80 年代中期，湖南湘潭钢铁公司的咽喉设备大型开坯轧机的机架出现宏观裂纹。轧机是否能够继续运转和运转寿命还有多长，无疑是一个直接威胁整个轧钢厂生产的严重问题，全厂上下忧心忡忡。关键时刻，钟掘和课题组的同事们迎难而上，通过现场测试、理论分析，他们创造性地建立了随机形状疲劳裂纹扩展模型，准确地预报了机架裂纹的扩展速度和机架带病运行的剩余寿命。在没有备件的情况下，为湘钢生产争取了一年的正常运转时间。

变传统为神奇：改扩亚洲唯一巨型水压机

"八五"期间，我国拥有的亚洲唯一的 3 万吨水压机难以满足国防军工制造需求。在这种情况下，钟掘接到了将其增压为 4 万吨水压机的改造研究与运行参数优化设计的任务。面对难题，钟掘和课题组同事连续数月试验跟踪压机的各种工况。通过试验测试、计算分析、整机综合论证，她们发现：由于水压机主体为静不定系统，所制造构件大多为非对称不均匀结构，实际工作时，水压机机体内产生附加载荷，其关键件部位的应力早已超过 4 万吨载荷的应力水平，如果设法对这些异常工况予以控制，使附加力矩趋零，让压机在正常工况下运转，那么完成 4 万吨载荷锻造作业是完全可以的。由此他们大胆地作出了水压机可增压为 4 万吨的结论，并提出了分步实施的技术方案。当方案逐步成为现实后，我国服务重大工程的极大构件的制造能力得到了大幅提升。这一技术难题的解决为冶金机械改造、优化设计和运行诊断提出了一种新思路、新方法。这项成果荣获国家科技进步二等奖。

实践出真知：西北边陲的铝加工新技术探索

　　1986 年开始，为实现铝加工材料性能的大幅度提升，钟掘开始投入铝带坯电磁场铸轧装备与技术项目的研究之中。在长达 10 年的项目前期研究阶段，课题组一直坚持在西北铝加工厂做现场实验。加工厂位于甘肃陇西，当时的陇西，山上无树，河里无水，到处一片荒凉。吃的只能是窝窝头、土豆、咸菜。那里太阳辐射很强，外地人戏称这里的人个个被照得"红得发紫"。由于远离城市，设备坏了常常要往返数百公里去修。作为南方来的课题组，需要克服生活和工作的种种想不到的困难。

　　更难的是试验研究工作。由于这个项目的原理构思与实现技术，全是课题组自己提出的，世界上没有资料与经验可供借鉴，技术探索性特别强。钟掘便带领课题组殚精竭虑，顽强攻关，汇细流、积跬步，遥远的西北铝加工厂成了课题组的另一个家。在无数寒冷的深夜，在机器轰鸣的车间，钟掘与大家争着值夜班，在机器旁观察种种产品状态，工艺现象和设备征状，观察到外加磁场令铝带产生的各种性能变化，时常是惊奇不止、兴奋不已。饿了，咬几口窝窝头，喝几口凉水。困了，裹紧工作服，就在板凳上打个盹，这些也都成了新发现喜悦中的小花絮了……艰苦又难忘的攻坚日子就这样过去了。也正是在这样的日子里，她的课题组一步步接近了预期的目标。

　　16 年后，研究终于取得了重大成功：她领衔发明的铝板带材电磁场铸轧新技术与装备，创造了 6 项铸轧核心新技术并已应用于数家企业。该成果将传统铸轧板生产效率和产品质量推上新的水平，被一些国际铸轧装备制造商和铝加工企业评价为"世界唯一"，国际著名冶金装备制造商也多次要求转让该技术。

　　这是一项把铝加工工艺推向一个新前沿的重大成果并获得了国家发明二等奖。钟掘在收获事业成功的同时，也收获了自己的心灵感悟：从实验室观察到铝合金在电磁场下的凝固新现象，到形成工业铸轧机上的创新技术，经历了多少思索和磨炼，历经千辛万苦，终于做成一件事。倘若一个人的生命能够不断地有所发现、有所耕耘、有所奉献，那可能就是生命的价值。

由于技术底蕴与发展前景双双看好，她的团队又在此项成果的基础上向快速铸轧、电磁场快速铸轧进军，先后获得了国家"863""973"项目与国家科技攻关项目的支持。其中快速铸轧技术成果入选2001年度中国高等学校十大科技进展。

再铸辉煌：2800 热轧线改造

1984年，钟掘承担了国家重点工程——2800热轧线改造的技术研究和工程技术方案优化设计任务。

西南铝加工厂所使用的2800热轧线是有色金属系统最大的轧机，由第一重型机械厂在20世纪60年代制造，到80年代，其产能与产品质量都已远远不能满足现代经济的需要。国家计委立项，要求对其进行从工艺到设备的彻底改造。

当时西南铝加工厂提出经改造后的轧机要将原来8万吨产能提高到27万吨，产品质量要赶上当时的国际水平。改造量很大，预计的投资规模也很惊人，仅辊系改造德国专家的方案就要花上千万马克。但是这项改造工程意味着中国铝加工业现代化的起步，意味着必须尽快完成改造提升铝材产品水平，才能满足国防与经济建设的要求。因此，必须以最短的时间、最少的投入达到最好的效果。

这是一项巨大的系统工程，既要查明生产线上每台装备的运行状态和潜能，又需要从改造目标出发，将所有装备的能力协调到最优，这涉及加工工艺、装备电气、控制等多学科多技术门类。面对这样巨大的复杂系统，挑战与责任同等重大。钟掘课题组坚持从实践入手，从实际的生产状态中查明所有设备的真实工作状态、薄弱环节，提升到现代化技术水平的可能与技术难点、对策以及提高整条生产线作业能力的关键。为了求证这些问题，钟掘与课题组同志们在轧机旁度过了那年的春节。在万家鞭炮欢庆声中，他们正在给轧机安装数十个参数的信息采集系统，根据试验与计算揭示的轧机真实能力与工况，他们大胆否定了外商的改造方案，提出一个立足现有设备能力、保证长远产能与技术水平、投入最少改造费用的设计方案。在此基础上她还通过新工艺研究，将改造后的装备与技术集成为新的大工艺系统的设计方案，由此形成了我国生产高性能特薄优质铝带材的生产能力和技术水平，改变了我国长期以来这类产品几乎完全需要进口的状况。

这项工程于 1991 年全面投产，年产能由原来的 8 万吨增加到 27 万吨，仅轧机改造投入就节省 1 亿多元，这项成果获国家科技进步二等奖。在此基础上顺利开发生产出的高性能特薄优质铝板，也在次年获得国家科技进步二等奖。

运筹帷幄：铝工业发展的世纪之战

20 世纪 90 年代，国家经济与国防建设以全面快速发展的形势步入国际竞争平台，对高性能铝材的大批量需求成为铝业发展的一个新的时代特点，然而国内产业界和学术界却未做好准备，全面解决我国铝业发展中的瓶颈、破解重大技术难题已迫在眉睫。

我国已探明的铝土矿品质较差，能直接用现有技术开采使用的少。铝硅比在 5—7 的中低品位铝矿占比高。如果用传统的生产方法，我国铝矿资源的使用量保障年限不到 10 年时间，而铁路、交通、航空领域等都急需大量的高品质铝材。当时的现实是：我国铝冶金能耗比国外高 10%，高性能铝材 70% 依靠进口，严重影响国家经济与国防安全。

如何使中低品位的铝土矿变成"精矿"，解决铝资源的可持续利用问题；如何提高铝材的质量和性能，使我国的国防装备能立足自主制造，解决国家的重大战略需求，这一重大问题摆在了时过花甲之年的钟掘面前。

这实际上是我国铝业发展的世纪挑战。1999 年，钟掘担纲"973"项目提高铝材质量的基础研究首席科学家，开始了又一轮追求"破解难题，为国效劳"的呕心沥血历程。

在近 10 年的不懈努力中，钟掘带领她的科研团队，与中国铝业公司紧密合作，组织全国 14 个高等院校、科研院所、大型企业的百余名科研人员联合攻关，从原理到技术到工程应用，对铝工业中一系列重大科技问题展开了全面的基础研究，圆满完成了以"973"项目为龙头的国家铝产业跨越发展系列核心技术的突破，推进我国铝工业进入当代技术的前端，构成了一套完整的产业技术创新链：由团队发明的选矿拜耳法，可以经济利用占我国铝土矿储量 80% 的中低品位铝土矿，使我国铝土矿资源保障年限由 10 年提高到 60 年；发明的活化晶种氧化铝脱硅新技术，可节能 20%；发明的抗氧化低电阻铝电解阳极制备等技术，使铝冶炼过程节能减排达 10% 以上，吨铝能耗降低；发明的多场调控半连铸及多尺度多相强韧化等技术，生产出一系列高性能铝材，解决了国家若干重大工程用材问题，打破了国外技术与材料的封锁，为中国铝业技术整体升级作出了突出的贡献。

"我们这个项目解决了现阶段铝工业持续发展的资源短缺、高耗能高污染、品质低三大难题，是带动全行业上台阶发展的一套系统技术。"该项目获得 67 项发明专利、7 项成套技术和 16 种高性能铝合金材料与构件，有力地推进了我国铝工业由依赖技术引进向技术出口的重大变革。目前，该技术已出口到国外。

这个由 "973" 项目牵头，由产学研大团队完成的重大创新荣获国家科技进步一等奖。

厚积薄发：创造 "极端制造" 概念

2003 年，钟掘参加了 "基础研究" 与 "先进制造技术" 两个专题的研究与部分撰稿工作。她总结自己多年来科研工作涉及的诸多领域、所遇到的各类问题、展望未来机械装备和零件设计制造的发展势头，感到制造业在一段历史时期内面临的挑战是制造的极端化任务，在极大尺度、极小尺度、极端服役功能、极端制造环境等方面隐藏着深刻的不为人知的规律和奥秘，这就是我们需要付出，需要揭示与占领的阵地，于是她创造性地提出了 "极端制造" 的概念。2006 年，"极端制造" 新概念正式列入国家中长期科技发展规划纲要。"极端制造" 技术成为国家制造业发展突破的重大方向。

曾经有人问及她一路走过来的艰辛，她微笑着说："更多的是破解未知的向往和征服技术障碍的欣慰"，她平静地指着不远处，冬日的阳光暖暖地照在机电工程学院门外一块巨石上，上面写着："鬼斧神工，人天合一"。她说 "'鬼斧神工'指'制造'有着与生俱来的、无所不能的神秘创造力，而'人天合一'是指人类创造产品的终极目标是在享受大自然恩惠时永远与自然和谐共存。这是我和我团队的追求，也是我们中南大学的制造文化。

一般大家说'天人合一'，因为自然界是主导，而我为什么写'人天合一'呢，就是在我们创造技术和产品时，人是主动的，我们人必须要主动地跟自然界融合，这是我们的责任。"

师者唯勤：扶持学科育桃李

20 世纪 60 年代一群钢院的毕业生，刚刚进入以有色金属制造为特色的中南大学，就深深地感受到国家的有色金属发展落后的窘境。共和国的金属工业中，有色金属锻压、挤压、轧制等技术处于起步阶段，远远落后于先进发达国家。所以，初出茅庐的他们立志在中南矿冶走出一条有色金属装备发展之路来，建立中国第一个有色金属冶金机械学科，为有色金属产业培养一批装备人才。

改革开放以来，国防装备、航天航空方面的需求发展越来越快，冶金机械学科内必须充实现代科学技术的新成果，培养的专业人才也必须具备适应现代生产的综合能力，要能够跨越六七十年代学科建设停滞造成的与国际的巨大差距。在多年的教学实践中，钟掘深深领悟到：高水平的学科和教学必须以高水平的科研作为支撑，高水平的科研也必须通过多种渠道回馈高水平教学。一方面她致力于改革教学计划、设立新课程，给学生新的知识结构，另一方面增加实践安排，让学生提早参加科研、熟悉生产、熟悉工程，形成立足生产需要学习知识的思维习惯和学习模式，全面提高人才素质和能力。

钟掘始终有一个强烈的信念，就是机械专业一定要能为国家的各种产业设计制造机械装备，她注意到新兴产业特别是信息产业的快速发展极其缺乏这种精细装备人才，于是在国内第一个办起了微电子器件制造专业，并通过多种渠道承担科研项目，培养这个新专业的教师队伍。目前这个专业可以为国家培养本科、硕士、博士生。同行说"钟先生从专长极大的冶金领域又全力投入极小的微电子器件制造装备，决心和功夫下得也大"。用她自己的话说："明明知道微电子装备那么缺人，我们不下决心办这个学科培养人，会有愧于国家和时代，只要我们下决心从头学起就一定能办好。"

钟掘还特别注重实验室的建设和团队的合作。在经费短缺的条件下仍然艰苦奋斗，她与同事们一起把萌芽的创新思维转变成实实在在的实验研究系统，如封闭力流的产生与变化规律、电磁扰动金属结晶与形变、界面微尺度热传导规律等 30 余台套，建成摩擦润滑实验室、快速铸轧实验室。十几年下来，她和团队一起建起了拥有铝锂合金超纯净制造、电磁超声铸轧、等温模锻、超声搅拌焊、电磁成形等有色金属材料与构件制造工艺与装备试验系统，创造了几十项发明专利，获得多项国家奖，并成功申报高性能复杂制造国家重点实验室。

钟掘忠诚于党的教育事业，热爱学生，治学严谨，言传身教，是学生们心中的典范。她先后讲授过 16 门课程，每一门都广受学生们的欢迎。在她执教的生涯中，特别注重让学生学到最有用、最精华的知识和分析问题、解决问题的能力。她紧跟国家需求的发展，创办新专业，不断为学生开出新课。再忙再累仍经常给学生分析最新学术动态，把握自己的研究方向处于学科前沿。对本科生教育建立了从工程实践中挖掘科学问题、激发创造欲望和能承担艰苦创业重担的高层次人才培养模式。她教育学生的格言是"爱国、刻苦、超越"。指导第一个研究生时，她严格要求自己要在教学实践中学会当研究生导师，精心设计了各个教学环节。每一个实验，她都和学生一起干。每一个概念，每一处运算甚至每一个标点，她都作了十分仔细的审阅与推敲。学生的论文亦是她心血的结晶。"我几乎是在指导研究生的同时自己一次次经历研究生的学习过程。"为掌握学生学习认识规律，她一个学期住在学生宿舍，观察学生思维的演变和知识获取的历程，改革教学方法，她呕心沥血，循循善诱，学生们视她为良师与挚友。她的学生中有一大批已成长为生产、科研、教学骨干。

学校的教师告诉我们："要找钟教授，到实验室去最靠得住。"大部分时间，她办公室的灯光熄得最晚。她每年还要抽出三分之一左右的时间到工厂搞试验。"熬夜？"她的研究生说："你别看老师年过花甲，她熬通宵的时候多了。她经常以实验室为家，几乎每天在办公室工作到深夜，以致晚上回家扭伤了脚都无人知晓，是有名的'工作狂'。"

她获校优秀教师、优秀党员，湖南省三八红旗手，全国教育系统巾帼建功标兵等荣誉称号。

在一场报告中，她寄语年轻学子："让好奇心驱动我们探索的一生，让使命感引导我们创造鬼斧神工。让我们走进科学，发明技术，创建工程，在知识、智慧、思辨、创造的交织中，去享受无尽美妙与自豪的人生。"

辛勤耕耘，四十载春华秋实，钟掘院士已桃李满天下，她共培养本科生四千余人，硕士和博士 100 多人。

生如长虹：掘尽黄沙始到金

有人说，冶金机械领域是一个硬邦邦的世界。然而，她，这位中国工程院机械领域的女院士、中南大学教授，一位声音圆润动听、风度端庄娴雅的女性，却在这个充满着阳刚之气的世界里奋斗不止，书写着自己的传奇。庞大无比、隆隆轰鸣的机器，生产场地的钢花四溅并没有击败这位女斗士。在她的世界里，冰冷的机器和火热铝锭在这里都饱含生机，无处不透着自然控制的规律和还不为我们彻底掌握的神奇演变。

回顾在人民大会堂接过奖状的那一刻，她的笑容如绽放的玫瑰，异常动人。"那一瞬间，我几十年的努力得到了肯定，我也得到最大的满足，最大的幸福感。"

当被问及梦想时，钟掘坚定地说道："梦想是没有止境的，人的追求是永无止境的，我们做的工作能够用在国家，解决国家的一点问题，就是最大的欣慰。"

这个笑容如春天般和煦的学者，说话时眼睛闪闪的，很精神，如同邻家亲切的长辈，几乎让人忘记她还是中国机械行业里的女院士。就是凭着坚持梦想，她微笑着，一路走下来，也许奋斗路上出现了疲惫、挫折，她从不放弃。已经过了退休年龄的她，仍然奋斗在科研的第一线，为国家、为人民做出贡献。

回忆当时的钢院，钟掘很深情，"看到一切都在发展中，当时条件很差，地上都是土，校园里显出发展中的杂乱。但没什么不好，这些告诉我这是一个实现理想的地方。想回学校，跟老同学一起再过一次 3 斋 331 室的日子"。

而今的钟掘，依然活跃在机械工程领域，奔波在科研工作的第一线。和她的团队一起解决航空、航天大型轻质高强结构件制造难题，解决难题中的难题：用中子衍射揭示复杂结构件残余应力之谜。她走过的地方，正为后来人架起彩虹高架，后来人也正在努力将彩虹高架通向更新的"鬼斧神工，人天合一"的制造新天地。

核事业发展的"动力源"

——记核材料专家、中国工程院院士周邦新

周邦新，江苏吴县（今属苏州）人，1935 年 12 月生于湖北武昌，上海大学教授，我国核材料和核燃料元件领域著名的科学家和学科带头人之一。1956 年毕业于北京钢铁工业学院金相热处理专业；1956—1970 年先后在中国科学院物理研究所和金属研究所工作；1970 年以后在中国核动力研究设计院从事核燃料及材料方面的研究，1987 年晋升为研究员，1998 年后任上海大学教授、博士生导师。长期从事材料方面的研究和开发工作，曾多次主持和参加高难度科研项目的攻关工作，为我国核动力事业的发展做出了贡献。先后十余次荣获国家、省部等颁发的各种荣誉称号。曾担任中国核学会理事、四川省电子显微镜学会理事长、上海市显微学学会理事长、国务院学位委员会学科评议组成员、国家自然科学基金委员会工程与材料科学部学科评审组成员等职务。1995 年当选中国工程院院士。

《诗经》云：周虽旧邦，其命维新。纵观五千年悠悠中华文明史，革新是民族发展的源动力。放眼瞬息万变的当今世界，科学技术的创新发展已经成为推动人类前进的源动力。之所以取名"邦新"，周家希望他能够成为祖国科技创新的"动力源"。

周邦新视科技工作为使命，置祖国利益为最高，在核材料领域打拼半个多世纪。他为钢而动投身工业建设，为核而动献身核材研发，为教而动致力人才培养，为国而动服务国家需要，用实际行动参与我国核燃料元件的研发和生产，不愧为我国核事业发展的"动力源"。

为钢而动：树立钢铁报国志愿

周邦新出生在 20 世纪 30 年代的中国。近代中国风雨飘摇，历经血雨腥风。成长于这个时期的周邦新从小就把自己的命运与祖国的需求紧密结合起来，树立起钢铁报国的志愿和理想。

响应号召，报考钢院。

周邦新 1935 年出生于湖北武昌，祖籍苏州木渎，祖父是前清秀才，周邦新从小就在"科技强国"的思想熏陶下成长；父亲一生从事道路建设和房屋建筑等工作，早期参与陇海铁路建设。抗日战争时，全家被迫居住在成都郊区的簸桥镇，周邦新在那里度过了他的童年。抗战胜利后，1946 年春天周家回到了阔别多年的故乡苏州木渎。江南水乡独有的美景让周邦新印象深刻。同年秋天，周邦新考入了镇上民办的初中，第二年转入苏州城里的吴县县立中学。离开家庭，住校求学，他跨出了人生独立生活的第一步。在遐迩闻名的沧浪亭旁，周邦新度过了难忘的中学生活，他在知识的海洋中无拘无束地遨游，尽情汲取着科学知识的营养，为自己的科技人生打下了坚实的基础。

1949 年苏州和上海解放后不久，周邦新的三个姐姐先后参加革命。1950 年，国内掀起了抗美援朝运动，学生"参干"进入高潮，当时周邦新就读于苏州市第一中学高中，在接受爱国主义教育后逐渐认识到个人前途与祖国命运的紧密联系。当时国家正需要大力发展工业，战争前线需要钢铁材料制造武器。凭借着这一朴素的念想，周邦新在 1952 年的高考志愿书上面填写了：北京钢铁工业学院。

　　怀揣着投身钢铁工业建设的理想，周邦新作为第一届学生踏入了北京钢铁工业学院的大门，在这所满载着北洋大学、唐交大等著名院校矿冶学科炫彩光华的学校中开始学习。周邦新和其他同学一样，将钢铁工业视为自己的终身事业，迫切地想要学习炼钢和炼铁方面的专业知识。不过，由于大多数同学抱着相同的信念，希望就读钢铁冶金专业的同学特别多，于是学校号召青年学生学习金相热处理等其他专业，在更广阔的平台上培养钢铁工业需要的人才。周邦新想，调剂专业是学校的需要，自然也是党和国家的需要，于是就响应号召将专业改换为金相热处理。虽然当时对"金相热处理"一点都不了解，不过一想到这是党和国家的需要，也是钢铁工业的需要，周邦新的学习立刻就有了动力。

　　钢院那时生活条件并不算好。第一年，由于校舍正在建设，同学们都寄居在清华大学的校园里，那时刚刚兴建的"八大学院"都在清华大学上课。清华园中"比学赶帮超"的学习氛围十分浓厚。第二年，钢铁学院的校舍初具规模，荒芜的满井村成了胸怀矿冶理想的钢铁学院师生们的主战场。由于建校伊始环境简陋，同学们最初只能在大席棚里面上课。课后，由于宿舍还没有安装电源，同学们只能在宿舍里面点蜡烛自习，微弱的烛光也让周邦新的视力急剧下降。教学条件虽然十分简陋，但是钢铁学院的老师们上课都十分投入，学生们的学习也动力十足。回忆起大学时的学习生活，周邦新印象最深的老师就是柯俊和徐祖耀。柯俊先生主讲金属物理课程，枯燥的相图和相变被柯先生讲得生动鲜活，尤其是柯先生用幻灯投影出他在英国研究贝氏体相变时的显微组织照片，通过仔细分析显微组织形貌的变化，揭示了相变过程的深奥机理，点燃了周邦新对研究金属材料的兴趣。周邦新回忆："柯先生和徐先生讲课时都不是简单地罗列理论知识，而是将自然科学规律与个人研究体会融合在一起，深入浅出，通过极具条理性的逻辑推理得出最终结论。每一个观点的讲授都让我印象深刻，可以说正是这些大师们的授课方式和讲解内容点燃了我对材料科学的兴趣。"

　　除了在课堂上孜孜不倦地求学，周邦新还积极参加一些生产实践活动。钢院建校伊始就确立了鲜明的实践教学特色。所有学生都要积极参加认识实习和生产实习，到工厂去参观、实践，在生产一线学习专业知识和技能，周邦新也不例外。在工厂的热处理车间，周邦新虚心地向工人师傅学习炉温控制的技巧，跟随着工人师傅通过观察炉火颜色判断炉温。他努力将手、眼、脑协调起来，一次不行两次，两次不行三次，终于学会了现场判断炉温的本领。后来在英国访问工作期间，周邦新通过肉眼判断实验室的盐浴炉温度显示不准确，英国同行一开始质疑他的判断，但是更换热电偶重新测量温度后，证实周邦新的肉眼判断完全准确，这个"绝活"让英国同行称赞不已。

回想起自己在钢院的学习生活，周邦新动情地说："我在上大学前对于钢铁材料方面一无所知，在钢院四年的学习生活我不仅学到了扎实的科学知识和专业技能，同时也坚定了投身祖国建设的决心和信念。"诚然，为钢而动的周邦新从钢铁学院扬帆起航，开始了他绚丽恢宏的人生旅程。

研发硅钢，献礼国庆。

1956年，大学毕业的周邦新分配到了坐落于北京的中国科学院应用物理研究所（后改称物理研究所）。来到物理所后，周邦新开始接触真正的研究工作，他被充满奥秘的自然科学现象和规律深深吸引。在物理所，周邦新遇到了从国外学成归来的科学家颜鸣皋、李恒德和陈能宽，他们的学习态度和严谨的科研作风让周邦新受益匪浅。颜先生一边念英文资料一边为他讲解的情景，李先生在碘化法提纯钛实验时将如何把极细的钨丝和粗钨电极连接到一起的方法画在纸上交给他的情景，周邦新历历在目、记忆犹新。在几位先生的指导下，周邦新很快掌握了铜板织构和碘化法提纯钛两个课题的研究实验方法，并做出了有意义的成果。

1958年，"大跃进"开始了，周邦新积极参加了全室同志们关于如何用研究成果向祖国献礼的讨论。当时，德国人首先报道了铁硅合金中获得了集中的立方织构，由于保密原因，制作过程在文章中并未叙述。在金属材料领域，用铁硅合金轧成的薄板一般称为硅钢片，是广泛应用的软磁材料，这种金属晶体的 [001] 方向是易磁化方向，因此如果能在加工过程中把每个晶粒的 [001] 方向都按一定的方向排列起来，就可以大大提高硅钢片的磁性性能。在世界范围内，将晶粒的 [001] 方向沿薄板轧制方向排列起来的单取向硅钢片已经于1935年研制成功并在工业上得到推广应用，而如何制备双取向硅钢片却一直是一个难题。双取向硅钢片的优点在于，不仅晶粒沿着轧制方向是 [001]，垂直于轧制方向也是易磁化的 [001] 方向，这样就形成了立方织构。但是，铁硅合金的晶体结构与铜、铝等金属不同，获得立方织构不是那样容易。在那个热火朝天的年代，物理所的同志们为了向祖国节日献礼，很快将研究铁硅合金中立方织构的形成确定为"献礼"的课题，主要参与者除了周邦新，还有曾在国外从事过金属变形、再结晶和织构研究的陈能宽先生。在"以钢为纲，全面跃进"口号的指引下，物理所的同志们都干劲十足，周邦新和同事们不分昼夜地开展研究工作，制定了阶段性的献礼计划，推动了研究工作的进程，当年年底试验便取得了成功。

1959 年，苏联科学院向中国科学院约稿，周邦新参与的铁硅合金中立方织构的形成入选。周邦新在陈能宽先生的指导下开始了文章的起草，他在图书馆待了两天，写了近万字，将自己的研究结论和实验心得分条目罗列起来。后来，周邦新的文章初稿经过陈能宽先生的修改和翻译，赶在 10 周年国庆前发表在苏联杂志上。提起那段激情燃烧的岁月，周邦新感慨颇深："那个时候为了祖国的工业发展需要，不畏艰难地拼命工作，最终取得了成果，同时也树立了自信心。从那时起我深刻地认识到：外国人能够做出来的，我们通过认真踏实地工作，也一定能够做出来！"硅钢片的研究经历在周邦新的心中埋下了坚定的信念，这个信念驱使他在后来的学术生涯中能够不断攻坚克难，屡获佳绩。

为核而动：献身核材研发事业

20 世纪 50 年代，世界上第一艘核潜艇试航，核动力工业成为各国努力发展的关键领域。新中国成立后，从 1955 年开始，党中央就高度重视核工业的建设和发展，在苏联专家撤离中国后，从全国范围内选调了一大批各学科的专家加强核工业的建设。周邦新深刻明白核工业对于新中国的重要意义，义无反顾地投身到核材料的研究工作中去。

辗转沈阳，远赴英伦。

1960 年，陈能宽先生带领周邦新等 30 余人从北京物理所来到沈阳金属研究所工作。当时正值三年困难时期，沈阳的工作条件异常艰苦，一段时期，周邦新和同事们每天只能靠着四两粮食勉强维持体力，粮食不够就掺一些苦涩的树叶。到了过年，他们终于可以有一点改善，不过只限于黄豆、海带和炸鱼之类。在艰难的生活条件下，周邦新也曾想到放弃和退缩，但是一想到祖国发展的需要，他马上又充满了斗志，全身心地投入到工作中。

　　那时，学术上崭露头角的周邦新作为学术骨干，开始独立承担一些科研任务。为了进一步研究体心立方金属中立方织构的形成机理，他开始进行多种体心立方金属单晶体的形变、再结晶和织构的研究。在物理所工作时，周邦新曾经看到很多老同志们都在研究单晶体的形变问题，因而他选定了钼单晶为研究对象，后来又研究了铌、钨和铁硅合金的单晶。在张沛霖、郭可信等先生的指导下，周邦新在钼单晶的形变和织构方面取得了一些研究成果，后来在全国学术会议上作了报告，得到了学术专家们的好评，钱临照先生还将文章推荐到《物理学报》上发表。

　　1961年，为了国家需要，金属所成立了铀的化学冶金和物理冶金两个研究室，主要从事核燃料的基础研究和应用研究工作。周邦新参加了由张沛霖先生领导的铀物理冶金室的工作，开始了持续一生的核燃料及核材料研究工作。由于金属所的研究工作刚刚起步以及核事业的保密性需要，周邦新和同事们主要从事一些为核工业发展服务的"外围"科研工作，通过几年的工作，积累了不少核燃料领域内的经验和知识。

　　1964年底，金属所通知周邦新去英国访问学习两年，他又开始了英伦访问交流之旅。一开始，他前往纽卡斯尔大学冶金系，跟随佩奇（Petch）教授研究了金属变形时屈服前的"微屈服"现象。在英国的第二年，为了能够多了解一些国外的科研工作情况，周邦新联系了剑桥大学冶金系，选择了低合金钢中合金碳化物析出过程的研究方向。在实验中他第一次接触到了电子显微镜，这为他后来在科研工作中应用电子光学仪器来研究解决材料中的科学问题打下了基础。在英国的两年时间，周邦新近距离地接触了西方的研究环境，对于西方学者忘我的工作精神和严谨的学术态度印象深刻，同时也坚定了为祖国工作，在科学研究中取得成果的信心。在周邦新看来，中国和西方的差距并不大，只要坚定信心，攻坚克难，努力工作，一定能够迎头赶上。

　　回国后，由于沈阳市环境保护的需要，金属所停止了核燃料方面的科研工作。1970年，周邦新和一些同事集体调动到四川"三线"，开始了长达28年的核材料和核燃料的研究工作。远离了城市的纷纷扰扰，周邦新来到了峨眉山下的青衣江畔，身处仙境般的山水怀抱中，他的工作干劲又加了几分。不过，由于核动力研究设计院刚刚起步，他们的生活条件十分简陋。他们住在乱石堆砌的"干打垒"中，走在泥泞的黄土路上，上下班还要冒着危险在狭窄的田埂上面骑自行车。但是，这一切对于有了明确工作方向的周邦新来说都不算什么，那时的他浑身都充满力量，一心想要为祖国的核动力事业做出一点成绩。

1970 年，中国第一艘核潜艇试航，周邦新所在的研究基地开始从事陆上模式堆的研究实验工作，为核潜艇的系统工程服务。一次，核燃料元件的生产厂由于生产质量问题濒临停产，生产技术人员经过一番努力始终未能找到问题发生的根本原因，于是将这个难题交给了周邦新所在的课题组。众所周知，核潜艇的动力来源于反应堆，依靠核燃料铀 -235 的裂变反应提供热能后再转变为动力，而核燃料外面的包壳材料不仅要及时将裂变反应产生的热传递出去，还要防止放射性物质的泄露，因此包壳材料的制造和性能一直是核反应堆工程发展的关键问题。这次质量问题出在核燃料元件的包壳表面产生了不均匀腐蚀的"小白点"，导致废品率直线上升。因为核燃料元件在反应堆中的运行工况十分苛刻，为了安全性和可靠性，对生产过程的质量控制和要求也十分严格。面对困难和挑战，周邦新和同事们开始了技术攻关。周邦新开始也一筹莫展，有着扎实的理论基础和实践经验的周邦新在困难面前，首先想到用电子光学仪器对样品表面的"白点"进行微区的物质结构和成分分析，找到了线索，研究工作终于迎来了曙光。周邦新深入到生产工厂，与工人师傅一起生产劳动，走遍了生产线上的每一个车间和每一道工序，将生产中的方法和数据进行比对，之后又进行了大量的模拟实验，终于发现了生产中的问题所在，揭开了"白点"形成之谜，赶上了工程要求的进度，挽回了重大经济损失。这项研究成果后来于1978 年获得了全国科学大会奖。

这项工作让周邦新深深感到，成功就需要在困难面前再坚持一下。发现问题，成功也就有了希望。在困难和压力面前，经受住挑战的周邦新也对合金材料产生了浓厚的兴趣，继续致力于合金在核电工业中的应用研究。

把握前沿，情"铀"独钟

在中国核动力研究设计院工作期间，周邦新曾经多次解决过核燃料元件生产及应用领域中的问题，先后担任过组长、室主任和所长。在担任领导工作期间，无论行政工作多么繁忙，他都没有脱离过实验研究工作，很多科研问题和实验过程他都亲自参加，尤其是用电子显微镜观察材料中的显微组织以寻找影响材料性能的原因这类研究工作。在进行这类实验工作时，他每次都能在实验、观察、分析和思考中发现问题，找到解决问题的灵感。在这期间，周邦新还主持开展了新型燃料元件方面的研究开发工作。

1990 年，在周邦新担任所长期间，所里承担了研究堆用低浓铀板型燃料元件的研究和生产工作。国际原子能机构规定，和平利用核能所用核燃料的铀-235 富集度不能超过 20%，如何在这种限制条件下仍然能够保持原有的一些先进指标成为一个难题。研究发现，改变核燃料的组成，用这种新组分核燃料物质制造出的燃料元件，就可以克服降低铀-235 的富集度所带来的一些问题。当时，这种燃料元件虽然在国外已经得到应用，但是国内还没有生产过，也没有应用过。那时研究所里虽然进行过制造这种燃料元件的科研工作，但是要从科研阶段跨越到批量生产，还有许多工艺需要完善，还有不少工艺设备需要购置、安装和调试。在前所未有的压力和挑战面前，担任所长的周邦新没有推辞责任，毅然接受了这项艰巨的任务。作为这项任务的指挥员，周邦新没有丝毫的退缩和胆怯，指挥着科研队伍开始了由科研跨越到批量生产的攻关。由于生产的产品是用在核反应堆中的燃料组件，绝不能出半点差错，周邦新在组织好一支骨干力量之后，没有停留在开会指挥的模式上，他亲自深入生产现场，及时了解问题并着手解决问题。在做好组织协调工作的同时，充分发挥自己在材料方面积累的知识和经验，使得生产中出现的技术关键问题都逐个得到了解决。当时，由于这种燃料元件是国内首次生产，因而该项任务的成败显得特别重要，部里领导多次亲自过问过这项任务的进展情况。最终，在周邦新的领导下，通过全所有关同志的共同努力，燃料组件的批量生产工作按计划如期完成，多年来，这批燃料组件在使用过程中未发生过任何问题。这一成果后来获得了 2000 年国家科技进步一等奖。

为教而动：致力创新人才培养

年过花甲后，周邦新逐渐淡出了核燃料研发的一线，但是为祖国奋斗的信念驱使着他继续奉献。这次，周邦新选择了教育行业，希望通过自己的努力为祖国培养出更多的创新型人才。

整合资源，创建中心。

1998 年，周邦新回到了阔别多年的上海，成为上海大学的一名教师，工作重心也转向培养自主创新人才和建立科研团队。尽管在上海大学没有条件从事放射性核燃料的科研工作，但是可以研究不带放射性的核结构材料，这也是核工业中的重要材料。国民经济快速发展需要大力发展清洁能源，我国核电事业迎来了大发展的春天，周邦新也开始带领着自己的高校研究团队在基础研究方面发挥优势，做出贡献。来到上海大学后，首要工作就是建立相关的实验室，之后便是建立一支从事核材料科研的队伍。周邦新从零做起，白手起家，几年时间便组建了核材料研究团队，为上海大学的材料学科开拓了一个新的学科方向。

2002 年，周邦新结合自己多年的研究经历，联合多位老师建议学校整合学校的实验检测设备资源。在学校领导的大力支持下，上海大学分析测试中心宣告成立。测试中心购置了高分辨透射电镜和扫描电镜，优化和提高了学校教学与科研的硬件水平。2004 年，在周邦新的积极倡议下，上海大学从国外购置了国内首台三维原子探针仪，拥有了研究材料在纳米尺度范围内不同元素原子分布情况的微分析仪器，掌握了现代材料学研究最必要和最先进的手段。这些工作为上海大学的教学与科研工作打下了良好的基础，也为进一步服务上海高校及周边企业搭建了一个很好的平台。如今，上海大学分析测试中心已经成为国内先进的材料研究与分析机构之一，这当中凝结了周邦新的辛勤汗水。

淡泊名利，师者风范。

近年来，周邦新坚持在教育战线上躬耕育人，先后带出了许多优秀专业人才。学生说他淡泊名利，为年轻人的成长尽可能创造机会。他不争名不求利，发表论文总是把年轻人的名字放在自己前面。1999 年初，周邦新申报上海市新材料中心的课题，申报过程中需要进行多次答辩。这时，他找到了课题组中一名青年教师，让他去答辩。博士刚毕业一年的讲师有些胆怯，周邦新鼓励他："不要紧，没有人天生会讲，做科研工作，一定要学会把你的好想法、好成果介绍给别人，这是一个很好的锻炼机会。"在周邦新的关心下，短短四年时间，这名青年讲师以这次答辩为起点，迅速由一名刚出校门的学生成长为一位优秀的科研工作者。周邦新爱才更惜才。多年来，他一直多方奔走，亲自为青年人才解决各项难题，让优秀人才安心扎根上海大学，让他们与先进的仪器设备相映得彰。

此外，周邦新指导学生的耐心与诚恳让学生感动不已。面对学生的问题周邦新总是认真对待，从不敷衍了事，经他手修改的论文，总是要求做到精益求精，一遍、两遍……每一遍他都会逐字逐句地修改，连一个标点符号都不放过，周邦新总是谦虚地说，"指导学生的过程，也是自己学习的过程"。除了严谨刻苦的工作态度，周邦新还十分注重教学方法，灵活运用各种教学手段使教学更生动、具体、直观。周邦新在给研究生上课时，为了把最先进的显微分析技术传授给学生，他准备了大量有关最新显微分析技术的素材，自己学习先进的电脑软件，制成 150 多张幻灯片。

2006 年，上海遭遇了高温天气。周邦新在室温高达 40 度的实验室内，进行实验取样分析。有人问："您为什么不把这些事交给学生去处理呢？"他说："学生对很多实验现象没有经验，不善于抓住问题的关键，我要亲自带头去做，让学生从中学到更多的知识。"周邦新经常给学生讲，你们从这里学到的不仅是专业知识，更重要的是严谨的科研态度。2007 年，周邦新被学生们推选为上海大学"我心目中的好导师"。

周邦新的人生是甘于奉献的奋斗史。1958 年，年仅 23 岁的他研究双取向硅钢片课题，一举成功，他受到鼓舞，对事业、对祖国、对人民奉献的情感油然而生。面对国家对核材料人才的需求，他立志当一名核工业领域内的科技人员，数十载寒暑过去了，他在新材料与核燃料的研究上成就卓著。从江南名镇走出来的周邦新，为了神圣的事业，在大山沟里一待就是几十年，正是对祖国建设奉献的精神支持他取得了成功。

周邦新的人生是献身材料的奋斗史。他在大学主要学习了钢铁材料方面的知识，后来研究了铁硅合金材料的织构问题，再之后一直致力于核材料和核燃料领域的研究，与材料科学打了一辈子交道。他觉得，材料是一切工业发展的基础，研究材料的人需要有担当铺路石的精神，只有能够忍受默默无闻的生活，才能研发出更多经得住考验的材料。

周邦新的人生是培养青年的奋斗史。他深刻地认识到培养人才和建设研究团队的重要性，在不同的工作岗位上注重培养身边的青年人才。尤其是后来在上海大学担任教师期间，培养了数十位博士、硕士研究生，他们大多已经在各行各业发挥了重要作用。面对正在学校读书的青年人，他总是充满热情和期望："祖国的希望永远寄托在青年一代人的身上，材料领域可以大有作为，热爱你们的专业，努力学习！"

回首波澜壮阔的学术人生，周邦新应祖国需要多次调动工作，转战南北，主持和参加过多项高难度的科研和攻关工作，为我国核工程事业的发展做出了突出贡献，他执着而坚毅，堪称我国核事业发展的"动力源"。

千锤百炼的"特殊钢"

——记模具钢专家、中国工程院院士崔崑

崔崑，山东济南人，生于 1925 年 7 月，华中科技大学教授，金属材料专家。1948 年毕业于武汉大学机械系，留校担任助教；1951—1954 年在哈尔滨工业大学研究生班就读；1954—1956 年借调至北京钢铁工业学院工作。借调结束后返回院系调整后的华中工学院（现华中科技大学）任教，历任金属材料教研室主任，机械工程二系主任。1958—1960 年，在莫斯科钢铁合金学院进修。曾兼任国家发明奖评审委员会成员，国家自然科

学基金委员会学科评审组成员。致力于高性能新型模具材料钢的合金化、夹杂物工程、高性能 Ti 基金属陶瓷、激光熔覆基础理论等方面的研究，先后承担省部级及以上课题 20 多项，创造性地研究和开发了一系列高性能新型模具钢，达到了国际先进水平，创造了显著的经济效益，为我国新型钢种做出了贡献。研究成果先后获得省部级及以上奖励 10 余项，发表论文 200 多篇。1997 年当选为中国工程院院士。

有这样一个人，他品行如水，内涵如莲，用专注与严谨行走在学术和教育的道路上；他谦逊朴实，千锤百炼后仍留本色，熔铸成刚强坚韧的"特殊钢"。他就是中国工程院院士崔崑。

成长路，抗战烽火齐鲁情

1925 年 7 月，战火纷飞、军阀混战的年代，崔崑出生在山东济南。他是家中最小的孩子，上面还有三个哥哥和一个姐姐。

崔崑有一位可敬的父亲，父亲的教诲与影响使他受益终身。崔崑的父亲毕业于燕京大学，在日军入侵山东之前，他是当地洋行的经理。父亲对打小就聪慧懂事的崔崑寄予了很大的希望，给了他悉心的关爱与引导。1937 年，抗日战争爆发，崔崑正在读初中二年级。为了逃避战火，全家自济南返回原籍济宁。不久济宁亦沦陷，大大小小的学校都关了门，崔崑辍学在家，为了保证崔崑的学习进度，父亲亲自教他英语、数学，耐心地讲解，深入浅出地分析，帮助崔崑夯实了学习基础，也给了他在那战火纷飞的年月里最美好的回忆。为了保证崔崑能够得到最完整的教育，父亲又给他请了一位私塾先生教语文，为他讲述《古文观止》等文学名篇，并专门为崔崑批改作文，以锻炼崔崑的文字能力。父亲对崔崑学习上的要求一直十分严格，古文、英文等课文都要背诵，数学则要求对定理均会求证。就这样，严格又慈祥的父亲指导着年少的崔崑在沦陷的济宁度过了初中的学习时光。

日军侵犯山东之后，父亲因为坚决不愿为日本人和日伪政权做事而丢掉了洋行的工作。如果说父亲在学业上的教导给了崔崑以思维的提升，那么父亲的民族气节，则在道德上给了崔崑深刻的影响。还有父亲的古道热肠，对亲戚们和乡亲们的各种帮助与支持，都在潜移默化地影响着崔崑为人处事的态度。父亲的言传身教，是崔崑年少时收获的最宝贵的财富。崔崑曾这样说："父亲有两件事对我影响最大，一个是全力支持我们兄弟姐妹几个读书，另一个则是坚决不给日本人做事的气节。不论家里多穷，都不向日本人低头。"这笔财富跟随着他，影响着他，从年少到成长，从中国到苏联，从南国到北疆，从治学到为人……

1940 年，为了使崔崑能继续上学，父亲决定全家返回济南。其后，崔崑也顺利考上了齐鲁中学高中部。这是当时一所难得不受日本人控制的教会学校，任课老师大部分都是齐鲁大学的教授或副教授，他们都有比较高的专业水平。在这种环境的耳濡目染下，崔崑的求知欲望更加强烈。尽管家庭经济愈发拮据，但凡是与敌伪政权沾边的事情，崔崑的父亲仍是坚决不做。为了生活，父亲用积蓄买了几头奶牛，全家动手，办了一个小奶牛场，崔崑负责每天早上送完牛奶后再去上学。当时生活很艰苦，由于日本侵略军的掠夺，城市里没有面粉卖，只是过年时每家派人去面粉厂排几千人的长队，才买回一袋面粉，所以平时吃的全是杂粮。即便如此，崔崑仍然勤奋专注地学习，坚信日本帝国主义是"多行不义必自毙"。当时的教会学校对学生的学习管理是很严格的，每学年都把高中部和初中部成绩最高的一人张榜公告，第一学年崔崑就榜上有名。

这样的日子没过多久，由于太平洋战争的爆发，学校还是被敌伪政权接管了。日本帝国主义侵略中国国土、残害中国人民的罪恶行径，在崔崑心中留下了难以磨灭的印记。年少的他深切地感受到那时中国积贫积弱的局面，心中忧愤难当，默默地树立起学术报国、为国献力的理想。

求学事，不畏艰辛辗转路

1943 年，崔崑高中毕业。在父亲和全家的支持下，崔崑坚定了继续读书、学成救国的信念。为了走出济南这个已惨遭日军蹂躏的沦陷区，崔崑历尽了艰辛。

为了能够参加大后方那些高等学府的入学考试，崔崑多方打听路线，并用了半年多的时间进行准备。1944 年春，崔崑离家，凭着一股"为中华之崛起而读书"的信念，他独自一人步行穿过了位于河南漯河附近的封锁线。就在他穿过封锁线的时候，日军发起了豫湘桂战役。一时间，遍地皆是炮火声，日本侵略军进犯中原的枪炮声，就追在崔崑的后面，他在仓促之间逃到洛阳。当时的崔崑明白自己必须抓紧时间离开河南，于是他只身一人来到了洛阳火车站。可那时火车站已不售票，崔崑咬咬牙，爬上了火车头侧面的平台。这可不是个好位置，当时的火车都以烧煤为动力，崔崑坐的地方刚好迎着煤烟，一路下来，等到火车开到西安时，沿路火车头冒出的黑烟已把崔崑熏成了"黑人"。而后，崔崑历经 80 多天，一路克服各种艰难险阻，辗转到了成都。

成都的日子依旧是异常艰苦，崔崑身上已没有多少路费，可是大学的入学考试还未开始。他就一面准备考大学，一面在成都附近的空军基地做临时工，每天靠着在机场周围喷洒杀虫剂挣钱维持生活。就在如此艰苦的环境中，崔崑参加了大学入学考试。

宝剑锋从磨砺出，梅花香自苦寒来。到了秋季，各大学公布了录取学生名单，崔崑考上了三所名牌大学。几次与日军炮火擦肩，历经几番山穷水尽，几经辗转，横跨了几乎半个中国大地，崔崑终于实现了梦想。

经过深思熟虑，崔崑选择了当时因日军入侵而西迁四川乐山的武汉大学机械系进行学习。虽在战争环境中，但乐山却是烽火硝烟中的净土。在这里，有宁谧的环境，有美丽的风景：巴蜀风味浓郁的茶室、碧色欲滴的竹林……更重要的是有在乐山文庙里坚持教育救国的武大师生们。

崔崑在武汉大学读书的第二年，抗战胜利的消息传来，他与同学们激动得热泪盈眶，心中更加坚定了学成后建设满目疮痍祖国的信念。武汉大学也从乐山搬回了原址武汉，崔崑在珞珈山上度过了剩余的大学时光。大学里，不论是在乐山还是在武汉，崔崑每天都全心投入学习，取得了机械系第一名的成绩。1948年，崔崑顺利毕业并留校任教。

1951年，毕业后一直在武汉大学担任助教的崔崑得到了跟随苏联专家学习金属学以及热处理工艺设备的机会，年轻的崔崑高兴不已。

崔崑被学校派到了哈尔滨工业大学进行专业的俄语培训。来到这里的，都是全国各地大学选派的重点培养的优秀人才，各地的学生被按照地区分成了不同的班，崔崑是由武汉大学选派的，和华中华南地区高校的学生一起组成了一个研究生班。在风光曼妙的北方冰雪之城哈尔滨，崔崑依然保持勤奋踏实的学习作风，一直保持着领先的进度和优秀的成绩，还担任了班长。与此同时，他还遇到了一位美丽纯真的南方姑娘朱慧楠，并与这位同班的学习委员收获了一生美好的爱情。

钢院情，两次结缘北科大

崔崑在大江南北的辗转中画出成长的足迹：出生齐鲁、成都应考、乐山读书、求学武汉、哈工大和钢院读研、任职翻译、北钢入党、苏联进修……走近他的行程，我们会看到，崔崑两次与钢院结下不解之缘。

崔崑在哈尔滨跟随学习的老师恰好是那批最早支援北京钢铁工业学院钢铁学科建设的苏联专家。他跟随着专家们于 1953 年抵临钢院。在这个全新的校园里，崔崑感受着一种独特的文化与学习氛围，度过了美好而特别的研究生生活。

那时的钢院刚刚建成，校园环境还相当简陋，生活条件是"炉烤胸前暖，风吹背后寒"。在当时艰苦的环境下，崔崑经常在寒冷的冬夜披着单薄的被子在微暗的烛光里发奋苦读，在炎炎的夏日举着老旧的蒲扇在拥挤的教室里泛舟学海。在钢院读研的半年里，崔崑充分利用了当时钢院的研究条件和实验设备基础，穿梭于图书馆、实验室、宿舍之间，圆满地完成了研究生阶段的学习和研究。

1954 年的夏天，已结束研究生班学习的崔崑本该返回院系调整后的华中工学院，然而机缘巧合下，他被借调至钢院担任翻译，期限两年。崔崑接受了调任，到钢院担任苏联专家的翻译。那时的钢院学习氛围无比浓厚，即使周末晚上教室里也依然灯火通明，挤满了自习的学生，一直以勤奋为座右铭的崔崑也加入了这支自习的队伍。

20 世纪 50 年代的钢院虽然刚刚建校，但是经常举办学术报告会，这在当时的高校中还是少见的。当时的教师队伍中聚集了众多材料学科的知名学者，很多还拥有海外留学经历，学校还购置了实验设备。这样的环境对当时的崔崑以及众多青年教师在科学事业上的学习起到了极大的激励与帮助作用。

钢院的体育氛围浓厚，风光无限。崔崑对老钢院的体育文化情有独钟，体育场上锻炼的人群，运动会上的名列前茅，球场上的骄人战绩无不给崔崑留下了深刻的印象。

1956 年，崔崑在北京钢铁工业学院被批准加入了中国共产党。在崔崑的印象中，钢院在政治上对知识分子强调正面教育和引导。那个年代政治运动比较多，但学院各级领导注意做深入细致的思想工作，为教职工和学生们营造出一个宽松的工作学习环境，使大家有舒畅的心情。崔崑自己平时十分注意政治时事学习，订阅了《人民日报》。他所在的钢院工艺系有一次临时举行了时事测验，参加者近百人，崔崑的测验成绩名列前茅。

在北京钢铁工业学院工作期间，崔崑除了完成苏联专家的翻译任务外，还积极承担并努力完成教研室安排的给本科生讲课和指导毕业设计的任务。

在与钢院两次结缘的过程中，崔崑与很多志同道合的同事和学生建立起了深厚的情谊。每每提及这些往事，崔崑的怀念之情从未减少。

1956 年，借调结束，崔崑服从组织安排，离开了工作和生活两年多的北京钢铁工业学院，回到了院系调整后的华中工学院任教。

科研心，千锤百炼特殊钢

1958 年，华中工学院派崔崑去苏联进修，本来给崔崑安排的学校在乌拉尔地区，但当时中苏关系已经开始恶化，苏联方面决定不允许中国留学生再进入军事重地乌拉尔地区。但是作为补偿，苏联方面决定，崔崑及同期的留学生可以在莫斯科任意挑选学校和专业继续学业。经过深思熟虑，崔崑选择了当时苏联最为先进、我们国家也最为需要的特殊钢专业为学习方向。鉴于崔崑良好的俄语沟通能力，学校允许他不再进行语言培训，直接跟班学习。之后在苏联的日子里，崔崑继续发扬勤奋精神，如饥似渴地听取专业课，同时在导师的指导下认真地进行着自己的实验课题；在课余的闲暇时间，他争分夺秒地阅读莫斯科钢铁合金学院图书馆的珍贵藏书和优秀的学位论文，为了读书他还经常跑去列宁图书馆。通过在莫斯科的学习，崔崑的专业基础得到了巩固，而实验动手能力也得到进一步加强。1960 年，他学成回国。

新中国刚建立时，工业落后，快速发展现代工业成为关键。但当时，在国防以及国民经济中占有十分重要地位的高性能模具钢领域的研究在我国却是一片空白，严重影响了模具的使用寿命，国家不得不用大量外汇进口价格昂贵的模具。模具是机械工业生产的基础，工艺装备、汽车、拖拉机、电器、仪器仪表等产品零件都需要用模具加工，而模具寿命长短和质量好坏，与钢种的性能密切相关。崔崑一直注重理论联系实际，着力解决生产实际问题。针对国民经济发展的需要，他眼光独到地选择了研究性能优异的新钢种。

"中国一定要有自己的模具钢种！"崔崑凭着这股雄心壮志，带领同事们向高性能模具钢发起冲击。当时不仅教学任务繁重，科研也是刚刚起步，一无设备，二缺资料。1961 年开始，崔崑一方面组织教师去工厂调查研究，了解需求，一方面带领教研室的教师，购置需要的设备，买不到的他就自己动手画图，请人制作出来，还亲自动手因陋就简地建起了熔炼、盐浴炉、热处理等实验室。为了控制温度，他坐在 1200℃的盐浴炉旁，手指按着控温开关，眼睛盯着仪表（温差不能超过 3—5℃），一干就是几天几夜。有一次，位于一楼的实验室进了水，需要马上进行处理，崔崑第一个跳进积水中去排涝。在场的工人都深受感动，亲切地称他是"工人的教授"。

历经无数个日夜奋战，崔崑终于设计出基于我国富有元素的新钢种冶炼方案。在崔崑团队的努力下，一系列新型特殊钢应运而生！一是 1966 年首先开发出中铬高耐磨模具钢，成功代替高铬高耐磨模具钢，此项成果于 1978 年获全国科学大会奖。二是首创含铌基体钢，1981 年获国家发明三等奖，上述两种钢于 1985 年纳入国家标准。三是国内首创易切削精密模具钢，1985 年获国家发明二等奖。四是研制成高韧度硫钙复合易切削塑料模具钢，达到世界先进水平，1991 年获国家发明四等奖。上述两种钢也已纳入国家标准。五是在 700℃下工作的热作模具钢，获湖北省科技进步二等奖。六是高耐磨冷作模具钢，1992 年获国家教委科技进步三等奖。

为了给开发新型钢种提供理论依据，崔崑开展了硫系易切削钢中夹杂物的系统研究，确定了硫系易切削钢中加入钙、稀土和复合加入钙和稀土时钢中易切削相的组成、形态、变形行为和分布，及其对钢的易切削性、抛光性、等向性的影响，研究了夹杂物的形成热力学，结合实验研究，建立了模拟易切削钢中夹杂物生成类型及其热变形的计算机程序。

崔崑还指导他的博士生对高韧性碳氮化钛基金属陶瓷进行了探索，对碳氮化钛 – 镍系金属陶瓷的成分设计、制备工艺、组织结构、力学性能和添加物的影响进行了系统深入的研究，其中关于界面存在微晶化结构及其控制的研究以及添加稀土和氮化铝的研究都有较高的学术价值。他们的研究成果高性能低成本细晶粒无钴金属陶瓷制备技术于 2011 年获国家技术发明二等奖。

崔崑在指导他的博士生对激光熔覆理论和应用的研究方面也多有建树：构建了获得熔覆层的操作图，确切定义了陶瓷相"烧损"的物理意义，提出了不同的烧损形式及其机理；提出了激光熔覆陶瓷／金属界面应力分布模型和陶瓷与金属相容性准则；揭示了影响熔覆层开裂的主要因素和抑制方法；将激光熔覆技术初步应用于模具的强化和修复。

由于崔崑在教学和科研工作中的突出贡献，湖北省人民政府授予他湖北省劳动模范称号，中华全国总工会授予他五一劳动奖章。1997 年崔崑当选为中国工程院院士。

崔崑研究了一辈子模具钢，认识他的人都说他是一块"特殊钢"。几十年来，他工作抢在前头，遇名利则退到后面。在崔崑年逾七十的时候，所在单位还希望他留在工作岗位上。他深感不熟悉计算机，无法胜任工作的需要，也无法跟上学科的发展。于是他开始自学计算机，不懂的地方就向青年教师和研究生们请教，经过一段时间，他已可以自己制作多媒体教学课件，通过网络查询资料，利用计算机指导研究生的学习。他深有感慨地说，任何年龄开始学习计算机都不算晚。

当选院士之后，随着年事日高，他一直想为后人留下些什么，所以一边继续进行科研，一边开始考虑自己的著述生涯。许许多多个日日夜夜，这位老人静静地坐在书桌前，记录，画图，把自己脑海中的知识财富用语言、文字和图表留在纸面。计算机的熟悉和运用，为他的写作提供了极大的便利。2013 年，全面系统的特殊钢论著《钢的成分、组织与性能》终于完成，被誉为"钢的百科全书"。全书的资料收集、文字编辑和输入、打印、图形制作全部由崔崑参与完成，透过那一摞摞厚重的书稿，仿佛可以看到一位老院士为学术、事业和后人奉献的心，一字一句都凝聚着一位老学者的心血。

为人师，桃李不言自成蹊

一块黑板写春秋，三尺讲台迎冬夏。在开展科学研究的同时，崔崑在培养人才方面也倾注了大量心血。

从武汉大学到华中工学院，从钢院到华中科技大学，崔崑传道授业解惑的身影留在了许许多多的地方。到华中工学院时，这里的金属材料专业还是一片空白，崔崑领着一批老师和学生，费尽心血把金属材料专业建立并逐渐完善。他是我国首批博士生导师，他领导的华中工学院金属材料及热处理专业也是该专业首批六个博士点之一。从无到有再到顺利通过博士点审核，崔崑为教育付出了无数心血。

崔崑严于律己，言传身教，引导和培养学生的开拓创新精神；他指导过多名硕士和博士研究生，培养了大批基础理论坚实、能解决科研和生产实际问题的优秀人才，其中大部分已成为高等学校、科研机构和企业的科研、教学骨干。一直以来，接触过崔崑的人都认为他是行为世范的好老师和道德上的楷模。

崔崑注重培养中青年教师。他为人谦和，作风正派，治学态度严谨，是一位德高望重的学术带头人和优秀的共产党员，是青年人的良师益友。他对学生和中青年一代材料科学工作者提出的殷切希望是：致力于材料科学，促进我国国民经济和高新技术的快速发展，为振兴中华做出贡献。

崔崑生活中从不劳烦学生，他认为学生跟着他是来搞学术的。"我和学生是学术上的关系，不能让学生给我打杂"，自己的事情自己干，这一直是崔崑坚持的原则。夫妻二人生活简朴，家务分工合作，其乐融融，享受着天伦之乐。

崔崑非常关爱学生，2013 年，崔崑和夫人朱慧楠一同向华中科技大学教育发展基金会捐款 420 万元，用于设立"勤奋励志助学金"，资助勤奋励志的贫困学生。2018 年又追加 180 万元。2020 年，崔崑夫妇再次捐款 400 万元，设立"新生助学金"。两位老人在助学方面的捐资已达 1000 万元，可谓将毕生积蓄都奉献给了教育事业，可帮助一千多位学生实现自己的大学梦想。

崔崑很看重学生的学术道德。审查学生论文中的图表时，他都要一个个反复追问其来源，"是你的实验结果吗？不是你的，就要署上别人的名字。"一位博士生，在发表过去工作的论文时，出于对老师的尊重与感激，挂上了崔崑的名字，崔崑严厉地告诫他不要这样做："你这样是给我帮倒忙。"

崔崑经常主动去了解学生们的学习情况与研究进度。他的一名学生在做研究生毕业论文的时候遇到了困难，在一个瓶颈问题上无法突破。崔崑了解到情况后，就主动找到这名同学谈话，一方面从专业角度对他进行指导，和这名同学一起就研究上遇到的问题进行引导式的讨论；另一方面崔崑对自己的学生进行精神上的鼓励。为了使学生有面对困难的勇气，崔崑以自己的故事为例，告诉学生"研究最重要的是要勤奋，平时学习要勤奋，遇到困难更要勤奋。天下无难事，只怕有心人啊"。这位同学在崔崑老师的帮助下，最终战胜了困难，以优异的成绩顺利毕业。

崔崑有着高尚的爱国情操，每当有学生计划出国深造，崔崑都会竭尽全力帮助和支持他们，但是他都会告诉学生们："出国学习，看一看别人的先进学术研究水平是有必要的，但你们一定要记得回来，报效祖国。"

他先后获评湖北省优秀共产党员、荆楚楷模、全国优秀共产党员等称号。2020 年崔崑、朱慧楠入选月度"中国好人榜"。

崔崑的故事像是条静水流深的河，看似沉静无澜，实则容纳百川。我们会从他的平凡中发现伟大，会从他的朴实中看到光华，会在他的谦逊里看到风骨。千淘万漉虽辛苦，吹尽狂沙始到金。所谓百炼成钢，崔崑的成长求学几经辗转波折，在攀登学术高峰中取得了成就。赤子之心，本色为人，如"特殊钢"一般，百炼而成。

毕生的追求：将零件轧制技术转换为生产力

——记零件轧制技术专家、中国工程院院士胡正寰

胡正寰，生于1934年7月，湖北孝感人，北京科技大学教授，零件轧制技术专家。1956年毕业于北京钢铁工业学院，毕业后留校一直从事教学与科研工作。领导的团队从1958年起从事轴类零件轧制技术研究工作，现已全面掌握并推广应用，使我国成为世界上少数掌握这项高新技术的国家之一。作为我国轴类零件轧制技术的主要开创人，在技术转化为生产力上成绩显著；先后获全国科学大会奖、国家发明奖、国家科技进步奖等国家级奖励4项，获全国优秀科技工作者、全国五一劳动奖章、中国机械工程学会科技成就奖与中国金属学会冶金科技终身成就奖等荣誉称号。1997年当选为中国工程院院士。

胡正寰是我国著名的零件轧制技术专家。他所从事的零件轧制技术推广工作已实现在全国多个省市投产数百条生产线，分别应用于汽车、拖拉机、摩托车、钢球与磷铜球等领域，生产线还出口美国、日本、土耳其等多个国家。我国的轴类零件轧制技术，特别是在工业应用方面，已进入世界先进行列。这一切都与胡正寰和他领导的团队有着密不可分的联系。在我国轴类零件技术处于国际领先地位的背后，是胡正寰一生奉献给零件轧制事业的科研之路。

从钢院踏上科技报国的征程

胡正寰祖籍湖北孝感，1934 年出生于有着"天鹅项下的珍珠"美誉的北方冰城哈尔滨，是家里五个孩子中最小的一个，上有一兄三姐。胡正寰的祖父胡紫云是前清秀才，废除科举后考入张之洞创办的两湖书院，曾留学日本并在国民政府教育部任职。

父亲胡洁清曾就读于北京俄文专修馆，毕业后在哈尔滨的中东铁路管理局任职。胡正寰出生时，日本正侵占东北三省。还不到一岁的他便随父母离开哈尔滨到南京。父亲到中央陆军军官学校任俄文教员。随着卢沟桥事变的爆发，日本开始全面侵华，胡正寰全家经湖北、湖南、贵州等地最终落脚四川成都。虽然天府之国土地肥美、物产丰富，但战乱频发、民不聊生，有时候还会惨遭日本飞机的轰炸。胡正寰始终记得，一拉警报，父母就带着全家去郊区树林躲避，二姐就是因为躲避不及时，耳朵被炸片削去了一块，差点儿丢了命。警报解除后，在回家的路上还能看到被炸死的人躺在路上，惨不忍睹。

1945 年抗战胜利，适逢胡正寰小学毕业，全家落户湖北武昌。父亲在武汉水运工程学院任外语教研室主任，讲授俄语。1949 年中华人民共和国成立，胡正寰从武汉大公中学初中毕业，开始在湖北省立高级中学念高中。这所学校有着浓厚的学习氛围，为胡正寰提供了良好的学习环境。受书香门第家庭背景的影响，胡正寰学习认真刻苦，成绩优异。

1952 年，高中毕业的胡正寰在报考学校选择专业时，受毛主席的"一个粮食，一个钢铁，有了这两样东西就什么都好办了"这句话的影响，也念起父亲平日的教导"科技救国、科教兴国，要永远把国家的需要排在第一位"，于是，在新中国建设需要钢铁人才的强烈需求下，胡正寰毫不犹豫地报考了国家新筹建的北京钢铁工业学院，郑重地选择了冶金机械专业。钢铁、冶金、机械，这几个看似冰冷的词汇，却承载着青年胡正寰钢铁兴国的豪情与理想。胡正寰踏上了北上的路程，成为这所学校的首届学生。

钢院建校之初，魏寿昆等一大批名师巨擘汇聚在校园。新组建的钢院积极向上、充满活力，承担教学任务的很多是青年老师。其中给胡正寰讲课的老师有陈先霖、孙一康、张雄飞等。校园里的学习气氛非常活跃，年轻的胡正寰勤勉好学，成绩优异。源自北洋大学等学校"实事求是"的传统，新成立的钢院有着浓厚的"严谨求实"的校园文化氛围，这样的教学氛围为胡正寰后来从事科研事业"求是创新"的精神奠定了基础。

大学学习期间给胡正寰留下最深印象的老师是后来当选为中国工程院院士的陈先霖。除讲授"炼钢设备"等课程之外，陈先霖还积极探索教学模式的改革。胡正寰很喜欢参与陈老师组织的理论研讨、实习实践等教学改革活动中。陈老师时常强调，唯有工程实践才可以检验所学理论是否创造价值。这些都对胡正寰后来促进产学研结合、注重生产实践创造收益，产生了潜移默化的影响。

在钢院的学习生活中，优良的体育传统对胡正寰一生影响很大。钢院建校初期，师生暂住在清华园内。被誉为"我国体育界一面旗帜"的马约翰，他坚持每天下午 4 时至 5 时带着清华大学校领导在操场跑步，这一场面给胡正寰留下了深刻的印象。大学时期的胡正寰特别喜欢参与篮球、足球这类运动量大、对抗性强的体育活动。体育锻炼带给他的不仅仅是强健的体魄，更是顽强拼搏、自强不息的精神与健全的人格。

在校学习期间，吃饭上课他常常走在前面：第一个起床、第一个吃早饭、第一个到教室占座。老师布置的作业和任务，他都能高效认真地提前完成。胡正寰的生活极其规律，即使在工作之后，他仍能合理规划和利用时间。在顺利完成工作的同时，他还可以保证必要的锻炼和睡眠时间，从不熬夜突击完成任务。

大学单纯而美好的生活转瞬即逝，在钢院的学习经历却深刻地影响了胡正寰的一生。从对冶金机械专业方向探索的饱满热情，到投身祖国钢铁事业健康工作的铮铮铁骨，都给他的人生轨迹刻上了难以磨灭的钢院烙印。

在就业去向上，胡正寰最先想到的是到工厂去，到祖国钢铁工业的一线去建功立业。但系所里的教师建议他留校任教，为祖国培养更多的优秀人才。几经考虑，最终胡正寰服从组织安排，留校在冶金机械教研室任助教。

"大干一百天，轧出钢球把礼献"

1958 年，党中央提出要用 15 年左右的时间在钢铁等主要工业产品产量方面赶上英美。面对大炼钢铁的人群，年轻的胡正寰也被这种豪情所激荡和感染。作为青年教师，胡正寰决心过好教学关，做一名讲台上出色的老师。他每天阅读技术文献资料，提升自己的教学水平。

在翻阅文献资料的过程中，一部苏联出版的轧制技术专业书籍引起了他的注意，书中有一节介绍了用轧制的方法生产钢球：加热后的钢棒伸入轧机，经两个带螺旋的轧辊转动挤压后，生出一个个浑圆的钢球来，每分钟可达到 60—100 个。看到这里，胡正寰异常兴奋，因为他知道：这是一项机械零件制造业的"革命性"工艺！

工艺的"革命性"从何说起呢？这需要先了解和学习一下钢球生产最基本的机械加工工艺和方法。

当时我国生产钢球最常用的方法是锻压生产。所谓锻压，就是利用锻压机械的锤头、砧块、冲头或通过模具对坯料施加压力，使之产生塑性变形，从而获得所需形状和尺寸的成形加工方法。通俗一点说，就是打铁。锻压成形方法缺点很明显：生产效率较低、工人劳动强度大、工作环境噪声大等。

而如果采用轧制的方法，则是通过轧辊连续挤压成形钢球。这种生产方式除了能保证零件的机械性能之外，生产效率高、噪声小、连续性强。

这样具有"革命性"优势的工艺技术我国怎么能没有呢？新中国的钢铁工业需要大量的钢球，其中包括用于粉碎矿石的耐磨钢球、轴承用球等。但由于科技水平落后，当时钢球主要采用锻造的方法生产。工人劳动强度大、效率低等问题制约着钢球的大批量生产。高温烘烤、噪声，恶劣的钢球生产环境深深地印在胡正寰的脑海里，他深知轧制钢球技术研发的重要性和迫切性。

要敢想敢干！胡正寰决定要攻克这项技术课题，提出了"大干一百天，轧出钢球把礼献"的宣言,研制、设计用于生产钢球的轧机,为国庆节献礼。课题得到了系里领导和同事的支持,学校特批为重点项目。

轧机的研制与设计一切都是从无到有。苏联的技术书籍中除了对这项技术基本原理的描述和示意图之外没有介绍任何工艺参数。凭借着一腔热情和执着,经过日夜奋战,胡正寰和几位同事仅用了 40 天就完成了试验轧机的图纸设计。学校实习工厂也组织工人突击,60 多天后机器造了出来。轧机生产出来后,胡正寰和同事们对机器进行了不断的调试以及生产钢球的反复试验,最终开机运转,新研制出的轧机生产出了几个像模像样的钢球。研制成功了!掐指一算,一共一百多天,正好赶上国庆节。胡正寰和同事们欣喜若狂,敲锣打鼓地在"十一"献了礼。钢球轧机研制成功的消息不胫而走,全校都轰动了!很快,《光明日报》《北京日报》都把这项技术作为"大跃进"的成果进行了报道。

斜轧技术生产钢球试验的成功,让胡正寰激动不已。因为这不仅预示着新工艺实施推广的希望,更代表着中国迈出了零件轧制技术发展的一步。新技术的生产效率比原来的锻压生产高 5 倍以上,生产环境大幅改善,凸显出了与原有技术相比极大的优越性。

1959 年,在试制出钢球轧机后,辽宁抚顺的一家生产钢球的工厂闻讯而来,希望与学校合作将这项技术用于工业生产。胡正寰对自己研究的成果满怀信心,带领几名高年级的大学生应工厂要求设计出轧机。工厂赶制安装了设备并进行了工业试生产。起初,新轧机体现了比原有汽锤锻造工艺的绝对优势:生产效率提高,工人劳动条件得到根本改善。厂里的工人师傅们看到这台新设备高兴得合不拢嘴。但很快他和工人们发现,每批钢球中都存在着一定数量的不合格品。最终,因为成品率低以及轧辊的寿命过短,以及众多深层次技术问题未能及时解决,无法满足生产要求,生产被迫停止。这时原本对自己技术很有把握的胡正寰才真正意识到:科技转化为生产力的困难远比想象中要多,要解决的是轧制工艺、设备、轧辊孔型与材料等一系列问题。试验轧机的成功,只表明对于零件轧制在原理与技术等方面有突破,并不能证明这项技术已符合生产标准并适用于工业投产。新工艺投产运行,还需要对每一项技术问题进行更多的探索。攻克其中的一项,不意味着拥有成功的激动和喜悦;一旦有一项疏忽,就意味着生产可能无法进行,带来经济损失。这次的教训,留给胡正寰的是一条漫长的零件轧制攻关之路。那时的他或许才刚刚意识到，自己将要在这条路上投入毕生的精力。

十五年——斜轧技术从实验到领先

面对斜轧技术工业投产上出现的教训，胡正寰决定不放弃，继续潜心研究，逐一攻克难题：钢球的成形机理、孔型设计与制造、轧辊的材质与热处理、轧机的综合机械性能、轧件的品质与热工制度、工艺冷却与润滑等等，他要设计具有 5 个自由度调整的轧机，设计并制造变高度、变宽度的螺旋形轧辊，提高轧辊材料寿命等。面对这些难题，胡正寰埋头苦干，伴随其中是反复的研究、分析、思考与无数次的试验，遇到各式各样的大小事故：螺丝的扭断、轴承的碾碎、主轴的扭曲，甚至轧机的倾翻。每次事故的处理与问题的解决，都使得他研究的斜轧技术工艺得以不断改进和完善。

20 世纪 60 年代初，我国从苏联引进了两台大型的斜轧钢球轧机。由于中苏关系破裂，苏联拒绝派专家指导安装与投产工作。设备到中国后，存在仓库里达 6 年之久，1968 年经冶金工业部几次调配，轧机才落户邯郸钢铁厂。但由于是引进的设备，厂里没有了解斜轧技术的工程技术人员，于是便邀请胡正寰赴厂指导。

汲取了首次轧制钢球工业投产失败的教训，胡正寰深知这次任务的难度。但他对这次的工作又充满了期待：因为这一次可以在实际应用中检验一下几年来技术试验的成效，而且可以直接了解国外斜轧设备的工艺和技术。从理论到实际，从工艺到设备，胡正寰和同事们并肩作战。对于斜轧轧机技术的核心——螺旋轧辊孔型设计与制造，他更是潜心琢磨原理，逐步领会掌握。不到三个月，高大的轧机正常运转起来，一颗颗钢球生产出来了！轧制钢球技术在我国的工业生产中终于开始了实践应用。斜轧技术的核心——螺旋轧辊孔型设计与加工方法的破译，使我国成为世界上少数掌握此项技术的国家之一。对于胡正寰来说，这无疑是他零件轧制之路上的一个重要里程碑。

在消化、掌握苏联斜轧钢球轧机技术的基础上，胡正寰开始了这项技术的创新发展。1974 年，他领导的小组与包头钢铁厂合作，开始自主研发、设计大型斜轧钢球轧机。经过近一年的设计与制造，轧机投入工业生产。该轧机不仅在产品质量上有了保证，而且与苏联引进的轧机相比，具有结构新颖、重量轻、换辊方便、成本低、效率高等众多优点。

包钢斜轧钢球的工业性大生产，具有划时代的意义。因为这是我国第一条自行设计、投产的斜轧球磨钢球生产线。这条生产线在一线进行生产，球磨钢球累计生产量已达 50 万吨以上，它标志着我国通过自主研发掌握了斜轧钢球的全部生产技术。这项技术的掌握，满载着胡正寰的耕耘和汗水。这段难忘的产业化实践经历，让胡正寰深刻认识到，实验室哪怕只轧出了 1% 的成品率，就说明它是有希望的，但在企业投产，哪怕只有 1% 的废品率，就难以得到应用。由此开始，胡正寰犹如拿到了开启零件技术应用大门的钥匙，开始大踏步地迈进这座神圣的殿堂了！

1972 年起，胡正寰与北京轴承厂合作，成功研发出用单孔型、快速感应加热轧制轴承圆柱、圆锥滚子的新工艺。用这项工艺开发并投产的圆锥滚子品种达四十余种，在国内具有开创性意义。同年，胡正寰领导的课题组开发出包括军马用防滑钉、线路器材用的球头吊环坯、柴油机上的摇臂坯、汽车双联与四联齿轮等 10 多种复杂零件。我国的斜轧复杂零件技术也开始走在了世界的前列。

1973 年起，胡正寰和同事们接受了一项军工任务，即开发斜轧成形弹头的工艺。由于该零件结构较为复杂，精度要求很高，国内外通常需要多套切削机床多次加工才能成形。一旦出现次品，就无法保证子弹发射后的走向。胡正寰与工厂积极合作，经过三年的攻关，终于实现了精密轧制、一次成形的技术要求。投产任务完成后，通过了部级成果鉴定。这项技术首创了斜轧成形弹头的新方法，其精度、同心度都达到了机床精加工的水平，与原有工艺相比只需要过去 1/4 的工序和设备，节材率达 23%，成为国内兵器界、机械加工界的一件大事！这项成果表明，我国在斜轧零件技术方面已有了世界领先的重要成果。

新世纪以来，随着电子信息技术的迅速发展，需要大量的铜球用于制造计算机、手机的线路板。胡正寰又领导他的小组成功研制了用冷斜轧方法生产铜球的技术。在这项技术研发之前，这种铜球国内外大多采用冷镦方法生产，美国除采用冷镦外还用热斜轧方法生产。而冷斜轧方法出现以后，显示出与原有工艺相比极大的优势：与冷镦方法相比新技术轧出的铜球球形好，没有环带，生产效率高；与热斜轧相比，既节约能源，又避免铜球氧化等因素影响质量。美国的著名制铜企业在了解这项技术的先进性后，引进我国两条生产线，大量生产。

胡正寰从事我国的斜轧零件技术研发，这项技术推广的一个显著特点，就是科研成果不断向工业生产转化，效果十分显著。当前，我国的斜轧零件技术在精确度、复杂程度、开发投产品种等方面都处于世界先进水平，而胡正寰正是我国斜轧零件技术的主要开创者，他为我国这方面技术处于国际领先地位做出了贡献。

向推广楔横轧技术进军

20 世纪 70 年代初期，在逐步掌握了斜轧技术之后，胡正寰开始向轧制成形各种长轴类零件方法的楔横轧技术进军。

所谓楔横轧，通俗地讲就是利用两个带楔形模的轧辊，以相同的方向旋转，带动圆柱形坯料旋转，坯料在楔形模的连续局部挤压作用下，轧制成形的零件轧制成形技术。与传统锻造、切削工艺相比，具有生产效率高3—7 倍，成形精度高，节材率达 10%—40%，模具寿命长，产品质量好，噪声小等优点。生活中常见的汽车、摩托车、拖拉机、发动机等中的轴类零件都可采用这种技术加工生产。

我国从 20 世纪 60 年代末期开始，清华大学、重庆大学、东北大学等一些高校和科研院所就开始涉足楔横轧技术的研究工作。在基本掌握斜轧技术的基础上，胡正寰也逐步开始楔横轧技术的研究工作。最初是将实验室的一台斜轧机改造，进行楔横轧的工艺试验与产品开发工作，逐步获得楔横轧生产工艺、模具设计与制造以及工艺调整对设备的要求等知识。

在试验成功的基础上，他们尝试将楔横轧技术进行工业化投产。在斜轧技术试验推广的基础上，胡正寰认为楔横轧技术的应用与推广也应由易到难，循序渐进。1969 年，他首先与江苏无锡的江南工具厂合作，将我国自行设计制造的楔横轧轧机用于性能要求不高的木凿毛坯的生产。这项技术与原自由锻工艺相比效率提高 5 倍，材料节省 15%，生产环境大幅改善。这标志着辊式楔横轧机研究成功并应用于工业生产。

1980 年，改革开放的春风吹拂着刚刚复苏的神州大地，国民经济的各个领域逐渐开始步入正轨。胡正寰信心满满，他相信这将给他的零件轧制技术带来更广阔的舞台。这一年，胡正寰作为项目负责人与第二汽车制造厂合作，承担了国家"六五"攻关项目——楔横轧汽车典型轴类零件的研究任务。研究对象选择了东风载重汽车上变速箱中间轴、转向蜗杆轴与直拉杆等五种典型零件。这些零件尽管同为轴类零件，但形状各异、直径与长短不同，既有实心也有空心。从最初的设计研究，实验室试验与小批量生产考核，到设计制造生产用轧机，再到工厂安装调试，直到投入工业生产，前前后后有几十人参与其中，总共经历了六年多时间，项目直到 1987 年才通过上级组织的鉴定验收。对于这段研发历程的回忆，胡正寰常说自己在这几年是吃尽了苦头、伤透了脑筋。而且由于超过了"六五"规定的1985 年最终完成期限，这个项目也没能得到任何奖励。但值得欣慰的是，这次磨炼使胡正寰所探索的零件楔横轧技术上了一个新的台阶，为后来的大范围应用推广打下了坚实的理论和实践基础。

从斜轧到楔横轧技术在工业领域的广泛应用与投产，胡正寰不断完善着这项技术。这项具有高效、节材优点并能广泛应用的技术所创造的良好经济效益也得到了学校和国家的重视。国家科委、教委批准在他所工作的钢院成立高效零件轧制研究与推广中心，着力支持胡正寰做好零件轧制技术在全国的推广工作。

20 世纪 90 年代中后期，我国正式步入汽车时代。正如他在自己的论文中所预言的那样："楔横轧技术在我国将有一个较大的发展。"汽车发动机上的凸轮轴，采取楔横轧代替锻造与切削工艺成形之后，材料利用率由不到 50% 提高到 85%，生产效率也大大提升。胡正寰团队所研究的楔横轧近成形凸轮轴工艺，在我国的玉林、潍坊、上海、大连、杭州等地柴油机厂已广泛应用，技术使用覆盖率达 80% 以上，年节材达数万吨。

胡正寰和他所领导的高效零件轧制研究与推广中心在对楔横轧技术的研究和推广过程中，逐步将研制设计的高精度、可靠性强的楔横轧轧机系列化，并列为国家专业标准；在国内指导建成并投产楔横轧生产线。胡正寰为楔横轧零件技术在我国的研发、广泛应用并进入世界前列发挥了重要作用。

"我们搞研究，就是要用于生产"

科学技术的应用与推广并不是一个轻而易举的过程，其间需要通过实践反复检验。把自己一生的精力奉献给我国零件轧制事业的胡正寰，依托亲身阅历对科技成果的实践转化有着独特的认识。

"崇尚实践"是胡正寰求学和工作的母校——北京科技大学的一个优良传统。"老师学生实践能力强，没有架子，能和工人打成一片"是这所学校给人们留下的深刻印象。而胡正寰的科技成果转化之路正是受这样良好教育环境的影响。从参与陈先霖老师的实践教学改革，到斜轧钢球的试验，再到斜轧、楔横轧技术的研究与推广……无一不是通过实践探索道路，摸索规律，取得成功。胡正寰喜欢将自己研发和推广斜轧钢球技术的故事总结为"敢想敢干的一百天和苦干实干的十五年"，字里行间透露出的是实践探索和检验的坎坷与艰辛。实践之路虽然充满泥泞，但却帮助胡正寰探索出了零件轧制技术应用推广的规律。

科技向生产力转化的一条规律，就是要有良好的机制作为载体。这把科技转化的保护伞，被胡正寰总结为"三有机制"。一是在校内有一个实验基地：基地是整个机制的基础，主要对没有掌握的新技术、新工艺与新产品在基地中进行试验与检验，保证所转化的成果的可靠性，并设计、制造涉及关键技术的轧机模具等，关键技术都要在实验基地得到解决，不能只靠计算机进行模拟。二是有一支技术配套团队：这支团队包括研究人员、工程人员、技术工人、研究生等，分别从事研发、制作、试验、服务等工作，其中技术工人的作用也很重要，他们共同为科技转化生产力起关键作用。三是有一套系列化轧机设备：在多年研究和实践的基础上，设计出一套性能优质、具有中国特色的系列化轧机设备作为实际应用候选，根据客户的不同需求，通过对现有系列设备进行适度修改就可以得到最终的轧机。机制未建成前，向企业推广一条线要 2 年左右，后来推广一条生产线只需要 3—10 个月。"三有机制"的建立，为胡正寰推广零件轧制技术和设备发挥了重要的作用，保证了科技向生产力转化的速度和质量。

胡正寰还认为，科技转化为生产力在实践中取得成果的基础上还要再次进行理论提升，实现二者的不断促进。长期以来，学校考核教师、上级评估学校往往把论文作为硬指标，而教师与企业结合解决科技转化的问题却没有指标，也不进行考核。然而高校具有专业人才多、技术范围广、科研领域新等特点和优势，科技转化之路并非不可行。"论文写在车间里"，指的是新的工程技术通过实践取得成果，在此基础上再写文章进行理论提升和总结，这样的文章才能体现真知灼见。由胡正寰等主著的《斜轧与楔横轧：原理、工艺及设备》与《零件轧制成形技术》两本书被评为全国优秀科技图书。由我国权威部门编纂出版的《机械工程手册》等设有章节介绍零件轧制技术，胡正寰正是这些专章的撰写者，这些专章恰恰就是胡正寰工程实践的积累和系统的理论总结。

作为一名大学教师，胡正寰常将这种注重科技成果转化、"崇尚实践"的精神通过言传身教传播给自己的学生。他常教导自己的研究生："我们搞研究，就是要用于生产，提高生产率，不能用于实际的成果，即使开了鉴定会也不算数。"胡正寰指导自己的研究生，看中的绝不止于毕业论文和答辩。论文的内容要源自实验，科研成果要有助于实际应用，所提观点和理论要在实践基础上有所升华。他所带的学生都能晓通理论、勤于实践，符合社会的人才需求。严谨求实的校园文化环境，良好机制的充分保障以及理论和实践的互融与促进，使胡正寰所从事的零件轧制事业在发展前景上充满活力，焕发出勃勃生机。

奋进扬国威，创新铸辉煌

胡正寰的零件轧制之路除了"求实"的特点之外，另外一个便是"创新"。

从开始研究零件轧制技术起，胡正寰就与"创新"结下了不解之缘。按传统分工，冶金轧制主要生产长度等截面钢材，包括板材、型材、管材等。而形状各异的机器零件，大多是将钢材通过锻压、切削等机械加工成形的，即冶金轧制提供半成品钢材，通过机械加工成形零件的传统分工格局。用轧制成形轴类零件方法的出现，使原有的分工出现了突破。

创新无止境。随着中国经济的高速发展，中国的铁路也驶向了快车道。胡正寰正带领他的课题组迈向轴类零件轧制的另一个"世界高峰"——列车轴的楔横轧技术。列车轴在零件长度、直径、结构、机械性能上与以往任何零件相比对他来说都是一个全新的挑战。但如果攻下这个难关，就意味着我国可以摆脱高铁轴对国外的生产依赖。胡正寰对这项难题的攻克满怀信心，他说："要让中国制造在世界上叫得响亮，我就从用楔横轧技术生产列车轴开始！"

胡正寰对自己所从事的零件轧制技术发展前景十分看好，因为他感受到了国家对零件轧制这类节能环保新技术的肯定与支持。他坚信："创新是中华民族希望之所在。"胡正寰正是凭借青年时所点燃的创新强国之梦，用自己的毕生精力在科技转化为生产力的实践道路上不断创造着辉煌！

不渝矢志铸钢魂

——记连铸设备专家、中国工程院院士关杰

关杰，福建莆田人，生于 1939 年 11 月，我国连铸行业中的知名专家、学科带头人，1963 年毕业于北京钢院，后到西安重型机械研究所工作，高级工程师。先后承担钢包回转台、结晶器、二冷设备、板坯液压剪等关键设备研究，为重钢、上钢一厂等大型企业研制成功大型板坯连铸机，为我国冶金企业连铸化做出重大贡献，扭转了我国大型连铸设备依赖进口的局面，获国家科技进步一等奖。1997 年当选为中国工程院院士。

关杰的人生始终与连续铸钢紧密相连，而他本人也像连铸机上流动的股股钢水，奔流不息，矢志不渝，用不变的执着和勤奋铸就着坚韧的钢铁和动人的钢魂。

青年成长：铸梦想

关杰的青年时期感受了太多的艰辛，同时也记载了他一如既往的坚毅与执着，这段成长历程铸就了他延续一生的强国梦想。

印尼出生，爱国情深。

关杰出生于印度尼西亚的一个普通华侨家庭。由于家境贫寒，关杰的父亲年近 30 岁才结婚，婚后便和关杰的母亲一起去印度尼西亚谋生。关杰有兄妹八个，均出生在印尼。这个家庭虽然人丁兴旺，但是由于父母亲是文盲，只能依靠做体力活和做小生意挣钱来养活全家，生活条件较艰苦。在关杰的印象中，一提起生活在印尼的时光，便能真切地感到"贫穷"的滋味。贫穷让幼年的关杰体会到了底层社会的苦难和辛酸。

关杰的父亲为了不让自己的子女，特别是男孩子成为印尼的外来人——"番子"，有意识地将自己的孩子在尚未成年时就陆续地送回国内，并勉励他们要好好学习，自立自强，报效祖国。在父亲的教育下，关杰很小就磨炼出积极上进的性格，在心中烙上了深深的爱国印。

关杰九岁时，母亲不幸病逝，嗷嗷待哺的三妹被送人抚养，父亲带着关杰和关杰的三哥回到福建老家继续念书。之后不久，父亲又独自返回印尼。比关杰先回国的大哥和大姐因为家庭困难，只念了几年小学，就辍学在家务农，二哥有幸仍在念书。在关杰的记忆中，他的童年就在由大哥和大姐当家长的家庭中度过。没有父母照料的孩子，总是能更快地成长，关杰在这段颠沛流离的艰苦日子里早早地养成了独立生活的能力。

钢院求学，奠定基础。

不久，中国迎来了全面解放，关杰在和平的环境中顺利地读完小学和中学。怀揣着科技报国的梦想，1958 年，关杰考上了北京钢铁工业学院机械系。踏入钢院大门的关杰立即被"学风严谨，崇尚实践"的校园风气深深感染，渴望着在这个"钢铁摇篮"里真正走进冶金机械领域，学得真知，迈出成就梦想的第一步。

那时，北京钢铁工业学院的教学具有鲜明的特点，学校积极实行教育与生产劳动相结合的教育方针，创造性地提出"一参三改三结合"的教育模式（即参加生产劳动，改造思想、改造教学、改造科学研究，实现教学、科学研究、生产劳动三结合），促进了教学和科研的快速发展。这让关杰深受鼓舞，更加明确了学习目标，并在专业学习和生产实践相互促进的过程中不断增长知识，积累经验。同时，大师云集的机械系也让关杰大开眼界，名师们渊博的学识、先进的成果和高尚的师德给他留下了深刻的印象。留美归来的徐宝升教授就是这些大师中的一位。20世纪60年代，徐宝升教授研究和试验成功了弧形板坯连铸机，震惊世界。当榜样就在身边的时候，一个人便会更加容易踩着榜样的脚印朝同一个方向前进。关杰对机械专业尤其是连铸技术产生了浓厚的兴趣，专业课程的学习也更加认真。除了徐宝升先生之外，陈先霖先生讲授的炼钢设备和轧钢机械课程也是关杰的最爱。陈老师在课堂教学中紧密结合了现场的实践经验，这为关杰后来的设计和研发工作奠定了良好的基础。

除了大师授课的讲堂，钢院的图书馆是关杰上学期间最喜欢去的地方。钢院图书馆的藏书是从参与组建的几所院校接收的，虽然书目不多，但大部分都是冶金领域的经典著作和前沿文献。在钢院求学的五年中，关杰经常一下课就到图书馆阅读和学习，在知识的海洋里面遨游。

大学生活稍纵即逝，转眼间就到了离别的季节，关杰恋恋不舍地挥别求学五年的母校和恩师，带着一身本领和满腔热情，准备到企业和基层一线建功立业，开始人生崭新的篇章。

投身西重，艰苦创业。

毕业分配时，关杰响应国家号召毅然支援西部建设，第一志愿填报了专业对口的西安重型机械研究所（以下简称"西重所"）。虽然西重所的研究工作刚刚起步，但初入社会的关杰暗下决心要迎难而上，与建设中的西重所一同成长，为祖国的钢铁工业做出自己的一份贡献。

1963年，关杰和几名同学背着行囊远赴西安，前往西重所报到，偏僻的地理位置让几名刚刚毕业的大学生愣是徒步从西安火车站走到了西重所的临时办公楼下。当年，西重所的工作环境十分简陋，甚至连员工宿舍都是临时借用外单位的。关杰被分配到连续铸钢设备专业组。他心中有一幅画，那是属于连续铸钢的宏图。这幅画承载着他多年来的梦想，一直默默盛开在心中的一个角落，它太美，时刻激励着自己为之不懈努力与奋斗。从此，他和一批批西重所人艰苦创业，不断探索，夜以继日地工作着，用智慧和汗水铺就了西重所不平凡的发展之路。

几十年过去了，如今的西重所面貌已大不一样，科研大楼、试验工厂林立，宿舍楼占地宽广，关杰和当年徒步走来的同事们也随着西重所的发展而成长起来。如今的西重所，仅仅连铸专业组就已先后培养造就了机械、电气、液压专业的数十名高级工程师，形成老、中、青结合，专业配套，长年稳定地从事连铸机设计、研究和开发的技术群体。谈到西重所，关杰总会说："这是一个配合默契、团结，能够结合工程特点和要求，灵活应用所掌握的科技知识和经验，勇于创新的集体，成果卓著的科研单位，而我仅仅是这个集体中的一员。我所取得的每一个成绩，都与这个坚强的集体是分不开的。"

连续铸钢：铸辉煌

关杰学术人生的关键词只有一个，那便是连续铸钢。正是在连续铸钢的研究中，他铸就了辉煌。

连续铸钢是炼钢和轧钢之间的生产工序。应用连续铸钢设备，将经过预处理的合格钢水直接、连续地在强制冷却的铸模内铸成各种断面的钢坯，经定尺切割和必要的处理（如冷却或保温、二次切割、去毛刺、称重、打标识符号等）后向轧钢厂提供合格的钢坯。

连续铸钢作为关杰毕生的事业，已经陪伴他走过了五十多个年头。他先后参加和主持了超过30项不同机型的连铸机设备设计和研究工作，主要涉及方坯和板坯连铸机，可谓成果卓著。

初涉连铸，崭露头角。

1965年初，刚刚来到西重所的关杰就参加了联合设计组，设计和研制当时浇注断面最大和品种最多的重钢弧形板、方坯兼用型连铸机，他也因此成为我国最早接触连铸设备研发的人之一。

虽然使命光荣，但是接到任务后，关杰和同事们都犯了难，因为当时连续铸钢领域的设计和研究刚起步，可用的资料和数据很少，而西方先进国家又对我国实施了技术封锁，任务难度可想而知。关杰和同事们开始大规模地查找和学习关于连续铸钢的基本理论，广泛了解这个刚刚起步的连铸技术领域。有了理论知识的武装，关杰和同事们开始进行一些模拟实验，通过分析实验中的数据，研究设备的性能需求和工艺条件。

功夫不负有心人，历时近 3 年，关杰和同事们终于成功地完成了设备研发的任务，啃下了这块"硬骨头"，为我国连铸机的发展奠定了基础。关杰作为项目的核心力量，先后参加了方案设计、施工设计、图纸复审、加工制造服务、现场安装调试及生产试验等工作，系统化的研究过程使他受到极大的锻炼和提高。随后，积累了一定研究经验的关杰又先后承担了方坯、板坯连铸机中的钢包回转台、中间罐车、结晶器、支撑导向段、二次冷却装置、机械式方坯剪、液压式板坯剪等重要单机设备的设计和研制工作，同时也承担了连杆式回转台、结晶器、振动装置、拉矫机、扇形段更换装置、火焰切割机等关键设备的审图、把关工作。这些设备均成功地应用于重钢、上钢一厂、柳钢、安阳钢厂等钢铁企业，部分连铸机还出口。

关杰用严谨的工作态度换来了高质的工作成效，他参与设计研发的设备多次获得国家、省部级科技进步奖，帮助我国连铸设备的研发驶上了快车道。

重任在肩，屡次建功。

在连续铸钢的学术领域中，关杰坚持自主研发的路线，凭借扎实的理论基础和刻苦的学习态度，始终活跃在国内连铸设备研发的第一线。

百废待兴的 1978 年，华夏大地处处都有一种急于把丧失的时间夺回来的热情。党的十一届三中全会闭幕第二天，宝钢工程打下第一根桩，由此，我国现代化程度最高、工艺技术最先进、生产规模最大的钢铁企业诞生了，中国的钢铁工业揭开了新的一页。在宝钢人的共同努力下，宝钢建设开始加速。

在宝钢生产流程的建设中，处于工艺流程中间地带的连铸是核心内容，连铸设备的研究更是重中之重。经过深思熟虑，领导将这个重担交给了当时在连铸领域已经小有名气的关杰。20 世纪 80 年代中期，关杰开始参与宝钢建设工程，在西重所主要负责编写宝钢板坯连铸设备立足国内的可行性研究报告。后来，关杰赴日参加了联合设计工作，为宝钢的建设做出了重要贡献。"历史将证明，建设宝钢是正确的。"当邓小平对宝钢的历史预言终于实现时，关杰的心头涌上了一丝甜意。

在完成宝钢建设任务后，关杰又先后负责编写国内外各类连铸机及关键单机设备的报价书、"七五"期间薄板坯连铸关键技术试验研究、大型钢包回转台结构强度试验研究等科技攻关项目的立题和研究报告，这些项目后来列入国家"七五""八五"科技攻关项目。除此之外，关杰还主持了"七五""八五"期间大型钢包回转台等多个重大科技攻关项目，获得成功。在积累了宝贵的工程经验后，关杰参加编写的著作已成为国内连铸设计、制造单位工程技术人员的主要参考书之一。

迎难而上，锻铸辉煌。

随着我国连铸技术的快速发展，关杰开始思考连续铸钢未来的发展问题，他认为只有自主研发属于中国自己的高产连铸机，中国钢铁企业才能真正在国际市场上立足。

随着连铸工艺的广泛应用，实现连铸设备国产化逐渐成为连铸工作者的迫切需要。攀钢作为试点第一个站了出来，决定尝试走国产化的道路。攀钢连铸作为攀钢二期的三大工程之一，备受关注，这个大项目的设计任务又一次降临到了关杰头上。

1986 年末，关杰作为总设计师开始主持研发国家重大技术装备项目——攀钢 1350mm 板坯连铸机成套设备的设计和研制。由于是全国上下关注的重点工程，攀钢连铸项目凝聚了中国重机、攀钢、重庆钢铁设计研究院、西安重型机械研究所等十多个单位的众多科技精英人才，仅西重所先后直接参加该项技术工作的科技人员就有百余人。作为这个项目的总设计师，关杰从争取项目到整套设备建成投产、验收、鉴定，每件工作都亲力亲为，每一张图纸的背后都倾注了他的心血，每一个机组的装配都是他汗水的结晶。作为项目的领头人，关杰在工作中不仅以身作则，而且特别注意发挥团队作用，他将整个项目分解成具体的任务，然后又有条不紊地让不同类型的技术人才各司其职，使整个团队能够发挥最大能量。在关杰和团队的辛勤努力下，历经八个春秋夜以继日的工作，攀钢项目终于获得成功，成为我国第一套国内为主研制的年产板坯百万吨级的连铸机，一举扭转了国内大型板坯连铸设备依赖进口的局面，为我国设计制造同类设备积累了宝贵经验，并且由此培养了一大批专业人才，推动了我国钢铁行业的技术进步，该项目先后获部级科技进步特等奖和国家科技进步一等奖。

该铸机一次热试成功，后运行正常，逐步达到或超过设计指标，年产连铸坯 100 万吨，板坯综合合格率达 98%，无清理率超过 90%，钢水收得率达 95%，不仅为攀钢创造了巨大的经济利益，而且极大地推动了我国连铸工艺的进展。

在成绩面前，关杰并没有停下脚步，甚至还没来得及享受成功的喜悦，便又开始了连铸设备新的征程。"作为一个连铸科技工作者，我知道自己过去所做的工作和所取得的成绩，对整个连铸事业来说只是沧海中的一粟，是微不足道的。因此尚需加倍努力，为我国的连铸事业做出自己应有的贡献。"

平淡如水：铸钢魂

关杰在连续铸钢设备的研究和开发方面成果卓著，但是他在生活中却没有跌宕起伏的故事，淡泊名利的低调性情让他将更多的注意力放在了学习和工作中。看似平淡如水的为人品行，铸就了关杰坚毅的钢魂。

加重自行车。

关杰有一辆加重自行车，一年四季天天骑着它上班，推着它买粮买菜，这辆加重自行车骑了 20 多年。关杰的生活就宛如这辆加重自行车，朴素、低调，却一直执着地向前。

关杰的少年时光在贫寒中走过，这让他比常人更懂得节俭的意义。当中学教师的妻子曾患有顽疾，关杰又经常因为工作繁忙出差在外，他总觉得亏欠妻子、儿女太多。所以只要在家，关杰就洗衣服、搞卫生、买菜、做饭忙个不停。当选院士之后，关杰的工作开始繁忙，但对于家庭责任他一如既往，仍然努力充当家庭中的主要劳动力，节假日骑上自行车去超市采购，回家乐呵呵地系上围裙无所不干。在关杰心中，家庭责任永远是最重要的"本职工作"。

骑惯了加重自行车的关杰"坐不惯"小轿车。每逢开会回来，他尽量很少用单位派专车去接，而一般都是搭乘别人的车或者坐公交车，实在不行就打出租车。在关杰看来，开会或出差是本职工作，工作之外的路途如果还麻烦单位就属于不合理要求了。关杰不仅"坐不惯"小轿车，而且"待不惯"领导办公室。鉴于关杰在连铸设备研发中取得的突出成就，西重所决定让他担任领导职务，并且在行政办公楼给他专设了一间办公室，方便他日常办公。但是关杰认为他只是完成了一些本职工作，做了应该做的事情，即使取得一点成绩也是依靠坚强的集体和团队，因此坚持要在生产一线继续做本职工作。后来，服从组织安排的关杰虽然接受了职务任命，但是却长期将条件较好的专用办公室闲置，仍然在基层技术处室办公，每天与他心爱的连铸设备一起奋斗，为西重所发光放热。

关杰为人十分低调，像加重自行车一般默默行进。谈起当选院士的经历，关杰更多地竟然是"埋怨"。关杰认为，在连铸设备研发中做出一些成绩本来就是分内之事，用不着大肆渲染，他希望将所有的时间和精力都用在生产研发的一线。

吃饭与学习。

关杰把学习与吃饭当作人生的第一需要，不可一天不吃饭，也不可一天不学习。关杰生活中没有什么嗜好，不抽烟不喝酒，最大的爱好就是看书。他的办公室满屋都是书籍、资料，柜子放不下就再添加柜子，再放不下就放在地上或自制架子上摆放，他将寄给他的许多资料袋再利用，分门别类装上各种新资料。

关杰特别注重搜集连铸资料，尤其是国外这方面的先进技术，然后认真攻读、摘抄、分析。当了院士后他既像普通技术人员一样孜孜以求，手不释卷，又利用院士的有利条件广泛选取，多方择优。此外，在工作过程中，他还很注意收集、学习、积累与本专业有关的各种资料，如连铸工艺技术、钢水精炼技术、设备检测技术等，以扩大自己的知识面，开阔自己的思路。

我国连铸事业起步晚、任务重。关杰看到了中国在连续铸钢方面和世界上的差距以及与国外交流和学习的重要性，坚定不移地开始在学习多种语言的"苦行"道上继续"修行"，依靠外语工具驰骋到先进国家汲取营养。为了及时掌握国外连铸发展的新动向，几十年来，关杰坚持学习外语。他在第一外语——俄语考试通过后，先后选修和利用一切可能的机会学习了英语、德语和日语，这为及时查阅国外最新资料和联合设计、对外技术交流、对外技术谈判带来了极大的方便和好处。在关杰的书柜上，三十多年前他翻译的长达 50 页的德文版连铸技术资料仍清晰可用。回顾学习外语的历程，关杰不无感慨地说，自己大学曾经外语考试不及格，后来凭一股韧劲，学习了多种语言。正是在工作中的那股韧劲，帮助关杰坚持学习，在连铸设备的研发过程中取得了一个又一个成绩。

否定之否定。

关杰最欣赏与推崇的格言是：否定之否定。他说，选择一个项目，确立一个方案，多来几个否定之否定就能得出比较正确的结论，拿出最优化的设计，找出最好的方案，达到最优的目的。

关杰说，对于连铸设备，大学专业课只讲了两个课时。但是这两个课时的专业课却成为关杰终身研究的课题和方向。几十年来，关杰先后承担了数十个不同单机、不同设备、不同机组和成套设备的设计和研究工作以及现场服务、联合设计和科技攻关等工作。"我承担的每一项设计和研究工作都力求有新的改进和提高，力戒简单照搬照抄。为了做到这一点，我切身的体会是要不断学习，不断总结，不断创新和提高。"关杰如是说。马克思主义辩证法要求实事求是、与时俱进地看待问题，坚持具体问题具体分析。关杰在工作中巧妙地用马克思主义经典理论指导实际工作，追求工作创新和精益求精，根据不同的环境和技术条件，做出不同的设计和研究。关杰经常说："对于提出的每一个方案、结构，我的做法是从不同的角度去分析它，横挑鼻子竖挑眼，去找它的毛病，试图采用其他的方案或结构去取代它、否定它。当否定它的想法又被否定时，说明原先的方案或结构是成立了。因此否定的过程，实际上是分析、比较、优化的过程。"关杰的工作方法其实正是马克思主义理论的精要。

关杰的否定绝不是单纯的主观判断和"撞大运"，他在创新过程中同样重视基础工作的积累，"否定的前提是要首先掌握大量的资料、数据和各种结构方案，这就是要学习，要调查研究，要收集和积累"。基于大量的理论基础，关杰能够深刻认识到工艺设计的本质，用"否定之否定"的办法挑选出最优方案。他经常说："搞机械设备设计的人都清楚，设备是为工艺服务的，要完成某一工艺要求或某一功能，可以采用几种设备结构方案去实现它，而其中必有一种在特定的条件下是最佳的。为了寻求最佳的，首先就得把可能的各种结构方案尽可能地都提出来，以便进行分析比较。"

关杰工作态度十分认真和严谨，因此他十分反对技术人员为了图方便和保险，仅仅采用手头掌握的图纸资料，而不再去搞调查研究和分析比较。20多年来，关杰团队在激烈的市场竞争中能比较成功地中标获得鞍钢、宝钢、武钢、马钢、唐钢及国外大型板坯连铸项目，原因就是采用的方案都是经过深思熟虑和分析比较的，当然是切实符合用户要求的。

排球"自由人"。

关杰当选中国工程院院士后，职务头衔多了，他还担任了陕西省政协常委、陕西侨联副主席、西安市政府参事等职务。社会活动多了，责任也更重了。但他心中始终关注着连铸的专业，融入团队，参与项目的争取，做方案，搞科研攻关，为此还获得国家科技进步二等奖，省市级一等奖等新奖项。他把自己定位于排球场上的"自由人"，很普通，但哪里需要就哪里上，到处可以发挥作用。

关杰的"自由人"角色，实际是人尽其才的需要，更是其社会责任感的体现。

关杰的学术人生看似平淡如水，实则汹涌澎湃，贫穷中成长，学海中苦读，凭借坚韧和执着在连铸领域建功立业，实现科技报国的梦想，取得了一定的成绩。已年过古稀，他仍然在钟爱的连铸机旁日夜辛劳，不渝矢志，铸就钢魂。

德尚水质，行润金泽

——记耐蚀材料和环境敏感断裂专家、

中国工程院院士柯伟

柯伟，浙江黄岩人，1932年12月生于辽宁沈阳，中国科学院金属研究所研究员、博士生导师，耐蚀材料和环境敏感断裂专家。1957年毕业于北京钢铁工业学院，同年分配到中科院金属研究所从事材料微观结构及强度研究；1979年在英国国家物理实验室访问，并从事疲劳蠕变交互作用的研究；1982年归国以后历任中国科学院金属研究所断裂研究室主任、博士生导师。曾兼任中国腐蚀与防护学会理事长，国际腐蚀理事会ICC理事。成功组建了金属腐蚀与防护国家重点实验室和国家金属腐蚀控制工程技术研究中心并积极从事环境失效和腐蚀疲劳研究，是国家"973"项目材料环境失效及其机理研究的建议人及专家组成员，曾荣获国家和省部级奖励20余项，发表论文200多篇，培养博士、硕士40余名。1997年当选为中国工程院院士。

质清流洁，其行滔滔，一股如水般清澈的君子之风是柯伟一生为人做事中处处流转着的品行风尚。谈求学，他悦然文识，毫无杂念，沉浸于学问和实践中的那份专注像水一样干净纯粹；看科研，他应时而转，但坚持笃定，不执泥于客观而专心于眼下的那份平和、泰然，像水一样既可随物赋形，亦能久滴石穿；论为人，他简单真实，亲和坦诚，善于自处而甘居下地的那份谦逊像水一样虽趋于低洼却渊源深流；阅功绩，他为而不争，尽己所能，学术突破和育人中的那份无私付出像水一样在无声之中已利泽万物。

学承父兄浸书香

20 世纪 30 年代的中国，政治腐败、民不聊生，而震惊中外的九一八事变更是让原本就积贫积弱的中华民族面临前所未有的危机和挑战。日本军国主义的铁蹄正无情地践踏着东北这片富饶肥沃的黑土地。1932 年 12 月，在处于沦陷区阴影笼罩之下的沈阳，柯伟出生在一个铁路员工家庭。

柯伟很小的时候，母亲便开始使用"字块儿"教他识字。对于当时尚且年幼的柯伟，母亲没有采取"生拉硬拽"的教育方法，而是注重鼓励、寓教于乐。在每组字块中认出一个字，母亲不仅不吝语言的赞美、也及时给予实际的物质奖励——每个字块一颗瓜子。正是母亲的蒙以养正，让柯伟在上小学之前便已识得不少汉字，能够阅读简单的读物。相比于母亲的无微不至、谆谆教诲，父亲在战乱的年代里，不买房子不置地，而是看重知识、看重对子女的教育。七七事变后，柯伟的父亲辞去在锦州铁路局的职务赋闲在家，靠变卖东西维持生计。就是在这样的情况下，父亲从未中断对子女的教育，无论男女，排除万难让孩子能读书。柯伟的父亲性情耿直，可能是因为受西方思想的影响，并不希望子女们"平步青云"，而是希望他们"枕典席文"，通过学习文化知识，养家糊口，来为社会做出自己的贡献。得益于父母自身品性及教育理念的影响，柯伟不仅一生在科研的道路上孜孜不倦地追求，为人处世亦包容谦逊。

柯家共有兄弟姐妹八人，除一位早殇的姐姐外，其他七人均完成了大学学业，并先后依靠各类奖学金留学海外并归国，而柯伟作为家中第七个孩子，父母的教育之外，也深受兄弟姐妹们的影响。柯伟小的时候就和年龄相近的姐姐比赛查字典，从中也提高了自学的能力和兴趣。

孟子有曰：长兄若父。虽然 15 岁的年龄差距没能让柯伟在幼年时期与作为家中长子的柯俊大哥有太多的接触，但是对于柯伟来说，大哥从小便是他心目中的偶像。九一八事变后，大哥不甘作亡国奴，流亡关内求学。大哥当年留下的书中，有一本《化学奇谈》，通过一些故事、一些生活中的化学反应，深入浅出地讲解了很多化学知识。这对于年幼的柯伟来说，是第一次"科学知识普及"，鲜明生动的故事、神奇有趣的内容激发了柯伟对于自然科学的兴趣。事实上，柯伟与大哥柯俊之间，不仅有兄弟之情、亦有师生之谊，这种情谊一直伴随柯伟长大甚至是一生。正如后来柯伟在钢院读书时经常于周末来到当时在钢院执教的大哥家，听取国际上的新鲜见闻，接触科学前沿的思想；正如柯伟在毕业后选择研究方向时多次向兄长书信求教，从奉献科研的大哥那里找寻到自己的人生目标。

得益于父母的良好教育以及兄弟姐妹间学习氛围的感染，柯伟从小便喜爱读书并对自然科学产生了浓厚的兴趣。柯伟大学毕业收到的第一件礼物是妈妈亲手编织的毛裤，送他去寒冷的东北，第二件礼物是姐姐送给他的英文字典，鼓励他不断学习。柯伟从不因此放松对自己的要求，尤其是从被兄弟姐妹们视为榜样的大哥那里，柯伟更在潜移默化中汲取着向优秀迈进的力量，明晰了自己奋斗的方向。

畅游瀚海在学堂

家庭的影响诚然十分重要，然而柯伟一生的成就也离不开他自身的勤勉上进、拼搏努力。遨游知识的瀚海凭借的是一份求知的渴望，也是他那一份心无旁骛、汲纳百川的纯净和兼容。

1940 年，柯伟踏入了锦州紫金小学的大门，也正是从此刻起开始了求学之路。求生的艰辛、求学的不易使得柯伟在小学之中就受到了非常多元的影响，而老师的严格要求以及新旧交替的教育模式也为柯伟打下了良好的基础。柯伟在锦州初中求学之时，正值东北解放之际。共产主义的星星之火已在中华大地上成燎原之势，红色的曙光照亮了背负国仇家恨几十年的东北大地。柯伟在锦州中学学习期间，不仅受到了良好的教育、成绩优异，并且逐步开始接受党的影响。目睹了沦陷之时东北地区的人民疾苦，见证着解放以来黑土地上的天翻地覆，柯伟逐渐成长为一个有着共产主义理想、有着复兴强国抱负的新时代青年。1949 年，他光荣地加入了中国新民主主义青年团。

新中国成立后，东北地区的战略地位和工业基础受到党和国家的充分重视，重工业建设如火如荼地开展了起来，古老的黑土地因此焕发了新的生机。凭着年轻人的冲劲和血性，揣着振兴祖国的豪情与壮志，柯伟立志从事冶金、钢铁方面的学习与研究以求科技强国。1952 年中学毕业的柯伟参加了全国统一考试并填报了东北大学作为第一志愿，后因成绩优异被录取到北京俄专留苏预备部学习。当时北京俄专留苏预备部在东北录取了总分最高的前 20 余名学生，柯伟便是其中之一。然由于有海外关系，柯伟无法前往苏联，在俄专学习两个多月后于 1952 年转入北京钢铁工业学院金相热处理专业。北京钢铁工业学院当时暂住在清华校园，学风良好。在这里读了一年基础课程后，1953 年柯伟被推荐并通过留学生统考再次进入留苏预备部，插班入第 3 学期学习了几个月。然而由于二哥在台湾，苏联之行仍然未果，柯伟于 1954 年再次回到北京钢铁工业学院，与钢院结下了不解之缘。此时的钢院刚刚搬出清华园不久，教学设施还不甚齐全，仅两栋教学楼和一些砖房宿舍，但学校教学氛围浓厚，同学们的学习热情十分高涨。

求学路上的小挫折丝毫没有影响柯伟在钢院度过充实而有意义的大学时光。在钢院就读期间，柯伟的功课都是 5 分满分，曾先后担任班长、团支书等职务，还荣获北京市"三好学生"奖章。国家提出"向科学进军"的口号，要求学生德智体全面发展。为响应国家号召，除了上课，柯伟便在业余时间参加了兄长柯俊亲自组织的科学小组，和同学们一起利用课余时间研究滚珠钢退火这一课题。为了不耽误学业、节省资金，科学小组的老师带着学生们自己动手锯铝板制作框架，并去西单商场买回旧钟表拆卸零件，组合设计成控温设备，用于实验中热处理过程的降温。柯伟代表小组报告的有关滚珠钢退火的论文获得了全校首届学生科研成果研讨会的一等奖，并收到了一本《知识就是力量》的科技杂志作为奖励。虽然只是一本简单的杂志，却是对他莫大的鼓舞。这一经历对柯伟后来的成长产生了很大的影响，半个多世纪后，柯伟还对这件事津津乐道、记忆犹新。让柯伟印象深刻的还有当时的章守华教授、金相老师刘国勋、数学老师刘景芳等人。刘国勋老师经常在课上向大家介绍苏联、欧美等各个学派关于马氏体相变的思想和学术成就，并组织大家讨论。柯俊先生则利用自己从国外带回来的小电影机组织大家一起观看马氏体相变和贝氏体相变过程实时原位观察的记录。还有刘景芳老师，常常在自己家中进行数学辅导，大家坐在刘老师家中厨房的小凳子上听讲，十分亲切。钢院的教学注重理论付诸实践、学术争论探讨的氛围之中育成了动手体验的实践力，锻炼了独立思考的能力，培养了具有"集体感"的科研精神——"科研工作是集成的，每个人都应是团队的一部分，而团队的荣誉则是个人荣誉的最高体现形式"。

　　20 世纪五六十年代的中国各知名高校都非常重视体育教学和体育锻炼，而北京钢铁工业学院更是将其与救国、强国、建设国家联系在了一起，如同钢铁是支撑中华民族屹立于世界之林的脊梁一般，强健的体魄之于钢院学子亦是支持今后长期从事科研工作、为祖国做贡献的基础保障。当年钢院的田径队名声在外，多次打破北京市短跑、低栏纪录。柯伟是钢院田径队王玉璞老师指导下的短跑组主力之一，与楼大鹏等人一同为母校赢得过不少荣誉。大学时代体育生活的点点滴滴，不仅让柯伟倍感竞技体育的荣誉感，也使他拥有了良好的体魄，为今后全身心地投入科研工作提供了保证。更重要的是，在体育锻炼中学习到的拼搏精神、合作精神更是让柯伟受益无穷。

　　前沿广博的科研见闻，浓厚自由的学术氛围，名师执教的大家风范，四年中柯伟得以在钢院自由平静的大学校园中纯粹而专注地享受学习知识的乐趣，也培养了自身独立思考的自学能力、科学研究的敏感性、踏实严谨的学习习惯和扎实牢固的理论基础。无论是为人治学，抑或是科研执教，钢院的所学所获都给柯伟带来了永久而难以磨灭的影响。

志潜科研竭心力

　　水常处低，却能自含高境；水本无形，却会随物赋形；水虽微渺，却能汇滴成涌；水且无声，却可利物不争。柯伟自身在学术科研之路上既有水滴石穿的坚持不懈，亦有随物赋形的柔韧延展，自律笃定、勇而不莽，处低谷而平和自若，居伟岸而泰然超脱，若水君子，应该如此。

　　二十春秋，高温合金组机件。

　　柯伟大学期间品学兼优，1956 年加入中国共产党。1957 年毕业后来到沈阳金属研究所工作。1957年受到政治运动的影响，刚刚入党的柯伟被取消预备期（1978年恢复党籍）。年轻气盛、壮志满怀的柯伟感受到前所未有的挫败感。面对种种挫折，柯伟经过一番思考和沉淀，他既没有妄自菲薄，也没有自怨自艾。正值青春大好时光，他利用这样的机会深入基层，不断丰富充实自己。

1957年11月，柯伟由金属所派往长春汽车厂进行为期一年的劳动锻炼。他每天上午和工人们一起工作，下午给工人们讲解热处理的知识，与工人们同吃同住。晚上的时间柯伟也不肯浪费掉，在很快学习了一本简单的英语文法之后，他开始利用俄语版的《金属物理》比对英语版学习，经过半年硬是啃完了这本原著。政治上的挫折以及半年的劳动锻炼，带给了柯伟蜕变似的成长。劳动锻炼期间，柯伟看到了劳动人民身上的朴实、真诚、热情。与工人同劳作、交朋友的经历让他充分地意识到实践的重要性。无论从事什么样的工作，柯伟始终把尊重实践放在首位。

1958年6月，受"大跃进"运动影响，柯伟提前半年回到金属研究所。他师从著名科学家师昌绪先生，开始从事材料强度、沉淀硬化不锈钢和精密合金等研究，利用长焦距显微镜建立了金相观察蠕变装置。

1962年，由于中苏关系恶化，我国喷气式发动机所需高温合金受到严重限制。根据我国国情，党和国家提出了大力发展铁基高温合金的战略方针。师昌绪先生作为主要专家之一，组建团队进行我国航空发动机用第一代高温合金的研制。柯伟被调入攻关组，负责电子显微镜和相分析工作。在师昌绪和郭可信等老一辈科学家的指导下，他首先将微区电子衍射和彩色金相技术用于高温合金相分析，并将结果发表在全国电镜会议上。

20世纪60年代初，国内外几乎所有航空发动机涡轮叶片均为锻造后经机械加工而成的实心叶片，世界上也只有美国研制成功了铸造空心叶片，但制造材料、工艺严格保密。师昌绪先生领导的团队承担精密铸造空心涡轮叶片的研制任务后，与设计和制造单位紧密结合，开展了冶炼、造型、脱芯、测壁厚、化学分析和相分析、控制合金质量、制定验收标准等环节的攻关工作，为此在金属所成立了任务组。柯伟受命负责高温强度实验室建设，研究目的是为叶片的安全服役提供技术支撑，研究了高温合金应力弛豫的动力学过程，解决了提高叶片薄弱部位强度的难题。

我国的精铸气冷涡轮叶片仅比美国晚了5年。该研究集体的科研成果荣获国家科技进步一等奖和三等奖。在这个集体中柯伟得到锻炼和成长，近二十年间他专注于高温合金材料的应用与研究。哪怕是"文化大革命"十年，他也依然坚守在工作岗位上。他研究渗铝涂层和晶粒细化对高温合金力学性能的影响。柯伟主持的项目——高温合金的强化工艺和强度测试技术获冶金工业部科技成果奖。突出的贡献让柯伟逐步成为该领域有影响的青年学术带头人之一。

访英两载，"疲劳""蠕变"相交融。

1979 年，伴随着改革开放的春风，柯伟前往英国国家物理实验室进行研究访问。动身离开祖国之前，时任金属研究所所长的李薰曾这样嘱托柯伟："你去了国外，不要管你的专业是什么、你擅长什么，只要看人家的特长是什么，你就学什么。"肩负着这样一个强国梦，曾关注疲劳研究的柯伟开始了蠕变与疲劳交互作用的新征程。当时，蠕变是英国国家物理实验室重点研究的科研领域之一。柯伟得力于疲劳方面的基础，又向往于蠕变领域的新知，与国际知名蠕变学者一起提出了疲劳预形变诱发蠕变空穴模型，并得到实验验证，发表了论文，受到了好评。

得益于多年积累以及自身的不断努力，柯伟很快便在英国国家物理实验室受到了肯定和认可。当时实验室新引进一台场发射显微镜，是由柯伟第一个调试并使用的。但在使用过程中大家发现显微镜的真空度总是上不去，都十分着急。柯伟不畏挑战，一个细节一个细节地筛选、一个步骤一个步骤地检查，最终揪出了"元凶"——一根毛发，从而解决了问题。科学研究就是这样，容不得一丝马虎，留不得一丝侥幸。虽然受到了认可，也取得了一定的科研成果，但在英国国家物理实验室进行研究访问的两年时间里，柯伟认识到了自身的不足，例如对于问题的深入分析欠佳以及对专业的理解不够等。他始终没有忘记当初李薰所长临行的嘱托，时时处处潜心钻研，点点滴滴留心观察，为了祖国科学事业的需要，柯伟无限地放低自己，一切从头、从新学起。水可为汪洋大海，亦能蒸发为云，可变成雨雪，又或凝结成冰，不论其变化如何，仍不失其本性。而柯伟正如同水一般，不论处境如何改变，专业如何调动，不变的是为了祖国科学事业献身的赤子之心，不变的是科技强国的壮志。结束在英国国家物理实验室的研究访问之后，柯伟还特意利用两三个月的时间，遍访包括剑桥、牛津在内的 8 个英国材料学界有代表性的重要实验室。柯伟设法会见每个实验室主要教授并与他们指导下的博士生密切交流和讨论。"下马看花"，不仅开阔了眼界和思路，直接触摸和体验科技前沿，也习得了很多新的实验方法。

归国挑梁"腐蚀"筑桥基。

在国外两年的求学经历，使柯伟充分认识到自身与国外科研人员，以及中国与国外学术界的差距。1982 年归国之时，柯伟已经 50 岁了，但多年的积累沉淀及海外游学经历将他的学术科研推上了新的高度。

1983 年，柯伟调任正在筹建中的中国科学院金属腐蚀与防护研究所，先后担任常务副所长和所长。腐蚀所在柯伟等人的领导下，逐步拥有了硕士点、博士点以及博士后流动站，并且成立了国家重点实验室和国家工程技术研究中心。当时 100 多人的腐蚀所在整个中科院也能排到前几名，更是在学术及应用双向角度考察中被评为 AA 级研究所。根据中科院的战略部署，腐蚀所与金属研究所强强联合整合成为新的中国科学院金属研究所。

金属腐蚀与防护研究所的不断成长壮大之中，亦形成了卓有成效的科研成果，并应用于实际，对国家科学技术发展、国民经济建设起到了至关重要的作用。杭州湾跨海大桥建设过程中的难题攻关便是其中的典型代表。

杭州湾跨海大桥全长 36 公里，对于整个长江三角洲地区的经济、社会发展都具有深远而重大的战略意义。为了降低造价，缩短施工周期，需要采用群桩结构，并明确提出了设计使用寿命大于等于 100 年的耐久性要求。但解决钢管桩腐蚀是前提条件，这在世界建桥史上没有先例可循。为此，柯伟同张立新、李京研究员和赵健博士等合作，经过多次研究探讨，率先提出了多层熔结环氧涂层与牺牲阳极的联合保护方案和实施计划，成功地解决了这一国际性的难题，为国际首创。

归国后，柯伟勇攀事业高峰。他认同"用不上的技术就是没有用的技术"，根据国民经济建设的需要，在材料的失效断裂和腐蚀控制方面潜心钻研，并先后多次担任国际合作的中方负责人或课题组长。受国家科委的委托，柯伟作为中方负责人参加了欧洲尤里卡计划有关工业装置失效分析方法的软件开发。柯伟主持中国科学院与英国皇家学会合作项目，与刘奎课题组合作成功开发低成本新一代节能 Ti-Al 合金内燃机轻质阀门，已可批量生产并引起了极大关注，被认为"在汽车燃料消费和二氧化碳排放方面带来突破性的变化"。

归国后，柯伟亦倾力授业育人。在培养学生方面，他坚持因材施教，特别注重道德和人品的培养，鼓励勤奋、诚实、乐观和宽容的为人品质及科研精神。柯伟一向要求自己要拥有一流的专业造诣和育人眼光，也从来不将学生的劳动成果归于自己名下，只是一心一意尽己所能给予学生指导和帮助。他经常对学生讲做人、做事、做学问，学会做人最重要。在柯伟培养的多名硕士、博士中，许多人已成为腐蚀与防护领域的科技骨干或学科带头人、教授、研究员。他指导的博士论文曾荣获全国优秀博士学位论文奖。

多年来，柯伟荣获国家和省部级奖励多项，包括国家科技进步奖、全国科学大会奖等。柯伟还曾在国内外各类刊物上发表论文 200 余篇，担任《中国腐蚀与防护学报》主编，《金属学报》《航空材料学报》等期刊的编委。1997 年，柯伟当选为中国工程院院士。

相濡以沫鸣琴瑟

在中国的科研学术领域，"院士"这一称号无疑是对科研工作者的辛勤付出及科研成果的最高肯定。柯俊、柯伟、李依依这"一门三院士"常被同行传为佳话。柯伟与李依依的结合则是其中浓墨重彩的一笔。1956 年，柯伟与李依依相识在北京钢铁工业学院运动场的跑道上，并因有着共同的体育爱好和信仰追求，被"钉子鞋扎到了一起"，1957 年大学毕业，1960 年 10 月，二人于沈阳喜结连理，李依依调入中科院金属研究所，他们在各自的研究领域，几十年如一日地奋斗，共同工作了半个多世纪；共同的事业追求、彼此性格上的互补和精神上的支持，使得柯伟和李依依这对院士夫妻在生活中、在工作上相濡以沫。

李依依院士和李殿中研究员带领的可视化铸造研究集体，通过与中国一重、大连重工、鞍钢重机等企业合作，先后完成了大型船用曲轴曲拐、大型铸钢支撑辊、三峡水轮机转轮不锈钢铸件、大型空心钢锭的制造，打破了我国大型铸锻件制造技术被国外垄断的局面。该研究集体荣获中国科学院杰出科技成就集体奖，这一奖项是对该研究集体科研成果的莫大肯定。柯伟虽非这个组的组员，却是这个杰出集体的成员。因为荣誉和光环的背后总有着不为人知的艰辛和付出。在项目实施过程中，研究集体碰到了前所未有的困难，柯伟此时不仅作为丈夫给予李依依鼓励和肯定，同时也作为研究集体成员承担解决相关难题的责任，直到项目取得突破。

柯伟性格温和沉静，做事严谨周密，善于坚持并具有良好的决策力，但不善于管理；而李依依则性格开朗乐观、做事有激情，有行动力，有很强的组织管理能力，然而行事不够周密，也容易被动摇。柯伟曾坦言："我属于高分低能，论考试分数李依依比不过我，但是工作能力上我不如李依依。"正是这样互补的性格特点，成就了柯伟和李依依无论生活抑或工作上的"天作之合"。看柯伟眉宇间的神态，已身为院士的李依依仿佛又变回了钢院操场跑道上那个英姿飒爽却不失娇憨之态的妙龄少女。柯伟同李依依相识、相知、相爱、相恋，在生活中相互扶持、工作中共同配合、精神上密切交流，不离不弃，一同度过了风风雨雨的几十载春秋。

光阴流转间，八十载春秋已过。柯伟在自己挚爱的事业和家庭中殚精力，吐深情。稀疏白发淡去的是青丝茂然的风采，却减不了岁月积淀的银光，眼角皱纹遮住了灼灼闪烁的光辉，却留下了时光打磨出的平静深邃。

坚如磐石，韧似秋兰
——记热处理专家、中国工程院院士雷廷权

雷廷权（1928—2007），陕西西安人，哈尔滨工业大学原教授，国际著名热处理与表面工程专家。1949 年毕业于西北工学院机械系后留校任教；1951 年起到哈尔滨工业大学工作。1956—1960 年在苏联莫斯科钢铁合金学院金属材料及热处理专业攻读研究生，获技术科学副博士学位。一生致力于中国形变热处理基础研究和应用研究，开展双相钢强度理论及应用研究；在国际上提出形变化学热处理，并积极推广在火箭、汽轮机叶片、

柴油机连杆、高速钢刀具等多种重要零部件上应用。1997 年当选为中国工程院院士。

1993 年的一个春日，国际热处理联合会向一位衣着简朴正伏案工作的中国人发来传真，热烈地祝贺他当选为该联合会主席。这是对他一生所从事的材料热处理和表面工程研究及成就的肯定和褒奖。

他便是生于西安、长于西北工学院、炼于钢院、成于莫斯科钢铁合金学院、名于哈工大的中国工程院院士雷廷权。

纵观雷廷权的一生，无论是科学研究、学科建设，还是人才培养、教学工作，他总是与"率先"这样的词语紧密相连。他的一生是普通的一生、朴素的一生，也是像钢铁般坚韧的一生。

艰难砥砺高品格，时势铸就真英雄

1928 年的中国内忧外患、民生凋敝，社会动荡不安。这年 1 月，雷廷权出生在陕西西安的一个知识分子家庭。雷廷权自幼便沐浴在书香门第之中，受到良好的启蒙教育。可是好景不长，1940 年，父亲因病去世，留下妻子和 7 个孩子，家庭的重担便落在雷廷权母亲的肩上。此时，年仅 12 岁的雷廷权上有两个姐姐、一个哥哥，下有一个弟弟和两个妹妹。雷廷权的母亲虽然出身于封建家庭，但思想相当开明，特别是在对子女的教育上。雷廷权年少的时候，正值抗日战争时期，雷廷权的哥哥和姐姐都获得母亲的支持而毅然决然地加入抗日救亡的斗争中。受到家庭的影响，雷廷权从少年时代就逐渐建立起了对党和抗日救亡的一些感性认识，在他的头脑中已经有了"革命"的概念并逐渐接受了革命。正是因为大哥和两个姐姐勇于投身革命，雷廷权才认识了中国共产党。

雷廷权从小就头脑聪明，而且读书很用功，学业成绩始终名列前茅。特别是在读初中的时候，因为出色的功课成绩，他成为老师、亲友们眼中的佼佼者，经常受到大家的赞赏。老师们曾说："这孩子脑子好使，有出息，将来去美国留学，读个硕士、博士绝不成问题。"

肩负着大家的期望，1945 年雷廷权以优异的成绩被西北工学院（现西北工业大学）机械系录取。凭借勤奋刻苦的作风和坚忍不拔的精神，他出色地完成了大学阶段的学习。并得到学校的认可，于 1949 年毕业后留校任教。

刚刚毕业一个月，西安和平解放。受到哥哥姐姐的影响，1950 年雷廷权报名参军，立志要为谋求人类的幸福而奉献终身。然而因为重重困难他最后却没有走上参军之路，在科学之路上走出了一番风采。但中国共产党对他的影响已然深入内心。雷廷权曾对自己说，无论身在什么工作岗位，都必须坚定无产阶级立场。1951年他写道："我要以马列主义、毛泽东思想武装自己，确立为人民服务的观念，今天我的方向已经明确，让我在党的教育下，培养自己，把生命献给劳动人民。"

筚路蓝缕启山林，敢为人先方领先

雷廷权在50多年的教学与科研生涯中，有许多"率先"。作为一位致力于金属材料及热处理研究的科学家，他是中国形变热处理基础研究和应用研究的奠基人。他在中国率先开展双相钢强度理论及应用研究，至今处于领先地位，他提出高温回火脆性的"沉淀—偏析"新机制，修正了国际公认的权威理论。作为形变热处理专业的创始人和带头人，他参与创金属材料及热处理专业博士点，第一次在国际上提出"形变化学热处理"，并积极推广形变热处理在火箭、汽轮机叶片、柴油机连杆、高速钢刀具等多种重要零部件上应用。

20世纪50年代，新中国百废待兴。上千名苏联专家与顾问来华帮助中国发展建设。北京钢铁工业学院与哈尔滨工业大学当时学习苏联教育模式，学校的专业发展和人才培养都是在苏联专家的援助下进行的。1955年，为发展钢铁事业，全国高校中推荐出一批年轻骨干来到北京钢铁工业学院参加为期两个月的研究生班学习，雷廷权便在其中。之后因为成绩优异，他于1956年被选派赴莫斯科钢铁合金学院进修，攻读副博士学位。在那里，他很快注意到苏联金属材料界正在研究形变热处理问题，但当时研究进展缓慢，其他国家也没有研究透彻，于是热处理就成为雷廷权关注的方向。1959年，中苏关系破裂，苏联专家撤回。1960年，回国后的雷廷权任哈尔滨工业大学金属材料及热处理专业教研室主任。在那个没有技术、没有经费、没有援助、没有科研设备，几乎什么都没有的条件下，雷廷权大力倡导在国内进行形变热处理研究，并基于自己的留学经历提出创建"东方乌拉尔学派"的发展目标。这正是相对苏联的"乌拉尔学派"提出的。鉴于我国材料研究水平与国际学术前沿的差距，他提出，我国的材料研究必须要自成一派，在国际上要有声音。于是"东方乌拉尔学派"的理念于20世纪60年代诞生了。从此，雷廷权带领一批年轻教师向着这个目标奋斗，在这条道路上艰难探索、辛勤跋涉，编著了中国第一部形变热处理专著，创造了金属材料及热处理专业一个又一个辉煌。

众所周知，钢是现代工业最主要的金属材料，但不同的用途却对钢的性能有不同的要求，这就需要在工艺上大做文章，需要把压力加工和热处理工艺做得更好，也就是我们所说的打铁和淬火。钢之力者，坚韧也。坚为刚，而韧为柔也。从古至今，钢的刚度和韧性这对矛盾一直苦苦地困扰着人们，二者往往是鱼与熊掌，不可兼得。因此，综合运用形变强化与热处理强化以使金属材料具有更高的使用性能，便日益广泛地引起人们的兴趣，这也是雷廷权致力解决的问题。

形变热处理是将压力加工与热处理紧密结合，节省热处理时重新加热所需的大量热能，同时发挥形变强化与相变强化双重效果的跨学科研究领域，理论和实际意义重大。雷廷权是国内这方面工作的创始人之一，在国际上也有相当影响。

然而世道风雨如晦，科坛满是荆棘。雷廷权和他的同事们为了形变热处理研究奋斗了近20年。他曾经暗下决心，"一定要让中国走在这一研究领域的最前沿"。多少年的风雨兼程，从"文化大革命"年间的动荡不安到如今中国的蓬勃发展，正是那坚韧如钢的品质支撑着这位学者顶着各种压力，为材料界开拓进取。

雷廷权在哈尔滨工业大学任教后不久就赶上三年困难时期，无论是老师还是学生都生活得十分艰苦。哈尔滨的冬天，天寒地冻，师生在宿舍里都要穿着大棉衣。就是在这样的条件下，雷廷权想办法挤出时间投入工作。他主张要想干好科研，光靠前三个单元的时间是远远不够的，必须开辟出"第四单元"，挤出更多的时间干业务。雷廷权每天坚持利用"第四单元"的时间加班加点，几乎没有在夜里12点之前休息过。同时，他还在全教研室倡导"第四单元"工作制，很多年轻教师在他的带动下，也开始每天四个单元的工作。

1970年，雷廷权随哈尔滨工业大学的一部分教师南迁到重庆。不招生，没法开课，实验设备装在箱子里不让打开，科研事业止步不前。雷廷权心急如焚：自己停课，外国可在上课；我们不研究，外国可在研究。对形变热处理的探索国际上到了什么程度？一想到这些，生性急脾气的雷廷权简直要发疯。不管外界说什么，戴什么帽子，他带领几位同事一头扎进图书馆，继续形变热处理的研究工作。他们查资料，整理实验数据，一干又是4年。1973年，由雷廷权主编的《钢的形变热处理》一书终于完成了。可出版社不愿出版，理由是学术性太强，书中没有"语录"，参考文献都是外文，提议让雷廷权修改。雷廷权不同意，一放又是4年。几经周折，这本书才问世，很多人看到都有相见恨晚的感觉。1978年，科学的春天来到了，雷廷权的形变热处理基础理论研究成果获得了全国科学大会奖。形变热处理既可有效地简化加工工序，大量节约能源，又能充分发挥材料本身的潜力，这一研究理论的问世几乎是一次革命性成果。为了让这项研究成果早日应用于生产实践，雷廷权又主编了《热处理手册》的4个分册。接着，雷廷权亲自指导和参加了这项新技术的推广应用。他们研制成功的高强度筒形件形变热处理新工艺获得了国家发明四等奖。

筚路蓝缕，以启山林；敢为人先，方能领先。"勇争第一掀巨浪，海纳百川波涛涌"，他在热处理工艺方面的孜孜不倦、含辛茹苦，为中国钢铁事业贡献了巨大的力量。

皓首穷经敏学术，为学求索坚如钢

雷廷权一直把科研工作的目标瞄向国际前沿，他具有超群的学术敏感和创新精神。

雷廷权的信条是：科学的生命在于否定和创新。铁素体＋马氏体双相钢是20世纪70年代初兴起的一种新型低合金高强度钢，具有屈服强度低而加工硬化能力强、均匀延伸率大、冷却形变性能优异的特点。1978年，雷廷权在国内率先开展了双相钢强度理论及应用研究。

在研究中，雷廷权很快就发现，用公认的混合率来描述双相钢的强度是不合理的。他坚信肯定存在一种更科学的方法。经过三年的艰苦探索，雷廷权提出了与混合率不同的全新概念：用剪切滞后分析法解析双相钢强度规律，得到了与实验结果吻合很好的新公式，从而建立了新的双相钢强度理论。他采用扫描电镜拉伸台进行试样宏观变形与两相微观变形之间关系的研究，将原有形变模型、等应力模型及中间应力模型3种强度理论统一了起来，指明各自的适用范围。经过无数个日日夜夜的研究与探索，雷廷权发现了双相钢中铁素体因受周围马氏体的膨胀而得到硬化的现象。1983年，雷廷权在金属材料界又取得了一次重大突破。他大胆指出，当时世界公认的"晶界偏聚理论"有局限性。最终经过检验，雷廷权的观点正确。

雷廷权是黑龙江省金属学会创始人之一，曾任副理事长，另兼任全国热处理学会理事长等。他积极开展工厂企业与科研院所、高等院校间的学术交流，活跃学术思想，提高学术水平，为促进我国材料科学与工程学科建设，推进各种先进的金属热处理和表面工程技术尽快转化为生产力做出了贡献。他参与在上海研制的石油钻杆接头形变热处理技术，获得部级科技进步一等奖。利用形变热处理工艺改进高速车刀的生产，每年仅节省电费及材料费就达 100 万元。不到十年，形变热处理新工艺已在全国普遍开花，广泛应用于金属材料加工领域，取得了巨大的经济效益。

雷廷权一生刻苦钻研，穷其所好。庄子云：吾生也有涯，而知也无涯。与雷廷权熟识的同行和学生都知道，他发现或主持过的课题，一般都成了专业的主流方向。他早在 20 世纪 80 年代开始的陶瓷材料、结构钢内耗及高强度钢方面的研究一直延绵至今。他从 20 世纪 90 年代开始针对航天新技术金属表面改性技术研究，在激光熔覆和微弧氧化等方面的研究目前均在国内占有一席之地……敏锐地捕捉科研课题的方向，得益于他的学术精神和几十年的孜孜不倦。

进入 21 世纪，雷廷权已年过古稀，仍坚守在科研一线。尽管体质每况愈下，他仍以钢铁般的意志继续在材料领域攀登科研高峰。

2002 年，雷廷权查出患了直肠癌并做了手术，出院后的他仍然坚持去学校工作，坚持指导博士生。2003 年 5 月开始，因为肠胃状况加重，雷廷权连吃饭都成了问题，根本无法正常进食。即使这样，他仍然和往常一样工作，每天坚持到教研室坐班，参加校内外的各种学术活动，指导学生做课题……每一项工作都没有丝毫放松，连教研室每两周一次的例会也都无一次缺席。2005 年，雷廷权的病情稍有好转，他就迫不及待地说："要抓紧工作，把损失的两年补回来"，于是他又开始马不停蹄地奔波在各个领域，带着同事到处跑项目，作调研和进行学术交流。这一年，他到北京、陕西、云南、福建、海南等多个省市出差了十几次，不管是帮助系里跑项目、参加学术活动或者是考察生产试验件的工厂，雷廷权都没有道过一声苦，反而为自己能利用好这些时间而乐在其中。

2006年，在黑龙江省表面工程学会成立大会上，手术后身体还没有完全恢复的雷廷权亲自到会作了讲话，他勉励大家努力工作，搞好表面工程的理论和应用研究，服务好东北老工业基地建设。2007年6月，卧病在床的雷廷权在接到在北京召开院士大会的消息后，坚持要亲自参加，医生知道后坚决反对，并对他说"如果在此期间离开医院随时会有生命危险"。可是雷廷权心里想的却是，自己年满80岁后就没有投票权了："这次是我最后一次投票，我一定要去。"由于他身体虚弱，最终学生们用轮椅推着他去参加了大会。从北京回来后，他的病情进一步加重了。2007年8月，由黑龙江省热处理学会和黑龙江省表面工程学会共同主办的全国十四省市热处理及表面工程学术交流会在佳木斯大学召开，病重的雷廷权坚持要参加会议，但临近开会时却再次因病住院。尽管这样，他还是委托赵连城院士代他出席。同时他为大会作序，称此次大会是为振兴东北老工业基地做的一件大好事。2007年10月，就在雷廷权逝世一个多月前，他仍在关注哈尔滨工业大学"985"二期为材料学科新增的纳米陶瓷涂层技术设备落实情况。

对于雷廷权来说，生命的意义便在于用尽自己毕生的精力来完成有益于祖国和人民的事业。雷廷权一生为国，一心为国。周围的人这样评价他的精神："雷先生治学就像他研究的那些特种钢一样，异常坚韧。"

甘为人梯之恩师，乐荐贤才之伯乐

雷廷权先生提携后学、甘为人梯，我国著名材料学专家周玉便是先生的一名得意门生。1985年，周玉开始在职攻读博士学位，师从雷廷权。学术敏锐的雷廷权为周玉确定了陶瓷材料的博士论文研究方向。当时在国际上，陶瓷材料是很新的方向。雷廷权与日本著名陶瓷专家佐久间健人教授取得了联系，并于1986年借赴日本参加国际会议的机会与佐久间健人教授详细讨论了博士生周玉的联合培养计划。1987年，在东京大学任教的佐久间健人教授来哈工大访问，雷廷权教授和佐久间健人教授进一步细化了联合培养方案，将周玉的博士选题确定。从此，周玉的人生与陶瓷紧密地联系在了一起。

周玉在日本的一年中，雷廷权几次到日本与佐久间健人讨论周玉的研究工作，共同为周玉提供了许多重要的指导和帮助。博士毕业后，周玉留校任金属材料及热处理教研室教师。2009 年，周玉当选为中国工程院院士，荣誉背后渗透着雷廷权辛勤的汗水。

雷廷权先生诲人不倦，乐荐贤才，中国工程院院士赵连城便是他发现的人才。雷廷权对自己团队里每个人的情况都了如指掌，在他的带领下这支队伍一直走在国内同行的前列。而雷廷权与赵连城院士之间还有一段"三荐贤才"的佳话。

1963 年，赵连城大学毕业后分配到了哈尔滨工业大学金属材料工艺系金属学教研室任教，他早先是给非材料专业的学生教授金属学课程，后来雷廷权发现他有很强的教学能力，便调他到金属材料及热处理专业，主教热处理原理课程，主要研究相变。在 1978 年全国通用教材会议上，雷廷权认为正在读研究生的赵连城年轻刻苦，对马氏体相变研究造诣较深，就提议让他编写《金属热处理原理》一书的"马氏体相变"。1980 年，一位外国专家到哈尔滨工业大学讲学，国内一些教授、学者请雷廷权把其中一部分内容再给大家讲解一下。雷廷权推荐赵连城上了讲台，赵连城的讲解赢得了大家的好评。1981 年，中国热处理学会召开专题讨论会，邀请雷廷权讲授马氏体转变与形状记忆效应，雷廷权又一次连夜写信推荐赵连城。赵连城感到自己年轻资历浅，担心会讲不好。雷廷权鼓励他说："你长期搞这项研究，理解比我透彻，一定能讲得好。"事实证明了雷廷权的判断，精彩的报告再次赢得了一致好评。经过这三次推荐，赵连城在得到锻炼的同时也得到了学术界的充分重视，为他日后在材料王国中近半个世纪的自由驰骋铺就了广阔的道路。

雷廷权的心愿是："读书救国、读书兴国，并一辈子不懈努力。一个人的力量是有限的，我要把周围的老师和学生很好地组织起来，为实现这个目标共同奋斗。"雷廷权一生桃李满天下，为国家培育了众多栋梁。他不仅亲自培养了多名博士、硕士，还一直十分注重智力引进和青年人的培养。在 20 世纪 70 年代末期，他开始邀请日、英、美等国家材料学和相关学科的专家、学者来哈工大讲学；他鼓励青年教师出国交流、学习，提高了教研室的师资水平。

"与过去相比，现在的学生幸福多了，社会安定，经济发展，国家为学子们提供了优越的学习和生活环境。所以，大家一定要努力学习，报效祖国。但是现在有部分大学生缺乏为国家、为民族而学习的理想信念，学习不够努力，钻研不够刻苦，不能脚踏实地去学习和工作，缺乏学习动力和为民族兴盛、国家富强而努力拼搏的历史使命感。"雷廷权说道："现在，我们的国家虽然不像旧社会那样处于民族危亡的关头，但与世界上许多国家相比，我们的国力还不够强大，还需要每一个中国人，特别是青年学子的奋斗和奉献。所以，作为祖国未来希望的当代大学生一定要好好珍惜现在的美好生活，把握青年时代特别是大学四年的学习机会，严格要求自己、锻炼自己，努力学习，埋头苦干，为国家和民族的繁荣富强贡献自己的力量。"雷廷权一生奉献给了科研，而且时刻不忘提醒后辈们继续未完的征程。

艰苦朴素平凡命，润物细微韧似兰

如果说雷廷权在学术上叱咤风云，那么他在生活中则是和风细雨，言谈举止润物无声。他的秘书曾在文章中写道：人说记忆会随着时间的消逝慢慢淡化，而雷老师的很多言行，在我的心中却以一种精神的方式生根、发芽、成长。

雷廷权的生活非常朴素，用过的每一张纸几乎都是"废纸"，背面都是曾经用过的资料。他从不讲究吃穿，一身灰色的夹克衫至少穿了十几年。夏天的时候，他总是穿着一双棕色的革质鞋，虽然买时只花了十几元，但他却说："这双鞋穿起来舒服。"

雷廷权的办公室同他的衣食一样简单。不足十平米的屋子里，两个一人多高、不足一米宽的书架并排放置，加上一张办公桌、两把普通的折叠椅，许多初次看到的学生都难以置信，然而与雷廷权久久相处之后，那种诧异却转变为心底里涌现的敬仰之情。

虽身为院士，在生活中雷廷权却从来不以此自居。不管大事小事，只要自己能做的，总是不愿意麻烦别人。秘书王玉金说，"我虽然是雷老师的秘书，可他却很少让我帮忙做事儿，连出差订机票、整理资料这样的琐事也总是自己动手。他总说，能不麻烦别人的事儿，自己做就行了"。这位老人信奉凡是有能力便亲力亲为，不麻烦别人。别人提起来，他就会说："随手就做了，没关系。"

2002 年底，雷廷权分到了新房子并着手搬家事宜，他都只是带着家里人忙来忙去，从不让学生去帮忙。雷廷权平时出行的主要交通工具是公共汽车，年纪大了，大家怕他出行不方便，劝他有事外出可以从学校叫车，他却说不用麻烦别人。直到他 72 岁那年，一次乘坐公共汽车出行的时候，汽车紧急制动摔伤了他的头部，去医院缝几针后，大家才知道这个貌不惊人的老先生居然是院士。

雷廷权在生活中从没有摆过一点架子，对周围的人都是和善而亲切。雷廷权的学生贾德昌第一次写英文稿子，希望能得到雷廷权的指导，一大早就跑到了老师的办公室，没有同老师约过时间就硬着头皮闯了进去，但没想到，雷廷权二话不说，放下手中的活儿，接过稿子便逐字逐句地批改起来。最后 10 多页的稿子被雷廷权批改讲解了一上午才完成。耽误了一上午宝贵时间的雷廷权却毫无抱怨，反而对学生勤奋好问的精神感到欣慰。

雷廷权的夫人郭维昭女士在《雷廷权回忆录》中写道："他去世后我无靠无助，在孤独中度日，忆起几十年相守的历历往事，我乱不能安……因为工作原因，老雷很少在家，晚上在家也是坐在写字台前，几乎没有时间和我们说话。"老伴回想起与雷廷权共同生活的半个多世纪，不禁喟叹。但是，作为数十年来一直在雷廷权背后默默支持着他的妻子，她心境豁达而又开朗，她能够理解雷廷权的境遇和心情。雷廷权工作很忙，对妻子很歉疚，没时间陪同妻子逛街、买衣服，做家务。然而他能做的，也是其他人做不到的。每天早晨，雷廷权都起得很早，上早市采购后，回家亲自下厨为家人炒菜做饭，数十年来天天如斯。他烧得一手好菜，一有时间，就给家人烧菜做饭，陪老伴聊天。

雷廷权晚年患病在上海、北京和哈尔滨住院期间，妻子无微不至的关怀常常令他潸然泪下、老泪纵横。这泪流在他心里，同时也流在老伴心里。弥留之际，他依然叨念着妻子、叨念着他未竟的事业……

钢之力者，坚韧也。坚为刚，而韧为柔也。雷廷权刚强如磐石，柔韧似秋兰，熠熠生辉，荣而不媚，坚韧如钢。

钢铁史诗
——记冶金自动化及信息工程专家、中国工程院院士刘玠

　　刘玠，祖籍安徽舒城，生于1943年11月，中信泰富特钢集团顾问，冶金自动化及信息工程专家，工程管理及企业管理专家。1964年武汉钢铁学院机械系本科毕业；1967年北京钢院冶金机械专业研究生毕业。曾任中共中央候补委员、全国人大代表、全国政协委员、中国科协副主席，武钢总工程师，鞍钢党委书记、总经理，中信泰富特钢集团董事长；兼任中国钢铁工业协会副会长，中国金属学会副理事长。长期从事冶金工业计算机控制系统和数学模型的研究与开发，致力于冶金工厂技术改造和重大冶金装备国产化的创新与实践。获国家科技进步特等奖、一等奖、二等奖，何梁何利奖等。1997年当选为中国工程院院士。

梦想几番折转，他饱经困顿，不变的，唯有迎难而上、勇往直前的赤诚之心。人生几度抑扬，他处变不惊，谨记的，唯有身先士卒、报效祖国的真诚之愿。

数次专业的更换未曾让他退却；几番角色的转变不曾让他胆怯。历经人生多次转航，无论命运指向何方，他的意志，如钢铁般坚定；面对危在旦夕的鞍钢，缔造了复苏的奇迹，他的经历，如史诗般传奇。他便是刘玠。

"古之立大事者，不惟有超世之才，亦必有坚忍不拔之志。"

梦想折转，勇往直前

刘玠于 1943 年出生在一个普通的教师家庭，美好的少年回忆都定格在了复旦大学的家属区。小时候同教师子女一起成长，让他的童年生活被呵护得很完整；而在学校里，受着当时上海最先进的教学管理观念的熏陶，他早早就学会独立思考。小学五年级时，刘玠便参加了上海市长宁区"少年之家"科技活动中的航模比赛。从一个小小的简易孔明灯，到渐渐复杂精致的飞机模型，少年的飞天梦想在他的指尖翻转中渐渐生长出萌芽。

刘玠中学就读于在华东师范大学第二附中，成绩十分优异。早年心中孕育的"飞天"种子在积蓄了多年的力量之后，等待着破土而出的那一瞬间。高考的时候，刘玠将目标牢牢锁定在西北工业大学飞机制造专业，以至于在填报志愿的时候，在所有的志愿栏上都义无反顾地填上了"飞机制造专业"。在交志愿书的最后一刻，老师强烈建议和劝说他不要冒险，他才将最后一个志愿改成武汉钢铁学院机械系。可是，由于各种原因，他并没能被任何一个"飞机制造专业"相中，迎接他的是最后一个志愿——武汉钢铁学院。埋下多年的梦想种子，终究还是没能成功破土。16 岁的少年，面对盛满失望的通知书，那一刻他并没有退缩，而是选择成为曲达的水流，静静接受人生布下的挑战。

挥别家乡亲人朋友，历经旅途波折，刘玠终于站到了武汉——这片陌生土地上，迈入了大学全新的生活。然而命运总是捉弄着他，大学里赶上国家物质条件匮乏，很多人都食不果腹，他自己也常常吃不饱饭，更别说潜心钻研学术。一年国庆，学校给每人发了半斤豆饼，原本用于喂牲口做肥料的豆饼，在他看来却仿佛珍馐美味，三两下就下了肚。然而饥饿并没有打倒刘玠的意志，反而让他学会更加珍惜学习的机会。他开始不顾学校破旧的条件，不闻咕咕作响的肚子叫，强忍内心渴望实现梦想的急躁，全身心地投入到专业课的学习之中。勤奋刻苦的他，在学业上一直保持领先。五分制的成绩，只有一门科目四分，其他全部满分。而且，刘玠还掌握了"过目不忘"的本领，对"机械原理""机械零件""材料力学"和"理论力学"等专业课程，他都能像放映机一样，将重点和难点完整复述下来，成为众口相传的神奇"小老师"。

生活的艰苦、时代的困境让刘玠早早学会坚强隐忍。在今后的岁月中，只要有一点点的希望，他都会紧紧抓住，然后继续前行。哪怕生活给他狂风暴雨，他也会像海燕一样，奋力飞翔出自己生命的弧线。

1963 年，国家经济好转，刘玠在生活上的压力也得以减轻，开始更加专注地投入专业学习和科研中。与此同时，陈毅指出要培养科技的尖子人才。成绩优异的刘玠很快就受到学校的极大重视，武汉钢铁学院决定对他进行重点培养，还专门请一位老师对他亲自辅导。这次机遇让他在大学时代就得以参与钢铁公司的一些研究课题。几年实践与理论的历练，成为他的未来路上弥足珍贵的砖瓦。

时光荏苒，转眼就到了挥别大学的日子。参考学校建议，他决定报考研究生。经过紧张的考试，他闯过命运的十字路，最终站到了钢院的门前。在接到钢院机械系的录取通知书时，他曾经问自己，是否还记得飞天的理想。那么多年的种子，是否不再让它有破土的明天？一个坚持了十几年的梦想，岂是轻易便可放弃的？

水的曲达在于知道如何选择取舍，命运的天平面前，虽然无法忘记自己的航天梦，但是刘玠还是选择了最能实现他人生价值的那一个托盘。进入钢院后，他埋头于行星轧机课题的深入研究中。愈是发掘这个领域，愈能触碰到科学闪现出的魅力，一点点被吸引，一点点对其着迷。与此同时，崇尚实践的学校为他提供了大量生产活动的机会。理论上，他学会了如何进行科学的设计；实践上，他懂得了怎样现场生产。就这样双管齐下，平稳的进步让他的前程似乎一片光明。

人生抑扬，一往无前

下放"武钢"，苦中寻乐。

刘玠告别学生身份，被分配到武汉钢铁公司，成为一名不起眼的一线钳工。时代的无奈让他柔和地接受了命运的安排，带着泰山般的坚定，刘玠又一次挺身昂然立于命运的转变之前。

工厂条件艰苦，工作繁重，但是性格随和的他与工人师傅相处很融洽。没事儿时热心地帮助大家修修自行车、做做手工工具。远离了政治波涛，物资匮乏，他学会了织网、捕鱼，增加伙食营养。看似单调的生活却也有它简简单单的快乐，仿佛回到了记忆中遥远的童年，平静而美好。

然而，温馨平静的时光并未让刘玠止步不前。依靠坚实的基础知识，他对工厂的各种设施进行科学而有效的改革，大大提高了生产效率。面对武钢轧板厂的大立辊轧机测压丝母磨损很快以至于每两个月就要更换一次的问题，他综合运用所学专业知识给它设计出一个特殊的装置，从而漂亮地解决了问题。将自己所学知识用于真正的生产实践并获得成功，这是史无前例的一次，喜悦的甜蜜让他兴奋得几乎夜不能寐。以此为开端，他用更多的行动渐渐发掘科学技术知识所蕴含的无穷力量。面对车间分配下来的任务——16小时内换下一个600吨的剪切机平衡装置的轴承，善于运用头脑的他，仅仅用了两个小时就圆满完成。

就这样，在所学理论的支持下，通过真正的生产实践，刘玠终于发现科学技术蕴含的无穷力量。隐隐约约闪现的光芒，激发了他学技术的欲望，坚定了他搞科研的决心。这次下放经历，对于他的人生来说，是祸，亦是福。福祸之转化，取决于他山般坚定、水般曲达的内心。

重回钢院，笑对转变。

20世纪70年代初，国家决定在武钢引进1700轧机系统。这个国家项目，急需一批优秀科技人才和重点培养的精英力量，冶金工业部由此成立了一个由钢院孙一康教授主持的训练班。各项均很优异的刘玠被抽去协助孙教授开办连轧机学习班，他深知这一机遇来之不易，决心用行动证明自己。一年的时光他从未停歇，小到教材、实验设备，大到教学环境条件的改善，他都一一经手操办，兢兢业业、任劳任怨。历史的放映机中，他的身影永远在不断奔走跳动。

　　然而，命运眷顾他的同时，也将挑战的棋子摆在了他的面前。一年后，训练班学习的专业发生了意想不到的逆转。面对现实的嘲弄，刘玠不得不暂时放下原专业，转而学习十分陌生的计算机专业。那时，刘玠已过了而立之年，面对挑战，他坦然接受，转身便埋头于一摞摞艰深晦涩的计算机著作之中。过程少不了艰辛与劳累，然而学习中久违的充实感却让他倍感怀念。就这样，"二进制""微分方程""数理统计""高等代数""电子计算机基本原理""程序设计"等课程被他一点点啃下来消化吸收，他也一步步迈入这个意外为他敞开大门的专业领域之中。

　　时光飞逝，转眼又是一年，因留学需要，32 岁的刘玠被派去北京语言学院学习日语。对于语言学习来说，32 岁的年龄障碍意味着已经错失了学习语言的黄金时期，原本就苦煞众人的大量语言记忆对于他来说，显得愈发艰巨。在当时的环境下，每周劳动与政治学习之外的学习时间紧迫，容不得浪费，他像挤海绵里的水一样把一分一秒硬是挤了出来。迎着清晨的寒星、伴着夜晚的孤月，他一遍遍地默念、背诵、重复冗杂的句型、海量的词汇。面对"记忆—忘记—记忆"这一梦魇般的无限循环，若非那泰山的坚忍，无论如何他也难以坚持下去。煎熬的尽头，必定迎来刺破黑暗的光芒，他是这样坚信的。

　　1975 年，勤奋刻苦的刘玠被公司派去日本进行一年的计算机进修，这也是他第一次离开生己养己三十多年的挚爱土地。在登机前，他深情地回头一望，将这片深爱的土地狠狠地收入眼帘，藏在心房。

　　留学日本，获益终身。

　　刘玠怀揣着忐忑的心情来到陌生的国度。当时中日刚刚建交，看似缓和的关系中蕴藏着不安定的因素。初来乍到的他虽然有一定的日语功底，但对于计算机方面的专业词汇还是一片空白。想要努力钻研、报效国家的美好愿望中，多了些前途迷茫的担忧。更加窘迫的是他还遇见了一个"不通人情"的老师宫崎保昭。在他看来，这个老师"既不传道，也不授业解惑"，而是将整个课堂都交给学生们上台自主讲解，这让本来日语基础就不好的十人团队更加无所适从。对于在中国式教育方式下成长了几十年的刘玠来说，宫崎老师的做法无疑是一个巨大的冲击，而日本人性格中固有的严谨观念也让他觉得老师严厉而不通人情。

　　奇怪的教学方式、不通人情的老师、陌生的异国环境，更加刺激他不断地拼命学习，如同沙漠中的旅人一般疯狂渴求着知识之泉的滋润。他将每天的睡眠时间缩短到三四个小时，有时几乎站着都能睡着。但是，不去怨天尤人、没有怨声载道，他用心中的信念坚持了足足半年的时光。付出终有收获，让刘玠惊讶的是，宫崎老师这样"变态"的教学方法使他们最终彻底地了解了计算机技术的实质，将知识不是记住，而是牢牢刻在脑子里面。起初的他，不懂宫崎老师的用心良苦，然而，宫崎老师以全新的教学方式，严谨的态度，成为对于他的一生意义重大的老师。历经风雨，他终于看到了通向专业领域的彩虹。身在日本国土之上，却思念着隔海相望的祖国，"为什么我的眼里常含泪水，因为我对这土地爱得深沉"，朝朝暮暮，那一颗渴望报国的赤子之心强烈地鼓动着。

科技攻关，成就瞩目。

回国后，刘玠开始参加 1700 轧机工程。这项工程由党中央国务院、周恩来总理亲自批准过问，耗资四十多亿，钢院孙一康教授等一批顶尖的专家都积极投身其中。然而，轧机和计算机控制系统上的许多技术问题亟待解决，数学模型和软件开发的问题最为严峻。

在国外先进的技术围攻下，如何为国争光、如何让 1700 轧机有所突破成为每个人心中一块沉重的巨石。谚云：世上无难事，只畏有心人。有心之人，即立志之坚者也，志坚则不畏事之不成。面对重重困难，刘玠立下誓言：要开发出打上"中国"标志的数学模型，要建立自己的计算机系统，要让中国骄傲地站在世界科学技术的舞台。于是，他从每一个细小的数据开始研究，为了实验，他的脚步穿梭在钢院和北航之间，这一走，便是整整三年。寒来暑往，春去秋来，历时三载的辛勤耕耘，终于，他迎来了事业生涯上的第一个辉煌的成就——自产钢数学模型荣获国家科技进步三等奖。一次的成功会被人怀疑只是偶然，然而，在热轧数学模型上掌握自主建模方法并再次获得国家科技进步三等奖的他，用事实证明了自己的实力。

1979 年这套计算机系统投入生产，十年之后，由于系统的老旧已经跟不上生产发展的步伐，更新换代刻不容缓。但是东芝方面提出的 3800 万美金的天价，让引进时才用了 500 万美元的技术人员难以接受，不得不转而寻求国外其他知名公司的帮助。当时美国西屋面临困境，听到我国要实施计算机更新换代，便立即放低姿态积极参与。最终双方达成 500 多万美金购买西屋设备，中方自主开放软件的协议。

新的挑战再次摆在刘玠的面前。这次，他依旧迎难而上，一句"硬件买你的，软件自己开发"的豪言壮语，不是他的自不量力，而是"志不立，天下无可成之事"的坚守。作为武钢副经理的刘玠随即率领着四五十个人奔赴美国。日日夜夜的辛勤汗水的浇灌之下，热轧的计算机控制系统终于开花结果。这一成就，实现了钢铁工业最具代表性、技术难度最大的、效益最高的技术攻关，拥有了我国的自主知识产权，并获得了国家科技进步一等奖，同时也昭示着我国钢铁实业技术又一个跨越性的成就。

此后，这套系统成功地应用于太原钢铁、梅山钢铁引进的轧机设备，同时还完成了国产技术软件的对外输出，迈出了崭新的一步。

刘玠一路走来，脚步深深浅浅，困难伴着机遇、艰辛亦是挑战。他是勇敢的舵手，支起远航的船帆，在苍茫未知的大海上，找寻自己日思梦想的彼岸。

临危受命，力挽狂澜

1994年，刘玠到鞍钢担任党委副书记和总经理。当时的鞍钢经济上负债累累，没有充足的资金开展生产，向工人大量筹集资金却被套牢，还要养活几十万的职工，压力巨大。伤痕累累的鞍钢就像一个燃烧着熊熊烈火的火坑，众人避之唯恐不及。然而，刘玠再一次临危受命。落脚鞍钢，他紧抓三改一加强，扎扎实实推进改革，推进改造，推进企业的管理。辽宁省在北京人民大会堂举行记者招待会，他应邀参加。面对记者"国有企业不改造，装备落后叫作等死；搞改造，借钱付不起利息，叫作找死。你怎么看？"的尖锐提问，刘玠幽默地一句"既不找死，也不要等死，要走出一条自己的路子来"，在娱乐之余给大家带来了希望的曙光。

临危受命的刘玠重整旗鼓，陪伴他闯过风风雨雨的不服输的志气与信念始终相伴左右。山重水复疑无路，柳暗花明又一村。他淡然笑说，遇到困难的事情多了，就总觉得还是有路可走。不回避，不低头，勇敢面对，终究会迎来生命另一次华美的开幕。

在实际操作过程中，刘玠展现着一个领导者的风范。在综合考虑各种问题之后，他带领团队制定了两个方面的对策。一是改革，二是改造。不改革，鞍钢的体制、机制无法适应；不改造，鞍钢的装备水平、产品结构无法优化。改革中，他提出的三年扭亏、工资挂钩方案最开始受到极大的非议和阻挠，但他顶住压力坚持实施，最后终于完满完成任务。在这个过程中，他开始意识到，一个计划经济体制下的企业，倘若用市场经济的体制来运作的话，能够迅速产生巨大的经济效益。沿着这条路，鞍钢在改革上不断寻求创新，使得体制和机制迈入了适应市场经济发展的新轨道，取得了一个又一个瞩目的成就。

第二个就是改造方案。改造方案的关键问题是资金的来源。鞍钢当时既没有来自国家的资金支持，也没有自销权等特殊政策支持，面临极其艰难的困境。无奈之下，刘玠直接给国务院打了报告。根据批示，鞍钢开始了新一轮的摸索——上市筹资。

由于亏损，刘玠只能将鞍钢仅有的较好的家底包装起来上市。此时适逢国务院领导视察鞍钢，刘玠直陈困境，终于在国家的帮助下顺利上市。这对已经走到山穷水尽之路的鞍钢无疑是一根救命稻草。在资金支持下，他开始为鞍钢的长远打算，制定了一个"九五"规划，注入新鲜血液的鞍钢再一次鼓动起强有力的脉搏。

平炉改转炉，开拓新途。

在鞍钢任职期间，刘玠不仅仅在大政方针上胸怀大略，在技术实践上也勇于创新。当时鞍钢的年产量中的大部分都是平炉钢。然而落后的平炉钢受国际油价不断抬升的影响一直处于亏损状态。因此初到鞍钢，在一次经验交流会上，刘玠就提出将平炉车间改为转炉。没想到一言刚落，台下便是一阵批驳：连国外都没有成功的先例，我们却要去做，岂不是自不量力？可是，历史上的成功的改革者不是那个"大多数"，众言又怎能压倒他变革的决心。

交流会结束后，他在平炉上做起文章。在鞍钢设计院技术上的大力支持下，鞍钢在平改转的这个问题上看到了希望的曙光。然而大修一个平炉的修理费需要5000万，他根本没有权力使用这么多资金。他放出豪言：好，责任我来负，干！

平炉厂房18米，转炉高要求35米，旁边建一个高35米的偏厦，然后将铁水渡过来，等炼完后再渡回去，就是这样一个看似简单的方案，却成功将每吨钢的成本降低了100元，一年500万吨钢就意味着5个亿的资金节约，不到一年的时间里，就成功收回初期投资。平炉改成转炉，才可以实现连铸，才可以给后面热轧厂创造条件，这一次技术改造，在他看来，对于鞍钢未来的发展具有里程碑似的意义。按着他指导的一条路，鞍钢实现了硬件、软件、基建、电气更新换代改造，而整条生产线不到三年就已经完全收回投资。

由此，刘玠总结出鞍钢技术改造的路子——"高起点，少投入，快产出，高效益"。用最先进的技术对企业本身进行武装，并努力寻求跨越式的发展，同时降低成本，使得同一项目，用其他企业二分之一、三分之一的投资，实现"快产出，高效益"，唯有如此才能在强大的竞争压力下求得生存发展的空间。

全面改造，勇攀高峰。

"九五"规划中，国家准备投资改造鞍钢的半连轧。虽然半连轧厂在1985年已经进行过改造，但是由于改造的不彻底性，产品质量和装备水平依然得不到提高，重新改造迫在眉睫。但是，国外公司给出的巨额报价让他难以接受。经过多轮谈判，刘玠用高超的谈判技术与三菱公司签约，实现成功改造。鞍钢也得以迅速收回投资，逆转困境。

改造淘汰了一批设备，他从中看到机遇，带领队伍借助淘汰的热连轧设备，再投资10个亿，着手打造一个有自主知识产权的热连轧机，让"中国创造"再一次在国际科技舞台上熠熠生辉。

追寻没有尽头，不满足于热连轧机的刘玠又继续埋头于冷连轧机的开发。当时，冷连轧机的开发在国内少有人触及，设备都源于进口。鞍钢原来的冷连轧机有四个机架，为了提高产品产量、质量和装备的水平，提高产品竞争力，他们向德国供应商提出增加一个机架、同时把酸洗线和轧机连在一起形成一个酸连机组的建议。在德方的主持下，他们完成了这一次的改造。然而，在这次小小的成功喜悦之后，他陷入了沉思：轧机是由德国人设计、由中国人制造的，那么，我们是不是可以不依靠外国的技术支持，做出一套完全属于自己的冷连轧机呢？行动跟着思维奔跑，身先士卒的他完成了对冷连轧机的技术创新，并凭借这套核心技术再次获得了国家科学技术一等奖的崇高荣誉。这一成功，极大地增强了外国企业的危机感，他们不得不感叹，中国在世界科学技术的舞台上，如滚滚洪水一般势不可挡。鞍钢已经完成了多条冷连轧、热连轧的改造，为国家节约了巨额的资金。

此后，刘玠带领鞍钢实现了我国大型钢铁联合生产系统从引进到全面国产化的转变，用行动体现了党中央要求的"自主创新，重点跨越，支撑发展，引领未来"的精神。

沿着自主创新、技术改造的道路，靠着敢于创新、勇于攀登科技高峰的精神，掌握了核心技术的鞍钢在为自身企业创造出巨额经济利润的同时，也为国家的经济建设做出了不可磨灭的贡献。而如此的奇迹，离不开刘玠日日夜夜潜心的钻研，离不开众人非议之下信念的坚持，更离不开勇往直前的凌云之志。

如水般曲达，他接受命运的拐角；如山般坚强，他选择不懈的奋斗。山山水水，继续萦绕着他生命的分分秒秒。将原本平凡的人生演绎成一部惊天动地的钢铁史诗，他，就是中国工程院院士，刘玠。

国之良士，钢之英才

——记金属材料专家、中国工程院院士陈国良

陈国良（1934—2011），江苏宜兴人，北京科技大学原教授，著名材料科学家、教育家。1955年毕业于北京钢铁工业学院，留校任教，历任教研室主任、系主任、新金属材料国家重点实验室主任。曾赴美国哥伦比亚大学、德国马普所访学。主要从事高温合金物理冶金、高温部件力学冶金及寿命估算、金属间化合物新型结构材料、大块金属玻璃及其他新金属材料、雾化喷射成型技术等材料置备新技术新工艺等方面的研究。曾获何梁何利奖，多次获得国家科技进步奖、国家发明奖和省部级科技进步奖。1999年当选为中国工程院院士。

为学，求实创新、勇于探索；为师，重德崇才、治学严谨。他不畏艰辛，急国家之所急，组建高温合金专业；他不患得失，为校谋发展，建立新金属材料国家重点实验室；他不好名利，在美国进修时婉拒著名公司的盛情雇请，毅然归来，报效祖国；他严谨务实，独辟新方向，攀登学术峰，推举后来人，成就大事业。

他就是陈国良，他的身上凝聚着一位知识分子的崇高品质，闪耀着一名优秀材料人的灿烂光辉。

崇文力学·蔚起

1934 年，陈国良出生于宜兴一个并不富裕的书香世家。父亲陈泽南曾于上海做过大学和中学教师，母亲徐幼轩的文化程度也很高。知识浓郁的家庭氛围为他的学习成长创造了优良的先天条件，然而举国抗战的大背景让他的求学经历变得曲折多舛。1937 年，日寇从太湖登陆，沿途纵火，无恶不作，宜兴沦陷，烧杀掳掠淹没了吴侬软语，火光冲天掩盖住红阳白雪，陈国良全家逃到上海艰难落脚。虽然少不更事，但烟火弥漫中亲友沉重匆忙的景象与波折辗转的经历为他的童年烙上了难以磨灭的痕迹。

5 岁起，陈国良于上海务本小学读书，11 岁升入上海崇实中学，随后转入南京第五中学。父亲陈泽南拒绝日寇对我国教育事业的干扰，特别是对学生的奴化教育，毅然辞掉了英文教员工作，经同乡介绍转入银行系统工作。父亲被迫转行，家庭克服重重困难供给孩子读书，这一切对陈国良产生了极深的影响。国临危亡，少年如侠，从宜兴到上海、辗转南京，苦难波折对幼小的陈国良没有构成阻碍，这些不寻常的经历培养了他锲而不舍的学习意志，以及骨子里那坚韧执着的精神，他迫切地希望自己强大起来。他深知在逆境中成长，更不能放弃学业，只有用先进的知识充实自己，才能担起千钧重担。抗日战争胜利后，父亲到无锡中央信托局工作，陈国良也随家人来到无锡，就读江南中学，一直到高中毕业。

1951 年，怀揣着"科技强国"的宏愿，陈国良考入北洋大学冶金系。1952 年，经全国院系调整，陈国良进入钢院。学习中，他始终以勤奋严谨的态度全心投入，很快便崭露头角。当时，物理化学课程内容比较难，陈国良付出了几倍于常人的努力，有的难题辅导员尚在思考，他就已经想出解决办法并主动为大家答疑讲解。1953 年，陈国良进入北京钢铁工业学院金相热处理专业学习。系主任章守华教授推崇"严格要求、重在引导、诲人不倦、言教身教"的教学方针，陈国良深受影响，在学业上投入更多的时间和精力。大学读书期间，图书馆是陈国良最喜欢去的地方，他经常清晨而起、披星而归，如饥似渴地在书海中畅游。除了学习专业知识，陈国良还阅读辩证法经典著作，毛泽东的《矛盾论》《实践论》都在他涉猎的范围内。陈国良认为，无论做人做事做学问，无论对人对己对名利，都必须用辩证思维去深入分析，科学研究更是如此。

"钢铁事业需要钢铁般的体魄。"紧张的专业学习之余，陈国良还十分爱好体育运动，他擅长篮球、跳高、跳远等多个项目，曾入选北京市篮球青年队，更是钢院篮球队的绝对主力。每天，当校园中大喇叭响起欢快的音乐时，他与队友纷纷走出教室，开始训练比赛，竞技热情感染全场，大操场总被观赛者们围得"里三层、外三层"。

钢院的校园文化生活同样丰富多姿，钢院舞会享誉"八大学院"。作为学校的文艺骨干，每次钢院舞会自然少不了陈国良的身影。一次，舞会因故没有了音乐，陈国良随即化身热情的吉他手，主动为大家伴奏，弦音漾起，迅速点燃了激情的火焰，同学们在舞池中翩翩起舞，对这位优雅的吉他手更是盛赞。

1955 年毕业后，凭借过硬的学业成绩和出色的表现，陈国良留校任教，在钢院这片热土扎了根。

领异标新·拓迹

与人们印象中科研工作办公室单调刻板的布置截然不同，陈国良的办公室显得雅气十足。进门处挂有一副横联——"删繁就简三秋树，领异标新二月花"。"扬州八怪的名句是我读书、做学问、写文章的要求"，陈国良说，"删繁就简即抓住基础、核心，书要越读越薄，独立思考、求甚解、懂真谛；领异标新是倡导贯穿于一切活动中的求真、求精和实践的精神，要坚持自主创新"。陈国良一生都矢志不渝地践行着这一座右铭，在他看来，创新是一种自我要求和工作态度，是有人格、有水平、受人尊敬的学者应该具有的责任感，更是一种能力。这种能力来自扎实的基础和高瞻远瞩的胸怀与眼光。

20 世纪 60 年代后期，政治运动给我国歼击机的研发和生产带来一场莫大的劫难，发动机厂生产任务连年猛增，胡干蛮干和粗制滥造的生产过程给军用飞机的使用埋下了严重的质量隐患。面对航空工业存在的严重问题，国家开始组织对飞机发动机的叶片、涡轮盘、涡轮轴等进行检查、试验和材料技术攻关。冶金工业部特别任命由陈国良牵头研究和生产高质量的轮盘，确保发动机的质量。陈国良深知，战斗机是我国空军备战的关键，而发动机就如同战斗机"心脏"，此项任务事关重大。接到任务后，他立即会同有关单位进行联合攻关，全面仔细地研究了生产和应用中的关键问题，创新研制独具特色的高质量轮盘和环件，代替原有的老合金涡轮盘。经过多次试车、试飞后，他研制的轮盘和环件终于获得了成功，为战斗机再次遨游蓝天插上了翅膀。

20 世纪 70 年代中期，随着国家石油化工业的发展，用石化烟气带动涡轮发电技术逐渐兴起，而首次生产出来的烟气轮机涡轮盘刚运行不久就发生了重大爆裂事故。在那个以阶级斗争为纲的年代，此项技术不得不停顿下来。两年后，石化部门决心攻克这个关键的技术难关。重压之下，他们想到了陈国良，邀请他牵头攻关。研发之际，有关领导慎之又慎，三个老总同时上阵，专门听取陈国良的技术可行性分析报告。面对国家急需，陈国良放下包袱，大胆闯先，立下两条军令状：一是工厂生产的涡轮须经他亲自签字才能上机使用；二是如果在使用中出现爆裂，拿他是问。研发过程中，陈国良不敢有丝毫的马虎和懈怠，他以严谨创新的精神，在国内外先进经验的基础上，制定了生产工艺路线、关键工艺参数和先进技术条件。他始终走在第一线，参与选择生产厂并对主要生产环节进行现场监控，同时承担了对产品质量做最终判断和确保安全使用第一周期的责任。临近交付成果前，很多权威专家都替他捏了把汗，陈国良勇挑重担，带领研究组没日没夜地进行最后的科研攻关。在他们的努力下，新一代烟机转子材料的研制终于获得了成功，这一创举使涡轮寿命从 600 小时提高到 10 万小时以上，使我国石化工业能量回收技术一举达到国际先进水平。该项目获得国家科技进步二等奖。

1979 年，中美首次开展冶金领域交流，第二年陈国良就作为我国高温合金研究人员，出国参加国际高温合金会议。他的提高铁基合金的长期组织稳定性和脆化研究，被评为会议最佳论文奖，赢得国际上对我国冶金及高温合金的好评。

20 世纪 80 年代中后期，发达国家开始大力发展轻比重高温高性能结构材料，陈国良再一次站到国际学术前沿，他用创新的理念和发展的眼光研究钛铝金属间化合物高温材料，以全新的思路和广泛的基础研究发展出高铌钛铝合金。经过近 20 年长期不懈的努力，他的研究成果得到国际上同行专家的高度评价。1995 年，第一届国际钛铝金属间化合物合金会议召开，大会主席认为，陈国良团队发展的高铌钛铝合金是发展高温高性能钛铝合金的"首例"，具有里程碑式开拓意义，带动了高温高性能钛铝合金领域的发展，此后，美、英、德、日等国家的学者相继涉足这一热点领域。由于在揭示和阐明先进高温结构材料（包括高温合金和金属间化合物）的组分、工艺方面做出的突出贡献，陈国良获得美国金属学会授予的荣誉（ASM Fellow）。

此后，随着我国能源工业的高速发展，特别是电厂和核电站需求量的急剧增加，对电站新材料及寿命评估新方法提出了更高的要求。据此，陈国良较早地强化了针对核电和新火电技术的能源新材料及其寿命评估基础研究学术方向，领导开展了能源新材料及寿命评估新方法的基础研究。为了更好地深入核电领域，他力推实验室与中广核电集团苏州热工研究院联合建设新金属材料国家重点实验室电站金属材料寿命评估实验中心。该中心的建立，促进了实验室研究工作的学科交叉，推进了科研工作向广度和深度发展。

陈国良致力于建立以企业为主体的产学研平台，把实验室的科研成果工程化和产业化。他提出与上海宝钢集团主办先进钛合金和钛铝合金工程化产业化研讨会，邀请两院院士、"863"计划新材料领域专家等著名专家参加，形成我国先进 Ti 合金和 Ti-Al 合金等新材料、新工艺的生产基地，同时构建北京科技大学、北京航空材料研究院、宝钢集团产学研合作机制，此项工作大大推动了实验室的科研成果工程化的进展。此后，陈国良又运用金属间化合物研究的成果，成功解决了极脆高硅钢片的加工问题，制备出冷轧硅钢片。

成绩犹如繁星点点，装点着陈国良生平奉行的科研创新理念，作为一名学者，他将"多读勤学"视为学者之风，将"取精求新"奉为学者之本。

在敏锐的洞察力和丰厚的学术底蕴基础上，他对于机遇的把握分秒必争，因为机会不等人，他说，"要及时顺势，要抢先一步！"

及时顺势·建业

陈国良孜孜不倦地追求我国科学教育事业和新材料事业的发展，以敏锐的洞察力和丰厚的学术底蕴始终站在科学发展的最前沿，组建专业，发展学科，培育实验室，为国家建设和学校发展屡建战功。

"高温合金急先锋"。

1959 年，中苏关系破裂，苏联专家撤出。新中国的航空航天事业才刚刚起步，就遇到了严峻的考验：工厂停工，航空航天事业陷入困境。航空航天需要高温材料，新中国需要自己高水平的材料科学家！1960 年，冶金工业部紧急下达指令：钢院马上组建高温合金专业，抽调相近专业四年级的学生学习高温合金 1 年，1961 年必须选派毕业生投入生产建设。当时，材料系金相教研室的教师陈国良受命，带着 1960、1961 年毕业的学生成立了高温合金教研室。没有教材，只好查资料、做讲义，在回顾苏联专家授课的基础上"现学现卖"，整理出了一大厚本以材料堆积为主要内容的讲稿。时间紧迫，陈国良减少出行，放弃休息，和刚毕业的年轻教师日日夜夜地泡在图书馆、实验室，半夜 12 点召开"挑灯会议"成为家常便饭。无论多么煎熬和辛苦，年轻的陈国良从未有过半句怨言，只有一句——"祖国的需要，就是我的志愿！"终于，钢院高温合金专业克服重重困难应运创立，自 1961 年起直至高温合金专业合并，共为国家输送高温合金本科生及进修教师数百名，他们已成为发展我国高温合金事业的骨干力量。

"材料系发展改革者"。

北京科技大学材料学科实力雄厚，在国内外均有重要影响，这与陈国良密不可分。

20 世纪 80 年代，陈国良担任材料系主任。他以发展、创新的眼光对待自己的科研和系里的工作。他提出并实践大学生与研究生并重的发展思路。1985 年，在他的倡导和努力下，材料系将当年的研究生招生计划从 30 名扩大到 50 名，全国有多所院校的毕业生报考钢院。陈国良以超前的目光，将材料系的科研方向由比较单一的以钢铁为主转变为包括先进金属材料及制备技术等多个方向，转型成功后，仅材料系就拿到国家第一批"863"计划中的 12 个项目。这些改革显著扩大了学校原有的材料专业优势，并为学校在全国材料专业评比中荣获材料学科第一名奠定了坚实的基础。材料系荣获全国科研先进集体称号。

在陈国良的努力下，北京科技大学材料学科蓬勃发展，学科实力大幅提升，如今已经蜚声中外，成为学科方向齐全、综合实力雄厚、国内前茅、国际上有重要影响的人才培养、基础研究与技术创新的高水平研究基地。

"国重实验室领军人"。

新金属材料国家重点实验室（以下简称"国重"）的建立是及时顺势的又一创举，也是陈国良投入心血最多的地方。1991 年，顺应国家需求，陈国良承担了国重的筹建工作，他瞄准国际科技前沿和国内实际需求，注重创新技术发明，旨在建设高水平的国家级研究基地。

然而，建设过程却举步维艰，设备紧缺和人才匮乏让陈国良感到了巨大的压力。于是，他开始广纳贤才，热忱地邀请林均品等人加入到国重建设的队伍中，壮大了队伍。此后，他开始将钻研创新的劲头用在筹集经费和购置设备上，他通过世界银行贷款积极引进新型重点设备，购置了纳米力学探针设备，极大地推动了国内新材料纳米学力性的研究。面对资金不足的困难，他通过引进雾化喷射成形装置的核心部分和国内配套相结合的办法，用较少的资金建设了一台高水平装置，获得国家自然科学基金重点项目和"863"项目。在此基础上，他又搜罗了几个实验中心的设备，亲手搭建高温烧结炉等实验设备。接下来的四年中，实验室边建设、边研究、边开放，陈国良将全部精力都投入实验室的建设中，他废寝忘食、通宵奋战。苦心人，天不负。北京科技大学新金属材料国家重点实验室顺利通过国家验收，开始正式运行。

陈国良担任实验室主任后，立足于金属材料科学的前沿问题和我国国民经济建设中的重大金属材料科学的应用基础问题，发展以新金属间化合物结构材料与新金属间化合物功能材料为主的新型金属材料、新一代基础材料及先进制备技术。实验室的研究工作以应用基础研究为主，强调发展新材料，注重新材料的制备工艺、组织、性能关系研究，重视科研成果的产业化，为国民经济建设发挥作用。

2009 年，陈国良病情加重，但是这丝毫没有影响到他对国重建设的关心。每当学校工作需要他的建议时，他总是认真地进行调研、思考，从不敷衍拖沓。为了让陈国良休息好，国重同事到医院探访时总是避开工作话题，而他却总能设法将谈话主题绕回到科研学术和实验室建设上来，一谈到工作就精神矍铄，兴致勃勃，直到后期病重到不能说话方才罢休。陈国良去世前，学生到医院探访时还看到他忍着全身水肿在为一本书写序，直至生命最后一刻，只要是清醒的，陈国良从未放下手中的工作。

允执其中·为师

在陈国良的办公桌上方，挂有一幅字画，松藤缠绕之下，清瘦而有力的老者背影，卓然独立，超然绝世，远观峰峦起伏、披云戴雾。辅一题字："根深叶茂长青藤，高飞远眺万重山"，这正是陈国良培养学生的独到标准和严格要求。

陈国良在科研学术上要求非常严格，不容半点差池。林均品教授坦言，不少年轻人都经历过陈国良严厉的质问和批评，因为严谨治学的陈国良最不能容忍的就是一知半解、模棱两可。他指导的博士生刘雄军回忆当年读博士情景时说："本以为在名师指导之下可以轻松拿到博士学位，不曾想这一读就是五年，其间老师时常念叨的是'你不干出点东西怎么行？'并且提醒他'不能对自己要求太低，看得更远一些，不能把学校的达标标准套用到你现在的状态'。"

陈国良重视年轻研究人员的培养和教育。他无私地把自己多年的研究领域和课题传给年轻人，帮助他们尽快成长，体现出一名科学家高尚的情操。张济山是陈国良的得意门生，他的硕士论文获得优秀硕士论文。后来张济山在日本获得博士学位后又回到北京科技大学，在陈国良的指导下做博士后研究。张济山留校工作后，为了帮助和扶持他尽快作出成果，陈国良将自己从1983年就开始进行的研究方向喷射成形新技术及国家重点实验室用四五十万美元建设起来的、当时国内一流的喷射成形设备交到他手中。在陈国良的扶持下，张济山迅速成长为国家自然科学基金喷射成形重点项目负责人，后来又在陈国良的推荐下成为长江学者。

2007年，陈国良工作时因劳累过度突发大面积心梗，幸而救治及时。然而，他心里始终惦记着学生的课程，刚从重症监护室出来，就打电话把学生叫到病房，详细询问课题的进展情况。看着老师手上还打着点滴仍旧不忘指导自己的研究工作，学生被深深打动。大病初愈，陈国良顾不上休养，每天早上8点在校医院打完点滴后，立刻回到办公室忙于指导国家重点实验室的建设和发展工作，带病坚持在科研教学第一线。不久，因过度劳累引起肺部感染，陈国良再次入院。他以超常的毅力与病魔抗争，在病床上坚持给两位博士生修改毕业论文，并每周安排两次讨论。经他的精心指导，这两名博士生的毕业论文被评为北京科技大学优秀博士学位论文。

几十年来，陈国良培养硕士研究生、博士研究生、博士后50多人，他培养出的青年学术带头人中有多人当选杰青、长江学者、跨世纪优秀人才、新世纪优秀人才。在陈国良的引导和扶持下一批批高水平的研究成果和优秀的青年人才源源不断地走出北科大，走向世界。

老骥伏枥，功盖千里。同事和学生对这位带领他们一路前行的长者和大师满怀敬意，因为陈国良在工作和生活中的爱生之心、高情雅致和敦厚诙谐，深深感染着他们。

陈国良的居处有一幅字：倚天照海花无数，流水高山心自知。简洁质朴，恰似他的人生写照与坚守。如同他一生喜爱的板桥诗画，几枝墨竹、一束兰草、嶙峋怪石，占据一角，留白大片，意境幽远，这是一种境界，锲而不舍，终成大家。

国防战线上的一名科技战士

——记金属材料专家、中国工程院院士才鸿年

才鸿年，中国兵器装备集团有限公司顾问，北京理工大学教授，金属材料专家。1940年1月生于北京，初中毕业后考入北京钢铁学校，从此与钢铁结下不解之缘。1957考入北京钢院，1962年本科毕业后考入该校冶金系研究生，硕士毕业后历任兵器工业第五二研究所课题组组长、研究室主任、副总工程师、总工程师、所长，中国兵器工业总公司科技委副主任，中国兵器装备集团有限公司科技委副主任，北京理工大学教授，是总装备部科技委和国防科工局科技委的兼职委员。曾兼任多个国家和国防重点实验室（新材料领域）学术委员会主任。长期从事军用新材料的研究工作，是我国薄装甲钢、复合装甲、火炮身管自紧技术与理论的创始人之一，研究成果至今仍应用于多种武器装备。参与主持"八五"至"十三五"期间我国军用新材料发展战略滚动研究和五年规划的论证。荣获国家发明奖、国家科技进步奖、兵器工业功勋奖等奖励，享受国务院政府特殊津贴。所领导的专业组多次被总装备部授予先进专业组荣誉称号，在北京理工大学的科研团队获国防科技创新团队奖。2001年当选为中国工程院院士。

才鸿年是一名国防科技战线上的"尖兵",他没有辜负母校的培育,用他坚毅的气魄、非凡的造诣和强军的情怀为国防事业建功立业。

钢院"老兵"的母校情

钢院是才鸿年学习时间最长、感情最深的母校。八载的求学生涯历历在目,承载着这名钢院"老兵"对母校的浓浓深情。

巍巍"钢铁情"。

20 世纪 50 年代,新中国的工业百废待兴,振兴钢铁可谓全国人民的共同意愿。毛主席确定了"以钢为纲"的战略方针,决定建设一系列的钢铁和能源生产基地,走工业化的道路。于是,鞍钢"三大工程"建设轰轰烈烈地掀起了工业强国的宏伟进程。在钢铁兴国的大时代,一群立志报效祖国的青年才俊投身钢铁工业建设中,才鸿年就是其中之一。

1957 年,才鸿年考入钢院冶金系,决心用科学文化知识加入钢铁建设的大军。刚一踏进钢院的校园,他随即被满井这片热土深深吸引,高耸的建筑、独具匠心的布局和郁郁葱葱的树木让他十分兴奋,远处传来的琅琅读书声更加激励了他钢铁报国的信念。

在钢院,才鸿年受到了学校"崇尚实践"风气的深刻影响,积极地参与生产劳动实践。刚刚一年级,才鸿年就与同学们一同到附近的皮革厂开展学习实践,组织生产一线的工人师傅们学习文化知识,同时也积累社会经验。上二年级后,才鸿年积极参加"大炼钢铁"实践活动,到河南信阳和湖南衡阳两地参与炼钢生产,和当地广大工人和农民一起"土法炼钢",这一干就是两三个月,只为了给 1070 万吨钢的国家目标作些贡献。此后,才鸿年更是多次到生产一线参加生产实习和实践,对钢铁工业产生了浓厚的感情,由此开启了既重读书、又重实践的"钢铁人生"。

悠悠"课堂情"。

才鸿年所在的钢院冶金系可谓大师云集,林宗彩、朱觉、谢家兰、曲英等学术大家轮番上课,让才鸿年和同学们对冶金学科知识产生了浓厚的兴趣。炼钢的物理化学过程,铸锭的结晶理论等等,才鸿年对每一门基础课和专业课程都极为认真地学习。

建校初期,冶金学科的教材建设并不十分健全,课程知识结构又十分复杂。为了将老师上课所讲的知识掌握牢固，才鸿年就和同学们"创造"出了一套"课间学习法"。每当课间十分钟休息时，同学们就一起回想老师上课所讲授的内容，寻找知识结构的主线，并且思考每个知识点之间的逻辑关系。通过这样一个系统的梳理过程，就完成了知识更为深入的消化和吸收，让学习效果倍增。

一旦在工作中遇到问题，才鸿年都会用这套"课间学习法"静下心来想一想，寻找主线，抓住问题的关键，这也逐渐成为他多年来研究工作的一项"法宝"。

依依"师生情"。

钢院的求学热忱使得那些躬耕教学的老师成为他心中最可爱的人。时任钢院院长的高芸生令才鸿年印象深刻。高院长为高等教育的探索和改革鞠躬尽瘁，他总结提出的"一参三改三结合"教育理念很适合工科学校的教学特点，令才鸿年和同学们受益良多。

此外，高院长对同学的关心也让才鸿年记忆犹新。入学第一天，高院长就亲自到学生宿舍看望新生，了解学生的学习生活情况。由于条件艰苦，宿舍中电灯线比较短，使得电灯高高地悬在书桌上方，书桌上光线比较暗。高院长发现这一情况后，立即安排学校有关部门将宿舍中的电灯线接长，不到一周时间，才鸿年和同学们就享受到了"明亮"的灯光。高院长所带领的教师队伍对学生们关爱有加，在教学上孜孜不倦。对高院长和老师们的关爱和教诲，才鸿年终生难忘。

深深"体育情"。

在才鸿年的脑海中，钢院优良的体育风气历历在目。当年他所在的炼钢班级中，有标枪运动员、三级跳运动员和篮球运动员，每天下午四点的集中训练都是学校的一件大事。那时候，钢院的竞技体育成绩也是风光无限，第一届全运会上有10名钢院选手代表北京参赛，并且获得优异成绩，钢院运动员总分甚至超过了一些省队，震惊了中国体坛。

红火的年代中，在"为祖国健康工作五十年"口号的鼓舞下，在"钢铁事业需要钢铁般的体魄"信念的支持下，才鸿年和同学们的体育锻炼热情十分高潮。那时候，每天下午四点，他就和同学们一齐跑出钢院校园，沿着马路一直跑到新街口，来回一万多米，风雨无阻。

钢院培养的体育锻炼习惯让才鸿年受益一生。才鸿年和老伴每天傍晚都会在附近公园徒步运动，他还不时打打乒乓球，享受运动带来的乐趣和健康。

孜孜"研究情"。

1962 年，即将本科毕业的才鸿年打算投身工业一线，为钢铁行业建功立业。但是，党支部书记找才鸿年谈话，希望学习成绩优秀的他能够继续读研究生深造。才鸿年想，既然是党组织希望我考研，那肯定是组织上的需要，一定要考研！于是，才鸿年报考了研究生，并且以五门功课平均 87.3 的最高分考入冶金系继续深造。

在研究生学习期间，才鸿年师从谢家兰教授，从事钢冶金方面的学习和研究。入学后，谢先生找才鸿年谈话，要求他练习毛笔字，这个看似与学术研究无关的活动却对他影响深远。通过练习毛笔字，他逐渐练就了沉着稳重的脾气秉性，同时也培养了严谨求实的学术精神。此后，才鸿年的研究工作始终保持着这份从毛笔字中体味出来的严谨与沉稳，终于成就了一番事业。

求学八载，才鸿年顺利完成学业，依依不舍地挥别了母校。直到后来，他又在学校新金属材料国家重点实验室兼任学术委员会主任。

钢院八年的学习，培育了良好的理论功底，提高了实实在在的实践能力，理论与实践相结合的理念成为才鸿年脑海深处的烙印，他也因此受益终身。

国防"尖兵"的强国志

1966 年，结束了在钢院的学习，才鸿年被分配到兵器工业第五二研究所工作，该所位于大青山脚下的包头市。他去报到时一出火车站看到的是遍地黄沙，感觉到的是凛冽寒风，但他怀抱报国情怀和渴望投入国防科技工作，根本不在意如此恶劣的环境。从踏入五二所开始，才鸿年就成为国防战线上的一名科技战士。他扎根边疆、扎根基层，以强军为使命，创造了一个又一个辉煌的成绩。

战车披"铠甲"。

20 世纪 60 年代，我国的装甲车辆使用的薄装甲是仿制苏联的钢种，用这种装甲生产车体要先将甲板预热，然后工人冒着高温迅速组焊车体，再在规定的时间内将车体入炉进行后热处理。这么复杂的工艺，如此恶劣的劳动条件全都是为了车体不出焊接裂纹，但由于这种钢可焊性差，焊接裂纹仍不可避免，特别令人担心的是交给部队使用后又出现开裂，严重影响部队的战斗力。

1967 年国家下达了研制焊前不预热焊后不回火薄装甲钢的科研任务，这是我国第一个属于自己的薄装甲钢。这个任务落到了刚到五二所不久的才鸿年身上。

为了对车体开裂有更深入的认识，才鸿年带领团队到工厂和部队调研，部队官兵对这个问题反映很强烈，多次强调如果水陆坦克在水中出现开裂，战士的生命将面临极大的危险。调研后，才鸿年第一次切实感受到强军的任务就在自己的肩上，一门心思地投入科研工作中。课题组经过对国内外文献和已有数据的认真分析，质疑以往薄装甲钢只偏重抗弹性能的设计理念，提出了抗弹与焊接性能兼顾的综合优化方向，依此设计了全新的成分。才鸿年又对焊接热影响区可能出现抑制晶粒长大的第二相沉淀元素做了大量的热力学计算。经过严谨的实验室考核和工厂的装车考核，1971 年我们自己的薄装甲钢通过了定型审查，让战车披上了我们自己的铠甲。这种钢抗弹性能与原钢种相当，大幅度改善了焊接性能，很受部队和工厂的欢迎。半个世纪以来，这种装甲钢一直应用于多种坦克装甲车辆。

炮管需"自紧"。

20 世纪 70 年代，国家下达了研制高膛压火炮的任务，最关键的环节是要研制出能够承受高膛压的身管，而靠提高炮钢材料强度和增大炮管壁厚都不可能实现这个目标，只有对炮管做预应力处理，使预先在管壁中形成的压缩应力抵消发射时的部分工作应力，方可承受高膛压，这种预应力处理就是炮管自紧技术。

高膛压火炮因膛压高，炮弹初速大、射程远、穿甲威力强。当时国外已装备部队。1975 年研究炮管自紧技术的重任又一次落到才鸿年团队的肩上。下达任务之初，五机部一位主管司长专门找才鸿年谈话，叮嘱他：我们也要有自己的高膛压火炮，这项工作不管什么情况下都不准下马，否则我们的坦克在战场上与敌军对峙时只有挨打。话不多，但分量很重。

由于这项任务的学科特征是以力学为主的力学与材料交叉领域，而才鸿年的力学功底很薄，研究之初困难很大。于是他日夜翻阅各种力学的书籍、资料，不断向同事请教，终于开始入门。在所领导亲自带领课题组调研全国超高压设备生产情况之后，才鸿年带领大家迅速建起了我国第一个液压自紧实验室。大家日夜兼程做了大量的模拟实验，精心测试模拟炮管的应力分布，为全炮管自紧打下了良好的基础，1977 年开始做全炮管自紧。经靶场射击考核和射击后身管裁剖测试，验证了这种液压自紧技术是成功的。与此同时，才鸿年完成了自紧身管实际强度和自紧工艺参数设计的计算方法研究，建立了完整的火炮身管自紧技术。从那时起，液压自紧技术已用于多种大口径炮的自紧处理。

而后，才鸿年又和同事们一起提出了消除炮钢包辛格效应的自紧处理技术，建立了这种处理中时效压力极限值的计算方法。这种自紧技术可以进一步提高身管强度，被命名为高效液压自紧技术。

自紧技术可以使身管强度提高 60%—100%，还可成倍地提高炮管的疲劳寿命，是我国大威力高膛压火炮的重要技术基础。

发展靠"战略"。

1993 年才鸿年调至北京。当时的一个重要工作是做好总装备部先进材料技术专业组的工作，这项工作主要是抓顶层、谋发展。他主持了我国"八五"至"十三五"军用新材料技术发展战略的持续研究和中长期规划的论证，以及国防科工局"十五"至"十三五"民口材料配套计划的论证与编制。

由于才鸿年有良好的科研工作基础，又善于学习，他很快适应了新岗位的工作，大家对他的评价是"具有大局观、前瞻性和务实性"。他和专业组同事们一起梳理列出了武器装备对新材料的战略需求，例如轻量化、超常服役功能等，均是装备共性的重要需求，由此提出了各类军用材料的发展方向，对其中关键的材料做好近、中、远期的协调安排，持续发展，同时，重视前瞻性材料的超前布局等，全面推进军用新材料的发展。战略研究为规划论证打下了良好的基础。经过多年的发展，我国军用新材料取得了丰硕的成果，较好地支持了武器装备的建设。

破局建"体系"。

早期我国工业基础和科技水平落后，以及新材料管理体制比较分散，造成我国军用材料多、杂、散的局面，部分材料类别的牌号数量远超国外，但用起来要么不好用、要么根本不能用。这是我国军用材料存在的体系性和结构性的问题，为此业内有识之士提出要改变这种局面，建立我国的军用主干材料体系。

从 2000 年开始，在有关领导部门的支持下，才鸿年组织了军用材料研发、生产、使用单位上百位专家，开始了我国军用主干材料体系的建设研究，他们开创了我国军用主干材料体系，设计了体系框架，提出新体系要以标准化、系列化、通用化为基本特征，要对现有材料做好优化筛选，初步拟制了材料系列组成和系列化的原则和方法，强调在体系建成后装备设计要按体系选材、材料发展要按体系规划，使两者在体系的平台上对接，以保证军用新材料更好地为武器装备建设提供保障。

这项工作是一个大工程，是功在当代、利在千秋的工程，已初步见到成效。

在国防科技战线拼杀几十载的才鸿年依然壮心不已。谈起国防事业，他说：这些年，我们国家的武器装备取得了长足的发展，让国家逐渐强大起来。但是，我们的脚步一刻也不能停歇，一定要为建设世界一流的军队继续做贡献。

扎根贺兰山下，矢志不渝筑"钽"途

——记有色冶金专家、中国工程院院士何季麟

何季麟，河南开封人，生于 1945 年 9 月，郑州大学教授、博士生导师，冶金与材料专家。1969 年毕业于北京钢院冶金物理化学专业。原宁夏东方有色金属集团公司董事长、总工程师。后加盟郑州大学协同创新中心，历任郑州大学材料科学与工程学院院长。长期从事稀有金属钽铌铍冶炼与加工技术的研究，是采用氟钽酸钾钠还原工艺制取钽金属的变革性人物，曾获国家科技进步二、三等奖，国家技术发明二等奖，宁夏科技进步一等奖，全国劳动模范等，发表论文多篇。2001 年当选为中国工程院院士。

巍巍贺兰山，赤诚报国情。作为我国有色金属领域的领军专家，他扎根西北，用付出与专注，在黄土大地浇筑出属于国人自己的光明"钽"途。古稀之年，他选择华丽转身，在象牙塔中继续为国家培养尖端创新人才发挥光和热。

出身寒门，励志读书改变命运

1945 年 9 月，何季麟出生在河南开封一个普通劳动者的家庭。父亲作为一名泥瓦匠，靠着祖上四辈传下的手艺，勉强养活着有病在身的妻子和子女五人。

不像书中描绘的那样多彩的少年时光，何季麟回忆起来总带有些许灰暗和苦涩。恰逢三年困难时期，吃饱饭、读好书成了那时的他最为朴素和迫切的想法。为此，每逢寒暑假，他就会到工地上去打小工，一天挣一块钱，既解决温饱，还能稍稍贴补家用。而到了晚上，他便会挺起因一天高强度劳动而有些困顿的精神，在煤油灯下看书学习。

"半大小子，吃穷老子。"十四五岁正是男孩子长身体的年纪，却因为缺衣少吃而常常吃槐树叶子混杂面熬的粥糊糊。一帮伙伴，常常饿得东倒西歪。一次，同学们在校外劳动，班里选派包括何季麟在内的四个男生去抬全班同学的午饭，午饭是花卷馍和树叶熬的稀汤，还没等抬到现场，四个小伙子就把各自的两个花卷吃完了，等到大家开始吃午饭的时候，四个人无可下肚就跑到远处的树底下躺着休息。可巧，学校的副书记来了，远远看到四个孩子躺在树底下不吃饭，走过来问了半天才知道原因。老师擦着眼泪从包里摸出要带给家人吃的烙饼分给大家。说是烙饼，不过是"杂面勉强把树叶子粘起来罢了"，四个人分到掌心大的饼子，狼吞虎咽地再次吃完。虽然只是一块粗干粮，却是少年心中无与伦比的珍馐美味。何季麟说："那个年代，尊师们对学子的感情，我一辈子都不会忘怀。"也许正是怀着这一份感恩的心情，何季麟更加忘我地学习。年纪轻轻的他总有一种朴素的想法，读书才可以改变命运。

但是，由于家里人口多，何季麟家里负担很重。读至高一，家中三哥考上中南工业大学。这使原本就拮据的家庭更加捉襟见肘。后来，母亲患了肝硬化腹水。为了给母亲治病，父亲辞掉工作，拿退职金交了钱，还了债。此时，何季麟唯一的姐姐已经出嫁，两个哥哥也已成家，只有他来照顾母亲。贫寒的家境和沉重的负担让父亲实在无力供养他读书。万般无奈之下，懂事的他主动休学。休学后，父亲给他买了一辆架子车，他便当起了车工，在工地上运送水泥、沙子和预制板。老师几度找上门来要求他回学校读书。父亲经不住老师的多次劝说，克服种种困难，终于让何季麟重新返回课堂。

高考结束后，何季麟怀着忐忑的心情回到工地上继续做板车工。当拿到钢院的录取通知书时，他竟然发现自己没有勇气开口和家里讲。权衡再三，最终只得通过正读大学的三哥告诉了父亲。可想而知的是，父亲并不同意送他去上大学，觉得家里有一个大学生已经足够了，再多了确实负担不了。哪怕兄弟姐妹们一再央求，父亲却仍不松口。

也许是命运的眷顾，眼看多年来上大学的追求即将烟消云散之际，正巧有一家亲戚要盖房，何家老小去帮工，用帮工取得的一点收入勉强负担了上学的路、学费，父亲这才同意何季麟上大学。一张凝结了全家人辛苦与汗水的通知书，一卷凉席，一双母亲纳的布鞋，一双自制的木底拖鞋，这就是何季麟当年去钢院上大学的全部家当。可能连他自己也没想到，这一去便开启了他几十年倾心科技的价值人生。

听党号召，到最艰苦的地方去

何季麟进入钢院冶金物理化学专业，学制五年半。说起选择专业的理由，何季麟坦言："三哥帮助定的，因为他也是学冶金物理化学的，觉得这个专业对国家有用。"恰逢"文化大革命"初期，何季麟也将面临毕业，颇有定力的他并没有被当时的环境所左右，"虽然大家都跑出去闹，可我觉得自己一个穷苦孩子能上大学很不容易，一定要多学点本事，所以老老实实留在学校里看书学习"。就是在这种强大的自我约束及师长的帮助下，他自学修完了冶金物理化学专业的教程。

1969年，毕业季如期而至，何去何从成为他心中的一道坎，投身祖国建设，将青春和所学奉献给国家的一腔热血充斥着他的胸膛。在毕业分配的志愿书上，何季麟赫然写下这样一句话，"到祖国最艰苦的地方去"。考虑到他的专业造诣和学生党员身份，学校领导决定将他分配到祖国的大西北——宁夏，支援"大三线"建设。在此之前，宁夏对于何季麟来说，仅仅只是地理书讲到的概念，至于石嘴山更是闻所未闻。而说起这个后来影响世界钽铌铍行业格局的重大决定，何季麟激动地说："我们当时受的教育就是听党的话，党的需要就是我们的志愿，就是那个年代热血青年的志向和心愿，哪里需要就去哪里安家。"

"火车飞驰，北京繁华的城市街景逐渐消失在地平线，映入眼帘的从城市变为了无尽的戈壁、砾石、沙漠。"些许悲凉的心情伴随着荒芜的景象不断叩击着何季麟的内心。"我刚来的时候，石嘴山市只有两条街、几家临街店铺，树木稀见，戈壁荒滩，实可谓风吹石头跑，遍地不长草。厂里的职工住的是'干打垒'的窑洞，冬天卡车拉点大白菜、白萝卜、土豆大家分，要吃到第二年四月。"这种当代大西北的"风光"对从未经历过优异生活境况的何季麟来说，自然是苦点，但那既是磨炼更是考验，他没有退却。面对艰苦的环境，他总会想起志愿书上自己写下的誓言，顿时坚定了自己要扎根西北为祖国奋斗一生的决心。这一决定也让他传奇的人生拉开了序幕。

早在 1965 年，党中央决定在宁夏贺兰山下建一座钽铌铍冶炼与加工厂，北京有色金属研究院的 200 多名干部职工就这样来到了贺兰山下，凭借一腔热血，不畏艰难险阻，在戈壁滩上建成了一座军工配套的钽铌铍冶炼加工厂，代号"905"。

进入 905 厂，何季麟被任命为科研课题组长，第一项任务就是负责硅烷法生产多晶硅项目。在没有任何参考资料的条件下，他和二十多个同志、几名老的工程技术员从材料研究到生产设备安装，到最终打通工艺，生产出我国第一根硅烷热分解法制备的多晶硅。1972 年何季麟肩背着团队重要的成果，将其送往北京展览馆展览。"满心都是沉甸甸的喜悦，能为祖国工业化做出贡献，我觉得自己这条路走对了！"回想起当时送样品的场景，何季麟这样回忆道。

取得进入工作岗位的第一项研究成果，成功的喜悦更加坚定了他的信心并奠定了他以后从事科学研究的良好基础。以后的岁月何季麟先后任钽粉研究课题组组长、钽粉生产车间主任，完全依靠自主研发、刻苦探索，将研究的电容器级钽粉技术成果在生产线成功实现产业转化。39 岁时何季麟被任命为 905 厂技术副厂长兼总工程师。走上领导管理岗位，他仍一心扑在钽粉制备的工艺技术研究上，将更多的科研成果转化为产业化工程技术，逐步实现了 905 厂钽铌铍产业的规模化发展。

何季麟大胆地对从日本引进的氟钽酸钾钠还原工艺进行了改革，成功创造出我国第一套搅拌钠还原制备电容器级钽粉工艺的工业化生产技术与装备，使我国电容器级钽粉性能取得了突破性进展。此时，企业面临着军工任务、事业经费锐减和钽、铌、铍材料国内市场急剧萎缩的严峻局面。1981 年国家计划经济转轨变型，在全国有色金属计划定货会议上 905 厂仅拿到了一个 250 克的钽粉订单，企业的生存与发展已处于极端困难的境地。何季麟带领团队、组织力量、刻苦攻关，先后建立了 11 条钽、铌、铍延伸产业链新产品生产线，使企业走出了困境。

"追溯历史的艰苦，我们脑海中似乎是空白的，大家都无怨无悔。当时我们只知道祖国的三线建设是一种使命，钽铌铍战略金属材料赶超世界先进水平满足国家需要是我们这一代人应为之奋斗的义务和责任。我们确实未曾有豪言壮语，有的是日复一日的试验、检测、分析改进、生产的务实劳作，以期迎来交付合格军工产品的喜悦。"

矢志奋斗，为世界钽铌铍产业注入中国红

20 世纪 80 年代末期，我国钽铌产品的国内市场十分狭小，要想在市场经济条件下实现规模化发展，使企业从根本上摆脱困境，必须要开拓国际市场，发展外向型经济。然而，宁夏有色金属冶炼厂主导产品的工艺技术仅相当于美国 60 年代初期水平，技术、产品和规模与国际市场水平至少有 15 年的差距。在这种状态下，开拓国际市场成为摆在何季麟面前的首要难题。

1987 年，在何季麟的主导下，宁夏 905 厂实施钽铌生产工艺技术改造，计划全套引进美国先进技术，中国有色总公司带队先后考察了代表当时世界先进水平的美国三家公司，提出了引进技术与装备的诉求，结果三家公司一致答复：我们绝对不会在世界东方培植一个竞争对手。面对美国强势的技术封锁，唯有依靠自己、自力更生才能改变局面。

"自己干！"何季麟接下了"用半年时间实现钽粉关键技术攻坚克难"的任务，带领团队自主研发。"我们当时承担了超高比容钽粉、钽铌湿法冶炼、钽电容器阳极引线用钽丝等 7 个国家级重点技术改造项目，压力可想而

知。"他和科研人员一起，没日没夜地泡在实验室、车间，亲自动手参与研发。最终，技术突破、完成技术改造工程，产品一次性通过国际认证，当年便改变中国钽粉零出口的历史。

次年8月，何季麟率团访问世界第一大钽电容器制造商美国基美公司。美方对这样一个名不见经传的中国企业能够生产出如此高科技产品持怀疑态度。何季麟这样形容当时的气氛："言谈话语中总感一种说不出来的滋味，倍感压抑。"在一个半小时的会谈中，基美公司的工程技术人员和采购人员从工艺技术、工艺条件、产品的检测条件等方方面面严苛询问。何季麟站在讲台上，从容不迫，底气十足，他在黑板上边画图边讲解，最终赢得了在世界钽电容器制造业中举足轻重的基美公司的认可。

1994年，当时905厂代表第一次考察日本市场："日本11家大的电容器制造商，绝大多数拒绝对我们的钽粉产品进行评价。"但他没有气馁，带着装有几百克样品的瓶子继续跑。坐在谈判桌前，何季麟将几个品级的钽粉样品依次摆放桌上，介绍之后，对方将桌上的产品慢慢推回来。他第二次摆上去，人家又婉言将产品再次推回。路在何方？唯有将竞争的压力转换为动力。他和同事们快马加鞭，在我国钽铌工业发展的重要历史阶段自主研发驱动，深入开展氟钽酸钾钠还原熔盐体系、反应动力学、湿法冶金相似元素分离、高比容钽粉掺杂高温热处理、镁还原降氧、钝化控氧等电容级钽粉新技术研究，逐步将钽粉比电容量提升到先进水平，奠定了参与国际市场竞争的技术基础。短短数年时间，打破了国外的技术和装备垄断，叩开了国际市场大门，与美、日、英、韩等国近20家电容器制造商建立了供货关系，用实力赢得了国际同行的尊重，捍卫了国人的尊严。

当今世界，知识创新、技术创新已成为国与国之间竞争的核心。谁能在技术创新和科技进步上领先一步，谁就能在新的世界分工格局中掌握主动。2001年后，宁夏905厂的钽、铌产业开发了一批具有自主知识产权的核心技术，拥有国内唯一的钽铌铍特种金属工程技术中心，成为我国国防、核能、宇航、冶金、化学工业一个极为重要的尖端技术用材料供应基地。钽铌技术与产品已经达到与美国、德国比肩领跑的世界水平，与美、德三分钽天下。钽粉比电容量每年攀升，研究水平达世界先进水平。

不畏艰难，以创新叩开国际市场大门。

面对国际钽铌市场的复杂形势，何季麟带领班子认真分析研究市场，动态跟踪把握市场，不断提升主导产品钽粉、钽丝的技术品级和质量水平，形成核心优势，提高市场占有率。对已形成一定产业规模、创造较好经济效益的产品，如片状钽电容器、高纯铌、碳化硅微粉、高纯钽铌锭及加工材等积极有效地扩大市场份额，强化技术，提升质量保证；对正在进行研发或调研的产品，如钒氮合金、电子浆料、电池材料等，积极探索合作研发、引进技术的措施。这些举措使企业成功渡过了 2002 年经济停滞、市场滑坡的危机，也为企业的后续发展打下坚实的技术基础。

何季麟主推的一系列行之有效的改革措施，使东方钽业在短短两年的时间内，经受住了市场动荡的威胁，开始了恢复性的经济增长。作为钽铌工业龙头企业的带头人，何季麟目光长远，变挑战为机遇，在国际风云突变的市场中，努力促进企业发展迈上新台阶。他清醒地认识到，在这场考验中，东方有色金属集团公司承载的不仅仅是企业的希望，更是整个中国钽铌工业在国际上的未来。

2002 年的风浪过去，接踵而来的是原料问题。公司的主导产品在国外，而我国的钽铌资源总量小，精矿产量少，越来越难于保证公司高技术产品大规模进军国际市场的原料需求。原料哪里来？怎么办？何季麟沉着应对，投资福建南平钽铌矿开发、拟定开拓国际原料市场的方针，制定了"依靠材料技术产品优势，开拓国际原料、产品两个市场，实现两头在外，发展壮大中国钽铌工业"的战略决策。

何季麟无疑是坚强而乐观的。在全体职工大会上，何季麟做了这样的讲话："过去的岁月里，东方有色人以顽强的毅力和坚忍不拔的精神创造了中国钽铌行业的辉煌。如今，我们在发展的路上遇到了困难，但是困难并不可怕，困难临头，我们必须迎难而上，因为能够打垮我们的只有我们自己。我们仍然要瞄准国际市场绘制发展蓝图，铸就企业发展的辉煌。"

数年的艰苦搏击后，国际原料市场打开了，产品市场拓展了。公司在高科技钽铌综合类产品上形成了 90% 原料进口，产品 90% 以上进入国际市场的局面，逐步成长为"两头在外"的钽铌新材料企业。公司的高比容钽粉产品占世界市场的 30%—35%；细直径钽丝占 60% 以上，稳居第一位。何季麟领导的公司迈入世界钽铌三强之列。

风风雨雨，何季麟一路走来。犹记第一个 250 克钽粉的订单，犹记背着产品挨家挨户敲门时受到的轻蔑冷遇。莫说从小历尽的艰辛，单这几十年的艰难历程，什么样的苦没吃过，什么样的挫折没受过？经历过这些沧桑，何季麟更坚定了，企业实力和综合竞争力形成了，职工的积极性提高了，企业的凝聚力更强了。

在公司产品进入国际市场后，何季麟带领企业开始实施第三步发展战略：以发展为主题，以结构调整为主线，以改革和科技创新为动力，以提高企业核心竞争力和改善职工的生活水平为出发点，努力把集团公司做大、做强、做优，成为具有自主知识产权、主业突出、核心竞争能力强的国际大型企业。公司规划了电容器级钽粉、钽丝及纯铍制品主导产品链等 10 条产品链，提出了在最短的时间内，使研发的新产业与主产业各占 50% 比例的发展目标。

情系中原，助力郑州大学"双一流"建设

何季麟受聘于郑州大学，任材料科学与工程学院院长、河南省资源与材料工业技术研究院院长，积极推进"双一流"大学的资源与材料学科建设工作，开启了传奇人生的第二段征程。

依托河南金属资源优势，立足学科建设服务社会产业，何季麟院士主持指导材料学科拓展金属材料研究新方向，新建了先进铝冶炼、新型镁冶炼、先进短流程钼冶炼、钛电化学熔盐电解、铝冶炼固废循环利用、高性能铜合金新材料、稀有金属等离子表面改性等基础和工程技术研究的新方向。在强化学科建设、培养研究型人才、创建国家级研究平台等方面取得了多项技术研究与产业化成果。

由于年轻时过度操劳，何季麟院士身体状况并不良好，做过心脏搭桥，患有糖尿病、高血脂等多种基础性疾病，但仍旧将自己的精力全部倾注于郑州大学材料学科建设。多少次加班吃盒饭，蜷缩在办公室的沙发上睡午觉，多少次熬到凌晨两三点，又有多少次身上背着监测器参加会议。皇天不负苦心人，由何季麟院士领衔主持的研究项目成果获国家技术发明二等奖，他也获何梁何利奖、宁夏杰出人才奖、全国优秀共产党员等荣誉。

何季麟主持的大尺寸 ITO 靶材关键技术与产业化研究项目于 1996 年在 905 厂立项，历经二十余年攻关，ITO 靶材从起步、跟踪到实现重要突破，完成在京东方生产线的批量应用。

何季麟依旧奔波于我国稀有金属科技活动与产业发展，依旧忙于郑州大学的双一流学科建设。老先生艰苦朴素，身上穿的毛衫已陪他度过十多个春秋，即使学校安排专车接送，他仍然坚持上下班骑电动车；他淡泊名利，凡事都尽心尽责，克己奉公，无私无畏。先生常说，成功没什么诀窍，就是"干"字为先、"小车不倒只管推"，发挥余热、为我国有色与稀有金属新时期的创新发展多做贡献！

一生无悔的"钢铁战士"

——记不锈钢专家、中国工程院院士王一德

王一德，浙江杭州人，生于 1938 年 12 月，不锈钢技术和压力加工专家。1956—1961 年在北京钢院读本科，1963—1968 年在北京钢院读研究生，毕业后到太钢工作，曾任总工程师、先进不锈钢材料国家重点实验室学术委员会主任，兼任山西省专家学者协会会长。长期工作在工程技术第一线，为我国不锈钢、电工钢事业和轧钢技术的发展做出了重大贡献。主持高质量不锈钢板材技术开发国家课题和太钢不锈钢宽幅冷轧、光亮板结构调整、无缝钢管与精密带钢等项目，使不锈钢品种大大增加，成本大大降低；形成规模化、大型化、连续化、在线化、紧凑化、全流程集中布局的一整套不锈钢生产工艺技术。享受国务院政府特殊津贴，获国家、省部级科技成果奖二十余项。2005 年当选为中国工程院院士。

王一德这个名字，在中国钢铁界赫赫有名。作为中国工程院院士、太原钢铁公司原总工程师，他的多项科研成果在中国钢铁史上都占有一席之地：研制的新型不锈钢和电工钢材料，广泛应用于航天、国防等领域；铁水冶炼不锈钢技术，达到国际一流水平；他主持的太钢 50 万吨不锈钢系统改造工程，为太钢成为全球最大的不锈钢生产基地奠定基础。这位用科技引擎驱动太钢"不锈巨舰"的"钢铁战士"，虽然光环绕身，却辛勤地耕耘在中国钢铁生产的第一线，默默实践年轻时就立下的报国誓言。

与钢铁工业"情定终身"

时光荏苒，王一德已经在钢铁行业打拼了半个多世纪。说起他与钢铁的缘分，还得从高考说起。

王一德 1938 年末生于浙江杭州，这是一片山明水秀、人才辈出的土地。他从小好奇心强，求知欲旺盛，骨子里充满了"刨根问底"的执着。出身于一个知识分子家庭的他，早年间便耳濡目染了深厚的文化和江南的才情，这驱使他一生追求科学进步、科学创新。

王一德中学就读于浙江名校杭州第二中学。他热爱运动，为人热情，组织能力也很强，初二时就当选了学生会副主席兼体育部部长，一直到高三毕业。那个时候除了上课，他业余时间特别喜欢运动，足球、篮球、排球、乒乓球都有所涉猎。"别看我个子不高，打篮球时我技术好，投球准，是很好的后卫"，王一德笑着说，"我现在身体这么好，还应归功于那个时候打下的好基础"。

除了热爱运动，王一德的学习成绩也很出色，老师给他定下的目标是清华大学；那个时候，他父亲是浙江大学的教师，对浙大自然也是"青睐有加"；出人意料的是，这两个选择王一德都放弃了。1956 年，伴随着全国轰轰烈烈的钢铁工业发展形势，怀揣着满腔爱国热忱的王一德毅然锁定了北京钢铁工业学院。"周围很多人笑我幼稚，有人说'清华大学是中国最有名的学校'，有人说'上浙江大学可以留在杭州，上有天堂，下有苏杭'。"谈起当时的情形，王一德回忆说，"我参加高考时，钢铁工业对全国的建设影响很大、贡献也很大，因此，没有做过多考虑，我就坚定地将钢院定为第一志愿，我就是要投身钢铁事业。"这是王一德人生中的一次决定性选择，从此他便与钢铁结下了不解情缘。

1956年，王一德以优异的成绩考入北京钢铁工业学院金属压力加工专业，开始了大学生涯。在大学里，王一德沉浸在知识的海洋中，求知欲望强，骨子里充满了刨根问底的执着，每堂课的学习都很认真，专业知识的掌握尤为扎实。"我的最大特点是上课专心听讲，总是坐在最前面，笔记做得很好，笔记旁边空出一栏，当时就做批注，把上课老师的重点在旁边记下来。"王一德说，"所以平常很少去复习，一到考试，我把平时笔记本旁边的重点看一遍就能考5分"。当王一德时隔半个世纪后又一次回到母校时，学校将档案馆中一份密密麻麻排满"5分"的全优成绩单送给王一德，这是当年全专业唯一一份五年全部满分的成绩单。

1958年，全国掀起了轰轰烈烈的"大炼钢铁"运动。一次，校团委书记在阶梯教室给全校的团支部书记召开动员会，听着书记发自肺腑的动员，在台下就座的王一德内心蕴藏已久的激情立即被点燃了，他一方面为自己的专业知识有了用武之地而激动，更激动的是终于可以实现自己的"钢铁报国梦"了。听完动员讲话，按捺不住激动之情的王一德高举双手，马上发言，慷慨陈词，在偌大的阶梯教室中掷地有声地说："我们是钢院的学生，是祖国钢铁工业的主力军。我们平时学习的专业知识终于可以为党和人民服务了，我们一定积极完成任务，争分夺秒地为祖国和人民多炼钢铁！"王一德不仅是这样说的，更是这样做的。会后，他马上带领几名同学开始行动，连夜到五道口附近找了一口腌菜缸，修补之后在学校北门机械加工厂边上的杂草丛中砌了一个炉子，开始了"炒钢"生产，也掀起了钢院生产运动的高潮。

不过，一个小炉子显然不能为全国上下轰轰烈烈的"大炼钢铁"运动做太大的贡献。于是，王一德主动报名参加了学校小型轧钢厂的生产劳动，在加热炉旁做了一个多月的"烧煤工"。为了能够多炼钢铁，王一德几乎将所有的课余时间都用在了加热炉的工作中，每天都与黑煤炭打几个钟头的交道。那时候，每天傍晚校园中都能看见一个浑身上下黑黝黝的烧煤工身影，那就是王一德。

后来，学校要支援地方在清河建立一个小钢厂，王一德又一次主动请缨，来到了当时还十分荒凉的清河荒地上。他和同学们白天辛苦劳动，晚上只能挤在帐篷里面休息。王一德后来回忆说："那个时候，清河还很偏远，也很荒凉，晚上在帐篷里面都能听到嚎叫声，常常害怕得没办法入睡。不过，想到能够为'大炼钢铁'贡献一己之力，无论多么辛苦也值得。"

除了积极参加"大炼钢铁"，王一德还特别注重专业实习活动。钢院最大的特点是实践活动多，学生们都必须参加认识实习、生产实习和毕业实习三个实习活动，现场教学在北京高校乃至全国都先进。王一德自然不会放过现场教学的机会，"我当时被分配到了鞍钢的第二薄板厂，在荒轧机前当轧钢工，每天都拿着一个大钳子把轧机上刚吐出来的炽热的钢板夹住、翻面，经常把我的脸烤得火辣辣的，一干就是三个多月"。在鞍钢的实习虽然艰苦，却对王一德的成长起到了很重要的作用。"通过现场教学，我深深感受到工人的伟大，学会了怎样和工人相处。加上后来读研究生在首钢又现场工作了四个月，前后半年多让我对热轧薄板和冷轧硅钢的全流程非常熟悉，这些对我后来的工作有很大的帮助。"

年少时立志投身钢铁事业的王一德，就这样在钢院与钢铁"情定终身"，钢院的学习生涯和实践教学也铺就了他日后在不锈钢领域做出卓越贡献的康庄大道。

"提壶灌顶"的小老师

王一德的人生曾面临多次考验，压力面前的他没有选择放弃和退缩，他用"提壶灌顶"的绝招换来了一个又一个的奇迹。

进入钢院学习，王一德两耳不闻窗外事，一心埋头苦读书。很快，他就出类拔萃。由于成绩出色，1960年，学校领导破例让仍在读大四的王一德走上讲台，成为高校罕见的"学生兼教师"。调令一下，正在鞍钢搞现场教学、热火朝天劳动的王一德马上赶回学校。他的任务有三个：第一，带五年级的学生（当时学制5年），虽然那时他还没有念完四年级；第二，自己完成五年级的备课任务；第三，自己完成五年级的学业。他所带的五年级学生那时候已进入课题阶段，让王一德讲授他自己都还没有接触过的知识，压力可想而知。随后的时间里，他白天带学生上课，夜里掌灯自修第二天要讲的功课。王一德说，"那是记忆中比较艰苦的时期。不过，不太怕吃苦，是我比较突出的一个特点"。他每天从晚上十点学到凌晨两三点，然后稍作休息，凌晨五点准时起床早自习。到了晚上总是要打盹，怎么办？

王一德想出了"提壶灌顶"的办法：每天晚上只要一犯困，王一德就用水龙头或找一壶凉水冲自己的脑袋，强迫自己清醒，清醒了之后继续学习。一年后，凭着"提壶灌顶"的妙招他圆满完成了"大四教大五"的任务，同时也完成了自己五年级的学业。毕业后，王一德因成绩优异和具有教学经历而留校，担任压力加工系主任的助教，开始上300多人的大课。回忆起那时的经历，他仍然十分忐忑："第一次上讲台上大课特别紧张，我当时还不到22岁，剃着小平头，穿着夹克衫。上讲台后大家就直愣愣地看着我，看得我浑身发毛，五分钟讲不出话来。后来，我使劲让心境平静下来，这才开始进入角色。"当时，王一德作为系主任杨尚灼老师的助教，教授轧钢设备科目。由于课程准备得十分充分，授课方式符合学生的特点，大家逐渐认可了这个小个子的年轻教师。

顺利通过"小老师"考验的王一德马上又迎来了第二次考验——学外语。1963年，钢院出台新的政策，要求助教必须具有研究生以上资格。学校领导让他考本校的研究生。当时的考研难度很大，王一德大学学的是俄语，但考研究生要考英语，而且那时全院只录取9名研究生，每个专业只有一名，这是一个前所未有的巨大考验。挑战在前，王一德又开始了拼搏。他学会了超前式的学习，又用上了"提壶灌顶"的老方法，每天晚上十点以后学英语，学到第二天凌晨两三点，早上五点起床到主楼前的小院子里背英语。这样，花了一年的时间，他如愿以偿考上了研究生。"我学习起来确实很刻苦很投入，最后考出的成绩都还不错，因为功夫下到了。"王一德说。

前后两次考验更使他养成了熬夜的本事，后来到钢厂工作后，王一德成为厂里最能熬夜的人，被工友们戏称为"工作狂"和"夜猫子"。有一次，王一德承担了国家重点工程材料的试制任务，为了确保钢板的质量，他一直在现场盯着，五天五宿没回家休息。其他的人都睡觉，他却始终在现场坚守，一旦打盹，就继续使用"提壶灌顶"的老办法，用凉水冲脑袋强迫自己打起精神，最后终于圆满完成了试制任务。谈起熬夜这点，王一德自豪地说起了另外一件趣事："有一次跟外商谈判，连续谈了三天三夜没睡觉。对方总共六个老外，最后病倒了五个。一个嘴巴长疮，一个鼻子流血，一个颈椎僵硬，一个突发感冒，还有一个腰闪，谈到最后只剩我和最后一个老外'一对一'谈判了。"

　　说起"提壶灌顶"的功夫，王一德的学生张文康对老师赞叹不已："王老师功力不减当年，每次谈判都让对方胆颤不已。记得有一次谈判，一连几天，从早上八点到晚上十点，中午就随便吃几个饺子，连我们这些年轻人都受不了，七十多岁的老人却依然能谈笑风生。"

　　其实，"提壶灌顶"的绝招练就的是超人的毅力和执着，但学习却更需要科学的学习方法。王一德说："在大学最重要的是要学会怎么样自学，学会正确的思想方法，特别是研究生阶段更要学会分析问题和解决问题的能力，这些能力是放之四海皆准的。工厂中，工作效率的快慢、工程成绩的好坏很大程度取决于你的方法和思维。毛主席的辩证唯物论说，认识来源于实践，来源于怎么样抓主要矛盾，所以《实践论》和《矛盾论》对于我非常有帮助，在大学、工厂先后看了五遍。"

　　善于抓住问题主要矛盾的王一德凭着执着和毅力攻克了一个又一个的难关，"提壶灌顶"也成了他遇到困难和挑战时的绝招。

"世界第一"的缔造者

　　如今的太原钢铁公司已经是不锈钢领域的"世界第一"，这个"第一"的背后浸透着王一德数十年来的辛勤汗水。

　　王一德生在杭州，在北京上大学，工作则到了太原，而且这一干就是一辈子。研究生毕业时，学校让他留校当教师，同学们也都纷纷到上海、武汉等大城市择业。而他，却偏偏主动要求到太钢工作。当时，无论是太原还是太钢的条件，都不能和其他大城市和其他大的钢铁企业相比。可是，王一德却说："只有太钢有我所学的硅钢生产线。"从生活条件来讲，人家说他是步步下降，但他说："做出这个选择，我不后悔。"

　　王一德是结婚以后到太钢的，当时单位没有房子。在太钢，他只认识一个大学同学，他就托同学找房子。同学找到一个废弃的男厕所，说在小便池上可以搭一张床，他为此感激不尽。但是，他和妻子实地去看了看，却觉得太不雅观了，于是只好分居，妻子住在女宿舍，他住在男宿舍，他们就这样"分居"生活了两年。

　　到太钢后，王一德从小事做起，重视实践，用心做事。他一到工厂先当工人，第一天首先给工人烧开水、倒茶、扫地，中午跟工人们一起吃饭，边吃边聊，下午给工人们打下手。下班时，他把好多天积存的垃圾倒到附近的垃圾桶去。因此，给工人们留下了深刻的印象，都说这个研究生一点架子也没有，还挺勤快。一般来讲，学徒工半年才能开轧机，而他第二天就上岗开了轧机。他理论联系实际，很快，轧的带钢质量就比很多操作一年多的工人还高。通常，高校毕业生得当一年工人，他三个月就"出师"了。从此，王一德开始了他在太钢不锈钢的奋斗历程。

20世纪末，国内不锈钢消费量以年超过20%的速度增长，但国产不锈钢生产能力严重不足，只能满足四分之一。太钢生产不锈钢始于20世纪50年代初，是国内最早生产不锈钢的企业，但是40多年来长期处于"老小不大"的状态。面对不锈钢市场的重大机遇，刚刚上任的王一德总工程师积极建议公司领导调整发展战略，抓住民族不锈钢工业发展的难得机遇，加快太钢产品结构调整，将发展不锈钢作为首选方向，重点突破。王一德的建议就像给太钢注入了一针兴奋剂，太钢上下万众一心，拉开了不锈钢系统改造的大幕。经过全面调研和认真分析，王一德针对太钢"冶炼规模小、热轧条件差、冷轧设备旧、技术创新弱"四大问题，提出了"迅速发展太钢不锈钢"的新思路。太钢集团在不锈钢发展方向上虽然一致，但在选择冶炼工艺流程时，企业内部出现重大分歧，有人主张采用国外传统的MRP冶炼技术，而王一德主张自主集成开发以铁水为主原料的不锈钢冶炼新工艺，这当然含有很大的技术风险，因为国内外尚无先例。但王一德"明知山有虎，偏向虎山行"。他认为，世界钢铁企业竞争非常激烈，如果核心技术长期掌握在别人手里，总跟着外国人模仿，中国的钢铁工业永无胜算。

王一德的意见最终被睿智的领导采纳。在他的带领下，太钢正式启动不锈钢系统改造工程。王一德一方面以高质量不锈钢板材技术开发和以铁水为主原料生产不锈钢新技术开发与创新为重点，实施技术创新，为不锈钢系统改造提供技术支撑和保证；另一方面以热连轧改造为中心，改扩建炼钢工序和冷轧工序，加快不锈钢系统改造工程，为技术创新成果快速转化成生产力提供物质基础。在巨大的机遇和挑战面前，王一德恢复了"夜三朝五"的老习惯，制订不锈钢系统改造方案，深入细致地研究每一个生产环节。有了国家的支持，有了集团领导的正确决策，有了总工程师把握技术方向，太钢人群情振奋，全体总动员，迎来了太钢发展史上前所未有的激情燃烧的岁月。

有了明确的方向，还需要有具体的行动。王一德和他的团队携手太钢广大科技人员和全体职工没日没夜地奋斗在生产一线，扑下身子大干特干。他曾不止一次地晕倒在工作岗位，不止一次地输完液拔下针头就直奔现场，不止一次地整宿盯着生产不合眼……太钢的每一个工厂、车间，每一条生产线，大批科研新产品无不渗透着王一德的辛勤汗水。

功夫不负有心人。在王一德的努力下，短短几年时间，一大批新技术、新成果陆续投产：凭借高质量不锈钢板材技术开发国家重点课题的完成；拥有11项关键技术和5项专利技术的整套不锈钢板卷工艺率先报捷，产品达到国际先进水平，为企业增效近亿元，满足了国家重点工程和高端市场的需要；自主研发的铁水"三步法"冶炼技术再奏凯歌，主要技术经济指标居国际领先水平，流程填补我国钢铁工业空白；热连轧改造传来佳音，年增加产量160万吨，每年为企业增利6.4亿元，使太钢不锈钢年产量跻身世界十强；冷轧改扩建工程大功告成，年产冷板由3万吨增加到90万吨，成为世界最大的不锈钢冷轧厂……随着不锈钢系统改造工程的完成，太钢的不锈钢生产成本降低40%，销售收入增加100亿元，产能由5万吨增加到100万吨，粗钢产量跃居世界第8，一跃成为世界重要的不锈钢企业。"太钢速度"让国际同行为之震惊，国外不锈钢企业纷纷前来观摩取经，民族不锈钢产业得到了长足的发展。

在完成太钢不锈钢第一阶段发展的基础上，公司制定了更大的发展目标——建设成全球最具竞争力的不锈钢企业。有了新的发展目标，王一德和太钢职工又一次点燃热血，启动了200万吨不锈钢新工程。工程中，王一德全面参与新工程的规划、决策和整体方案制定，同时主持宽幅冷轧、光亮板结构调整、天津太钢天管公司二期扩建，无缝钢管、精密带钢、中板厂和线材厂改造等不锈钢工程项目，新建了世界上从未有过的超大规模115万吨热线、75万吨冷线，实现工艺技术装备水平超一流，产品规格超宽超厚超薄，板、带、棒、线全覆盖，创造了多项世界之最。

回顾太钢崛起历程，在太钢集团主要领导的正确决策下，王一德先是为太钢铺设了10万吨向100万吨进发的"高速公路"，紧接着又和大家一起架起了100万吨向300万吨进军的"机场跑道"。太钢通过一系列重大创新，形成了一整套不锈钢工艺技术，在诸多方面引领了世界不锈钢工艺技术装备的发展，成为中国钢铁工业做大做强的典范，对国内外不锈钢产业的发展产生了重大而长远的影响。

作为引领太钢创造奇迹的代表性人物之一的王一德，通过技术研发和创新攻关，解决了多项关键性技术难题，满足了多个国家重点工程的需要，走出了一条具有中国特色的自主创新之路，为太钢获得了众多奖项和荣誉。特别是在"九五""十五"期间完成的太钢50万吨不锈钢系统改造、太钢90万吨冷轧不锈钢改扩建以及200万吨不锈钢新工程冷轧项目，他都做出了突出的贡献。同时，他和他的团队一起主持完成国内第二个冷轧硅钢厂的建设，为太钢自主建成国内冷轧硅钢重要生产基地之一奠定了基础。如今，太钢成为不锈钢产业一体化运营的平台公司，肩负着不锈钢技术和规模双引领的重任。太钢将为建成全球最具竞争力的不锈钢全生产链企业集团和全球不锈钢业的引领者，再接再厉，奋勇前进！为中国钢铁创建世界一流示范企业，为山西在转型发展上率先蹚出一条新路贡献太钢力量！

三闯"鬼门关"的硬汉

半个多世纪以来，王一德为太钢的发展，为太钢在不锈钢领域取得的举世瞩目的成绩付出了巨大的努力，做出了重要贡献，然而他的人生并非一帆风顺。在王一德的经历中，几度曲折，几度不幸，如今听来依然让人感叹颇多。

2009年，王一德前往天津参加中国工程院的一次学术会议，会间经历了一次惊险的"生死奇遇"：一天，王一德走进电梯准备回房间休息，电梯行驶到高空时突然断电，厢内一片漆黑，电梯剧烈地晃动，随即从高空坠下。王一德当然没经历过这样的场面，下意识地用手抓住扶手，赶紧掏出手机拨打了救援电话……紧急维修后，电梯门打开了，王一德乘坐的电梯惊险地从高空坠到了一、二层之间，他被四个年轻人"下抬上拉"地拖出了电梯，经历了一次"电梯惊魂"。此后，电梯事故迅速在中国工程院传开，王一德从此被院士们称为"摔不死的钢铁战士"。回想起当时的遭遇，王一德总是心有余悸，"不过，在此之前我就已经'死'过两次了……"

他所说的第一次"死"发生在1985年。一天，王一德在工作期间突然间休克，摔倒在水泥地上，半分多钟后才醒来。"醒来先看到远处地上掉的两颗门牙，心想，太可惜了，怎么掉了两颗门牙。当被人扶起来以后，我的整个脸都变形了。以前长得还不是很难看，那次以后就难看了。"王一德开玩笑似地说。后来，仔细检查发现，休克的原因是低血糖，劳累过度。对这样的检查结果，王一德根本没当回事。

第二次发生在1988年。那一年，太钢组织高工体检，别人做B超10分钟就下来了，轮到王一德时，40多分钟过去了还在反反复复地检查。医生最后在鉴定书上画了个大大的问号。"我当时觉得自己的身体很好，没往心里去。"王一德说。接下来的检查却带来了可怕的结果：太原市三家医院都诊断王一德患了肝癌，第四家医院检查结果更是可怕，说是肝癌晚期，只能活3个月。王一德得了肝癌的消息传得很快。他到家后，单位领导赶来了，同事、邻居、工友一批接一批神情肃然地来看他。"想到自己坎坷的一生，实在心有不甘；想到爱人孩子，孩子还刚上初中，混沌未开；想到至爱的亲朋，想到家乡的青山绿水……"王一德思绪万千，难以平静，但在大家面前还要装得若无其事。抽空，王一德嘱咐两个女儿，"爸爸这辈子什么财富也没有留下，只能告诫你们，做人要诚信，做学问要勤奋。"到办公室，王一德打开抽屉对同事们说，"这些是我多年积累的资料，是我的经验和教训，你们工作中会有用的，谁想拿就拿吧。"于是，王一德被推进了手术室，手术做了5个多小时，王一德的肝被切掉了三分之一。最后却证实，他患的是血管瘤，不是肝癌。

就是这样三次生与死的考验，磨炼出王一德常人难以企及的心理素质和抗压能力，成为一名活跃在钢铁工业一线的硬汉。

于"三起三落"中成长

说起自己的事业经历，王一德更是像打翻了五味瓶一般："我这一生经历过多次坎坷，可以算是挫折中成长起来的。"

1970年，王一德在"文化大革命"中住进"牛棚"，种稻田，挖山药蛋，接受"劳动改造"。挑大粪，是王一德记忆非常深刻的一件事。他说，"掏大粪，第一勺下去，很臭，第二勺，还很臭，逐渐就没感觉了"。当时，王一德想，可能要在农村干一辈子了，但转念一想又认为即使条件艰苦，环境恶劣，也不能把自己的专业荒废掉。于是，他重新拾起课本，开始翻译文献，几年的工夫他翻译出了两百余万字的技术资料。"我在最困难的时候，不让我工作，我就翻译资料，每天晚上翻译到凌晨两点多，现在想想，翻译这么多的资料对我很有好处啊，现在我想翻阅什么资料都是得心应手的，而且我的资料像图书馆里的一样，都有记录卡片。"面对生活的重重磨难，王一德并没有气馁，也没有怨天尤人，只是说，"自己不要把自己打倒，永远要记住，越是遭受磨难多的人，越是要比别人更多地付出、加倍地付出"。机会总是留给有准备的人，"文化大革命"后王一德凭借着扎实的技术能力迅速在生产一线崭露头角，于1978年担任研究室的代副主任，开启了自己事业上的新篇章。

1986年，事业处于蓬勃发展期的王一德再次受到了政治运动的冲击，被人说成"在'文化大革命'中犯有严重错误"，撤了太钢钢研所主任工程师的职务，降成了普通的技术人员。然而，王一德的选择有些出人意料，他没有丝毫的埋怨甚至懈怠，继续专心致志地从事专业技术工作，想为自己喜爱的钢铁事业继续奉献微薄力量。所谓"清者自清"，1990年，经过复查，组织上终于将其所有的处分全部撤销，他又有了施展能力的舞台。此后，王一德的工作有了更大的干劲，开始担任一些重大项目的课题组长。由于工作中优异的表现，他任太钢副总工程师，后又任太钢总工程师，事业开始焕发出闪耀的光辉。

2002年，因为年龄原因，王一德从总工程师的位置上退了下来，但山西省主要领导同志不让他退休，要他继续工作。王一德告别了总工程师岗位，心里不免有异常的感觉。不过，面对着不锈钢领域的技术难关和正在蓬勃进行的技术改造，王一德选择了一如既往地努力工作。离岗后，王一德仍然坚持主持或参与重大不锈钢新建工程和科研攻关项目，为我国不锈钢的发展做出了特殊的贡献。2005年，王一德当选为中国工程院院士。

"我经常跟年轻人讲，不管遇上什么情况，都不要荒废自己，机会没来时，不妨先充实完善自己。机遇不是常有的，但充实自己随时随地都可以做到。"这就是经历过所谓"三起三落"的王一德从挫折中总结出来的人生箴言。

名副其实的"严格先生"

王一德："院士不是万事通，只有不断地在专业领域严格要求自己，才能继续为国家做贡献……"

　　王一德拥有一个绝技——记笔记，帮助他畅游学海几十载。王一德从小学时就喜欢做笔记，将笔记本分成两半，一大半用来记录知识，另外一小半用来将重点和要点进行标注。这个良好的学习习惯让他从小学一直到大学，门门功课优异，甚至满分。除了在课堂上喜欢记录学习知识，生活中的王一德也有着"本不离手"的好习惯，无论在生产现场或者会议间歇，只要看到或听到有用的信息，他都会记录在自己的笔记本上，并且将重要的条目标注在一旁。王一德的同事白灵宝谈起王院士的笔记本也是赞不绝口："王总的笔记本随时随地带在身上，所有的信息都不能逃脱他的笔杆子。跟他时间长了，我们这些晚辈也都有了记笔记的习惯，现在我的科研和管理工作的思路和要点主要依靠着我的笔记。这可以说是王总教给我的最实用的一项技能了。"王一德的笔记不仅笔迹隽秀，而且还曾经给他帮了大忙。当年，王一德申报中国工程院院士，有人举报他成果不实。于是，中国工程院组成调查组专程来到太钢进行调查。为了证明自己，王一德将自己的笔记本一一放到调查组的面前。调查组的院士们看到了笔记本上的数据和会议记录，了解了事实的真相，因为成果造假不可能有这么翔实的原始记载。被一大摞笔记震惊的一位老院士说，这是他见过的最好的笔记。

　　王一德不仅严于律己，对自己的孩子更是言传身教。两个女儿小的时候，王一德对她们的教育十分严格：首先必须养成爱学习的习惯。当时住房条件不好，几经辗转的王一德分到一间14平方米的房子。为了让孩子好好学习，王一德以身作则，夫妻二人除看新闻外不开电视。晚上时间，王一德钻研专业书籍，要求爱人阅读小说，给孩子们营造良好的学习环境，培养良好的学习习惯，这也让两个女儿的学习成绩一直名列前茅。而在女儿思想波动的关键时刻，王一德主动与她们沟通交流，用自己的智慧和人生经验帮她们把握人生发展方向。在王一德的谆谆教导下，两个女儿都小有成就。

　　王一德治学态度的严谨也体现在工作中。说起王一德，太钢的职工们除了发自内心的敬佩，还有一丝恐惧，因为王一德在工作中体现出来的严谨求实的作风让大家都不敢松懈。王一德多年的同事任建新感触颇深："王院士虽然生活中十分和蔼，工作中却丝毫不讲情面，遇到事故问题必定一查到底，无论责任者是谁，他都会让真相大白。"在王一德担任太钢总工程师期间，某厂的车轴钢出了事故，受到铁道部的通报批评，在公司内外产生了很大影响，公司主要领导要求限期清查原因并整改。经过反复认真思考，王一德找到了技术处长，就事故可能原因进行排查，直到深夜。之后他们连夜派人到生产车间将原始记录用麻袋拿回了办公室。反复核查、校验发现，原始记录中 60% 有掺假数据。发现问题后，技术处长问王一德："王总，这事涉及厂里两个领导，会上要不要说？"王一德不假思索地回答："怎么不说？正是真相大白的时候，怎么能不说？说！"经过会上这么一说以及会后掀起的全公司打假活动和质量大整改，太钢的车轴钢再也没发生过质量问题，市场占有率也不断提高，从原来的 10% 提高到 90% 以上。

天长日久，王一德的严谨作风让他戴上了"严格先生"的帽子。太钢很多技术报告，只要报给王一德的，他都要仔细阅读，认真修改。"严格先生"已经成为他掌管的技术创新活动和重大工程项目实施的"铁闸门"。

征途正未有穷期，为晚红霞尚满天。年过八旬，王一德除出差外，依然每天到太钢公司办公室上班，坚守在工作岗位上。"我这一辈子，能够为钢铁工业做出点事情非常荣幸，可谓'情系钢铁，一生无悔'。"相信这位一生无悔的"钢铁战士"注定还会将"钢铁进行曲"进行到底。

品岩石力学之美，登铸魂育人之峰

——记岩石力学与采矿工程专家，中国工程院院士蔡美峰

蔡美峰，江苏如东人，生于1943年5月，北京科技大学教授、矿业工程学科带头人。1968年本科毕业于上海交通大学工程力学专业；1980年硕士毕业于北京钢院采矿工程专业，并留校任教，历任采矿系副主任、土木与环境工程学院院长。1990年获澳大利亚新南威尔士大学矿山岩石力学专业博士学位。曾任国际岩石力学学会教育委员会主席、国务院学位委员会矿业工程学科评议组召集人。我国矿山地应力测量的主要开拓者之一，首次开发出我国具有自主知识产权的地应力测量技术，提出了以地应力为基础的采矿设计优化的技术体系、安全高效开采技术和矿山动力灾害预测与防控技术。曾获国家科技进步二等奖4项、三等奖1项、国家技术发明三等奖1项，发表学术论文100多篇，出版学术著作多部，培养博士后、博士、硕士约200名。2013年当选中国工程院院士。

2017 年 10 月，一位 74 岁的老人深入位于世界最大金矿区——南非兰德金矿区一处地下 1700 米的矿井，坚持攀爬 45 度坡度、60 米长斜井软梯到达开采工作面调研，全面细致勘察矿山通风、微震监测、应力测量、生产调度等系统，为南非金矿破解了一系列疑难杂症。这位年近耄耋的老者，正是岩石力学与采矿工程专家，蔡美峰。

小渔村走出的力学家

1943 年 5 月，在江苏如东的一个小渔村，一户蔡姓人家迎来一个新的小生命，这是家里的第四个孩子，也是最小的孩子。"山高为美，人高为峰"，父母为这个孩子取名为蔡美峰。旧社会的生活旱涝凭天，充满艰辛，然而祸不单行，抑或是天将降大任于蔡美峰的同时也给予更多磨难，在出生的第三个月，父亲在一次出海捕鱼中不幸遇难，从此母亲孤身一人拉扯着 4 个未成年的孩子艰难度日。虽然物质条件艰苦，但是母亲和哥哥姐姐都很疼爱蔡美峰这个小儿子、小弟弟，除了尽可能给他家人的爱和保障生活的条件外，也将读书学习、矢志报国的个人梦想与家国情怀寄托在了蔡美峰身上。

1949 年，新中国成立后，神州大地的面貌焕然一新，人民生活环境和教育条件有了翻天覆地的变化，随着社会环境的好转和孩子们的日渐长大，蔡美峰母亲身上的担子有所减轻，但生活的负担依然存在。还在上小学的蔡美峰，一放学回家，就要背起快跟他一样高的箩筐到田野里挖猪草，再跑到田地里帮助母亲干地里的农活。每当农活、家务活都干完后，忙碌一天的小美峰总是会在深夜点上一盏小煤灯，捧起他最心爱的课本，逐字逐句反复研读，一字一句认真摹写。小小年纪，在生活和求学的双重压力下，蔡美峰的小手上就已经生了一层厚厚的茧子。

上初中的时候，12 岁的蔡美峰必须要在周末和寒暑假参加生产队的正常劳动，凭着自己挣出来工分才能分到口粮。"冬干三九，夏干三伏"，无论是在炎炎的烈日之下还是在凛冽寒风之中，犁地、播种、浇水，钻进玉米地里施肥、给棉花喷农药、农作物采摘……农村的累活、苦活蔡美峰都干过，而且精通，时至今日蔡美峰还能完整、详细、准确描述出一年农活的流程。当时，由于白天要干农活，学习只能靠晚上点灯熬油开夜车，颇有囊萤映雪的意境。虽然条件艰苦、劳力劳神，但是读书的时候是蔡美峰一天之中最快乐的时光。有一次蔡美峰白天干活休息时沉迷看书，耽误了干活儿，母亲气得把他的书放进锅膛里烧，幸亏他及时抢了出来，可见蔡美峰对于读书的渴望。

1959年，16岁的蔡美峰以优异的成绩初中毕业，也面临着人生第一次重要的抉择。那时，受老师的影响，母亲想让蔡美峰报考师范中专，因为从现实情况看，吃饭不要钱，毕业后有工作；从职业前景看，"教书先生"工作体面，是农家孩子鱼跃龙门的良好归宿。但是醉心于读书求学，尤其热爱数学和物理的蔡美峰决心上大学做学问，立志成为一名对国家和人民有用的力学家、数学家。蔡美峰这一次违背母亲的意愿，偷偷报考了高中并被顺利录取，他暗暗发誓，一定要学出成效、成长成才。高中阶段，就在蔡美峰心无旁骛埋头苦读的同时，母亲因常年积劳成疾，体弱多病，身体每况愈下，在蔡美峰参加高考前三个月，不幸与世长辞。母亲作为一名扎根土地的劳动妇女，不知道念书有什么用。她临终前还嘱咐这个年龄最小却"最不省心"的小儿子，不要再念书了，回家干活、养活自己。后来蔡美峰深情回忆，母亲一辈子勤勤恳恳、任劳任怨，从没有走出过离家30里的地方，满腔心血全部倾注在这个家上。

不经一番寒彻骨，怎得梅花扑鼻香，儿时的艰苦条件就像蔡美峰求学之路的一座座高山，但也就是蔡美峰名字的含义，"山高人为峰"。高山没有阻挡蔡美峰前进的脚步，经过不懈地跋山涉水，蔡美峰翻过一座座高山，不断追寻着知识，终于在1962年考上了梦寐以求的上海交通大学，就读于热爱的工程力学专业，一代力学大师就这样在求学路上迈出坚实一步。

一个"格格不入"的留学生

经过6年的刻苦学习，1968年大学毕业后，蔡美峰被分配到国防科工委一个下属部门，在部队农场劳动锻炼一年半后，1970年春天进入位于湖北宜昌的710所工作八年多时间。尽管工作学习条件有限，但蔡美峰坚持一天不误、一刻不歇，从未停止过他那强烈的求知欲，从未放松过学习。他抓紧时间看书学习，抓紧时间搞学术研究，抓紧时间做好本职工作。1978年，蔡美峰以全校总分第三名、采矿专业第一名的优异成绩踏进了钢院的大门，攻读硕士学位。在这座科学知识的神圣殿堂里，蔡美峰又有了鲜活的科学研究生命力。钢院的图书馆和教室，都见证了蔡美峰读书学习的模样。若是跟在他的身后走一天，就会发现蔡美峰不是在读书汲取知识就是在找老师答疑解惑的路上。经过两年多的刻苦努力，蔡美峰以优异的成绩获得硕士学位并留校任教，在北京科技大学的求学求知和教书育人也成为他一生最重要的经历。

1985 年，由于科研突出、成绩优秀，蔡美峰被国家选派作为访问学者赴澳大利亚留学并攻读博士学位。作为一个江苏农村出来的贫困大学生，出国留学首先要攻克语言关。后来，蔡美峰回忆道："我原来学的是俄语，但是用 3 年的时间背烂了 2 本英文字典。"就是怀着这样的决心，蔡美峰踏上了去往异国他乡的求学道路。

蔡美峰抵澳后，原本是要去悉尼附近的卧龙岗大学从事坑道支护技术的研究，那个项目经费充足，也比较容易出成果，并且他在硕士毕业后也一直从事着这方面研究。而当时新南威尔士大学另有一个地应力测量课题，是一个外国博士研究生准备了一年半后，认为无法继续而不得不放弃的，这个项目的经费需要逐年申请，没有保证。得知这个课题，"地应力"三个字猛然使蔡美峰想起一段往事。

蔡美峰在国内做研究时，曾和导师去甘肃金川镍矿做研究，发现矿山巷道存在最主要的问题是开挖后几个月就会变形，一处好不容易开发的矿井就不能正常使用了。蔡美峰经过详细调查，发现金川矿山的水平应力要比垂直应力大得多，因此巷道的宽度一定要大于高度才能保证稳定，而原先的巷道宽高比正相反，才造成了矿山的变形。仅仅是因为没有摸清地应力的分布规律，很多矿井建了十多年都不能投产。由于缺乏精确测量的仪器、技术和资料文献，我国地应力测量起步较晚，技术不完善，开展不广泛，严重制约我国采矿工程和技术科学水平的提高，这段经历也使得蔡美峰深刻体会到地应力测量对采矿工程的极端重要性。

当时澳大利亚是地应力测量非常先进的国家，得知那位外国博士研究生搁浅的课题后，他敏锐地感觉到，做通做透新南威尔士大学的这一地应力测量课题，是提高我国采矿工程和科学技术水平的重要机遇。于是，胸怀家国情怀的蔡美峰从国家建设出发，从民族需要出发，从人民幸福出发，勇于承担风险，强化使命担当，主动向学校要求，全面接手这一课题。

因为选择了一个大家都不愿"啃"的硬骨头，这一课题的科研队伍只有蔡美峰一人。这项课题的研究不仅要耗费脑力精力，还要耗费巨大的体力。在实验室里做地应力测量试验的台架有 3 米多高，试件（岩石试块）有 100 多斤重，一组试验需要做 200 多个试件。年过不惑的蔡美峰，每天要把岩石试块从试验台上搬上搬下，要在离地 50 厘米的试验台底部爬进爬出，而蔡美峰为了提高效率、早出成果，每天从早上七点干到晚上九点，工作时间超过 14 个小时。他笑言这段时间的劳动强度甚至强于建筑工地上的运料工。然而没多久，就连蔡美峰的导师都调去别的课题，但他却经受住脑力的磨炼、体力的锻炼、心力的历练，坚持研究到底。蔡美峰刻苦钻研的精神和持之以恒的品格，征服了新南威尔士大学采矿系的所有老师和同学，当时的校园师生亲切称呼他为"采矿系最辛苦的研究生"。

20 世纪 80 年代，大部分留学生都会抓住出国深造这一宝贵机会，见一见外面的世界。但是蔡美峰却显得格格不入，他把时间看得比什么都重要，多次婉拒来自同学一同出游的邀请。他无心观赏悉尼歌剧院的旖旎风光，无暇游览堪培拉的名胜古迹，在澳大利亚攻读博士学位期间，他为科学研究忘记了休息，像一块海绵充分吸收学习的养分。"留学的时间不属于自己，个人没有任何理由浪费这些宝贵的时光，因为它只属于我们的国家，我们的人民。"就是这个坚定的信念一直激励着蔡美峰。蔡美峰在留学时时刻惦记着党和人民的恩情，当时他只有一个念头：没有党组织的信任和培养，没有父老乡亲的哺育，自己不可能有今天这样的机会，冲着这些，自己只有勤奋，只有刻苦，取得成就，才能不负这些重托，才能报答党和人民的恩情。

1990 年，经过五年的探索求学、科研攻关，蔡美峰在新南威尔士大学顺利获得博士学位。当时澳大利亚政府为吸引和挽留人才，向中国留学生宣布，接受所有人的永久居留申请，这对已经在澳大利亚生活学习了几年时间的留学生，既是好消息也是诱惑。有一位同学坚定地选择了回国，他就是蔡美峰。

谈及回国动机，蔡美峰说道，"国家在不算富裕的情况下花了很大的代价让我们有了出国学习的机会，在国家需要的时候回国服务，这是天经地义的"。因此，在拿到博士学位两周后，蔡美峰毫不犹豫地选择回到祖国、回到北科，担任学校采矿系副主任。回国第二个月，蔡美峰就下到矿山落实科研项目，以最快的速度推广国外研究的成果。在此后的时间里，他先后完成了多项采矿基础理论和采矿工程科研项目，一座座地下矿山、露天矿山见证了这位岩石力学专家一步步成长为行业大师。

岩石力学大师

主攻地应力测量的蔡美峰，回国后继续从事这一领域研究与工程实践。深知"工欲善其事，必先利其器"的蔡美峰，决心攻克测量仪器精度不高这一问题。经过长期的钻研和实践的研究，蔡美峰发现影响测量精度最关键的问题其实是两个字：温度。测量元件电阻应变片对温度变化非常敏感，变化1℃就可引起测量结果很大误差。针对这个问题，蔡美峰发明了完全温度补偿的地应力测量方法和装置，其要点是研制出专用应变电阻电压转换装置和通过标定试验消除温度变化产生的虚假应变值，极大地提升了地应力测量技术的精确度，从而为我国采矿事业的发展奠定了坚实的基础。

"十年树木，百年树人。"除了理论与实践研究，蔡美峰致力于学术著作，使我国采矿事业后继有人。他带领课题组完成30多个采矿和岩土工程的地应力测量，主持撰写我国系统介绍地应力测量的专著《地应力测量原理和技术》，为应用地应力实测成果指导科学采矿做出了示范。

蔡美峰着眼国家需求、采矿需要，致力于攻坚克难。在峨口露天矿，第一次将地应力测量引入深凹露天矿边坡工程；在山东万福煤矿，首次采用水压致裂法完成超千米深部地应力场测定，开创了我国矿山在地质勘探阶段就进行地应力场测量的先河，获国家技术发明三等奖。

随着浅部资源的逐年减少和枯竭，我国有一大批矿山进入深部开采，冲击地压等动力灾害是威胁深部开采安全的最突出问题。蔡美峰以由地应力为主导的能量聚集和演化为主线，揭示了冲击地压的发生机理及其与采矿过程的关系，开辟了深部开采动力灾害预测与防治研究的有效途径，深部开采动力灾害预测及其危害性评价与防治研究成果，获国家科技进步二等奖。同时，蔡美峰根据金属矿床的赋存状态和开采稳定性均受地应力控制的特点，提出了以地应力为切入点，进行采矿设计与开采工艺优化的系统理论与方法，提高了采矿工程和技术的科学水平。在"九五"国家科技攻关课题新城金矿复杂条件矿床采矿方法研究中现场地应力实测的基础上，提出了"品"字形布置采场进路的一步连续回采技术，使采场生产能力和劳动生产率大幅度提高，矿石损失率和贫化率显著下降，获国家科技进步二等奖（排名第二）。

在"十五"国家科技攻关课题大型深凹露天矿高效运输系统及强化开采技术研究中，采用三维数值模拟和三维极限平衡分析相结合的边坡优化设计方法，将首钢水厂铁矿总体边坡角度提高，减少剥岩量近亿吨，劳动生产率提高 2.3 倍，获国家科技进步二等奖。首钢杏山铁矿是一个年产量不足 100 万吨的中小型露天矿，但该矿深部还有较大储量，在该矿面临减产、停产局面时，蔡美峰制定了露天转地下开采优化设计方案，被列入"十一五"国家科技支撑计划课题，他将新型资源开发工艺和现代数字化、自动化技术相结合，实现了企业技术升级和开发模式高效转型，将一个即将闭坑停采的中小型露天矿打造成我国露天转地下的大型现代化地下金属矿，研究成果获国家科技进步二等奖。这些重要成果在国内外刊物和重要学术会议发表论文数十篇，得到国内外同行高度关注和评价并被广泛引用和应用。

2016 年，在全国科技创新大会上，党中央提出，向地球深部进军是我们必须解决的战略科技问题。为了响应党中央号召、落实全国科技创新大会精神，必须在地层的更深处开拓安全稳定的地下空间，建立保障国家安全和战略利益的技术体系，开发深部资源、探索深地奥秘，加快发展深地空间技术，抢占深地科技制高点。于是，建立一所专攻深地空间研究的研究院的想法在蔡美峰的脑海中逐渐成形，有想法必定会付诸实践的蔡美峰一刻不停、一天不误，着手准备研究院的建立。从找准定位，探索研究院的"地基"问题，到统筹规划建设方案，绘制研究院"设计蓝图"，再到深化细化研究院的研究方向、目标任务、日常运转，年近八旬的蔡美峰在每一个环节都亲力亲为。经过多年的认真谋划、艰苦付出，2021 年，在学校和蔡美峰以及其他老师的共同努力下，北京科技大学深地岩体工程科学研究院正式成立，蔡美峰任学术委员会主任。

一勤天下无难事，这些成就的取得，与蔡美峰勤勉致知的敬业精神是分不开的。2011 年，时年 68 岁的蔡美峰冒着大雨应邀来到了神华宁夏煤业集团展开现场调研。经过长途奔波到达位于市内的住所之后，还未彻底安顿好，蔡美峰就立马与其团队登上了前往矿井的长途汽车。枣泉和梅花井是隶属于神华宁夏煤业集团的两大矿井，由于井下巷道出现问题，于是邀请蔡美峰教授提提意见。两井相隔几十公里，上下井只能靠猴车输送矿工，唯一的保护措施就是用双手紧紧抓牢猴车上的绳索。在安全系数较低，两井相隔甚远的情况下，为了尽快排查故障从而让矿井正常运转，蔡美峰亲力亲为，一天之内坐着猴车深入两井之下长达 2 个小时。通过仔细的调研排查，确定故障原因是巷道底鼓，蔡美峰当场便提出支护建议，解决了矿井难题。

是院士，也是国家级教学名师

学为人师，投身杏坛，行为世范，薪火相传。在钢院学习期间，蔡美峰结识了把他引入采矿专业的恩师——于学馥教授。报考研究生的时候，于学馥教授得知蔡美峰本科是力学专业，特地询问他采矿专业很苦，能否坚持？蔡美峰很坚定地说，能。蔡美峰满怀深情地回忆起在于学馥先生 90 高龄的时候探望他的情景。"于先生当时还能够提出很有创新性的想法，对于岩石力学的一些理论依然能娓娓道来。他的另一位学生张玉卓也被评为了院士，一位教授能培养出两位院士的情况非常少见，由此也可以看出于先生的学术底蕴深厚。"蔡美峰说。

于学馥教授为学生着想的行为也为蔡美峰留下了深刻的印象，在蔡美峰考取澳大利亚访问学者的时候，国内也开始恢复学位制度，于学馥先生被评为全国第一批博士生导师。"虽然当时于先生很希望我能读他的博士，但我还是觉得出国更有利于我的科研学术，他就非常支持我去澳大利亚。我想，如果没有于先生的引导，我就没机会踏入采矿行业的大门，也不会得到澳大利亚留学机会，不会有如今的研究成果。"蔡美峰回忆道。"于学馥先生带学生，第一个特点是以身作则。他自己不断探索、不断形成新的思想，要求学生也有独立思维的能力、有新思想。第二个特点是深入实践，注重通过研究解决实际问题。于先生对学生在学术、生活方面的要求对我的影响都非常深。所以硕士毕业，我留校做了老师之后也一直努力学习、传承于先生的为师之道。"在于老师的言传身教之下，在多年的教书育人之中，蔡美峰形成了"学高身正、治学严谨、求实创新、实践力行、爱国奉献"的育人理念。

　　"教书育人，如同植树造林，利在当代，功在千秋。人民教师就要奉献毕生的精力，当好为国家培育人才之林的辛勤园丁。"在教育战线上辛勤耕耘多年的蔡美峰是这么想的，也是这么做的。他认为，一名优秀的教师，往往是学生心目中的偶像，对学生的思想、道德、知识、素质和能力以及性格和行为规范等诸方面，都会起到潜移默化的传承作用。因此，作为一名教师，首先必须要有高尚的职业道德，以高度的责任心和使命感去关心和爱护每一位学生；同时要有扎实的理论基础、渊博的学术知识、丰富的实践经验、严谨的治学态度和高超的授业艺术，用勇于探索的创新精神和实事求是的科学态度，将学生引领到本学科的前沿；在使学生获得知识的同时，培养学生发现问题、解决问题的能力和终身学习、终身探索的科学精神。蔡美峰始终把为国家培育合格的人才当成自己义不容辞的神圣职责，这也是他引以为豪的终身成就。

　　多年来，蔡美峰先后承担"岩石力学""岩石与岩体力学性质""地下工程稳定维护原理"等10多门本科生、硕士生和博士生课程的教学任务。对每一门课程、每一堂课，他都查阅大量的资料，对授课的材料、内容、课件进行认真的准备。由于教学效果好，质量高，蔡美峰所上的每一节课均得到学生的好评。已经毕业了十几年的学生谈起蔡教授多年前的授课内容时记忆犹新。他一年到头，全部精力都投入了教学和科研工作中。他勤奋的工作精神，广博的学识和在国内外的学术地位，深深地感动了每一名学生，而蔡美峰自己也因教学成就突出，荣获国家级教学名师奖。

　　蔡美峰很关心他的学生，特别希望让学生学到真东西，进入社会后站稳脚跟。同时，他很关心新一代青年教师的发展。从教书角度来说，蔡美峰觉得青年教师应该与学生保持一种平等的亲密关系，必须靠自己的学识水平给学生提供很多值得学习的东西，给他们树立人品等各方面的榜样。学校也应当着重培养青年教师，关心青年教师的发展。青年教师自身也应努力做学问，不为名利，有自己的思维。同时还要避免有很多项目却没学术成果的问题，要善于总结和提升，早日取得标志性的成果。对待学术研究上的困难，他希望青年教师能够学会不断总结提高，努力提升学术成果的高度。做学问方面，他觉得青年教师要有目标，有恒心，有基础。

　　这些年来，他身体力行，指导了很多硕士生、博士生。他始终注意以严谨的治学态度，强烈的社会责任感和勤奋的工作精神感染和影响自己的学生。对他们既严格要求，又热情关心他们的学习和生活。从选题、开题、课题研究到论文撰写，对每个研究生都精心给予指导，倾注大量的心血。他指导的研究生很多被评为优秀毕业生，而在学校每年不足 10% 的博士学位优秀论文评选标准下，蔡美峰指导的 30 多篇博士学位论文中有 30% 被评为校优秀论文。他用严谨的治学态度、生动的教学风格上好每一门课、每一堂课，在教学实践中体现出了一名教师高超的业务能力和高尚的人格魅力。以身立教，以身示范，这是蔡教授一贯坚持的为人处事的原则。

"身教胜于言教，教师用自己的行动教我们如何做人，如何做学问。"已经留校任教的任奋华给我们展示了他的博士论文文稿：密密麻麻的修改符号和批语，布满了整个文稿，由此可以对蔡美峰的严谨、认真窥见一斑。对于每位学生的论文，他都要一审再审，修改七八遍。他指导的研究生很多被评为优秀毕业生。"给蔡老师拜年，一定要赶早，不然，就只能到办公室找他了。"学生中流行着这样一条"潜规则"。学生和同事们都知道，蔡美峰一年只休 3 天，中午 12 点，晚上 7 点，夫人的电话催来，才是他的下班时间。

凡是与蔡美峰一起工作过的人，无不对他一丝不苟、周密思考和谦虚谨慎的治学态度留下深刻的印象。蔡美峰长期从事采矿工程领域的教学和科研工作，倾注了全部心血。人生道路，对于蔡美峰来说充满了坎坷和艰辛。作为一名在艰苦环境中成长起来的科研工作者，蔡美峰以自强不息的精神和达观坚韧的人生态度在平凡的科研岗位上做出了不平凡的业绩；作为一名共产党员，蔡美峰忠诚于自己的事业，在工作的各方面都起到了模范带头作用，用实际行动体现着共产党员的先进性；作为一名高校教师，蔡美峰院士以甘于奉献的时代精神、率先垂范的师德风尚和乐观进取的人生态度谱写奋进新时代的壮美篇章！

蓝天信息化的一面"爱国"旗帜

——记军事指挥信息系统专家、中国工程院院士费爱国

费爱国,江苏淮安人,生于 1955 年 7 月,中共党员。现任空军研究院某所研究员、博士生导师,专业技术少将。中国指挥与控制学会理事长、军委科技委网信领域专家组副组长、空军网信专家咨询委主任。1975 年考入北京邮电学院,1981 年获得工学硕士学位,2004 年获北京科技大学工学博士学位。长期在一线从事指挥信息系统顶层设计、装备科研和工程建设,是空军网络化指挥信息系统建设主要开拓者之一。主持设计了空军首套网络化区域指挥信息系统,为促进空军指挥信息系统建设做出了突出贡献。先后获国家科技进步一等奖 1 项、二等奖 2 项,军队科技进步一等奖 6 项;撰写、编译出版了多部专著,发表学术论文多篇;荣立一等功一次、二等功两次、三等功四次;曾获全国优秀科技工作者、军队科技领军人才、何梁何利奖,享受国务院政府特殊津贴。2013 年当选为中国工程院院士。

他谦逊儒雅、勤奋刚毅，他的名字如同肩章上的那颗将星一样熠熠生辉，令人敬重。回顾费爱国的奋斗历程，他的每一项科研创新都倾注了常人难以想象的艰辛努力，他的成长历程、学术成绩与国家和时代的发展同频共振。正是因为比别人更多地感恩时代，费爱国比别人更懂得付出大爱。正是凭着对事业的执着坚守，他实现了从一名基层通信兵到电子信息专家、从一名普通科研人员到中国工程院院士的人生跨越。谈到自己取得的成绩，他常说：这些都是党和国家给的，都是这个伟大时代造就的。

部队里爱看书的"代课教员"

费爱国从小就是一个记忆力很强、很爱读书的人。上学的时候，满满一页的文字，看两遍就能一字不差地背下来。但那时候学习的机会和时间非常匮乏，更别提充足的学习资源。上中学时，一位物理老师发现课堂所教授的知识远远不能满足他的学习需求，就找出高年级和大学数理化教材，给爱读书的费爱国自学。费爱国拿到教材后，自己琢磨、自己研究，把课本上所有的题目都做了。虽然没有经过系统规范的学习，但自学的过程中，他培养了触类旁通、自主思考的能力和习惯。

1972年，高中毕业的费爱国选择了参军入伍。到部队后，费爱国除了和战友们一起站岗值班、建房子、挖电缆沟，有时还兼任"代课教员"。入伍报务训练时，学员要学习一些电工知识，有时候教员有事不在，数理化的底子好，学得快、学得扎实的费爱国就给大家上课。那个年代，当兵在很多人看来是最好的出路，但上大学一直是费爱国的梦想，所以一有空他就找书看。费爱国是个不怕吃苦的人，在部队的两年多时间里，他认真对待工作，脏活儿累活儿从不叫苦，每天完成5公里长跑，然后才投入工作和学习中。有一次，为了检查维修一条重要的通信线路，他钻进只有三十多厘米高的通道里，一边匍匐前进，一边检查线路。部队生活不仅让他养成了良好的生活习惯，培养了吃苦耐劳的精神，还对当时中国国情有了更直接、深入的认识，正是这份认识，让他从内心深处形成了自觉自律的作风。

读书，是命运的选择

部队给费爱国提供了发挥聪明才智的平台，也给了他人生最为难得的一次机遇。1975 年，北京邮电学院（现北京邮电大学）分配下来一个招生名额，要从全团 1800 多名干部战士中推荐一个人上学，司令部决定让每个连队各推荐一人。费爱国在司令部的修理所，他因为平时表现很好，受到所在单位的推荐。在考察检验环节，费爱国第一个通过检验，参谋长说"就是你了"。当时，费爱国正面临着宝贵的提干机会，在提干和读书之间，他坚定地选择了后者。费爱国说，"被推荐上大学是很偶然的机遇，但即使当时没有被推荐，1977 年恢复高考后我也会选择去上学。这是兴趣，也是命运的选择"。

作为一名工农兵学员，费爱国和同学们都十分珍惜读书的机会，学生宿舍里晚上 10 点前基本听不到脚步声，所有人都在安静学习。但是大家学习基础参差不齐，费爱国在同届学生中是学习基础比较好的一个，常感到"吃不饱"，于是他和四五个同学组成了兴趣小组，在老师的指导下共同翻译英文教材《基础电路理论》。当时英文教材很少，翻译成为了学习的重要部分。他们每天早晨很早起床，在教室还没开门之前就爬窗户进入，晚上也会"开夜车"熬夜作战，努力争取更多时间开展翻译学习。回顾大学时光，费爱国对授课恩师们印象很深。导师张谨老师每次上课都会把发旧的衣服洗熨平整，头发梳得很整齐，面对同学们的提问都会随和亲切地回答。胡健栋导师是我国 CAD 学科奠基人，他教导同学们，"人生犹如快慢车，快车速度和慢车是一个样，只是行站少，所以搞自然科学的人要像快车一样少停才能快"。叶培大院士也曾经告诫学生："谁都不可能在科学研究上一口吃成个胖子，所以一定要记住，你所感兴趣的难题，只要一辈子都钻研它，即使做不成大事也能做点小事，在科研的路上总会有所发现。"这些朴素的教诲让费爱国一直谨记于心。大学期间学生和老师的关系也非常密切，除了专业知识的教授与学习，还经常一起开展政治学习、交流思想，开展实践劳动，费爱国和老师同学曾一起前往唐山大地震救援，返校后也在学校自己动手建起了地震棚。

研究生毕业后，费爱国毅然服从组织安排回到部队工作，但他内心中依然对进一步的读书进修充满了向往。2000 年，费爱国报考了北京科技大学控制理论与控制工程专业博士研究生，师从余达太教授。当时他已经 45 岁，承担着副所长的工作职责，非常忙碌。考试时，监考老师反复查看他的准考证，连妻子都笑他是"老范进"，但对科研的热爱和钻研，让他还是坚持读下来了。为了节约往返工作单位和学校之间的时间，他买了家庭的第一辆车。费爱国说，选择继续读博士，也是为了走出舒适区，督促自己不断学习。北科大的学习经历让他对钢院厚重的历史底蕴和全流程的专业设置留下了深刻的印象，博士阶段的刻苦攻读也让他养成了终身学习的习惯。费爱国保持着定期学习新事物的良好习惯，每周都会拿出时间学习新知识，定期向年轻人请教遇到的问题。费爱国勤学、好学的精神也影响周围的年轻人，他所在的研究所涌现出了一批中青年专家、高层次科技人才。

到祖国最需要的地方去

硕士研究生毕业时，费爱国服从组织分配来到空军某研究所，为国防事业而奋斗。刚到研究所工作的时候，所里办公面积很小，周围主要是菜地。四十年的时间里，伴随着研究所的发展变化，他见证着我国空军信息化的高速飞跃。

回顾费爱国的工作经历，他非常谦虚地说，"我这个人只要有事干就行，没有什么太高的奢望。这几十年，就是'干了几件事儿'"。20 世纪 80 年代初，和费爱国同期来到研究所的大部分重点高校的毕业生都离开了原来的岗位，而他在所里一直干了 40 年，就是因为觉得"有事儿干"。

费爱国来到研究所干的第一件事是"讲课"。当时所里有一台"很土"的台式计算器，能够做些 Basic 程序的计算。他当时接到的任务是用这台计算器做一个实时检测电路质量的设备，但做这个设备需要的是微处理器。那时微处理器刚在国内出现，所里很多人对它的用途只是一知半解，对于嵌入式微处理器更是闻所未闻。于是，他在所里办起了讲座，花了一个礼拜的时间，给大家讲解如何以微处理器为核心设备来制作电报交换机和一些保密设备。正是他的这堂"课"，把微处理器技术带入了研究所。

费爱国参与了戴浩院士领衔的军队二期网建设工作。一个重点工作是 DEC 计算机网络协议破解工作。当时微机运行的都是 DOS 系统，只能执行单任务，要在全军自动化网络上应用，系统必须能够执行多个任务。于是他带领一支团队，用了近一年的时间把微机上的网络程序全部反汇编，并编写出新的程序，使之能够同时执行多个任务。这套系统的技术在当时是非常领先的，比微软开发类似系统还要早。正是这个系统，让费爱国又办起了学习班，但这次的范围更大，全国许多地方的工业部门都派人来学习。有一次，海军的一个单位辗转找到费爱国，希望他帮助解决重大演习中的一些技术困难，费爱国就利用这套系统，一个晚上就解决了该单位的问题，保障了演习顺利完成。

国家级防空系统：树起中非友好的丰碑

作为军人，一身空军蓝给费爱国带来的是使命和责任，却很少有聚光灯下的荣耀。但在非洲某国，费爱国则被那里的人们记在心头、挂在嘴边。在那个国家，提起中国，当地居民都知道两件大事，一个是中国援建的公共设施，另一个就是防空指挥系统，后者与费爱国密切相关。

当时这个国家刚刚独立不久，为建设防空指挥系统，经多方长期考察，决定委托中国设计。费爱国明白，这不仅仅是一个工程项目，而是一个国家对中国的高度信任，关乎祖国的荣誉和形象。

作为这一项目的主要负责人之一，费爱国深感责任重大。他带领团队告别故土，远渡非洲。第一次去，他们就在那待了 16 个月。当地的条件非常艰苦，给家里写信需要到 30 公里以外镇上的邮局寄送，后来费爱国几乎花光了所有积蓄给家里装了部电话，有事的时候就跑到驻该国首都的项目联络组与家里通话。连续干旱，更是让本来就贫穷落后的日常生活雪上加霜。费爱国作为项目主要负责人，在钻研、攻克技术难题的同时，如何带领大家在异国他乡过好日子，也是他费尽脑筋的课题。费爱国仍然记得当年在非洲基地的生活，他们发扬"南泥湾精神"，自己种各种蔬菜：黄瓜、白菜、茄子、豆角、辣椒、韭菜等等，还在菜地旁边用铁丝网围起一个栅栏，自己养兔子、鸽子、旱龟、荷兰鼠、狗。16 个月的时光充实紧张，回忆起那段艰苦的岁月，费爱国大有忆苦思甜的感觉。在远离祖国的时间里，他们在出色地完成党和国家交给的任务外，也在那片土地上播撒了中华民族一种可贵的精神——吃苦耐劳。

这个防空系统前后做了十年，既完成了国家赋予的任务，也带出了一支实践经验丰富、专业技术能力过硬的队伍。费爱国的团队过去做过航空兵的引导系统，但这都是点，不是个完整的系统，援外项目是第一次完成一个完整系统，极大提升了团队的系统设计能力和团结战斗能力。实践证明，这一防空系统的研制是成功的，它不仅提升了该国空防能力，更成为一座见证中非友好的丰碑。

区域指挥信息系统

空军的作战对象移动最为迅速，现代战争形式更是复杂多变，实现自动化、网络化指挥是大势所趋。为了落实军委战略，援外回国后，空军决定让费爱国担任 XX 项目总师。它是实现区域网络互联的系统，该系统的建设与投入使用，改变了空军在该地区人工指挥的局面，我们的空情处理能力和指挥引导能力都加强了。该项目获得了军队科技进步一等奖。从功能上看，它实现了一个区域综合化的指挥所，综合处理信息，实行统一指挥。从技术上看，提出了信息池的概念，把以太网技术成功用于指挥所，实现了指挥所信息的实时共享；统一规范指挥人员的操作界面，提高了人机操作的效能。这些技术和工作都是开创性的，并成功推广。

数据链：建造鹰击长空的"隐形翅膀"

伊拉克战争中，美军飞机得到广泛关注。这些飞机上大部分都加装了数据链，形成了网络化指挥，使发现目标到摧毁的时间从过去数小时缩短到数分钟，基本做到了"发现即摧毁"。

现代联合作战中，传感器系统、指挥控制系统和武器系统变得越来越复杂，陆海空三军的作战部队、舰艇、飞机等作战单元之间需要传送大量的信息和交战指令，使各级指战员共享战场态势，实现快速精确的联合作战行动，因此，只有数字化技术支持下的"数据链"的运用，才能达成真正意义上的联合作战。正因为数据链的重要性，军委和空军决定开展研制工作。费爱国团队和某单位分别研制了不同的验证系统并进行对比测试。通过对比测试，费爱国受命领衔空军数据链系统研发，出任技术总师。

开创性的工作总是很辛苦，费爱国几乎天天都守在试验场，确定目标、技术体制和实施方案，一些关键技术都要在论证阶段克服。但试验并不十分顺利，为了使试验更加程序化、更加严格，费爱国提出大系统进行地面联试，检查并解决问题。除了试验方法决策，具体技术问题的攻关他也亲力亲为，为了找出影响系统效率的原因，费爱国和同志们一起，画好图后一个一个地推导，最后终于找到症结，通过改进提高了整个系统的工作效率。项目完成预定目标，设计定型，在飞机上装备使用。这是费爱国对空军信息系统建设一个里程碑式的贡献。费爱国说："这是我的光荣，一直激励我更加努力工作。"该系统荣获国家科技进步一等奖，费爱国表示，"这是一项大协作工程，荣誉属于参加这个工程的各单位，属于全体参与研发的科技工作者。一个国家发展与保卫经济利益相适应的国防力量是必不可少的，能在其中贡献自己的力量，非常光荣！"

"爱国"：用一生的奋斗践行这一誓言

温和、坦诚、谦虚、严谨，若不是一身严整的军装，费爱国则更多流露出学者气质。但军装在身，作为军人他一刻也不曾忘记自己的使命。费爱国说，我们搞的不是基础科学，是应用科学，而且是军事工程，所以国家的利益高于一切。一个科学家也好，一个军人也好，核心价值观是一样的，那就是报效祖国。费爱国的父母在为他起下这个名字的时候，便替他许下了"爱国"的誓言，而他也在用一生的努力和奋斗践行这一誓言。

在进行 DOS 系统技术攻关时，费爱国的女儿才两三岁，为了工作不被打扰，他让爱人、孩子和保姆住在一个房间，自己住另一间。那时晚上钻研程序用的是部队发的单人床，打印出来的上万条程序指令就铺在床板上。他天天晚上拿个小马扎坐在床边，研究这些程序。"搞科研不能怕吃苦，作为军人就更不能怕吃苦。"费爱国曾经为了一个项目，一个星期没出机房，累了也只是在几把椅子拼成的"床"上歪一会儿，起来后仍然干劲十足。正是这样忘我的投入，让他攻克了一个个难关，为空军信息化发展做出了杰出的贡献。

作为空军指挥自动化专业学术带头人，费爱国不仅在学术科研上攻坚克难、成果卓著，还在团队建设上不断创新理念、砥砺前行。他所带的团队以年轻人为主，他们也都和费爱国一样，热爱事业、忠于祖国，以实际行动践行着军人和科学工作者的价值。秉承一颗拳拳赤子心，凭借着对祖国和人民的深厚感情和对空军装备事业的饱满热情，费爱国带领着年轻的团队，在我国空军装备科研领域建功立业，树起了共和国空军指挥信息化建设的一面旗帜。

入伍半个世纪，面对国家需要和重大挑战，费爱国挺身而出；面对荣誉和成绩，他充满感恩："如果没有赶上我国武器研制、发展的好时机，没有改革开放后我国综合国力的持续提升，没有赶上军队信息化的新时代，任何人都不会有这样的发展机会，更不可能有所建树。"

材料科技领域的"探路者"

——记金属材料及加工专家、中国工程院院士谢建新

谢建新，湖南双峰人，生于1958年6月，工学博士，北京科技大学教授，金属材料及加工专家。1982年本科毕业于中南矿冶学院（现中南大学），又于1985年获工学硕士学位；1991年在日本东北大学获工学博士学位，并留校任助教、副教授；1995年回国在北京科技大学任教授，历任材料科学与工程学院副院长、院长，北京科技大学副校长、校学术委员会主任；兼任"十五"至"十二五"国家"863"计划新材料技术领域专家组专家、组长，"十三五"国家材料基因工程重点专项专家组组长，中国材料研究学会常务副理事长，中国有色金属学会副理事长。主要研究方向为金属控制凝固与控制成形、材料基因工程关键技术、材料智能化制备加工技术等。发表学术论文400多篇，出版专著多部，发明专利100多项。获国家技术发明二等奖、国家科技进步二等奖3项、国家级教学成果一等奖1项、何梁何利奖、全国优秀科技工作者、北京市劳动模范、北京市优秀共产党员等。2015年当选中国工程院院士。

在湖南省湘潭、湘乡、衡山、衡阳、双峰交界的偏远之地，有一个小镇叫荷叶镇。这里山清水秀，民风淳朴，世代崇尚耕读文化。这里坐落着晚清重臣曾国藩的故居，号称湘军摇篮。也有秋瑾、唐群英、葛健豪、蔡畅、向警予等众多女杰的故居坐落附近，曾名震四方。然而，由于地理偏远和资源禀赋的原因，这里也是"出了名"的贫困地区。

1977年，镇上一个世代农民家庭的孩子考上了中南矿冶学院，无异于山沟里飞出一只金凤凰，在周围十里八乡产生了不小的轰动。这个农民孩子就是后来的中国工程院院士、北京科技大学教授谢建新。

"把论文写在车间、写在现场，促进科技成果转化为生产力。"这是谢建新院士的座右铭。他在材料加工的科研生产一线坚守多年，对于谢建新而言，科研就是生活，生活亦是科研，他将自己的全部时间、精力都投入了挚爱的科研事业，金属挤压技术、铜铝复合材料、材料基因工程技术……他时刻奋战在国家发展的需求战场中，将论文写在祖国大地上。读书、科研、育人，是他人生的主旋律；严谨、勤奋、低调是他人格魅力的写照。他以战略家的眼光、科学家的严谨、实干家的务实不遗余力地致力于科学研究向生产力的转化，铸造属于"材料人"的时代序曲。

寒门骄子，贫困山乡幸运儿

谢建新出生在一个人口多、劳动力少的困难户家庭，兄妹6人，他是长子。为减轻家庭负担，谢建新8岁时，受生产队照顾，被分配放养一头耕牛，每年可为家庭挣得1200个工分，每天早上上学前、下午放学后就去放牛割牛草，风雨无阻。到了上高中，由于路途远（约10公里）平时寄宿在学校，为了挣工分，他总是周六中午放学后迅速赶回家，参加周六下午和周日的生产队劳动。

在谢建新的记忆里，他的父亲总是律己宽人。比如，只要知道自己家的小孩和别人家孩子打架，肯定是不问三七二十一，先批评教训自己的孩子，所以等到别人来家里告状时，父亲会说："我已经知道了，刚刚教训过小孩了"，很好地化解了邻里间矛盾。生活中父亲的言传身教、严格要求，让他从小养成了善解人意、勇于担当、吃苦耐劳的品德。

唯耕唯读是这个边远小镇、贫困山乡的传统文化。谢建新家庭虽然困难，但谢建新的父母态度很坚决：只要有学上，再苦再难，哪怕砸锅卖铁，也要送孩子读书！1972年，谢建新通过考试选拔获得上高中的机会，还申请到免除学杂费。在这个贫困山乡，教育条件远不如城市，一般情况下能读完初中就很不错了，谢建新能读高中实属幸运。

1973年，全国狠抓中学教育教学质量，谢建新学习努力，因在高中第一学期的期中考试获得数理化三个百分，被所在的双峰九中王海钦校长在全校树为典型进行宣传。

1975年高中毕业后，他是生产大队唯一的高中生，因而得"重任"：担任过大队会计、农机修理员、有线广播员和电话员（负责广播和电话线路架设、安装和维护等），担任过毛泽东思想文艺宣传队编导。1977年，谢建新担任村里小学代课教师，后转为民办教师，他还充分利用每天下午4点放学后、周六下午以及周日的时间不断自主学习。因为在学校工作，有机会认识镇里一些有水平的初中老师和高中老师，他便及时请教，收集复习资料。

1977年，国家恢复高考制度，这是历史性的大事，也是改变谢建新人生命运的关键转折点。从看到《人民日报》恢复高考的消息到正式参加高考，总共只有40多天。这么短的时间要把丢了三年的数理化全捡起来，难度非常大，挑灯夜战是唯一能努力的方式。谈起那次高考，他迄今记忆犹新的两件事，一是考试作文题目是"心中有话向党说"，他自认为是用饱含对党的感激感恩之情写成作文的；二是在双峰县县城参加体检的那天晚上，他和几个考生一起去看了电影《大浪淘沙》，是一部知识分子投身革命题材的故事片，他深受教育，立志成为一个为国家做贡献的人。

谢建新是幸运的，他考上了中南矿冶学院，算得上是贫困山乡飞出一只金凤凰。去长沙报到的前一天晚上，亲朋好友都去他家送行，送上"茶钱"，既是为出远门的人送礼的一种习俗，其实也是对贫困生的一份支持、嘱托和期望。出发那天，凌晨3点，父亲打着火把、挑着行李送儿子去30里外赶长途班车。一路上父亲话语不多，重复最多的是：不要惦记家里，安心安意好好学习，将来报效国家！谢建新非常感恩乡亲们的深情厚意，牢牢记住了父亲的嘱咐，成为他上大学后发奋学习的强大动力。

一心向学，两耳不闻窗外事

由于喜好数学，谢建新的大学报考专业是"应用数学"，但接到通知书一看，录取专业是"轧钢"。在那个信息闭塞的年代、那个偏远的山乡，没有人知道轧钢是干什么的。然而，毕竟跳了"龙门"，意味着有了铁饭碗，对当时的他来说，喜悦远远超过了失望。

虽然喜好的数学变成了"打铁"，他仍非常珍惜难得的上大学机会。他坚信行行都能出状元，做到了学一行，爱一行。大学期间，他几乎没有什么课余活动，日复一日地重复两点一线生活，如饥似渴地"死读书"，大部头的数学习题集，他从头到尾做一遍。由于刻苦，他学习成绩在班上始终名列前茅。每到期末考试，他经常组织班上同学复习数学，讲要点、划重点，俨然像一个助教。

大学毕业时，他报考本校本专业研究生，全校只有一个名额，他成绩排名第二，未能直接获得读研资格，这应该算是他人生第一次挫折。然而，谢建新是幸运的，那一年（1982年）为了扩招研究生，实行了"在职研究生"制度。由于导师曹乃光副教授的强力推荐，他获得了以助教身份读研究生的名额。导师说："一样的学习，你还能拿一份工资，减轻父母负担，何乐而不为！"就这样，谢建新在中南矿冶学院继续学习，研究生期间他仍是那个"两耳不闻窗外事"的优秀学子。他的硕士论文是关于金属挤压理论的研究。初生牛犊不怕虎，在研究了金属挤压变形行为的基础上，他质疑苏联金属压力加工权威皮尔林教授的挤压力理论公式，并提出自己的理论计算公式。

东渡求学，寒窗苦读练本领

硕士研究生毕业后，谢建新渴望进一步学习深造，自行联系国际上材料学科名校日本东北大学的教授，希望去那里读博士、学挤压。幸运再次降临，他成功获得日本政府文部省的奖学金资助，以"自费公派"的名义于1987年东渡日本求学。从到达东京成田机场到乘坐特快和新干线高铁到达仙台的三个多小时内，谢建新受到极大的震撼！他深刻体会到了中国发展存在的巨大差距，实实在在感觉到了身上的压力，这一切冲击成为他发奋学习的动力。

在日本攻读博士学位和留校任教的近八年时间里,谢建新寒窗苦读、如饥似渴地学习知识,努力提升自己的科学研究能力。他几乎天天都是两点一线,早晨七点半出门,晚上十点回公寓,无论平常还是节假日,也无论天晴还是雨雪。好几次晚上因为暴雪,积雪过膝,他只能徒步回公寓,到达公寓已过半夜,鞋袜湿透。他把所有的时间都用在了学习和研究上,除了学校组织的留学生活动和研究室组织的集体活动,以及利用参加学术会议的机会出差外,几乎没有过专门的观光旅游。

做博士论文期间,从自制小型坩埚铸造试样坯料,自制加热设备实现热挤压,到车磨刨铣加工样品,谢建新样样都学、样样能干,很好地锻炼了自己的动手能力。他以他的勤奋得到了导师高桥教授的赏识。高桥教授平常很少表扬学生,但在谢建新准备博士论文答辩时,导师对他说:"你辛苦了,你的研究工作可以写两篇博士论文!"他得到了导师和材料加工系各位教授的认可,获得博士学位后留在研究室当助教,既有不错的薪水,更有从事教学和科研的机会,在此期间,他得到了全面的锻炼。

谢建新的勤奋赢得了留校工作后所在研究室池田圭介教授的赏识。池田教授在谢建新晋升副教授的推荐材料中写道:"谢建新君工作勤奋,对学生要求很严,在研究室被大家称为'工作狂',但在工作之余的交流活动中,他与学生打成一片,是学生喜欢的'酒友'。"

任助教一年半后,谢建新被破格晋升为副教授。中国人在日本顶尖大学任副教授,在当时算是凤毛麟角。他的业绩突出,获得两项日本学术奖励:日本塑性加工学会优秀论文奖,该奖项从日本塑性加工学会会刊前两年发表的所有论文中评选,每年评2篇;日本金属助成会(财团法人)研究进步奖,该奖项为青年科学家奖,每年评2项,这在日本年轻教师中也是不多见的。

从山区小镇走到中南矿冶、从国内走向国外、从国外学成报效祖国,是幸运眷顾,更是勤奋使然,谢建新一如既往保持着那颗纯净的求学之心,抛得开功名利禄,甩得掉红尘世俗,铁骨铮铮、自有风骨,他在黑夜泥泞与荆棘行走中思考,在材料发展与创新的领域里求索,坚定不移地在科研求索的道路上砥砺前行。

孜孜以求，科技报国守初心

谢建新常说，只有出了国的人才能理解"祖国"二字的含义和分量。1995 年，谢建新做了一个令他人难以理解的举动：放弃在日本或去美国等其他发达国家发展的机会，举家回国工作。同事和朋友对他放弃优厚的条件和待遇回国表示不能理解，但是他没有高谈阔论，只简单回答："想家了！"

起步是艰难的。他白手起家，从自购螺丝刀、扳手、试电笔，到争取到和另外一位老师共用 13 平米的办公室，经历了今天难以想象的困难。不过谢建新人缘很好，当时所在的金属压力加工系的领导和老师都很关心他、支持他、热心帮助他，他较快地实现了科研工作启动。1996 年，他担任新成立的材料科学与工程学院的副院长，负责科研工作，后来担任院长。他坚持公平公正，不以权谋私，恪尽职守，得到了同事们的高度认可。

2000 年后，我国进入大规模基础设施建设时期，钎具是开山凿岩、隧道桥梁建设的关键工具。但当时存在两个主要问题：一是国产钎具产量不能满足喷发式增长需求，二是质量与国外相差甚远，凿岩寿命不到国外一半。钎具特钢和钎具生产专业企业山东三山集团找上门来要求谢建新协助攻关，解决国家急需。谢建新组织跨课题组的研究团队，和企业联合攻关。仅用三年时间，突破了高性能钎具特钢钢种、离心浇铸管坯制造、高端产品挤压生产等关键技术，大幅度提升产品质量和生产效率，典型产品使用寿命达到国外先进水平，国内市场占有率达到 30% 以上。该成果获国家科技进步二等奖。

2000 年后，国家启动航空航天和高速铁路等高科技发展计划。围绕广深蓝箭高铁示范线建设、战斗机和武装直升机开发等工程的需求，迫切需要自主开发复杂大截面高性能铝合金型材。谢建新和西南铝加工厂（现西南铝业）、北京有色金属研究总院（现有研科技集团）等单位组成联合研究团队，研发了成套大型挤压工模具设计制造技术和高端关键铝材生产技术，打破了国外的技术封锁和产品垄断，为我国自主发展先进高铁和国防军工等尖端技术做出了重要贡献。该成果获国家科技进步二等奖。

谢建新是一位具有战略眼光的科技领军人才。早在 1998 年，基于我国铜资源短缺、60% 以上依赖进口的问题，他敏锐地意识到节铜将是国家的重大需求，并开启了节铜型高性能铜铝复合材料探索研究。以他在日本攻读博士学位关于多坯料挤压基础理论研究和采用多坯料挤压法制备包覆材料为灵感，他创造性地提出液液复合制备铜铝复合材料的思路，经反复实验发明了连铸成形铜管，同时充芯连铸铝熔体，一步制备出高质量复合坯料的连铸直接成形技术。连铸直接成形复合坯料原理看上去很简单，但是从包覆连铸到充芯连铸，从立式连铸到水平连铸，从工艺控制到界面控制，从铸造模具优化到实验设备替代，经历了不少失败，但谢建新"咬定青山不放松"，先后组织了包括硕士生和博士生 10 人在内的研究团队，历时近10 年，终于完成了实验室研究。

2007 年，为了实现连铸直接成形复合坯料发明技术的工程化应用，谢建新带领团队在企业开展中试研究，为企业提供成套工艺方案设计和关键设备设计，常常在现场一干就是一个月。谢建新的团队受到企业好评："这是一个具有工程实践操作能力的团队！"中试重点突破了三个方面的关键技术：一是连铸过程稳定性控制，确保复合铸坯质量的一致性；二是铜铝复合界面控制，将界面反应化合物层控制到最小（二三十微米以下）；三是连铸速度提升，确保工程化生产的经济性。为了采用连铸复合铸坯生产扁排、扁线和圆线等复合材料产品，谢建新带领团队解决了异种金属的性能和变形行为差异大、加工过程中易开裂的瓶颈问题，发明了特种孔型轧制、强制润滑拉拔、在线连续退火等系列技术，开发了电力扁排和电磁扁线等复合材料产品短流程生产新工艺和成套技术，开发了多种关键装备，实现了规模生产，产品在航空航天、军事装备、高铁、新能源等领域获得广泛、批量应用。从提出思路、实验室研究，到工程转化和规模产品生产和应用，前后耗时近 15 年。该成果获国家技术发明二等奖。

梅花香自苦寒来，宝剑锋从磨砺出。谢建新指出，"由于综合优势明显，铜铝复合材料的推广应用，定将提高我国制造企业的国际竞争力，帮助行业提质增效，包括电力设备、工业电器等行业"。他风雨兼程、勤恳耕耘，致力于推动产学研相结合，取得累累硕果。

勇立潮头，前沿探索辟方向

2011 年，美国提出材料基因组计划。该计划的主要目标是借鉴人类基因组计划先进的研究方法和技术，变革材料传统试错法研究模式，实现新材料研发周期缩短一半、研发成本降低一半，加速新材料的研发和应用。该计划所提出的理念、方法和关键技术，是材料科技领域的一次颠覆性革命。我国材料科技界高度重视，师昌绪、徐匡迪、王崇愚、叶恒强、陈立泉、王海舟、干勇等一大批科学家迅速行动，通过中国工程院和中国科学院组织开展了广泛、长时间的战略研究，取得重要共识，两院先后给国务院提交了咨询报告，建议尽快启动我国的材料基因组计划研究。两院的建议受到国务院的高度重视，促成了材料基因工程作为国家"十三五"第一批重点专项的立项。

谢建新积极参加工程院组织的战略研究和科技部材料基因工程重点专项的建议工作，为促成重点专项的立项发挥了重要的作用，得到了老一辈科学家的肯定。由于"十五"至"十二五"期间作为"863"计划新材料领域专家组专家、组长，主要负责材料设计和制备技术方向的经历，科技部安排他任材料基因工程重点专项专家组组长，他被推到了材料科技的最前沿，为此他自嘲道："打铁的学起了材料基因。"

谢建新发挥了作为战略科学家的作用。他主张中国的材料基因研究要突出工程化和应用导向，因而重点专项名称不叫"材料基因组计划"，而称为"材料基因工程"。他的观点得到美国材料基因组计划总统顾问、麻省理工学院 G. 奥尔森教授的认同，以及美国 TMS 学会的认可评价。他带领专家组制定了面向原始创新能力提升、重视新材料工程化和产业化、具有中国特色的重点专项实施方案，主导了"十三五"国家层级的材料基因工程研究。

为应对全球新一轮科技革命和产业变革的大背景下材料科技竞争态势，加快推动我国材料科技创新能力的提升和产业变革，谢建新牵头联合我国材料领域 34 位两院院士，向有关部门提交了关于制定国家材料基因工程研究计划的建议，得到高度重视，推动了计划的制定，有力促进了我国未来中长期材料科技的发展。

谢建新牵头申报了北京材料基因工程高精尖创新中心，2017 年获得批准。该中心以北京科技大学为依托单位，北京信息科技大学、中国科学院物理研究所、中国钢研科技集团为共建单位，汇聚了国内外本领域高层次创新人才 150 余人，包括美国麻省理工学院 G. 奥尔森教授、东京大学岩田修一教授在内的国内外院士多人，为促进北京科技大学材料学科高水平发展和学科交叉、带动计算机和人工智能学科发展做出了重要贡献。高精尖创新中心在抢占材料科技发展前沿、服务国家发展战略、助力北京高精尖产业发展、服务国际科技创新中心建设等方面取得突出成绩，得到主管领导的肯定。

大数据、人工智能、数字孪生等是材料科技发展前沿，谢建新带领团队积极开辟前沿研究方向，在数据驱动机器学习方向取得三个方面的创新，在国内名列前茅，在国际上产生了较大影响：一是发明了面向性能要求的机器学习合金成分设计方法（称为"按需设计法"），突破了根据性能要求设计合金成分的难题；二是突破了机器学习方法分析合金元素影响性能的难题，建立了根据元素影响大小设计合金成分的方法（称为"选择设计法"）；三是建立了机器学习辅助快速设计合金制备和加工处理工艺参数，可将实验研究工作量减少一个数量级，颠覆性提升研究效率（称为"快速设计法"）。

早在2005年前后，谢建新在国内率先开展智能化材料制备加工技术研究方向。他承担完成国家自然科学基金重点项目材料智能化近终成形加工技术的若干基础问题，研制的智能化无模拉拔设备实现工程化，转让企业应用。

谢建新欣喜地说："有国家和地方的重视与大力支持及广大科技人员的积极参与，我国材料基因工程领域研究进展形势喜人。有望在2025年进入世界并跑或领跑行列。"目前，他牵头组织国内优势单位，承担国家自然科学基金重大项目，开展航空关键金属构件智能制造研究，他提出的铸造、锻造和3D打印数字孪生技术研究，在国际上具有开创性和引领性。

言传身教，宽严相济育桃李

矢志开拓创新，教学改革结硕果。谢建新提出"四阶递进，三体并举"的材料专业人才培养模式，鼓励材料学子自主学习、实践创新，牵头高水平、创新型本科人才培养的探索与实践项目，获国家级教学成果一等奖；牵头跨学科人才培养等教学改革探索项目，获省部级教学成果二等奖2项；牵头八年一贯制本硕博教学改革项目，并于2020年正式启动高精尖人才培养项目。他开设中国材料名师讲坛，为本科生、研究生提供与国内外大师面对面机会，面向学科前沿，倡导、组织开设材料基因工程系列课程，在国内外产生较大影响。

寓教于研，谢建新结合课题组研究成果和材料科技发展前沿，新开设四门研究生课程。1996 年刚从日本回国不久，他就结合自身研究课题和在日本期间收集到的资料，开设了硕士研究生选修课"复合材料制备与加工技术"，并自费印刷讲稿，受到学生好评。2000 年以后，又先后开设了"材料加工新技术与新工艺""金属控制凝固与控制成形""材料智能化制备加工技术"三门研究生课程，均为热门选修课程。他重视所带的每一名学生专业学习和科研能力提升的问题，所有博士生、硕士生的研究课题，都来自国家任务、企业需求或学科前沿。他亲力亲为地指导学生培养的每一个环节，从课题选题到中期汇报再到毕业答辩，他认真听取学生的每一次课题进展汇报，指导学生更正实验细节，还亲自修改每篇报告和论文，一篇期刊论文一般修改三五次，多则十余次，每次修改都是字斟句酌，连每一个标点符号的错误都改得清清楚楚，学生毕业时都会积累厚厚的一沓经过谢建新仔细批改的文稿。尽管有些学生的指导老师是课题组的其他老师，但作为团队的大家长，他了解和关心每一位学生的学习情况和研究进度，对他们的研究课题也严格把关。2020 年，面对突如其来的疫情，许多研究生只能在家开展文献研究，但面对"开题报告"这个开启科研的第一关，学生们对如何进行选题、如何写好开题报告、如何扎实科研基础存在诸多疑惑，谢建新亲自撰写了 2019 级硕士研究生学位论文开题报告编写指南，言谆谆、情切切，为广大研究生开启学术生涯提供了条理清晰、及时有效的指导和遵循。

除知识外，谢建新的为学态度对学生们来说也是十分宝贵的"一门课"。他认为，做科研要勤奋、有毅力，要尽可能亲力亲为，做科研最重要的态度是实事求是、善于提问以及常常怀有好奇心与求知欲。只要没有其他事务，每天他都在实验室里，学生给他发短信、打电话都能找到他，不论寒冬酷暑，他都是实验室走得最晚的人，这一点让很多学生自愧不如。谢建新常说，他并不认为自己才智过人，只是肯投入而已。他办公室的灯总是亮到最晚，为团队教师和学生起到了很好的示范作用。他以勤奋的态度、严谨的作风，言传身教，培养出大批基础理论坚实、能解决科研和生产实际问题的优秀人才，他的大部分学生已经成为高等学校、科研机构和企业的科研、教学骨干。

不忘自身成才路，关注奖掖后学。谢建新始终关心家乡小学和初中母校的发展，为了支持荷叶镇拱石学校的建设，积极争取 200 万元政府资金，新建 1000 平米教学楼，改善了学校的教学条件；2016 年获何梁何利奖后，他将 20 万港元奖金捐赠给拱石学校，自费设立拱石奖学金，每年奖励品学兼优和贫困学生。他亦十分关注关怀团队里的每一名师生，帮助学生解决学习生活中遇到的难题。北京科技大学刘新华研究员说："因为相信而看见！谢老师真的是一位非常有战略眼光的科学家，他像父亲一样温暖强大，他严谨细致的治学态度、律己宽人的行为，为我们打下了深深的烙印，让我们在工作生活中受益匪浅。"

从敏而好学、孜孜不倦的进取之心，到结缘材料加工、坚定如磐的砥砺前行；从情之切切、宽严相济的言传身教，到守正创新、笃行不怠的兢兢业业；从传统材料加工技术的研发突破，到材料基因工程学科前沿的协同领跑，谢建新一直保持着好学、谦虚、朴素的为人作风，践行着严谨、求实、创新的为学态度，与时俱进、追求卓越，始终奋战在探索材料领域、服务国家发展需求的知识前沿、时代前列！

融基锻梁，钢铁强国

——记压力加工专家、中国工程院院士毛新平

毛新平，湖南常德人，生于 1965 年 6 月，北京科技大学教授、钢铁共性技术协同创新中心主任，压力加工专家。1982—1989 年在武汉钢铁学院学习，先后获得学士学位、硕士学位；2002—2006 年在北京科技大学钢铁冶金专业学习，获得博士学位；1989 年起历任冶金工业部武汉钢铁设计研究总院副总工程师，广州珠江钢铁有限责任公司总工程师、副总经理，宝钢研究院副院长。2019 年，被聘为北京科技大学终身教授。一直致力于薄板坯连铸连轧技术的工程技术集成、基础理论研究、工艺技术开发和新产品研制，为我国钢铁工业产品结构调整和技术进步做出了突出贡献。获国家科技进步二等奖 3 项、省部级科技进步一等奖 8 项、全国劳动模范、全国五一劳动奖章、何梁何利奖。2015 年当选为中国工程院院士。

矿山的儿子

与钢铁结缘，从毛新平父辈就开始了。1952年，新中国第一所钢铁工业高校——北京钢铁工业学院正式成立，毛新平的父亲正是钢院采矿专业的第一批学生。此后，毛新平的父亲先后在北京矿冶研究院、长沙矿冶研究院、武钢等单位工作。

受父亲工作影响，毛新平的成长环境中充满了矿山和钢铁元素，能够时常接触到采矿和钢铁的专业知识，耳濡目染，熔铸了毛新平的钢铁情怀，锻造了他的钢铁意志，也在他心里埋下了钢铁强国的种子，以至于后来回忆起自己的年少成长历程时，总是称自己是"矿山的儿子"。

1982年，与钢铁结下不解之缘的毛新平选择进入武汉钢铁学院，完成了本科和硕士阶段的学习。在学期间，毛新平便展现了他的"与众不同"。

"与众不同"体现在他对兴趣的"钻研"上。无论是学习还是运动，毛新平都展现了他独到的见解与思考。一入学，毛新平便担任班级的文体委员，积极参加各项球类运动。和别人的"随意玩玩"不同，毛新平不但爱玩，而且还会玩。在排球比赛中，他因自己身材不够高大，便决定扬长避短，担任队中的二传手，每天琢磨球的方向、弧度、速度和落点，研究生时，所在的研究生队拿下学校两年的排球赛亚军。求学时光的经历让毛新平养成了运动的良好习惯，他常讲，"运动可以缓解压力、放松身心"。毕业后，无论工作多忙，毛新平也不忘抽出一些时间进行体育运动。毛新平的爱钻研还体现在学习上，赵刚教授是毛新平研究生时的同学，他对毛新平评价道："你别看他玩，考起试来，一点也不含糊。""该学学，该玩玩，死读书可不行"，毛新平如是说道。运动时，钻研比赛；学习时，钻研书本。爱钻研，也是毛新平走向成功的要素之一。

因为"钻研"，所以"专注"。从小成长环境的熏陶让毛新平对钢铁产生了浓厚的兴趣，他常讲，兴趣是最好的老师。每当回忆起自己的求学生涯，他总说道，"看书时，觉得有趣就想学，学起来就特别快乐"。因兴趣而激发的专注也成为毛新平在学术道路上不断取得进步的"秘诀"。追随父亲脚步回到北科大的他也总是将自己求学的经验分享给学生，"读书，一定要找到自己的兴趣，主动求知，才能学有所成"。毛新平告诫学生，"否则读书都读成了苦差事！"

因为"专注"，所以"出众"。"独立"是毛新平求学期间展现出来的又一特质。因为学习成绩优异，毛新平每年都能拿到学校甲等奖学金。一个月 15 元的奖金，加上兼职班主任的每月 15 元津贴，毛新平的"月收入"达到了 30 元，在当时学校食堂每月伙食不超过 12.5 元的背景下，毛新平早早实现了经济上的独立，大三之后，就没有再向家里要过生活费了。经济上的独立不仅造就了毛新平乐观坚毅的性格，还让毛新平能够更加专注开展学习科研工作，为之后的继续深造打下了良好的基础。

好钢是这样"炼"成的

一直以来，钢铁工业是国民经济发展的重要基础产业，是国家经济水平和综合国力的重要标志，钢铁发展直接影响与其相关的国防工业及建筑、机械、造船、汽车、家电等行业。高性能钢铁材料始终是金属材料工程领域的主要发展方向，被称为"工业脊梁"。如何挺起这一钢铁脊梁，成为毛新平毕生的追求。他在低成本高性能钢铁材料和薄板坯连铸连轧技术研究上取得了开创性的丰硕成果，为我国在薄板坯连铸连轧技术相关领域"后来者居上"作出了巨大贡献。

源于偶然，终于坚持。

一直以来，我国钢铁生产能耗高污染大，钢铁行业成为亟待转型升级的"老大难"问题。用最低的成本和能耗、最环保的技术，生产出高性能的钢材，是我国钢铁行业转型的迫切需要，也是毛新平的梦想。

1989 年，毛新平从武汉钢铁学院毕业，分配至原冶金工业部武汉钢铁设计研究总院轧钢室工作。当时，武汉钢铁设计研究总院承担广州珠钢一期工程的设计工作。从此，毛新平就以薄板坯连铸连轧作为研究方向，一头"扎入"，深耕三十余年。

传统炼钢工艺中，铸钢后形成的 900 摄氏度钢坯需降至室温，运输至轧钢厂后再加热到 1200 摄氏度以上才能轧制，中间巨大能量损耗可想而知。而在连铸连轧工艺中，薄板坯浇铸完即可直接轧制，既能大量减少运输热量损失，还能避免温差变化导致钢材性能减弱。技术理念虽好，可到底适用什么工艺，能够生产哪些产品，当时都没搞清楚。年仅 25 岁的毛新平有幸成为我国薄板坯连铸连轧工程团队里的年轻一员。

工程开始后，挫折不断，许多人都转行了。因为全新的理念、全新的技术，也意味着会遇到全新的问题。毛新平回忆，现在看来不是问题的问题，在当时完全没有先例，都需要整个团队绞尽脑汁去破解。技术的困境，就如一把筛子，只有少数人留了下来，毛新平就是其中之一。"做科研，选好方向，接下来，就是坚持。"毛新平告诫自己，"放弃很容易，难的是坚持"。从 1989 年到 1995 年，这 6 年是毛新平成长异常迅速的 6 年，从技术创新到团队管理，毛新平得到了全方位的锻炼。1995 年，年仅 30 岁的毛新平成为"七五"国家重点工程薄板坯连铸连轧示范工程的总设计师。在他的带领下，在设计团队的共同努力下，进展非常顺利。1999 年，中国第一条薄板坯连铸连轧生产线在珠钢建成全线热试生产。毛新平和他的团队赢得了掌声。然而，他和他的团队并没有停歇，而是乘胜追击，投入到珠钢二期工程和涟钢工程等多个薄板坯连铸连轧工程设计中。如今，我国薄板坯连铸连轧技术发展取得重大突破，并得到广泛推广应用，薄板坯连铸连轧已成为我国热轧薄板生产的重要方式。我国也成为全球拥有薄板坯连铸连轧生产线最多、产能最大的国家，在国际薄板坯连铸连轧技术领域占有重要的地位。

大胆创新，打破垄断。

2002 年，广州市政府引进人才，向社会公开选拔 64 个重要岗位的人才，年仅 37 岁的毛新平被聘为珠江钢铁有限责任公司总工程师、副总经理、薄板坯连铸连轧技术研究所所长。

当时很多人不理解他为什么要放弃央企的发展前途，到市属企业工作。"专业理想！"毛新平说，"哪里能够实现我的专业理想，能够让我完成自己的专业研究，我就去哪"。他毫不讳言，如果单纯追求个人的利益和享受，无论在业内或进入相关行业，他都有很多机会挣更多的钱，当更大的官。"专业理想第一位，其他的，往后排。"毛新平一心扑在自己的研究上。但只要能助力实现自己的专业理想，毛新平并不介意担任一些行政职务。"现在早已不是一个人就能包打天下的时代了。"每一项新工艺的突破，从设计到研发再到生产，每一步都凝聚了无数人的心血，需要在一个长时间段中完成各项资源的综合调度、协调。

到珠钢后，毛新平经过认真思考并打破常规，将首攻方向确定为新工艺条件下的钛微合金化技术。微合金化，是在钢中加入微量的元素来改善钢的综合性能。一直以来，微合金化技术用的元素是铌和钒，但存在一个问题，我国铌资源几乎没有且进口价格昂贵。在 20 世纪 60 年代末 70 年代初，曾经也有不少科研人士想过使用元素钛，但由于其性能波动极大且不可控，大家都认为钛微合金化几乎不可能，因此该项技术的设想基本被放弃。但毛新平认为我国钛资源丰富，研制薄板坯连铸连轧工艺条件下的钛微合金化钢，能够实现低成本高性能的目标，并开始探索该项工艺技术。毛新平领导科研团队突破了采用复合微合金化技术生产超高强钢的传统技术，开发出采用单一钛微合金化技术低成本生产超高强钢的新技术，成本降低 60%—85%，节能大约 50%，市场竞争优势明显，一改超高强耐候钢长期依赖进口的局面，并迅速占据国内 15% 的市场。该项工作获国家科技进步二等奖。随后，毛新平团队又成功突破了热轧薄钢板、高品质特殊钢等工艺技术难关，填补了我国薄规格热轧钢板生产领域的技术空白，总体技术达到国际领先水平。

如今，这些产品已广泛应用于汽车、家电等领域，我国薄板坯连铸连轧相关技术已进入国际先进行列。这些技术，不仅提升了钢材性能，而且大幅降低了成本。薄板坯连铸连轧制造的钢材，性能堪比价格高昂的冷轧钢。此一领域的技术突破，也带动了我国集装箱生产的发展。我国是集装箱生产大国，产量占全球总量九成以上。集装箱所用板材要求质量轻、强度高，生产企业需要长期从国外大量进口冷轧薄钢板。毛新平牵头研发的超高强 1.1 毫米热轧钢板，性能与进口钢材相同，每吨成本却低 1500 元，大规模生产后使国内集装箱用钢迅速实现国产化。

毛新平也凭借在薄板坯连铸连轧技术研究上的成就，三次获得国家科技进步二等奖，2015 年，50 岁的他，当选中国工程院院士。

开疆拓土，不断精进。

2019 年，由毛新平团队设计，利用薄板坯连铸连轧工艺生产的汽车用先进高强钢，在多家车厂装车使用。为了这一刻，毛新平花了六年。2013 年，毛新平从广州回到武汉，担任武钢研究院常务副院长。"将来的汽车材料应具备高性能、低成本、生态化、绿色化四大特征。探索简约高效的制造流程，研发低成本高性能钢铁材料，是未来创新发展的方向。"根据这一发展趋势，毛新平提出利用薄板坯连铸连轧工艺生产汽车用先进高强钢。

"如果我们能将短流程制造技术与汽车车身轻量化技术相结合，采用薄板坯连铸连轧工艺，有机整合传统流程的连铸、加热、轧制等工序，一定能更加简约高效、节能环保。"毛新平信心满满。"痴人说梦"，很多人暗暗嘲笑。当时，利用薄板坯连铸连轧工艺生产的薄规格热轧板是"中低端货"是行业共识，汽车用钢则是"皇冠上的明珠"，两者根本不可能相通。"有人说你不行，不要争，做好自己的事。"毛新平鼓励团队成员。毛新平坦言，失败是常有的事。失败了，怎么办？换个思路、换个方法，再来！毛新平积极的心态感染了团队的成员，埋下头、沉下心，一做就是三年。

好不容易做出来了，"新鲜玩意儿"却没人敢用。毛新平找到北汽、广汽、长安、长城、奇瑞等主机厂开展项目合作、认证。又是三年，认证的结果让看笑话的人闭上了嘴，毛新平团队生产的汽车用钢相较于传统技术，在同等安全品质下，更轻、更便宜、更环保。产品很快投入使用。目前，毛新平所在项目组已形成了热成形钢、双相钢、低合金高强钢等系列产品批量生产能力，既实现了材料绿色化生产，又充分发挥了高性能材料在车身轻量化中的作用，开辟了生态化高性能汽车用钢的全新技术领域，应用潜力巨大。面对这些成绩，毛新平认为："作为一个占全球总产量一半的钢铁大国，中国离钢铁强国还有很大距离，探索钢铁生产低成本高性能的工艺永无止境，需要不断创新。"

回归母校，潜心育人

2019 年，毛新平院士聘任仪式在北京科技大学举行。在这次仪式上，毛新平深情地谈道："我的父亲是 1952 年钢院的第一批学生，我追随着父亲的脚步，走上了钢铁行业的道路，因此对于北科大有很重的母校情怀。"正如毛新平所说，多年来，他始终关心和支持着学校的发展，也正是两代人对母校的深厚感情和对教育事业的深沉热爱，促使他倾情全职加盟北京科技大学。

在一次采访中，毛新平提到，无论走到哪里，在什么岗位工作，都要时刻牢记使命，将实际工作与国家和民族的命运紧密联系在一起。回归母校的初心，就是为了把多年积累的工作经验分享给更多的学生，通过教书育人，为党和国家培育更多高水平、高素质人才。

知行合一。

对于如何培养人才，毛新平有自己的心得，他认为最重要的一点就是要培养学生知行合一，事实上这也是北京科技大学"学风严谨，崇尚实践"的优良传统。对于团队青年教师和学生的科研选题方向，毛新平强调，一定要面向国家重大需求、实际工程中的科学问题，把论文写在祖国的大地上，这样的成果才会有生命力。高军恒是新引进的青年学者，在钢铁材料的基础理论研究方面有扎实的基础。攀钢的钢轨制造技术在国际上处于领先地位，为我国轨道交通特别是高铁的发展做出重要贡献，同时也面临新的挑战。毛新平建议并具体安排高军恒参加攀钢钢轨的新产品开发和质量改进的科研项目，把多年所学和基础研究的特长与产业发展、国家需求紧密结合。像高军恒这样的年轻人在毛新平团队还有很多，他们都是在毛新平的直接关怀与指导下，在国家重大项目攻关中逐步成长起来，而这也正是毛新平培养青年人才的"独家秘籍"。

在北科大的学生论坛、青年教师讲座，总能看到毛新平的身影，即使工作再忙，毛新平也要挤出时间来和这些年轻人聊一聊学术、人生，为他们指点迷津、分享经验。他认为培养人是他目前这个阶段最重要的一件事。一段时间以来，钢铁行业产能过剩、环境污染等报道较多，一些学生也认为钢铁行业是夕阳产业，没有前途。毛新平看在眼里、急在心上，他从国家战略的高度，联合校内外专家学者、一线工程师等，专门在学校开设了一门面向全体学生的选修课"大国钢铁"，旨在打造一门受学生喜爱的思政示范课和工程教育特色课，让更多的学生"知钢懂钢"，培养学生自豪感和荣誉感，增强学生在"钢铁大国"向"钢铁强国"迈进过程中的使命担当，增强学生"科技报国"意识和情怀。这门课一经推出，就取得了良好的反响，广受学生欢迎，很多学生固有的观念也得到了扭转。

为祖国健康工作五十年。

热爱运动，是毛新平从小养成的习惯。他也把这一习惯带到了学生中间，建议学生每周跑步两次以上，这是毛新平对学生的要求与关心。他认为，体育运动可以帮助学生提高身体素质，同时塑造学生开朗的性格，更为关键的是，通过跑步来增强学生的自律精神，跑步很枯燥，能把这个枯燥的事坚持下来，那意味着不论做科研还是干其他事，都具备了成功的基础条件。

科研就是解决困难。

在各种交流中，青年师生常常问到毛新平一个问题，如何面对困难？他总是以科研举例，遇到问题就解决问题，一次不行就两次，还不行就再来一遍，这个路径解决不了，换个招再来解决，而这也正是科研的魅力所在。他常和自己的学生说，搞科研不就是解决问题吗？哪一天没有问题了，那生活就太简单了，酸甜苦辣本身就是生活的一部分。

一脉相承与新的挑战。

2030 年实现碳达峰，2060 年实现碳中和，是我国政府向全世界发出的庄严宣告。就我国碳排放量而言，钢铁产业的碳排量所占比例仅次于电力行业，节能减排任重道远。对于毛新平而言，从科研院所到企业再到大学，变化的是身份，不变的是他对钢铁产业实现绿色低碳发展的执着追求。事实上，薄板坯连铸连轧工艺就是短流程、低能耗、高品质的典型代表。如何在新的时代背景下，将他的研究不断深入下去，为国之大者作出新的重要贡献，成为毛新平最为关注的事。2021 年，北京科技大学正式成立了二氧化碳科学研究中心。毛新平坦言，钢铁行业在双碳时代，大有可为也必将大有作为。围绕这一战略目标，毛新平开始了"二次创业"，与以往有所不同的是，他作为大学教授，除了关注技术上的创新，他更加关注如何通过学科建设、专业设置、人才培养等方面，为双碳战略积蓄更为持久的力量。而把科研方向和人才培养有机结合起来，也是毛新平的一贯理念，他忠实地践行着这一理念。

大国"建"匠：建筑和基础设施诊治的先行者

——记工程结构专家、中国工程院院士岳清瑞

岳清瑞，黑龙江齐齐哈尔人，生于 1962 年 1 月，北京科技大学教授、工程结构专家。1980—1985 年就读于清华大学结构工程专业，获得学士学位；1985—1988 年就读于冶金工业部建筑研究总院，获得硕士学位，同年留院工作，历任工程结构研究所室主任、副所长、所长，环境保护研究院院长，中冶集团建筑研究总院副院长、院长、董事长、党委书记。2020 年加盟北京科技大学，任城镇化与城市安全研究院院长。致力于碳纤维复合

材料在土木工程中的应用、建筑与基础设施工程诊治等方面，在国内率先提出了应用碳纤维复合材料加固建筑及基础设施，其相关成果先后 3 次获评国家科技进步二等奖。主持包括国家"863"计划项目等在内的国家级科研项目 10 余项，主持编制各类国家及行业标准 20 余部，发表各类学术论文 200 余篇，出版学术专著 3 部。兼任深圳市城市公共安全技术研究院首席科学家、中国钢结构协会会长等。2017 年，当选中国工程院院士。

他，出身鹤乡，本意探究物理奥妙，却在命运拨弄下走进建筑殿堂。他，实践报国，率先引入碳纤维复合材料，并为祖国的南大门注入"钢筋铁骨"。他，潜心研究，率先建立我国工业建筑安全诊治技术体系，深度参与人民大会堂诊治维护工作。他就是中国工程院院士，岳清瑞。

如今的他，已然掀开人生的新篇章，成为北京科技大学的一名教授。从一名大国工匠转变为一名新时代教书匠，他将继续把人生的光和热，传递给更多的青年学子，为他们照亮前行的方向。

从鹤乡到清华园

1962 年 1 月，在绝大多数人们正在"猫冬"的普通一天，岳清瑞出生在了丹顶鹤之乡，我国北部疆域的工业重镇——黑龙江省齐齐哈尔市。正所谓"扼四达之要冲，为诸城之都会"，作为前省会城市，钢铁、煤炭、机械等 60 年代工业现代化标志不出意外地与这个城市交织共融，也让岳清瑞自小就萌生出对工业文明的好奇与向往。

在初中物理课堂上，老师向同学们讲解了力是如何产生，又是如何转化的，这让他对物理产生了浓厚兴趣，也让他萌生了用知识改变未来人们生活方式的梦想。"学好数理化，走遍天下都不怕"，不知从何时起，这句话成了岳清瑞的口头禅。进入高中阶段，他的目标变得更为明晰：考取物理系！虽然父母并没有太多专业技术背景，但他们的默默支持和殷切希望给了少年时的岳清瑞莫大的鼓励。终于，高考成绩放榜，岳清瑞凭借极高的分数有机会选择他梦想中的学校——清华大学。由于清华大学物理系当年在黑龙江不招生，他转而报考了清华大学建筑系。可是，当年在黑龙江省只招收一名学生的清华建筑系录取了当时全省高考状元，几经波澜的岳清瑞最终被土木工程系录取，攻读结构工程专业。

也许这也是命运埋下的小小伏笔，虽然岳清瑞与梦想的物理系失之交臂，却留给了中国建筑工业一份弥足珍贵的幸运。用他的话说，18 岁懵懂的年纪，能被清华大学录取已然觉得十分幸运，对大学生活其实更多的是憧憬和忐忑。也许是自小受到良好家庭教育的影响，使他总显得多了那么几分清醒与豁达。

1980 年，18 岁，风华正茂的岳清瑞来到北京，瞻仰天安门广场时，他也曾被这雄壮巍峨的建筑深深震撼，心中暗暗发誓自己以后也要建造出这样举世瞩目、名传千古的建筑。从那天起，一只翱翔的"丹顶鹤"飞进了我国的最高学府，清华园的阶梯教室、一教和二教中便多了一个清瘦黝黑的身影，而每日早起与同学们争抢图书馆的"偏安一隅"，也似乎成了大学生活的乐趣之一。

在这荷塘月色的清华园内，严门槛、足后劲，成了一种口号，"自强不息、厚德载物"这句传承百年的校训不知不觉间也已深深烙印在这个青年心中。五年的求学经历，岳清瑞曾多次跟随恩师陈肇元院士等前往施工作业一线。宝钢一期的建设工地上，岳清瑞与同学们深入现场，沉下心来找问题、定方案，在烈日的暴晒和隆隆的作业声中，深入参与施工计算、绘图等一线技术工作。这些宝贵的经历不仅为他打下了牢固的专业知识基础，更是积累了宝贵的实践经验。他也常常记起恩师的谆谆教诲：清华的培养，使人躬行实证之结合，严谨为学、诚信为人；清华的滋养，可谓潮流引领，方能才子巨匠灿若星河。

1985年，怀揣着对校园的不舍，铭记着与同窗的情谊，岳清瑞离开清华园，来到了相距不远的冶金工业部建筑研究总院攻读硕士学位，并于1988年正式留院工作，自此正式开启了他专业研究工作的新大门。

实践，实践，还是实践

正值改革开放初期，以阶级斗争为纲的思想逐步转向以经济建设为中心，高速的经济社会发展使全国上下迸发出巨大的基础设施建设需求，而身在象牙塔内的岳清瑞此时又被另一个问题所困扰。"到底什么是科研？仅仅是做做分析，捋捋数据就能得出高端的科研成果吗？"彼时的岳清瑞恰好深入武汉钢铁做工业建筑诊治的一系列基础研究工作，从工业港的原料码头到焦化、烧结，再到初轧厂、大型厂，这一干就是10年时间。10年来，岳清瑞的足迹遍布了武钢的每一个角落，在辛勤工作的同时，他心中的答案也愈发明了。

"建筑研究院和学校的最大不同就是研究院始终紧密贴合生产建设一线。"在工作中摸索到答案的岳清瑞逐渐找到了科研的感觉。学会做研究、学会做分析都只是科研工作的基本功，能将我们的科研成果付诸实践、创造价值才是最为重要也是最有意义的。此时的岳清瑞已然开始了"东奔西走"的生活，今天还在北京的办公室里绘制图纸，明天就出现在千里之外的建设工地解决现场问题。高强度的工作并没有让他感到难以为继，反而随着一组组现场数据的提升令他倍感兴奋。

有一次，为了采集一项重要的实验数据，岳清瑞穿着工装顶着高温，独自一人登上了120多米高的烟囱进行检测。那时的安全和检测装备不像现在这样完善，长时间保持不动使他的工装不断被汗水侵蚀，以至于脱下时，衣服已经可以"干巴巴"地立在地面。"当时觉得挺苦，但是当工作取得新进展时，那种获得感、满足感远远高于所受的苦"。

2008年，汶川大地震瞬间席卷川渝大地，还有纷至沓来的余震不断挑战着人们的神经。"受国家委派，我们要派出一支队伍前往汶川灾区帮助指导救援和建筑物维护工作，这项工作具有一定危险性，需要自愿报名。""我报名！"铿锵有力的声音背后是无比坚决的行动。岳清瑞带队奔赴汶川救灾一线，对建筑物开展检测鉴定和抢险救灾。

"受灾群众现在最需要的应该是住房。"这是出发前岳清瑞脑海里第一时间想到的。他毫不迟疑，指挥将公司当时仅有的一些建筑用料运往抗震救灾一线，在当地第一批搭建起了几万平米的移动板房。而这些板房除了保障了当地部分受灾群众的居住外，更多的还是提供给了当时正在备考的高三学生。而这一片错落林立的板房教室也成了那年许多汶川学子最为深刻的记忆。

就这样，他和同事们干在一起、想在一起、谋在一起，一代带一代，薪火相传，而这一干就是30年。从专题组副组长、组长，研究室副主任、主任，副所长，所长，直到董事长，院士。

长期的基层一线工作经历让岳清瑞深刻明白一个道理，那就是本事是在不辞辛苦的实践中锻炼出来的，技术也必须要在实践中检验、实践中发展、实践中创新。就像他常常对学生们讲的那样，任何一项事业都是一代代传承下来的，年轻人要多向老一辈人学习，既要多读有字之书，开阔眼界，也要多读无字之书，练达人情。当选定了工作方向、职业时，千万不要过于功利化，一定要踏踏实实在基层多干几年，多学习多了解，基础打得越厚，路才走得越远。

一代人有一代人的使命，一代人有一代人的长征。在岳清瑞看来，这是一个信息爆炸，知识廉价的社会；这也是一个金融造富，地产称王的时代；这更是一个全民娱乐，围观无过的时代。虽然当代青年不可避免地烙印着时代赋予的特征，但他仍然希望青年人在选择人生道路时慢一点、静一点、定一点，在浮世繁华中甘于平凡，却不能平庸；守住寂寞，却不自甘堕落，在坚定初心和勇于追梦的途中，始终不忘技术报国、事业兴邦的赤诚之心。

为岛礁注入"钢筋铁骨"

"岛礁建设不比陆地，我们首先就要考虑建设技术和建设成本。"围堰作为岛礁建设的基础，需要大量的混凝土。而岛礁建设面临的最主要的问题之一就是缺少合适的混凝土材料，来回运送建筑设备及材料，不仅会大大增加成本，同时也会严重制约建设速度。

为了解决此项技术难题，岳清瑞提出了研发地缘型材料的想法。为此，他亲自带队前往建设前线实地考察。那时候前往岛礁只能坐船，还可能要面临恶劣天气和剧烈的船只颠簸，但他却从未表现出任何的畏难情绪。"第一次去的时候我也不知道岛礁到底是什么样子，对于这项技术创新能否成功也不是特别有把握。"虽然时间紧、任务重，也必须要全力以赴，务须功成。

就这样，经过了多次的现场考察和实地实验，一种新的混凝土材料——海水珊瑚骨料混凝土成功问世。此类混凝土可以在岛礁完全实现原料供给，大大降低了建筑及运输成本。且就地取材也极大加快了岛礁工程的建设速度。

当国外媒体或惊叹或称赞我国岛礁建设技术和建筑进度时，或许很难想象有这样一位大国工匠，甘冒风险，夜以继日地辛勤工作着。科学是无国界的，但是科学家是有祖国的，他始终将爱国的情怀深深扎根在每一天的耕耘中。他曾多次谦虚地表示，工作是所有人齐心协力，共同奋斗的成果，并呼吁青年学者做到胸中有情怀、肩上有担当、头顶有星空、脚下有行动、眼里有世界、心中有宁静。

创新是推动建筑工业发展的第一动力

将人民大会堂的使用寿命从 50 年延长至 100 年有多难？受建造时技术条件限制，人民大会堂在快速施工时加入了较多的氯盐。虽然作为早强剂和抗冻剂氯盐有着一定优势，但过量引入也易引发腐蚀，减少建筑物使用寿命。为了更好地保证人民大会堂作为大国象征的重要作用，有效延长其使用寿命，岳清瑞及其团队自 1998 年起便开始介入人民大会堂的诊治工作。

人民大会堂作为万人级别的建筑，其特殊的功能性导致不能一次性整体施工，只能一个厅一个厅地诊治，这在当时的技术条件下是几乎不可能达成的。作为较早介入人民大会堂诊治修复工作的技术团队，岳清瑞和团队成员借由当时技术，通过系统化可靠性评价，提出了碳纤维加固补强、高效修补材料耐久性修复、增设抗震支撑等技术手段，成功提出了分厅诊治修复的可行性方案，为国内大型复杂民用建筑诊治提供了先行案例。

早在 1996 年，当时国内还没太关注碳纤维复合材料的时候，岳清瑞便开始着手研究。可能连他自己都没有想到这项材料的研发，会影响包括人民大会堂在内的众多国家重量级建筑和基础设施建设的诊治与修复。彼时，部分发达国家对该项技术严格保密，岳清瑞及团队只能凭借有限的资料在摸索中不断前行。经过近 2 年的艰苦研究，他带领团队率先实现了该种材料的加固技术开发及应用工作，获批编制第一本工程加固技术规范，组建了应用委员会，为此类材料在国内学术的发展搭建了平台，实现了"做标准、搭平台、寻支持、国产化"四大目标。

作为国家战略性高新材料，岳清瑞的研究无疑走在了历史的前端。该种材料的顺利研发，成功打破了西方发达国家对我们的技术封锁，也打破了以往只能靠混凝土加固等传统方法的弊端，成功解决了多个我国工业及民用建筑修复难题，促使我国建筑领域技术研发进一步赶上世界先头部队，而岳清瑞也在用实际行动践行着儿时用科技改变生活的梦想。

穷则独善其身，达则兼济天下。就是怀着对祖国工程建筑事业的热忱，岳清瑞一步一个脚印，笃定地前进在科技报国的道路上。他始终认为，业务是我们立业报国之根本，也是人得以骄傲之处，业务工作必须在实践中求得创新。也正是源于他对一线科学技术研究的执着，他创新性地提出了工业建筑结构定量评价技术体系，系统化定义了工业建筑结构评价的指标参数，成为当前该类建筑评价的现行指标。此外，他还创新了多项工业建筑结构高效性能提升技术，创新了细晶高强度钢筋应用、建设工程产业化以及国家和行业标准等。这些成果广泛应用于冶金、机械、建材、化工、电力以及煤矿等领域，并大量推广应用在各类民用建筑，以及桥梁、隧道、港口等基础设施的工程诊治和性能提升中，解决了包括人民大会堂、京港澳高速等建筑及基础设施的结构诊治重大工程技术难题，并构建了我国较为完善的工业建筑诊治及纤维复材土木工程应用标准体系等。

对于未来建筑工程产业发展，岳清瑞充满了信心。"我国'十四五'规划明确提出实施城市更新行动，其核心是推进城市生态修复、功能完善工程，强化历史文化保护，增强城市抵抗及化解风险能力等。因此，智慧运维代表了工程建筑领域未来发展的新兴方向，而工程诊治作为智慧运维最重要的一项手段，将贯穿未来城市建设'建造、运维和消纳'的全过程。"

随着我国既有建筑存量的快速增长，虽然结构设计安全水准得到全面提升，但由于工程质量或使用维护不当，结构性事故仍然频发。另外，由于建筑规划不够科学或其他原因，我国建筑物服役寿命也远低于其他发达国家。因此，工程诊治和性能提升对于未来有着极其重要的意义。当前的工作多以结构安全诊治为主，建筑功能诊治还不够。此外，诊治规范体系使用性有余，理论性和科学性稍显不足，对新技术、新理论、新方法吸纳不及时等也将成为下一步工作的改善对象。

土木专业真的不是"又土又木"

2021 年，一场特大暴雨席卷河南大地，严重的城市内涝造成了巨大的人员伤亡和经济损失。在一方有难、八方支援团结互助精神的背后，岳清瑞认为暴露出我国城市群防灾减灾诸多方面的不完善。同样是在 2021 年，深圳赛格大厦发生整体震颤引发了舆论广泛关注，城市建筑安全又一次走进了公众的视野，成为大众新的关注点。"对于一个城市来说，自然灾害是不可避免的，也是城市必须要承受的，那么做好城市安全应急管理就显得十分必要了。"

早在几年前，岳清瑞就开始关注并实践城市及城市群安全建设。"我们要摆脱头痛医头、脚痛医脚的现状，把城市安全表征图谱建立健全，形成完善有序的城市应急处置能力。"为此，岳清瑞提出建设"天空地"一体化智能化监测预警，借助数字化技术及智能传感技术等，建立起有效的城市安全及防灾减灾信息流。"这是未来土木工程专业的又一大研究方向，而我们是全世界较早提出并将其付诸实践的。"

"土木工程，其实真的不是'又土又木'。"青年人不要被当前的碎片信息所迷惑，错误地认为凡是没有"信息""智能"等字眼就是夕阳学科。无论是现在还是未来，岳清瑞始终认为，对于人来讲，永远离不开一个"住"字，有住就得有土木工程。在他看来，先不说当前我们的城市及城市群建设，哪怕是深地深海以及深空，都需要土木工程技术的支撑。"未来人类移民月球、火星甚至更为遥远的星球都是可能性很大的，那么利用月壤进行建设是不是很有必要？现在人类对于深地研究只有一万多米，未来是不是还有巨大的研究空间？这些都需要我们土木人去寻找答案。"为此，他认为还有必要进一步加大在相关学科领域的投入，打造完整的创新链。

创新是一个企业、一个团体、一个民族发展的动力根源。在岳清瑞看来，创新链的形成主要依靠四个步骤：首先是科学研究；之后对自然规律、自然现象总结归纳和技术开发；有了技术开发的成果之后，再去做工程化把它集成；成功了之后，进行产业化推广，而我们最终要实现的就是产业化。"未来的创新技术产业化将不再是纵向切面，而是横向耦合。必须发挥群策群力的力量，特别是要做好集成。"

从大国工匠到新时代教书匠

2020 年，对于已经 58 岁的岳清瑞来说意义非凡。他正式受聘于北京科技大学，成为学校的终身教授。在过往接受采访的过程中，岳清瑞曾表示，人生还是可以多换一些工作岗位，不同视角所带来的思考能够让我们看待问题更加全面、更加理性。而今，他也掀开了人生的新篇章。对于岳清瑞来说，从大国工匠变成新时代的教书匠，变化的是身份和环境，不变的是为国奋斗的初心。

从带工程技术团队到带研究生，最为突出的变化，就是要更加注重做好学生成长成才的引路人。"在过去的工作中，我们也会去批评教育团队中的年轻同志。但是这与当下不一样。这些学生大多还没有走出过校园，他们的世界观、价值观、人生观还未成形，在这个阶段加强对他们的教育引导，比任何时候都有效，这也是我作为一名老师与过去的职业经历相比最为有意义的地方。"

对于如何培养人，他也有着自己的思考。"首先，必须要爱国！"这是他对学生的第一项要求。正所谓苟利国家生死以，岂因祸福避趋之。"爱国"一词念起来简单，实践起来却很难。这要看你所思所做是否都站在有利于国家和民族发展这个最为根本的出发点。而且仅做好一件事不行，要将它融汇在桩桩件件里面，这需要我们用一生的时间去实践。

其次，要培养他们扎实的专业技术能力。"只要踏实肯干，学好本事，不论干什么都能干出一番事业来。"在他看来，扎实的专业技术能力必须出自脚踏实地的工程实践，下现场、画图纸、搞测绘，哪里难就必须往哪里钻，只有建筑实践过程中的难点、痛点，才是我们追求创新和改进的创新点。"对于我们做土木工程学科的人来说，测绘、画图是我们吃饭的家伙，不能觉得读了研究生、当了领导，以后这些基础工作就该由其他人来做。这样的话就相当于吃饭丢了碗筷，迟早要被时代所淘汰。"

最后，要培养他们的协作精神。未来工程技术发展必然是全链条的，同样的，未来的建筑工程肯定也是多元化和系统化的。专家学者往往穷极一生也只能探究某一个或某几个领域。此时，协作精神就显得尤为重要，甚至是决定个人能不能取得快速成长和专业成就的关键素质。

"北科大的学生基础素质都很高，既有较为扎实的专业基础知识，也有吃苦耐劳的精神品质，这对于个人成长成才是十分必要的。"岳清瑞说，我也希望能够在这个满井滋润的校园中，将自己多年的知识积累、实践经验以及科研感悟传承给更多的年轻学子，培养出一批一心为国、甘于奉献的大国"建"匠。

翻开字典，"匠人"一词原指手艺工人，现在多代指在某些方面具有丰富实践经验的代表人物。过去32年中，岳清瑞通过他的勤奋、聪慧、创新赢得了大国工匠的美名。而在未来，他还将以昂扬的奋斗精神在祖国人才培养的阵地上贡献新的更大的力量。

将论文写在祖国的大地上

——记选矿技术专家、中国工程院院士沈政昌

沈政昌，江苏常熟人，生于 1960 年 6 月，我国浮选装备研究领域的学术带头人之一，矿冶科技集团有限公司首席科学家。1978—1982 年在北京钢院矿山机械专业读本科，毕业后分配到北京矿冶研究总院（现矿冶科技集团有限公司）工作，2008 年获得北京科技大学博士学位。长期从事矿物加工设备研究及工程转化工作，推动我国浮选装备体系的创建和完善、领导了我国浮选装备的大型化发展和浮选应用领域的拓展。获得国家科技进步奖 2 项，国家发明奖 4 项，国家专利优秀奖 4 项，省部级科技成果奖 25 项，授权专利 34 项，出版专著 4 部。2021 年当选为中国工程院院士。

为有牺牲多壮志，敢教日月换新天

沈政昌出生于江苏常熟，1976 年夏天从董浜中学高中毕业后，就作为回乡青年到董浜公社参加劳动。他被分配到运输大队跑船，每天他都要和同伴们用机船将二十多吨农产品运到一百公里外的上海。他们除了开船，还要负责装卸，劳动非常艰辛。由家乡的小河进入长江，独立船头，江风拂面，看千帆竞渡，与百舸争流，又别有一番豪迈。1978 年夏，华东一场大雨让苏州河上海市区段的水位猛涨，沈政昌他们卸完菜，发现河水几乎到了桥面，船已经无法钻过西藏路桥回家了，这一困就是半个月。沈政昌无心上岸去逛大上海，而是拿出随身携带的学习资料，抓住机会狠狠地复习了一遍又一遍。两年的公社劳动，赋予了他吃苦耐劳、乐观勇毅、力争上游的优秀品质。

回去后没多久沈政昌就参加了高考。在填报志愿时，他考虑到国家经济建设需要钢铁，于是郑重报考了钢院。那是 9 月中旬的一个清晨，正在帮助妈妈在公社喂猪的沈政昌收到了钢院的录取通知书，他内心汹涌澎湃，坚持把活干完后，捧着录取通知书回到家收拾行装，开始他人生中第一次独自远行，未来的一切都充满了希望和未知。他从无锡到南京再到北京站，坐了一整天的火车。到达北京站后，正当他不知所措的时候，他碰到了钢院接新生的师兄，全程引导着他办理了所有的手续。他终于步入了梦寐以求的象牙塔，开启了全新的篇章。

进入大学后，沈政昌感受到了钢院的良好学风，主楼上方"为中华之崛起"的匾额让他倍感振奋，他在这座"钢铁摇篮"中如饥似渴地学习、读书、求知，认真地学习学校安排的每一门课程，全方位地丰富知识结构、提升能力素质。数学培养了他的逻辑思维能力，哲学培养了他的创新和独立思考能力，这些都为今后从事科研工作的思维方法奠定了良好的基础。钢院的老师让他印象深刻，他们专业知识非常渊博，特别是班主任老师和机械原理任课教师，无论多长多难记的公式，他们都能信手拈来，讲课完全不用看课件，而且讲解十分生动，让学生深刻理解并牢固记住。

钢院的四年生活令他十分难忘。他住在九斋宿舍，那里是他的精神家园和心灵归宿，墙里墙外都浸透着他奋斗的汗水与欢声笑语。每天早晨，他都坚持风雨无阻地晨跑锻炼，从九斋围墙旁的小门再到学校的大门，日复一日。当时，艰苦专业的每月定粮标准为 36 斤，但是也只够勉强吃饱。让沈政昌最难忘的食堂美味就是冬天的辣白菜和土豆片，虽然条件艰苦，但他很知足，并且加倍投入学习中。凭借着优异的成绩，他每年都能拿到最高奖学金 22 元，除去正常花销之外，他每年能省下来五六元，全部都用于买参考图书。第一年春节，由于老家公社结算晚，家里没有多余的钱给他买返乡车票，于是他假期在学校勤工俭学，与同学们一起拆除操场上临时搭建的抗震棚。劳动之余，他抓紧时间学习英文，阅读了大量英文著作，积累了丰富的词汇量，这也为他今后的科研理论国际化打下了坚实的基础。

四年级毕业设计，他的论文是《地下铲运机四连杆机构的优化设计》。当时实验室只有 1 台计算机可以使用，白天都是老师和研究生师兄使用，他只能等到晚上进行课题研究。那台计算机还是老式的穿孔输入，需要自己打孔后一个个输入，于是他的手上被磨出来厚厚的茧，但这并不能阻挡他的研究热情，他出色地完成了毕业论文。凭借着优异的成绩，1982 年毕业后，他被分配到北京矿冶研究总院工作。

当时，我国矿业蓬勃起步，对浮选机的需求出现井喷。当时我国普遍使用的是 20 立方米以下浮选机，处理量小，型号单一，且自动化程度低，远远不能满足矿山一线的生产需求。刚刚走上工作岗位的沈政昌敏锐地意识到，浮选设备的大型化、系列化、精细化将成为浮选装备发展的重要方向。然而这种装备的大型化设计既没有成熟的经验可以借鉴，也没有现成的理论可以指导，甚至连最基本的科研仪器都欠缺。有一次为了摸清浮选机内部的矿浆流动特征，老教授谢佰之毅然跳进槽内，用身体去感受流场特性。这一场景对年轻的沈政昌触动很大，他立志一定要建设一流的浮选实验室，开发一流的浮选装备。他一边跟着老专家们学习做研究，积累浮选装备的设计经验，一边自己钻研浮选基础理论。

1987 年时，沈政昌参加 38 立方米浮选机的开发，他匆匆离开妻子和刚出生的儿子，在一千多公里之外的矿山一待就是九个多月，直到圆满完成任务才返回北京。虽然错过了儿子成长的点点滴滴，但他毫无怨言。

经过多年的积累，机会终于来了。时间转眼到了 20 世纪 90 年代中期，沈政昌已经成了浮选领域的知名专家，在浮选装备放大设计理论上已颇有建树，他向总院领导系统地汇报了浮选装备大型化发展思路，得到时任院长孙传尧等领导的大力支持，很快，由沈政昌主持的大型高效选矿设备研制项目正式立项，我国浮选装备大型化、系列化的序幕正式拉开。

不久，发生了一件让沈政昌终生难忘的事，西北某公司要扩建6000吨/天的选矿厂，根据工艺需求，须采用50立方米浮选机，因当时国内还没有这个级别的设备，只好接受了国外厂家离谱的高昂报价。这件事鞭策着沈政昌和团队以更加忘我的精神投入工作。

凭借扎实的理论功底和多年的研究心得，沈政昌带领团队加班加点，只花了两年多的时间就胜利完成了50立方米浮选机成套技术的研究。工业试验期间，沈政昌带领团队吃住在大西北的矿山，不顾条件艰苦，沈政昌一待就是半年，反复修订试验方案，持续优化产品设计。到2001年，我国第一台拥有自主知识产权的50立方米大型浮选机终于研制成功了，当年就成为矿冶总院的拳头产品，国内企业纷纷赶来订货，进口设备的价格一下子跌去一半。50立方米大型浮选机的成功，标志着我国大型浮选设备的研发迈出了赶超世界先进水平的第一步。

好的开始是成功的一半，第一步走顺了，后面的研究就更有底气了。沈政昌再接再厉，提前布局，抓住某矿企扩建14000吨/天产能这一契机，在2005年一举研制成功了160立方米浮选机。打破了我国100立方米级别大型浮选装备长期被西方跨国公司垄断的局面，使我国的大型浮选装备技术跻身国际一流水平行列。

激烈的市场竞争并没有给沈政昌任何喘息的机会。几个月后，秘鲁托洛莫克铜钼矿宣布进入开发阶段，其单条生产线日处理量高达14.7万吨，为世界之最。设计院推荐采用300立方米级别的浮选机。当时国外公司的此类机型已经研制成功，在竞争中占尽先机，沈政昌并没有气馁和退缩，他不顾大家的质疑，当机立断，马不停蹄地带领团队开始了320立方米浮选机的研发。离设备的最终招标只有两年多的时间了，沈政昌和团队成员争分夺秒，一刻也不敢松懈，课题组的灯光，经常亮到半夜。2008年，工业试验在江铜集团大山选矿厂如期开展，随着现场总指挥沈政昌的一声令下，操作人员按下电钮，这个庞然大物开始启动。"电机状态正常，风机工作正常，液位控制正常，气体分散正常……"看到大量的有用矿物随着泡沫不断涌出，现场人员紧绷的神经瞬间松弛下来，情不自禁地击掌庆贺。

几个月后，终极对决的时刻终于来了，矿冶集团与国外两大巨头同台竞技，争夺秘鲁托洛莫克项目的浮选装备合同，凭借着过硬的技术，矿冶集团一举夺魁，被选定为此项目的浮选装备独家供应商，合同金额 1 亿多人民币，消息传到北京，焦急等待的项目组成员激动得泪洒当场。秘鲁托洛莫克项目，是我国高端浮选装备首次实现大批量出口，他向世界展示了中国矿冶人的智慧与精神。沈政昌的努力，也获得国家认可，KYF-320 大型浮选装备获得国家科技进步二等奖。

男儿何不带吴钩，收取关山五十州

矿业是经济社会发展的基础产业，事关国计民生和现代化建设全局。改革开放以来，我国的矿业发展取得了巨大成就，为国家经济建设和社会发展提供能源资源和原材料，而浮选机是分离和富集矿物的核心装备，世界上约 90% 的有色金属和 50% 的黑色金属矿物通过浮选法选别，浮选装备的技术水平，直接影响着矿业的发展质量。随着全球矿产资源禀赋愈来愈差，600 立方米级别超大型浮选机以其高效、节能、环保等优点成为资源大规模集约化开发的利器。西方公司成功研制出了 620 立方米和 660 立方米的超大型浮选机。其高企的价格、漫长的供货周期、昂贵的配件和迟缓的服务，很大程度上限制了我国大型矿山的建设规模和进度。

面对这一情况，作为我国浮选装备研究的学科带头人之一，沈政昌感到了肩上的压力。他知道，我国矿业的发展不能受制于人，研发超大型浮选机是解决"卡脖子"问题和保障我国矿产供给安全的当务之急。国家的需要就是命令，2016 年，沈政昌组织团队做了详细的市场和技术调研，并向领导做了汇报。矿冶集团党委班子在听取汇报后，当机立断，决定将 KYF-680 超大型浮选装备列为集团的重大技术研发计划，以科技创新践行绿色发展理念，以高端装备开发落实供给侧结构性改革。今日长缨在手，何时缚住苍龙？沈政昌庄严地签下任务书后，就带领团队争分夺秒地撸起袖子干起来了。

超大型浮选装备的开发面临着两大难关。一是技术开发难，浮选是一个复杂的气液固三相物理化学过程，它利用微小的气泡将疏水性的矿物颗粒从脉石颗粒中黏附出来，涉及物理、化学、流体动力学、机械、控制和信息科学等各学科内容以及复杂的放大设计理论。二是工业试验难，超大型浮选机至少需要做半年的工业验证试验，各种基建施工、设备安装和配套设施建设耗资巨大，不亚于新建一条生产线，试验期间的电耗、药耗费和运行管理费用更是动辄上千万，仅靠科研经费远远不够，而一旦试验失败，所有这些投入，都将打水漂。

困难没有让沈政昌低头，凭借扎实的理论功底和多年来研发浮选设备的技术积累，他带领团队加班加点，只花了1年的时间就完成了方案论证、参数计算和图纸设计。有时候为了验证一个参数，沈政昌都要亲自翻阅大量的文献，并安排人进行实验室测试，甚至和团队成员一起奔赴千里外的矿山做现场调研，其审慎和严谨，令年轻人钦佩不已。方案甫一成型，沈政昌就和集团领导去拜访江西铜业集团寻求支持，江铜集团党委班子从企业的长远发展、国家的科技进步和经济安全的大局出发，毅然决定与沈政昌开展项目合作，为超大型浮选装备的工业试验提供所需的一切条件。

两年的集中攻关，让世界上最大单槽容积的680立方米浮选机在江铜集团德兴铜矿选矿厂拔地而起，日处理尾矿1.8万吨，生产指标远超设计要求，回收率得到大幅提升，预计年增利润超千万，一年即可收回投资成本。工业试验的完美完成，标志着我国浮选装备技术已站上世界之巅。

2018年，项目评审会在江西铜业总部大楼举行，历经四个小时紧张的材料审阅、口头陈述、专家质询和综合评议，评审专家们一致认为，由矿冶科技集团沈政昌团队研发的680立方米超大型浮选装备，各项技术指标达到国际先进水平，系统运行稳定可靠，生产指标远超设计要求，同意项目通过验收。现场响起经久不息的掌声……KYF-680机型的顺利验收，标志着全球最大的浮选装备研制成功，使我国成为世界上掌握600立方米级别浮选装备成套关键技术的三个国家之一，彻底打破了西方国家在这一高端矿冶装备领域的垄断。

问渠那得清如许，为有源头活水来

当有人问到在科研中什么最重要时，沈政昌总是回答：求真务实。他和团队正是秉承着这四字精神，仅用20年时间就走完了西方人50年走过的路。

求真务实就是stay hungry（求知若饥）。浮选机是一种三相流流体机械，其工作机理非常复杂。要设计好浮选装备，特别是大型和超大型浮选装备，必须对物理、化学、流体力学、机械和电控等学科的相关理论有深入的理解。以往的浮选装备研究，大多是以工程经验为基础，知其然，不知其所以然。求知欲旺盛的沈政昌知道，这样的研究模式肯定走不远，非基础研究不能成就顶尖技术。为此，他多方奔走，筹措资金，建立起我国第一个浮选动力学研究实验室，采购了一系列先进设备，包括高性能计算机机群等，放眼全世界，其软硬件条件也属一流。实验室建立十年来，团队共承担国家自然科学基金课题十多项，其他各类纵向、横向课题近百项，取得了大量的研究成果，为浮选装备的大型化和系列化发展提供了重要的理论支撑。

求真务实就是 stay foolish（虚心若愚）。沈政昌已经是国内外有重大影响力的浮选装备专家，连国际大公司都定期检索分析他团队的科研论文和专利，但沈政昌始终保持着谦逊的学者风范。他总觉得自己懂的还太少，一直保持着良好的学习习惯，定期阅读浮选相关的论文和专利，不仅自己学，还要求团队成员一起学。沈政昌也从来不摆学术权威的架子，总是平等地和大家探讨问题。对于新出现的大数据、物联网和人工智能等技术，沈政昌也表现出了极大的热情，除了自己看书，还经常虚心地找年轻人请教。沈政昌正是靠这种浓郁而民主的学术氛围，确保了创新成果源源不断地从团队涌现。

求真务实就是"是骡子是马拉出来遛遛"。工作以来，沈政昌获得大小奖励和荣誉二十多项，但他最看重的却并不是这一顶顶的帽子。他非常喜欢习近平总书记的那句话：把论文写在祖国的大地上。这句话，正是沈政昌 40 年科研生涯的真实写照。40 年来，为了能将科研成果尽快转化为生产力，他的足迹踏遍了国内外几百家重点矿山，从中国最东部到西北戈壁深处，从气候温和到高寒缺氧，从南非到秘鲁，无不留下了沈政昌忙碌的身影。有一次，加拿大有个项目拟向矿冶集团采购两条浮选生产线，但其公司高层在审批合同时担心中国设备不行，最后决定一条生产线向中国采购，一条生产线向美国采购。项目投产后一对比，中国装备的各项指标都明显优于美国产品，该公司的高管这才心服口服。矿冶集团的系列浮选装备，全球应用超过两万台套，为我国的矿冶装备赢得巨大的国际声誉，极大地推动了我国乃至国外选矿厂的大型化和现代化进程。

作为国内外著名的大专家，沈政昌依然每天打卡上班，他总是笑着跟年轻人说："我现在的工作就是喝喝茶看看书，你们就要辛苦一点啰。"但是大家知道，他的工作一点也不轻松，除了本单位的工作，他还承担了越来越多的社会责任，每天都要阅读和撰写大量的资料，思考、谋划和推动我国有色金属工业的下一步发展。老骥伏枥，志在千里，改革开放再出发，沈政昌永远在路上。

后　记

　　本书由北京科技大学于 2012 年 60 周年华诞、2022 年 70 周年华诞前夕组织编写。回首采访写作的日日夜夜，编写团队全体成员始终以饱满的热情和高度负责的态度投入工作，查阅了大量文献资料，开展了大量对话访谈，整理了大量图文素材。除了编委会成员，先后有 60 余名师生参与其中，他们有：王伟丽、王思佳、尼倩倩、王祎婷、宋德懋、郝竹青、刘宇隆、杨小佳、李淼、郭文娟、赵璐、滕勇强、纪元、刘邦宇、胡宏、王乃亮、鲍怡、徐梦瑶、孙爱敏、曹宇枞、戴玉娇、王茜、张明波、宗姝洁、张露茜、王健行、钱艺梦、杨欣泽、彭颖芳、张然燕、张星、邢鸽、刘婉娟、刘凤仪、李彦澍、李默存、刘乔歆、张佳玮、张诗晴、张伟良、冯雪男、孙思维、朱豪楠、李瑜嘉、陈佳栋、刘素慧、管富豪、付誉、宋卓瑞、路子萱、尹希尧、胡秀军、张柏莹、王天奇、杨宇昊、刘鲲鹏、刘竞聪、向俊名、张骜、师子焱等。

　　在全书采访和写作过程中，我们还约访了院士亲友、同事、好友近百位，其中包括学术大家、政界精英以及企事业单位领导，正是他们的大力支持、配合和帮助，才使得我们的工作得以顺利完成。在付梓成书之际，特别向他们表示衷心的感谢和崇高的敬意！

　　他们是（按姓氏笔画排序）：

王　龙	王　翠	王光雍	王宝雨	王建杰	王俭秋
王艳丽	王鑫潮	邓　栗	左涵征	石新明	田中卓
付华栋	白灵宝	邢献然	戎咏华	朱慧楠	乔利杰
任允蓉	任迎红	任奋华	任建新	刘晓刚	刘雄军
刘新华	祁新年	孙一康	孙东旭	孙茂远	严锦基
李　伟	李斗星	李忠富	李谋谓	杨　荃	肖宏广

吴石忠　吴继庚　邱绪瑶　汪水泽　宋巨峰　张　杰

张　昱　张　颖　张文康　张玉妥　邵剑翔　武爱民

范小冲　范树君　林　实　林均品　周香林　孟　威

胡晓军　柯　明　姜　曦　姚　红　秦　子　徐　仁

徐安军　栾和新　高小宇　黄丽花　黄海友　康　卓

董　芳　韩汝玢　程兴旺　谢恩敬　雷　宇　雷　洋

褚武扬　廖庆亮

此外，在本书的写作过程中，北京科技大学领导班子成员在百忙之中给予热情的关心和指导，有关部门、单位提供了大力的支持和帮助，罗维东和武贵龙、杨仁树同志先后为本书作序，徐金梧同志为本书题写了书名，在此一并致谢。

由于涉及内容繁多，时间仓促，本书有疏漏和不妥之处，望不吝赐教。

编　者

2022 年 1 月于北京